天宝五载（丙戌、746年）

春，正月，乙丑，以陇右节度使皇甫惟明兼河西节度使。

李适之性疏率，李林甫尝谓适之曰："华山有金矿，采之可以富国，主上未之知也。"它日，适之因奏事言之。上以问林甫，对曰："臣久知之，但华山陛下本命，王气所在，凿之非宜，故不敢言。"上以林甫为爱己，薄适之虑事不熟，谓曰："自今奏事，宜先与林甫议之，无得轻脱。"适之由是束手矣。适之既失恩，韦坚失权，益相亲密，林甫愈恶之。

初，太子之立，非林甫意。林甫恐异日为己祸，常有动摇东宫之志；而坚，又太子妃兄也。皇甫惟明尝为忠王友，时破吐蕃，入献捷，见林甫专权，意颇不平。时因见上，乘机微劝上去林甫，林甫知之，使杨慎矜密伺其所为。会正月望夜，太子出游，与坚相见，坚又与惟明会于景龙观道士之室。慎矜发其事，以为坚戚里，不应与边将狎暱。林甫因奏坚与惟明结谋，欲共立太子。坚、惟明下狱，林甫使慎矜与御史中丞王鉷、京兆府法曹吉温共鞫之。上亦疑坚与惟明有谋而不显其罪，癸酉，下制，责坚以干进不已，贬缙云太守；惟明以离间君臣，贬播川太守；仍别下制戒百官。

以王忠嗣为河西、陇右节度使，兼知朔方、河东节度使。忠嗣始在朔方、河东，每互市，高估马价，诸胡闻之，争卖马于唐，忠嗣皆买之。由是胡马少，唐兵益壮。及徙陇右、河西，复请分朔方、河东马九千匹以实之，其军亦壮。忠嗣杖四节，控制万里，天下劲兵重镇，皆在掌握，与吐蕃战于青海、积石，皆大捷。又讨吐谷浑于墨离军，虏其全部而归。

韦坚等既贬，左相李适之惧，自求散地。庚寅，以适之为太子太保，罢政事。其子卫尉少卿霅尝盛馔召客，客畏李林甫，竟日无一人敢往者。

以门下侍郎、崇玄馆大学士陈希烈同平章事。希烈，宋州人，以讲《老》、《庄》得进，专用神仙符瑞取媚于上。李林甫以希烈为上所爱，且柔佞易制，故引以为相；凡政事一决于林甫，希烈但给唯诺。故事，宰相午后六刻乃出，林甫奏，今太平无事，巳时即还第，军国机务皆决于私家；主书抱成案诣希烈书名而已。

五月，壬子朔，日有食之。

乙亥，以剑南节度使章仇兼琼为户部尚书；诸杨引之也。

秋，七月，丙辰，敕："流贬人多在道逗留。自今左降官日驰十驿以上。"是后流贬者多不全矣。

杨贵妃方有宠，每乘马则高力士执辔授鞭，织绣之工专供贵妃院者七百人，中外争献器服珍玩。岭南经略使张九章，广陵长史王翼，以所献精美，九章加三品，翼入为户部侍郎；天下从风而靡。民间歌之曰："生男勿喜女勿悲，君今看女作门楣。"妃欲得生荔支，岁命岭南驰驿致之，比至长安，色味不变。

至是，妃以妒悍不逊，上怒，命送归兄铦之第。是日，上不怿，比日中，犹未食，左右动不称旨，横被棰挞。高力士欲尝上意，请悉载院中储偫送贵妃，凡百余车；上自分御膳以赐之。乃夜，力士伏奏请迎贵妃归院，遂开禁门而入。自是恩遇愈隆，后宫莫得进矣。

将作少匠韦兰、兵部员外郎韦芝为其兄坚讼冤，且引太子为言；上益怒。太子惧，表请与妃离昏，乞不以亲废法。丙子，再贬坚江夏别驾，兰、芝皆贬岭南。然上素知太子孝谨，故谴怒不及。李林甫因言坚与李适之等为朋党，后数日，坚长流临封，适之贬宜春太守，太常少卿韦斌贬巴陵太守，嗣薛王琄贬夷陵别驾，睢阳太守裴宽贬安陆别驾，河南尹李齐物贬竟陵太守，凡坚亲党坐流贬者数十人。斌，安石之子。琄，业之子，坚之甥也。琄母亦令随琄之官。

冬，十月，戊戌，上幸骊山温泉；十一月，乙巳，还宫。

赞善大夫杜有邻，女为太子良娣，良娣之姊为左骁卫兵曹柳勣妻。勣性狂疏，好功名，喜交结豪俊。淄川太守裴敦复荐于北海太守李邕，邕与之定交。勣至京师，与著作郎王曾等为友，皆当时名士也。

勣与妻族不协，欲陷之，为飞语，告有邻妄称图谶，交构东宫，指斥乘舆。林甫令京兆士曹吉温与御史鞫之，乃勣首谋也。温令勣连引曾等入台。十二月，甲戌，有邻、勣及曾等皆杖死，积尸大理，妻子流远方；中外震慄。嗣鏲王巨贬义阳司马，巨，邕之子也。别遣监察御史罗希奭往按李邕，太子亦出良娣为庶人。

【译文】

天宝五载 （丙戌、746年）

春，正月，乙丑日（十三日），任命陇右节度使皇甫惟明兼任河西节度使。

李适之个性率直，李林甫曾对他说："华山上面有金矿，开采出来，可以使国家富足。皇上并不知晓。"有一天，李适之乘着呈报事情而顺便向皇上谈及此事。皇上就问李林甫。李林甫回答说："臣早就知道了，可是华山是陛下的根本，是王气所在的地方，不宜开凿，因而不敢向皇上说。"皇上因此认为李林甫忠于自己，责怪李适之对事情的考虑不够仔细，对他说："从今以后要向我报告事情，应该先和李林甫商议商议，不可轻率。"李适之从此就困窘了。李适之已经失去皇上的恩宠，韦坚也失了权势，两人更加亲密，李林甫更加讨厌他们。

当初，太子册立时，不是李林甫的心意。李林甫害怕太子即位以后，对自己不利，所以常有更立太子的意思。而韦坚又是太子妃的哥哥。皇甫惟明曾做过忠王友，当时击破吐蕃，入朝献捷，看到李林甫专权，心中十分不安。就乘着觐见皇上的机会，暗地劝皇上罢除李林甫。李林甫知晓了，就派杨慎矜严密地监视他的行动。适逢正月十五日夜晚，太子出宫游赏，与韦坚会面，韦坚又同皇甫惟明在景龙观道士的房中见面。杨慎矜把此事告发，认为韦坚是皇室的外戚，不应当和边将往来。李林甫因而就奏报韦坚与皇甫惟明结交定计谋，想共同拥立太子。韦坚、皇甫惟明被囚入监狱，李林甫使杨慎矜和御史中丞王鉷、京兆府法曹吉温一起审问。皇上也怀疑韦坚和皇甫惟明合谋，所以并未显扬他们的罪过，下制书，责怪韦坚求进不已，贬为缙云太守；皇甫惟明离间君臣，贬为播川太守；又另外下制书告诫百官。

任王忠嗣为河西、陇右节度使，兼管朔方、河东节度使的事务。王忠嗣开始在朔方、河东郡，每到互市的时候，把马价估得十分高。胡人知道了，都争着将马卖给唐朝。王忠嗣便把马全都买下。因而胡人的马少了，唐朝的兵马越来越强壮。及至调任陇右、河西节度使，又要求分朔方、河东的马9000匹来充实军力，因此他的军力也很强壮。王忠嗣持有4个符节，控制万里疆域，天下的强大兵力、重要城镇，全在他的掌握之中，与吐蕃在青海、积石作战，都获得重大胜利。又在墨离军讨伐吐谷浑，俘获了他们的全部人马回来。

韦坚等人被贬以后，左丞相李适之很害怕，自己要求退居闲散的官位。庚寅日（初八），任命李适之为太子少保，罢掉政事职权。他的儿子卫尉少卿李雪，有一回设酒席请客，客人害怕李林甫，整天没有一个人敢去赴宴。

任命门下侍郎、崇玄馆大学士李希烈为同平章事。李希烈是宋州人，凭讲论《老子》《庄子》的学术得以进用，专用神仙符瑞的说法讨好皇上。李林甫认为李希烈是皇上所喜爱的人，而且个性柔顺逸侫，容易控制，因而推荐他为左相。所有的政事都由李林甫决定，李希烈只唯唯诺诺的应承而已。以往成例：宰相午后六刻（古时一昼夜分为一百刻）才下班退朝，李林甫奏说：如今天下太平无事，巳时（上午九至十一时）就可回家。军中和国家的机要事情，全由李林甫一人决定；主管文书的官员抱着定案的文书找李希烈签名罢了。

李林甫像

五月，壬子朔日（初一），日蚀。

乙亥日（二十四日），任用剑南节度使章仇兼琼为户部尚书；这是杨家的人所推荐的。

秋，七月，丙辰日（初六），皇上下敕书说："被放逐的人，大多在道路逗留。自今以后，凡是贬逐的官员每天一定奔驰十个驿站以上的路程。"此后被放逐的人大多不得保全了。

杨贵妃正当得宠的时候，每次骑马，高力士就为他牵马缰拿马鞭，专为贵妃院织绣的工人有700人，朝廷内外争着进献器物服饰和珍宝玩物。岭南经略使张九章、广陵长史王翼，由于进献的东西精美，张九章官阶加至三品，王翼入朝为户部侍郎。天下随风披靡，民间编成歌谣唱道："生男勿喜女勿悲，君今看女作门楣。"贵妃想吃新鲜的荔枝，每年荔枝成熟时就命岭南用驿马飞奔运送，等到了长安，颜色和味道都还未改变。

就在这时，贵妃由于嫉妒泼辣而不恭顺，使皇上十分生气，教送回他哥哥杨铦的家中。这一天，皇上心中十分不愉快，到中午尚未吃饭。左右的人每每不合心意，枉遭棒打。高力士想试探皇上的心意，请把贵妃院中的储备器物全都送给贵妃，共100多车，皇上就亲自把自己的饭分给他吃。到了夜晚，高力士跪伏在地奏请迎贵妃回院，于是当夜开禁门迎入。此后恩宠礼遇更加隆盛，后宫再无一人得以进幸了。

将作少匠韦兰、兵部员外郎韦芝为他们的哥哥韦坚申冤，讼词中还提及太子；皇上更生气。太子害怕，上表请与韦妃离婚，乞求不因亲属关系而废国家法律。丙子日（二十六日），再贬韦坚为江夏别驾，韦兰、韦芝都贬到岭南。然而皇上一向知晓太子孝顺谨慎，所以并不责备他。李林甫因而说韦坚与李适之是同党。过了几日，韦坚被永远放逐到临封，李适之贬为宜春太守，太仆少卿韦斌贬为巴陵太守，嗣薛王李琄贬为夷陵别驾，睢阳太守裴宽贬为安陆别驾，河南尹李齐物贬为竟陵太守，韦坚的亲戚朋友因此被放逐贬官的达好几十个人。韦斌，是韦安石的儿子。李琄，是李业的儿子，韦坚的外甥。李琄的母亲也教他跟随李琄到任所去。

冬，十月，戊戌日（二十日），皇上驾临骊山温泉；十一月，乙巳日（二十七日）返回宫。

赞善大夫杜有邻，女儿为太子良娣。良娣的姐姐为左骁卫兵曹柳勣的妻子。柳勣性行狂妄，喜好功名，爱好结交豪杰才俊之士。淄川太守裴敦复将他推荐给北海太守李邕，李邕就与柳勣结交。柳勣到京师，与著作郎王曾等人结为朋友，这些人全都是当时的名士。

柳勣同岳家的人不和，想要陷害他们。于是散布流言，告杜有邻妄说图谶，和太子勾结，指责皇上的是非。李林甫命京兆士曹吉温和御史一起审问他，原来柳勣是首谋。吉温教柳勣牵连王曾等人并下御史台狱。十二月，甲戌日（二十七日），杜有邻、柳勣及王曾等人全被杖死。尸首堆在大理寺，妻子放逐远方；朝廷内外十分惊恐。嗣虢王李巨贬为义阳司马。李巨是李邕的儿子。另外派监察御史罗希奭去审问李邕，太子也逐出良娣为平民。

天宝六载（丁亥、747年）

春，正月，辛巳。李邕、裴敦复都杖死。邕才艺出众，卢藏用常语之曰:"君如干将、莫邪,难与争锋,然终虞缺折耳。"邕不能用。

林甫又奏分遣御史即贬所赐皇甫惟明、韦坚兄弟等死。罗希奭自青州如岭南,所过杀迁谪者,郡县惶骇。排马牒至宜春,李适之忧惧,仰药自杀。经江华,王琚仰药不死,闻希奭已至,即自缢。希奭又迁路过安陆,欲怖杀裴宽,宽向希奭叩头祈生,希奭不宿而过,乃得免。李适之子霄迎父丧至东京,李林甫令人诬告霄,杖死于河南府。给事中房琯坐与适之善,贬宜春太守。琯,融之子也。

林甫恨韦坚不已,遣使于循河及江、淮州县求坚罪,收系纲典船夫,溢于牢狱,徵剥逋负,延及邻伍,皆裸露死于公府,至林甫薨乃止。

丁亥,上享太庙;戊子,合祭天地于南郊,赦天下。制免百姓今载田租。又令削绞,斩条。上慕好生之名,故令应绞斩者皆重杖流岭南,其实有司率杖杀之。又令天下为嫁母服三载。

上欲广求天下之士,命通一艺以上皆诣京师。李林甫恐草野之士对策斥言其奸恶,建言:"举人多卑贱愚聩,恐有俚言污浊圣听。"乃令郡县长官精加试练,灼然超绝者,具名送省,委尚书复试,御史中丞监之,取名实相副者闻奏。既而至者皆试以诗、赋、论,遂无一人及第者。林甫乃上表贺野无遗贤。

戊寅,以范阳、平卢节度使安禄山兼御史大夫。

禄山体充肥,腹垂过膝,尝自称腹重三百斤。外若痴直,内实狡黠。常令其将刘骆谷留京师伺朝廷指趣,动静皆报之;或应有笺表者,骆谷即为代作通之。岁献俘虏、杂畜、奇禽异兽、珍玩之物,不绝于路,郡县疲于递运。

禄山在上前,应对敏给,杂以诙谐,上尝戏指其腹曰:"此胡腹中何所有?其大乃尔!"对曰:"更无余物,正有赤心耳!"上悦。又尝命

安禄山像

见太子，禄山不拜。左右趣之拜，禄山拱立曰："臣胡人，不习朝仪，不知太子者何官？"上曰："此储君也，朕千秋万岁后，代朕君汝者也。"禄山曰："臣愚，向者惟知有陛下一人，不知乃更有储君。"不得已，然后拜。上以为信然，益爱之。上尝宴勤政楼，百官列坐楼下，独为禄山于御座东间设金鸡障，置榻使坐其前，仍命卷帘以示荣宠。命杨铦、杨锜、贵妃三姊皆与禄山叙兄弟。禄山得出入禁中，因请为贵妃儿。上与贵妃共坐，禄山先拜贵妃。上问何故，对曰："胡人先母而后父。"上悦。

李林甫以王忠嗣功名日盛，恐其入相，忌之。安禄山潜蓄异志，托以御寇，筑雄武城，大贮兵器，请忠嗣助役，因欲留其兵。忠嗣先期而往，不见禄山而还，数上言禄山必反；林甫益恶之。夏，四月，忠嗣固辞兼河东、朔方节度，许之。

冬，十月，己酉，上幸骊山温泉，改温泉宫曰华清宫。

河西、陇右节度使王忠嗣以部将哥舒翰为大斗军副使，李光弼为河西兵马使，充赤水军使。翰父祖本突骑施别部酋长，光弼，契丹王楷洛之子也，皆以勇略为忠嗣所重。忠嗣使翰击吐蕃，有同列为之副，倨慢不为用，翰挝杀之，军中股栗，累功至陇右节度副使。每岁积石军麦熟。吐蕃辄来获之，无能御者，边人谓之"吐蕃麦庄"。翰先伏兵于其侧，虏至，断其后，夹击之，无一人得返者，自是不敢复来。

上欲使王忠嗣攻吐蕃石堡城，忠嗣上言："石堡险固，吐蕃举国守之，今顿兵其下，非杀数万人不能克；臣恐所得不如所亡，不如且厉兵秣马，俟其有衅，然后取之。"上意不快。将军董延光自请将兵取石堡城，上命忠嗣分兵助之。忠嗣不得已奉诏，而不尽副延光所欲，延光怨之。

李光弼言于忠嗣曰："大夫以爱士卒之故，不欲成延光之功，虽迫于制书，实夺其谋也。何以知之？今以数万众授之而不立重赏，士卒安肯为之尽力乎？然此天子意也，彼无功，必归罪于大夫。大夫军府充牣，何爱数万段帛不以杜其谗口乎！"忠嗣曰："今以数万之众争一城，得之未足以制敌，不得亦无害于国，故忠嗣不欲为之。忠嗣今受责天子，不过以金吾、羽林一将军归宿卫，其次不过黔中上佐；忠嗣岂以数万人之命易一官乎！李将军，子诚爱我矣，然吾志决矣，子勿复言。"光弼曰："向者恐为大夫之累，故不敢不言。今大夫能行古人之事，非光弼所及也。"遂趋出。

延光过期不克，言忠嗣沮挠军计，上怒。李林甫因使济阳别驾魏林告"忠嗣尝自言我幼养宫中，与忠王相爱狎。"欲拥兵以尊奉太子。敕徵忠嗣入朝，委三司鞫之。

上闻哥舒翰名，召见华清宫，与语，悦之。十一月，辛卯，以翰判西平太守，充陇右节度使；以朔方节度使安思顺判武威郡事，充河西节度使。

户部侍郎兼御史中丞杨慎矜为上所厚，李林甫浸忌之。慎矜与王鉷父晋，中表兄弟也，少与鉷狎，鉷之入台，颇因慎矜推引。及鉷迁中丞，慎矜与语，犹名之；鉷自恃与林甫善，意稍不平。慎矜夺鉷职田，鉷母本贱，慎矜尝以语人；鉷深衔之。慎矜犹以故意待之，尝与之私语谶书。

慎矜与术士史敬忠善，敬忠言天下将乱，劝慎矜于临汝山中买庄为避乱之所。会慎矜父墓田中草木皆流血，慎矜恶之，以问敬忠。敬忠请禳之，设道场于后园，慎矜退朝，辄裸贯桎梏坐其中。旬日血止，慎矜德之。慎矜有侍婢明珠，色美，敬忠屡目之，慎矜即以遗敬忠，车载过贵妃姊柳氏楼下，姊邀敬忠上楼，求车中美人，敬忠不敢拒。明日，姊入宫，以明珠自随。上见而异之，问所从来，明珠具以实对。上以慎矜与术士为妖法，恶之，含怒未发。

杨钊以告鉷，鉷心喜，因侮慢慎矜；慎矜怒。林甫知鉷与慎矜有隙，密诱使图之。鉷乃遣人以飞语告"慎矜隋炀帝孙，与凶人往来，家有谶书，谋复祖业。"上大怒，收慎矜系狱，命刑部、大理与侍御史杨钊、殿中侍御史卢铉同鞫之。太府少卿张瑄，慎矜所荐也，卢铉诬瑄尝与慎矜论谶，拷掠百端，瑄不肯答辩。乃以木缀其足，使人引其枷柄，向前挽之，身加长数尺，腰细欲绝，眼鼻出血，瑄竟不答。

又使吉温捕史敬忠于汝州。敬忠与温父素善，温之幼也，敬忠常抱抚之。及捕获，温不与交言，锁其颈，以布蒙首，驱之马前。至戏水，温使吏诱之曰："杨慎矜已款服，惟须子一辩，若解人意则生，不然必死，前至温汤，则求首不获矣。"敬忠顾谓温曰："七郎，求一纸。"温阳不应，去温汤十余里，敬忠祈请哀切，乃于桑下令答三纸，辩皆如温意。温徐谓曰："丈人且勿怪！"因起拜之。

至会昌，始鞫慎矜，以敬忠为证。慎矜皆引服，惟搜谶书不获。林甫危之，使卢铉入长安搜慎矜家，铉袖谶书入暗中，诟而出曰："逆贼深藏秘记。"至会昌,以示慎矜。慎矜叹曰:"吾不蓄谶书,此何从在吾家哉!吾应死而已。"丁酉,赐慎矜及兄少府少监慎余,洛阳令慎名自尽;敬忠杖百,妻子皆流岭南;瑄杖六十,流临封,死于会昌。嗣虢王巨虽不预谋,坐与敬忠相识,解官,南宾安置。自余连坐者数十人。慎名闻敕,神色不变,为书别姊;慎余合掌指天而缢。

三司按王忠嗣,上曰:"吾儿居深宫,安得与外人通谋,此必妄也。但劾忠嗣沮挠军功。"哥舒翰之入朝也,或劝多赍金帛以救忠嗣。翰曰:"若直道尚存,王公必不冤死;如其将丧,多赂何为!"遂单囊而行。三司奏忠嗣罪当死。翰始遇知于上,力陈忠嗣之冤,且请以己官爵赎忠嗣罪;上起,入禁中,翰叩头随之,言与泪俱。上感悟,己亥,贬忠嗣汉阳太守。

李林甫屡起大狱,别置推事院于长安。以杨钊有掖庭之亲,出入禁闼,所言多听,乃引以为援,擢为御史。事有微涉东宫者,皆指擿使之奏劾,付罗希奭、吉温鞫之。钊因得逞其私志,所挤陷诛夷者数百家,皆钊发之。幸太子仁孝谨静,张垍、高力士常保护于上前,故林甫终不能间也。

十二月,壬戌,发冯翊、华阴民夫筑会昌城,置百司。王公各置第舍,土亩值千金。癸亥,上还宫。

丙寅,命百官阅天下岁贡物于尚书省,既而悉以车载赐李林甫家。上或时不视朝,百司悉集林甫第门,台省为空。陈希烈虽坐府,无一人入谒者。

林甫子岫为将作监,颇以满盈为惧,尝从林甫游后园,指役夫言于林甫曰:"大人久处钧轴,怨仇满天下,一朝祸至,欲为此得乎!"林甫不乐曰:"势已如此,将若之何!"

先是,宰相皆以德度自处,不事威势,驺从不过数人,士民或不之避。林甫自以多结怨,常虞刺客,出则步骑百余人为左右翼,金吾静街,前驱在数百步外,公卿走避;居则重关复壁,以石甃地,墙中置板,如防大敌,一夕屡徙床,虽家人莫知其处。宰相驺从之盛,自林甫始。

初,将军高仙芝,本高丽人,从军安西。仙芝骁勇,善骑射,节度使夫蒙灵詧屡荐至安西副都护、都知兵马使,充四镇节度副使。

吐蕃以女妻小勃律王,及其旁二十余国,皆附吐蕃,贡献不入,前后节度使讨之,皆不能克。制以仙芝为行营节度使,将万骑讨之。自安西行百余日,乃至特勒满川,分军为三道,期以七月十三日会吐蕃连云堡下。有兵近万人，不意唐兵猝至，大惊，依山拒战，炮檑如雨。仙芝以郎将高陵李嗣业为陌刀将，令之曰："不及日中，决须破虏。"嗣业执一旗，引陌刀缘险先登力战，自辰至巳，大破之，斩首五千级，捕虏千余人，余皆逃溃。中使边令诚以入虏境已深，惧不敢进；仙芝乃使令诚以羸弱三千守其城，复进。

三日，至坦驹岭，下峻阪四十余里，前有阿弩越城。仙芝恐士卒惮险，不肯下，先令人胡服诈为阿弩越城守者迎降，云："阿弩越赤心归唐，娑夷水藤桥已斫断矣。"娑夷水，即弱水也，其水不能胜草芥。藤桥者，通吐蕃之路也。仙芝阳喜，士卒乃下。又三日，阿弩越城迎者果至。

明日，仙芝入阿弩越城，遣将军席元庆将千骑前行，谓曰："小勃律闻大军至，其君臣百姓必走山谷，第呼出，取缯帛称敕赐之，大臣至，尽缚之以待我。"元庆如其言，悉缚诸大臣。王及吐蕃公主逃入石窟，取不可得。仙芝至，斩其附吐蕃者大臣数人。

藤桥去城犹六十里，仙芝急遣元庆往斫之，甫毕，吐蕃兵大至，已无及矣。藤桥阔尽一矢，力修之，期年乃成。

八月，仙芝虏小勃律王及吐蕃公主而还。九月，至连云堡，与边令诚俱。月末，至播密川，遣使奏状。

至河西，夫蒙灵察怒仙芝不先言已而遽发奏，一不迎劳，骂仙芝曰："啖狗粪高丽奴！汝官皆因谁得，而不待我处分，擅奏捷书！高丽奴！汝罪当斩，但以汝新有功不忍耳！"仙芝但谢罪。边令诚奏仙芝深入万里，立奇功，今旦夕忧死。

【译文】

天宝六载（丁亥、747年）

春，正月，辛巳日（初五），李邕、裴敦复都被杖死。李邕的才艺超出一般人之上。卢藏用曾经对他说："您好比干将、莫邪两把宝剑，别人很难同您争锋芒，但总是怕有缺损或断折。"李邕不能听取。

李林甫又奏请分别派御史到贬官处所赐皇甫惟明、韦坚兄弟等人死。于是罗希奭从青州到岭南，所到之地，把被贬逐的人都杀掉，郡县惊恐。起马牌送达宜春，李适之担心恐惧，服毒自杀；送到江华，王琚因所吃毒药量不足，而没死，听说罗希奭已经到达，于是上吊而死。罗希奭又绕路经过安陆，想要吓杀裴宽。

裴宽向罗希奭叩头乞求饶命，罗希奭不住宿就走了，从而得以免死。李适之的儿子李霅迎父亲的灵柩到东京，李林甫让人诬告李霅，在河南府把他用棍杖打死。给事中房琯由于与李适之关系很好，被贬为宜春太守。房琯是房融的儿子。

李林甫非常痛恨韦坚，派人在沿黄河、长江及淮河两岸的州县专门搜集韦坚的罪状，逮捕纲吏（十船为一纲）及挽船驾船的人，充满牢狱，榨取人民所欠税租，祸害蔓延到乡野，百姓全都赤身露体死在公府。这种恐怖政策，一直到李林甫死后才停止。

丁亥日（十一日），皇上祭祀太庙。戊子日（十二日），在南郊合祭天地神缰，大赦天下。下令免掉百姓今年的田租。又下令废掉绞刑、斩刑的法条。皇上贪慕好生的名义，所以令应该绞死、斩首的罪犯，都用棍杖重重地责打后放逐到岭南去。其实主管人员全都把他们打死了。又令天下替改嫁的母亲服丧3年。

皇上想要广泛地招揽天下有才智的人，诏令凡精通一种道艺以上的人全到京师来。李林甫害怕乡野之士在对策时指斥他的不法和罪恶，就对皇上提议说："应试的人大多卑贱愚昧，担心有粗俗的言语污浊了圣上的听闻。"就命郡县长官仔细考选，很有才能的，开具姓名呈送省中，委任尚书复试，御史中丞监试，选择名实相符的人汇报给皇上。等到应试的到来，都拿诗、赋、论来考他们，因而没有一个人及格。李林甫就上表奏民间没有遗漏贤人。

戊寅日（初二），用范阳、平卢节度使安禄山兼任御史大夫。

安禄山身体肥大，肚子下垂超过膝部，曾自己说他的肚子重300斤。外表看来好似忠诚正直，内心却十分狡猾。曾经教他的部将刘骆谷留在京师窥伺朝廷意向，一有动静就向他汇报；有时应当有表文者，刘骆谷就为他写好送进朝中。每年进献俘虏、各类牲畜、奇禽异兽以及珍宝玩物等，连续不断，郡县为了为他运送，疲惫不堪。

安禄山在皇上面前，应对速度很快，同时带有风趣。皇上曾指着他的肚子开玩笑地说："这个胡人的肚子里有些什么东西？他竟然如此的大！"安禄回答说："除了赤心以外，再也没有其他的东西了！"皇上十分高兴。又曾经教他见太子，安禄山不拜。左右的人催他拜，安禄山拱手站着说："臣是胡人，不熟悉朝廷的礼仪，不知道太子是什么官职？"皇上说："这是储君，我死后替我做你们的君主的人。"安禄山说："臣愚昧，以往只知道有陛下一人，不知晓另外还有储君。"不得已,然后才拜。皇上以为他的言行较真实,更加喜爱他。皇上曾在勤政楼置宴,大小官员列坐在楼下,在皇上座位的东间单独为安禄山设金鸡帐,放置坐榻,教安禄山坐在前面,又教他卷起帘子来表示荣耀和尊崇。命令杨铦、杨锜、贵妃的3个姐姐都同安禄山叙兄弟之礼。安禄山可以出入宫中,遂要求做贵妃的儿子。皇上与贵妃同坐,安禄山先叩拜贵妃。皇上问其原因,安禄山回答说:"胡人的礼节先拜母亲后拜父亲。"皇上十分高兴。

唐玄宗像

因为王忠嗣功名日益盛大,李林甫害怕他将要入朝为宰相,于是很忌恨他。安禄山暗地怀藏异心,假托防御敌寇,建造雄武城,贮存大量的武器。请王忠嗣派兵帮助建造,从而想留下他的兵。王忠嗣在约定的时期以前先到,不和安禄山会面就回去了。多次上书说安禄山肯定反叛,李林甫更加讨厌他。夏,四月,王忠嗣坚决辞去兼河东、朔方节度使,获得准许。

冬,十月,己酉日(初七),皇上驾临骊山温泉,改温泉宫为华清宫。

河西、陇右节度使王忠嗣以部将哥舒翰为大斗军副使、李光弼为河西兵马使、代赤水军使。哥舒翰的父亲和祖父本来是突骑施别部酋长,李光弼是契丹王李楷洛的儿子,都由于有勇气才略,被王忠嗣所看重。王忠嗣派哥舒翰攻打吐蕃,让与他同官阶的做他的副将,而副将态度傲慢不听从指挥,哥舒翰用杖将其打死,军中十分畏惧,他积累功劳官升到陇右节度副使。以前麦子成熟时,吐蕃就来收割,没有人能够抵抗。边境上的人称为"吐蕃麦庄"。哥舒翰事先在旁边埋伏下军队,等吐蕃的军队来到,就切断他的后路,前后夹击他,没有一个人能够逃回。此后吐蕃不敢再来割麦了。

皇上想使王忠嗣攻打吐蕃的石堡城。王忠嗣向皇上说:"石堡城险要坚固,吐蕃倾全国的兵力防守它。今日屯兵在城下,非得杀死数万人不能攻克,臣担心所得到的比不上所失去的多。不如暂时厉兵秣马,等到时机成熟,然后再攻取他。"皇上心中不高兴。将军董延光自动要求率军队攻取石堡城,皇上命王忠嗣分一部分兵力帮助他。王忠嗣不得已接奉诏书,可是不尽力配合董延光,董延光十分怨恨他。

李光弼对王忠嗣说:"大夫为了爱护士卒,不想成就董延光的功劳,尽管是受迫于皇上的命令,实在是扰乱了他的计划。怎么知道的呢?现在您将数万士卒给他,而他没有立下重大的战功来鼓舞士气,战士们怎能为他尽力呢!而且进攻石堡城是天子的本意,他若是不能建功,肯定会把罪过推在大夫身上。大夫军中府库充实,为什么爱惜数万匹缎帛而不用来堵塞谗害您的口舌呢!"王忠嗣说:"现在用数万军队去争夺一个城堡,得到了不足以制服敌人,得不到也无害于国家,因此忠嗣不愿意去做。忠嗣今天受责罚,天子只是让我回去做个金吾将军或御林将军来防卫京城;其次,不过将我贬到黔中做个长吏、司马;忠嗣怎能拿数万人的生命来换取一个官职呢!李将军,您实在是很爱我,但是我已经决定了,您不必再说了。"李光弼说:"先前恐怕此事会连累了大夫,因而不敢不说。现在大夫能行古人的事迹,光弼是做不到的。"于是就快步走了。

董延光过了预定的期限未能攻下石堡城,就向皇上说王忠嗣沮丧阻挠军事计划。皇上十分生气。李林甫因而就使济阳别驾魏林告说:"王忠嗣曾经自己说我自幼养活在宫中,与忠王相亲相爱。想要据兵来尊奉太子。"皇上下命令:征召王忠嗣回朝,委任三司来审问他。

皇上听到哥舒翰的英名,在华清宫召见他,同他会谈后,十分喜欢他。十一月,辛卯日(十九日),命哥舒翰掌管西平太守职务,代为陇右节度使;命朔方节度使安思顺掌管武威郡的事务,代为河西节度使。

户部侍郎杨慎矜是皇上所重用的人,李林甫逐渐忌恨他。杨慎矜与王鉷的父亲王晋,是表兄弟,年少时与王鉷在一块戏耍。王鉷能够入御史台做官,很得力于杨慎矜的推荐。及至王鉷升任御史中丞,杨慎矜跟他说话,还是直呼他的名字。王鉷仗恃自己与李林甫要好,内心渐觉不平。杨慎矜夺取了王鉷的职位。王鉷的母亲本来十分微贱,杨慎矜曾对别人说起。王鉷怀恨不已。杨慎矜还拿以前的心意对待他,曾经同他私下谈论谶书。

杨慎矜和术士史敬忠很友好,史敬忠说天下将要发生乱事,劝杨慎矜在临汝山中买一个田庄作为避乱的地方。恰巧杨慎矜父亲的墓地里草木都流血,杨慎矜很讨厌，便去问史敬忠。史敬忠请替他攘除灾凶，于是在后园架设道场。杨慎矜自朝廷下班回来，就赤身露体戴上脚镣手铐坐在当中。十天后血不流了，杨慎矜十分感激他。杨慎矜有一个叫明珠侍妾，长得很美，史敬忠多次注视她，杨慎矜就把她送给史敬忠。坐着车子路过杨贵妃姐姐柳氏的楼下，杨贵妃的姐姐请史敬忠上楼，想要车里坐的美人，史敬忠不敢拒绝。第二天，贵妃的姐姐进宫，带着明珠跟从进去。皇上看到了觉得长得很不平常，便问她的来历，明珠将事实详详细细地回答皇上。皇上以为杨慎矜与术士作妖法，很讨恶，含着怒意而未发泄出来。

杨钊将此事告诉王鉷，王鉷心里很欣喜，因而就对杨慎矜侮辱无礼；杨慎矜十分生气。李林甫知道王鉷与杨慎矜有矛盾，秘密地引诱王鉷让他谋害杨慎矜。王鉷就派人到处散布流言，告"杨慎矜是隋炀帝的孙子，同恶人往来，家中藏谶书，计划复兴祖先的帝业。"皇上很恼火，把杨慎矜逮捕囚禁在监狱中，命刑部、大理寺和侍御史杨钊、殿中侍御史卢铉一起审问。太府少卿张瑄，是杨慎矜推荐的。卢铉诬告张瑄曾和杨慎矜谈论谶书，百般拷打，张瑄不愿答辩。就将木头绑在他的脚上，使人牵着枷锁的把手，用力向前拉，身长增加了好几尺，腰细得快要断裂，眼睛和鼻子向外流血，但张瑄一直不答辩。

又派吉温到汝州去逮捕史敬忠。史敬忠和吉温的父亲一向很要好。吉温年幼的时候，史敬忠经常抱着爱抚他。及至逮到以后，吉温不同他说话，锁着他的脖子，用布把头蒙起来，在马前赶着走。走到戏水，吉温派一个小吏引诱他说："杨慎矜已经承认罪过，只需要您作一番证词。您假如了解人意就可以存活，不然，必死无疑。等到了温泉宫下的会昌，想自首也办不到了。"史敬忠回头看着吉温说："七郎，求你给我一张纸。"吉温假装不理会他。到了距会昌还有10多里路的地方，史敬忠要求得悲哀恳切，才在桑树下教他答辩写满3张纸，辩词都如吉温的心意。吉温慢慢地对他说："老伯暂时不要见怪！"遂站起身来拜谢。

到了会昌，才开始审问杨慎矜，以史敬忠做人证。杨慎矜都承认有过而服罪，只是搜不到谶书。李林甫认为事态严重，使卢铉到长安去搜杨慎矜的家。卢铉将谶书藏在衣袖里，走到黑暗的地方，骂着走出来说："叛贼将秘书藏在黑暗处。"到了会昌，拿给杨慎矜看。杨慎矜叹道："我没有收藏谶书，这书怎么会在我家呢！我真该死了。"丁酉日（二十五日），皇上赐杨慎矜和他哥哥少府少监杨慎余、洛阳令杨慎名自杀；史敬忠被打100杖，妻子都放逐到岭南去；张瑄被打60杖，放逐临封，死在会昌。嗣虢王李巨尽管与这事无关，因为同史敬忠认识，也解除官职，安排到南宾去。此外连累得罪的还有好几十个人。杨慎名听到皇上赐死的命令，神色没有改变，写了一封信同姐姐告别；杨慎余合掌指着上天上吊而死。

三司审问王忠嗣，皇上说："我的儿子深居在宫中，如何能和外面的人图谋不轨，其中必定有虚假。只能审问王忠嗣阻挠军功的罪过。"哥舒翰被征召入朝的时候，有人劝他多带金银财帛，以救王忠嗣。哥舒翰说："如果正道还存在，王公肯定不会被冤死；如果正道将要丧失，多带贿赂又有何用呢！"因而只带着自己的行李包裹就走了。三司向皇上奏报，王忠嗣有罪该死。哥舒翰刚得到皇上的赏识，竭力陈说王忠嗣的冤屈，而且请求拿自己的官爵来赎王忠嗣的死罪。皇上起身，走入宫中，哥舒翰叩头随着进去，边说边流泪。皇上深受感动，己亥日（二十七日），贬王忠嗣为汉阳太守。

李林甫多次兴起重大的刑案，另外在长安设立推事院。因为杨钊与贵妃有亲戚关系，可以进出宫门，所讲的事情多能听取，所以拉拢作为援手，便提拔他做御史。凡事与东宫太子稍有关系的，都指出他的罪过而教杨钊弹劾奏报，再交付罗希奭和吉温去审问。杨钊因而得能满足他的私心，所排挤陷害而杀死族灭的达好几百家，全由杨钊告发。所幸太子仁慈孝顺，谨慎沉稳，张垍、高力士经常在皇上面前加以保护，因此李林甫始终不能离间他。

十二月，壬戌日（二十一日），征调冯翊、华阴二郡的成年男子建筑会昌城，城内设立各类官署，王公也各自建造宅第，每亩土地价值千金。癸亥日（二十二日），皇上返回宫。

丙寅日（二十五日），命大小官员到尚书省去看今年地方贡献的物品，然后全部用车装载赏赐给李林甫家。皇上有时不上朝视事，各部官员都到李林甫的家门前，御史台和尚书省内都无人办公。陈希烈虽然坐在相府办公，但是无人去见他。

李林甫的儿子李岫做将作监，因为家中权势太盛，感到很害怕，曾经跟随李林甫到后园游赏，指着做工的劳役对李林甫说："大人长久以来大权在握，怨家仇人布满天下。一旦祸患到来，想要做一个劳役恐怕都办不到！"李林甫很不高兴地说："情势已经如此，又将怎么办呢！"

在以前，宰相都凭道德气度自居，不用威权，骑马跟随的不过几个人，老百姓有时都不躲避。李林甫自以为结下的怨仇太多，经常怕有刺客，出门就有步兵骑士100多人，分左右两翼护卫，巡防京城的金吾卫为他清除街道行人，前行卫队走在数百步以前，公卿大人都急忙躲避；家居时则设立重重的机关双层的夹壁墙，用石头铺地，墙中间放置厚板，如同预防大敌一样，一个夜晚要多次迁移卧床，即使自家的人也不知道他在什么地方。宰相出行用很多人骑马跟从，是从李林甫开始的。

开始，将军高仙芝，本是高丽人，从军到安西。高仙芝矫健勇猛，擅长骑马射箭，节度使夫蒙灵察多次推荐，官做到安西副都护、都知兵马使，担任四镇的节度副使。

吐蕃把女儿嫁给小勃律王为妻子，以及小勃律旁边的20多个小国，全都归附吐蕃，不向唐朝进贡。前后任的节度使都曾讨伐他，都不能获胜。皇上下令以高仙芝为行营节度使，率1万骑兵去讨伐。从安西行军400多天，就到达特勒满川，把军队分为三路，约定在七月十三日在吐蕃连云堡下会合。连云堡有兵将近1万人，没有想到唐朝的大军突然来到，十分惊慌，都倚恃山险来抵抗作战，炮石和檑木像雨点一般往下落。高仙芝以郎将高陵李嗣业为陌刀（即长刀）将军，命令他说："不待中午，必须要把敌人击溃。"李嗣业拿着一竿大旗，带领陌刀手从险要的地方先爬上山来奋力作战，自早上7点多开始，到11点以前，就将敌人击溃了，斩了敌人5000首级，抓获1000多人，其余的人都四散逃跑了。天子派来监军的使者边令诚认为进入敌人的领土已经十分深远，害怕不敢再前进。高仙芝就教边令诚用伤病虚弱的3000人防守连云堡，再向前进军。

走了3天后，抵达坦驹岭，向下走了40多里的陡峻山坡，前面有阿弩越城。高仙芝担心士兵们害怕危险，不愿下山攻城，先使人穿上胡人的衣服伪装作阿弩越城的守军前来迎降，说："阿弩越诚心归附唐朝，娑夷水的藤桥已砍断了。"娑夷水就是弱水，水流连草芥都浮不起来。藤桥就是通往吐蕃的路桥。高仙芝伪装着很高兴，士兵们才向山下进发。又过了3天，阿弩越城投降的果然来到。

第二天，高仙芝进入阿弩越城，派将军席元庆率1000骑兵在前行进，对他说："小勃律听到大军来到，他们君臣和老百姓肯定逃到山谷里去，您只管把他们喊叫出来，拿缯和帛说明是皇上的命令赏赐给他们；大臣出来了，要全部绑起来等我发落。"席元庆按吩咐去做，把大臣都捆绑起来。国王及吐蕃公主逃到石洞里，抓不到他们。高仙芝到了以后，把附从吐蕃的几个大臣杀掉。

藤桥离城有60里远，高仙芝急忙派席元庆去砍它。刚把桥砍断，吐蕃的大兵已来到，但已经来不及了。藤桥宽有一箭之远，竭力修筑，也要一整年才能完成。

八月，高仙芝擒获了小勃律王和吐蕃公主回来。九月，到达连云堡，与边令诚会合。月底，到达播密川，派使者向皇上奏报经过。

行到白马河西，夫蒙灵察由于高仙芝没有先和自己说就直接向皇上奏报，十分生气，没有任何的迎接和慰劳，骂高仙芝道："吃狗屎的高丽奴才！你的官职是由于谁而获得，却不等我处分就擅自向皇上奏上捷书！高丽奴才，你的罪过应该杀掉，只是因为你刚立了战功，我不忍杀你而已！"高仙芝只是自己承认有罪。边令诚向皇上报告高仙芝深入敌国万里，建立大功，现在早晚都惧怕被杀害。

高仙芝像

天宝八载（己丑、749年）

春，二月，戊申，引百官观左藏，赐帛有差。是时州县殷富，仓库积粟帛，动以万计。杨钊奏请所在粜变为轻货，及征丁租地税皆变布帛输京师；屡奏帑藏充牣，古今罕俦，故上帅群臣观之，赐钊紫衣金鱼以赏之。上以国用丰衍，故视金帛如粪壤，赏赐贵宠之家，无有限极。

夏，四月，咸宁太守赵奉璋告李林甫罪二十余条；状未达，林甫知之，讽御史逮捕，以为妖言，杖杀之。

先是，折冲府皆有木契、铜鱼，朝廷徵发，下敕书、契、鱼，都督、郡府参验皆合，然后遣之。自募置𬭲骑，府兵日益堕坏，死及逃亡者，有司不复点补；其六驮马牛、器械、糗粮，耗散略尽。府兵入宿卫者，谓之侍官，言其为天子侍卫也。其后本卫多以假人，役使如奴隶；长安人羞之，至以相诟病。其戍边者，又多为边将苦使，利其死而没其财。由是应为府兵者皆逃匿，至是无兵可交。五月，癸酉，李林甫奏停折冲府上下鱼书；是后府兵徒有官吏而已。其折冲、果毅，又历年不迁，士大夫亦耻为之。其𬭲骑之法，天宝以后，稍亦变废，应募者皆市井负贩、无赖子弟，未尝习兵。时承平日久，议者多谓中国兵可销，于是民间挟兵器者有禁；子弟为武官，父兄摈不齿。猛将精兵，皆聚于西北，中国无武备矣。

太白山人李浑等上言见神人，言金星洞有玉板石记圣主福寿之符，命御史中丞王铁入仙游谷求而获之。上以符瑞相继，皆祖宗休烈，六月，戊申，上圣祖号曰大道玄元皇帝，上高祖谥曰神尧大圣皇帝，太宗谥曰文武大圣皇帝，高宗祖谥曰天皇大圣皇帝，中宗谥曰孝和大圣皇帝，睿宗谥曰玄真大圣皇帝，窦太后以下皆加谥曰顺圣皇后。

辛亥，刑部尚书、京兆尹萧炅坐赃左迁汝阴太守。

上命陇右节度使哥舒翰帅陇右、河西及突厥阿布思兵，益以朔方、河东兵，凡六万三千，攻吐蕃石堡城。其城三面险绝，惟一径可上，吐蕃但以数百人守之，多贮粮食，积檑木及石。唐兵前后屡攻之，不能克。翰进攻数日不拔，召裨将高秀岩、张守瑜，欲斩之，二人请三日期可克，如期拔之，获吐蕃铁刃悉诺罗等四百人，唐士卒死者数万，果如王忠嗣之言。顷之，翰又遣兵于赤岭西开屯田，以谪卒二千戍龙驹岛，冬冰合，吐蕃大集，戍者尽没。

丙寅，上谒太清宫。丁卯，群臣上尊号曰开元天地大宝圣文神武应道皇帝，赦天下。禘、祫自今于太清宫圣祖前设位序正。

【译文】
天宝八载（己丑、749 年）
春，二月，戊申日（十三日），皇上率领百官视察左藏，赏赐绢帛各有不同。此时州、县十分富足，仓库里积聚的米粮和绢帛，时常有好多万。杨钊奏请皇上命令各州县把所在地所积聚的米粮卖出转变为轻货，连同所征收的丁租地税统统转变为布帛运缴京师；并多次奏称国库财货充足，古今少有匹敌，因而皇上才带领百官来察看。赏赐杨钊紫衣金鱼以嘉奖他。皇上因为国家财货丰饶，所以看金银财帛如同粪土一样，赏赐富贵宠爱的家族，没有限度。

夏，四月，咸宁太守赵奉璋告李林甫罪过20多条。状子没有送到，李林甫就知晓了，讽示御史逮捕他，以为妖言惑众，将他用木棍打死。

在以前，折冲府都有木契、铜鱼，朝廷假使要征调军队，就下敕书和木契铜鱼，都督、郡府会同检验，木契铜鱼都符合，然后才派军队。自从招募设立𬴂骑，府兵就日渐衰败，死亡的与逃跑的，主管官员不再点召补充。所用的六驮马（十人为火，火备六驮马）和牛、器械、干粮等，全都散失消耗尽了。府兵入朝防卫宫廷的，叫做侍官，就是说他是为天子守卫的人。后来各卫所的长官，又多把士卒借给其他人，被人当奴隶一样地役使；长安人以为很可耻，以至在开玩笑时经常笑话他们。那些戍守边疆的士卒，又多被守边的将军所劳役指使，待他们死后好没收他们的财产。因此应当当府兵的都潜逃躲避，到这时就无兵可交与朝廷了。五月，癸酉日（初十），李林甫奏请停止折冲府和朝廷间的上下铜鱼和敕书；自此以后，府兵就只剩官吏了。军中的折冲、果毅又经过许多年都不升迁，士大夫也耻于担任那个官职。而𬴂骑的法度，到天宝以后，也逐渐废弛，应募参军的都是一些乡野肩担小贩和无业游民，从未学习过军事技能。当时天下太平已很久，许多人谈及此事都以为中原的兵器可以销毁，因此就禁止民间私藏兵器。家中的子弟假如去做武官，父兄就排斥看不起他。猛将精兵都聚集在西北边境，中原一带就没有武备了。

太白山人李浑上书说曾经看到神人，说在金星洞有玉板石记载着圣主福寿的符命。皇上命令御史中丞王鉷到仙游谷去寻求而得到了。皇上认为符命瑞应接连出现，都是祖宗的美德和功业。六月，戊申日（十五日），尊圣祖的称号为大道玄元皇帝，尊高祖的谥号为神尧大圣皇帝，太宗谥号为文武大圣皇帝，高宗谥号为天皇大圣皇帝，中宗谥号为孝和大圣皇帝，睿宗谥号为玄真大圣皇帝，窦太后以下都加谥号为顺圣皇后。

辛亥日（十八日），刑部尚书、京兆尹萧炅由于贪赃获罪，贬为汝阴太守。皇上命令陇右节度使哥舒翰统帅陇右、河西和突厥阿布思的军队，再加上朔方、河东的军队，一共达6万3千人，攻打吐蕃石堡城。该城三面极其险要，只有一条小道可以上通。吐蕃只用几百人防守，多贮积粮食，积聚檑木和滚石，唐朝的军队前后多次进攻，都不能获胜。哥舒翰攻了好几天都不能攻下，就把副将高秀岩、张守瑜叫了来，要杀他们。二人要求3日期限可以攻下；结果如期攻克，虏获吐蕃铁刃悉诺罗等400人，唐朝士卒战死的达有好几万人，果真像王忠嗣所说的那样。不久，哥舒翰又派兵在赤岭以西开垦屯田，用贬谪士卒2000人戍守龙驹岛；冬天河里结冰，吐蕃大军会集攻打，戍守的人全都战死。

丙寅日（初四），皇上拜谒太清宫（老子庙）。丁卯日（初五），群臣上尊号为开元天地大宝神文神武应道皇帝，大赦天下。禘祭、祫祭祖先，从今以后在太清宫圣祖前依昭穆次序设立神位。

唐纪三十三　玄宗至道大圣大明孝皇帝下之下
十三载（甲午、754年）

春，正月，己亥，安禄山入朝。是时杨国忠言禄山必反，且曰："陛下试召之，必不来。"上使召之，禄山闻命即至。庚子，见上于华清宫，泣曰："臣本胡人，陛下宠擢至此，为国忠所疾，臣死无日矣！"上怜之，赏赐巨万，由是益亲信禄山，国忠之言不能入矣。太子亦知禄山必反，言于上，上不听。

上欲加安禄山同平章事，已令张垍草制。杨国忠谏曰："禄山虽有军功，目不知书，岂可为宰相！制书若下，恐四夷轻唐。"上乃止。乙巳，加禄山左仆射。

安禄山求兼领闲厩、群牧；庚申，以禄山为闲厩、陇右群牧等使。禄山又求兼总监；壬戌，兼知总监事。禄山奏以御史中丞吉温为武部侍郎，充闲厩副使，杨国忠由是恶温。禄山密遣亲信选健马堪战者数千匹，别饲之。

二月，壬申，上朝献太清宫，上圣祖尊号曰大圣祖高上大道金阙玄元大皇太帝。癸酉，享太庙，上高祖谥曰神尧大圣光孝皇帝，太宗谥曰文武大圣大广孝皇帝，高宗谥曰天皇大圣大弘孝皇帝，中宗谥曰孝和大圣大昭孝皇帝，睿宗谥曰玄真大圣大兴孝皇帝，以汉家诸帝皆谥孝故也。甲戌，群臣上尊号曰开元天地大宝圣文神武证道孝德皇帝。赦天下。

丁丑，杨国忠进位司空；甲申，临轩册命。

己丑，安禄山奏："臣所部将士讨奚、契丹、九姓、同罗等，勋效甚多，乞不拘常格，超资加赏，仍好写告身付臣军授之。"于是除将军者五百余人，中郎将者二千余人。禄山欲反，故先以此收众心也。

三月，丁酉朔，禄山辞归范阳。上解御衣以赐之，禄山受之惊喜。恐杨国忠奏留之，疾驱出关。乘船沿河而下，令船夫执绳板立于岸侧，十五里一更，昼夜兼行，日数百里，过郡县不下船。自是有言禄山反者，上皆缚送，由是人皆知其将反，无敢言者。

禄山之发长安也，上令高力士饯之长乐坡，及还，上问："禄山慰意乎？"对曰："观其意怏怏，必知欲命为相而中止故也。"上以告国忠，曰："此议他人不知，必张垍兄弟告之也。"上怒，贬张均为建安太守，垍为卢溪司马，垍弟给事中埱为宜春司马。

六月，乙丑朔，日有食之，不尽如钩。

侍御史、剑南留后李宓将兵七万击南诏。阁罗凤诱之深入，至大和城，闭壁不战。宓粮尽，士卒罹瘴疫及饥死什七八，乃引还，蛮追击之，宓被擒，全军皆没。杨国忠隐其败，更以捷闻，益发中国兵讨之，前后死者几二十万人；无敢言者。上尝谓高力士曰："朕今老矣，朝事讨之宰相，边事付之诸将，夫复何忧！"力士对曰："臣闻云南数丧师，又边将拥兵太盛，陛下将何以制之！臣恐一旦祸发，不可复救，何得谓无忧也！"上曰："卿勿言，朕徐思之。"

杨国忠忌陈希烈，希烈累表辞位；上欲以武部侍郎吉温代之，国忠以温附安禄山，奏言不可；以见素为武部尚书、同平章事。

自去岁水旱相继，关中大饥。杨国忠恶京兆尹李岘不附己，以灾沴归咎于岘，九月，贬长沙太守。岘，祎之子也。上忧雨伤稼，国忠取禾之善者献之，曰："雨虽多，不害稼也。"上以为然。扶风太守房琯言所部水灾，国忠使御史推之。是岁，天下无敢言灾者。高力士侍侧，上曰："淫雨不已，卿可尽言。"对曰："自陛下以权假宰相，赏罚无章，阴阳失度，臣何敢言！"上默然。

河东太守兼本道采访使韦陟，斌之兄也，文雅有盛名，杨国忠恐其入相，使人告陟赃污事，下御史按问。陟赂中丞吉温，使求救于安禄山，复为国忠所发。闰月，壬寅，贬陟桂岭尉，温澧阳长史。安禄山为温讼冤，且言国忠谗疾。上两无所问。

是岁，户部奏天下郡三百二十一，县千五百三十八，乡万六千八百二十九，户九百六万九千一百五十四，口五千二百八十八万四百八十八。

【译文】

天宝十三载 （甲午、754年）

春，正月，己亥日（初三），安禄山入朝。那时杨国忠说安禄山肯定叛乱，并且说："陛下假如召他进京，他肯定不敢来。"皇上派人召安禄山，安禄山接到命令后立刻赶到。庚子日（初四），在华清宫觐见皇上，流着泪说："臣本来是胡人，承蒙陛下宠爱提拔如此之大，因而被杨国忠嫉恨，臣不知那一天就要被杀掉！"皇上很可怜他，赏赐财物万计。从此以后更加亲信安禄山，而杨国忠的话就不再听信了。太子也知道安禄山肯定造反，也向皇上报告，皇上就是不听。

皇上想要加安禄山同平章事，已命令张垍写好诏书。杨国忠谏道："安禄山虽然有军功，但是他不认识字，怎么可以做宰相！诏书假如颁下，担心四夷轻视唐朝。"皇上才罢。乙巳日（初九），加安禄山左仆射。

安禄山请求兼任闲厩及群牧使。庚申日（二十四日），命安禄山兼任闲厩和陇右群牧等使。安禄山又请求兼任总监；壬戌日（二十六日），命兼管总监的事务。安禄山又上奏请以御史中丞吉温为武部侍郎，代闲厩副使，杨国忠因此讨厌吉温。安禄山秘密地派亲信的人到马厩里挑选好几千匹强壮能够作战的马，放在其他的地方喂养。

二月，壬申日（初六），皇上朝拜祭祀太清宫，上圣祖尊号为大圣祖高上大道金阙玄元大皇大帝。癸酉日（初七），祭奠太庙，上高祖谥号为圣尧大圣光孝皇帝、太宗谥号为文武大圣大广孝皇帝、高宗谥号为天皇大圣大弘孝皇帝、中宗谥号为孝和大圣大昭孝皇帝、睿宗谥号为玄真大圣大兴孝皇帝，由于汉朝各个皇帝的谥号上都有孝字的缘故。甲戌日（初八），群臣上尊号为开元天地大宝圣文神武证道孝德皇帝。大赦天下。

丁丑日（十一日），杨国忠升为司空；甲申日（十八日），皇上临轩槛宣读册文而委任他。

己丑日（二十三日），安禄山上奏章说："臣所统帅的将官与士卒，讨伐奚、契丹、九姓、同罗等部族，功劳十分多，请不要受常规的限制，超越资历加重赏赐，才好写告身付与臣军交给他们。"于是升为将军的有500余人，升为中郎将的有2000多人。安禄山准备造反，所以先用这个方法来收买众人的心意。

三月，丁酉朔日（初一），安禄山辞别皇上到范阳去。皇上脱下身上的衣服赏赐给他，安禄山接受了以后十分欢喜。恐怕杨国忠向皇上奏明将他留在京师，很快地跑出潼关，坐着船顺着黄河向下航行，教船夫手执绳板站在岸边拉船，50里换一次班，日夜兼程赶路，每天行走好几百里，路过郡县都不下船。此后凡是有人说安禄山要造反，皇上都把他捆起来送交法官审问。因此人都知道安禄山将要叛乱，但是无人敢说。

安禄山从长安动身回范阳的时候，皇上命令高力士在长乐坡给他饯行。等到高力士回宫，皇上问他："安禄山满意了吗？"回答说："看他的心情闷闷不乐，肯定知道了要任命他做宰相而又中止的缘故。"皇上把此事告诉杨国忠，杨国忠说："这个计划别人不知道，肯定是张垍兄弟告诉他的。"皇上十分生气，把张均贬为建安太守，张垍贬为卢溪司马，张垍的弟弟给事中张垓贬为宜春司马。

六月，乙丑朔日（初一），出现日蚀，没有蚀尽，太阳剩下像钩一样的弧形。

侍御史、剑南留后李宓将兵7万人进攻南诏。阁罗凤引诱他深入，到了大和城，紧闭营垒不与他交战。李宓的军粮吃光了，士兵们患瘴疠病及饥饿而死的有十分之七八，于是就率兵回来。蛮兵从后追击，李宓被俘虏，几乎全军覆没。杨国忠掩盖李宓战败的事实，反而以战胜的假消息向皇上报告，于

高力士像

是再增派兵力去讨伐南诏，前后战死的将近20万人，无人敢向皇上奏明此事。皇上曾经对高力士说："朕如今老了，朝廷的事情全都交付宰相，边疆的事情都交付各位将军，还有什么可担心的呢！"高力士回答说："臣听说云南多次战败，丧失士卒，而且边疆的守将所拥有的军队太多，陛下将怎样控制他们！臣恐怕一旦祸乱发生了，再也不能挽救，怎么能够说没有担心的事呢！"皇上说："卿不要再说了，朕要仔细考虑此事。"

杨国忠忌恨陈希烈，陈希烈多次上表请辞左相的官职，皇上想用武部侍郎吉温取代他。杨国忠认为吉温心附安禄山，向皇上奏言他不可以代替陈希烈；以韦见素为武部尚书、同平章事。

自从去年水灾旱灾接连发生，关中发生大饥荒。杨国忠厌恶京兆尹李岘不亲附自己，就把水旱灾归怪罪李岘。九月，贬李岘为长沙太守。李岘，是李祎的儿子。皇上担心雨水伤害庄稼，杨国忠就拿良好的禾苗进献，说："雨水虽然多，并没有伤害庄稼。"皇上信以为真。扶风太守房琯向朝廷报告所管辖的地区有水灾，杨国忠就教监察御史去考查审问他。这一年，天下无人敢再报告有水灾了。高力士侍立在皇上的身旁，皇上说："阴雨不停地下着，您能够尽情地说出意见。"高力士回答说："自从陛下把大权借给了宰相，赏罚无常规，阴阳失去节度，臣如何敢说！"皇上默然无语。

河东太守兼任本道采访使韦陟，是韦斌的哥哥，温文儒雅有美好的名声。杨国忠担心他将来会入朝做宰相，便派人告发韦陟贪污的事情，交付御史调查审问。韦陟贿赂御史中丞吉温，叫他向安禄山求救，又被杨国忠所发觉。闰十一月，壬寅日，贬韦陟为桂岭县尉，吉温为澧阳郡长史。安禄山替吉温申冤，而且说杨国忠喜欢用谗言害人。皇上两方面都无所处置。

这一年，户部奏报：天下共有321个郡，1538个县，16829个乡，906成9154户，5288万488人。

天宝十四载（乙未、755年）

二月，辛亥，安禄山使副将何千年入奏，请以蕃将三十二人代汉将，上命立进画，给告身。韦见素谓杨国忠曰："禄山久有异志，今又有此请，其反明矣。明日见素当极言；上未允，公其继之。"国忠许诺。壬子，国忠、见素入见，上迎谓曰："卿等有疑禄山之意邪？"见素因极言禄山反已有迹，所请不可许，上不悦；国忠逡巡不敢言，上竟从禄山之请。他日，国忠、见素言于上曰："臣有策可坐消禄山之谋。今若除禄山平章事，召诣阙，以贾循为范阳节度使，吕知诲为平卢节度使，杨光翙为河东节度使，则势自分矣。"上从之。已草制，上留不发，更遣中使辅璆琳以珍果赐禄山，潜察其变。璆琳受禄山厚赂，还，盛言禄山竭忠奉国，无有二心。上谓国忠等曰："禄山，朕推心待之，必无异志。东北二虏，藉其镇遏。朕自保之，卿等勿忧也！"事遂寝。

陇右、河西节度使哥舒翰入朝，道得风疾，遂留京师，家居不出。

安禄山归至范阳，朝廷每遣使者至，皆称疾不出迎，盛陈武备，然后见之。裴士淹至范阳，二十余日乃得见，无复人臣礼。杨国忠日夜求禄山反状，使京兆尹围其第，捕禄山客李超等，送御史台狱，潜杀之。禄山子庆宗尚宗女荣义郡主，供奉在京师，密报禄山，禄山愈惧。六月，上以其子成昏，手诏禄山观礼，禄山辞疾不至。秋，七月，禄山表献马三千匹，每匹执控夫二人，遣蕃将二十二人部送。河南尹达奚珣疑有变，奏请"谕禄山以进车马宜俟至冬，官自给夫，无烦本军。"于是上稍寤，始有疑禄山之意。会辅璆琳受赂事亦泄，上托以他事扑杀之。上遣中使冯神威赍手诏谕禄山，如珣策；且曰："朕新为卿作一汤，十月于华清宫待卿。"神威至范阳宣旨，禄山踞床微起，亦不拜，曰："圣人安隐。"又曰："马不献亦可，十月灼然诣京师。"即令左右引神威置馆舍，不复见；数日，遣还，亦无表。神威还，见上，泣曰："臣几不得见大家！"

八月，辛卯，免今载百姓租庸。

冬，十月，庚寅，上幸华清宫。

安禄山专制三道，阴蓄异志，殆将十年，以上待之厚，欲俟上晏驾然后作乱。会杨国忠与禄山不相悦，屡言禄山且反，上不听；国忠数以事激之，欲其速反以取信于上。禄山由是决意遽反，独与孔目官、太仆丞严庄、掌书记、屯田员外郎高尚、将军阿史那承庆密谋，自余将佐皆莫之知，但怪其自八月以来，屡飨士卒，秣马厉兵而已。会有奏事官自京师还，禄山诈为敕书，悉召诸将示之曰："有密旨，令禄山将兵入朝讨杨国忠，诸君宜即从军。"众愕然相顾，莫敢异言。十一月，甲子，禄山发所部兵及同罗、奚、契丹、室韦凡十五万众，号二十万，反于范阳。命范阳节度副使贾循守范阳，平卢节度副使吕知诲守平卢，别将高秀岩守大同；诸将皆引兵夜发。

诘朝，禄山出蓟城南，大阅誓众，以讨杨国忠为名，榜军中曰："有异议扇动军人者，斩及三族！"于是引兵而南。禄山乘铁舆，步骑精锐，烟尘千里，鼓噪震地。时海内久承平，百姓累世不识兵革，猝闻范阳兵起，远近震骇。河北皆禄山统内，所过州县，望风瓦解，守令或开门出迎，或弃城窜匿，或为所擒戮，无敢拒之者。禄山先遣将军何千年、高邈将奚骑二十，声言献射生手，乘驿诣太原。乙丑，北京副留守杨光翙出迎，因劫之以去。太原具言其状。东受降城亦奏禄山反。上犹以为恶禄山者诈为之，未之信也。

庚午，上闻禄山定反，乃召宰相谋之。杨国忠扬扬有德色，曰："今反者独禄山耳，将士皆不欲也。不过旬日，必传首诣行在。"上以为然，大臣相顾失色。上遣特进毕思琛诣东京，金吾将军程千里诣河东，各简募数万人，随便团结以拒之。辛未，安西节度使封常清入朝，上问以讨贼方略，常清大言曰："今太平积久，故人望风惮贼，然事有逆顺，势有奇变，臣请走马诣东京，开府库，募骁勇，挑马箠渡河，计日取逆胡之首献阙下！"上悦。壬申，以常清为范阳、平卢节度使。常清即日乘驿诣东京募兵，旬日，得六万人；乃断河阳桥，为守御之备。

置河南节度使，领陈留等十三郡，以卫尉卿猗氏张介然为之。以程千里为潞州长史。诸郡当贼冲者，始置防御使。

丁丑，以荣王琬为元帅，右金吾大将军高仙芝副之，统诸军东征。出内府钱帛，于京师募兵十一万，号曰天武军，旬日而集，皆市井子弟也。

十二月，丙戌，高仙芝将飞骑、彍骑及新募兵、边兵在京师者合五万人，发长安。上遣宦者监门将军边令诚监其军，屯于陕。

丁亥，安禄山自灵昌度河，以缉约败船及草木横绝河流，一夕，冰合如浮梁，遂陷灵昌郡。禄山步骑散漫，人莫知其数，所过残灭。张介然至陈留才数日，禄山至，授兵登城，众恟惧，不能守。庚寅，太守郭纳以城降。禄山入北郭，闻安庆宗死，恸哭曰："我何罪，而杀我子！"时陈留将士降者夹道近万人，禄山皆杀之以快其忿；斩张介然于军门。以其将李庭望为节度使，守陈留。

壬辰，上下制欲亲征，其朔方、河西、陇右兵留守城堡之外，皆赴行营，令节度使自将之；期二十日毕集。

禄山声势益张，以其将田承嗣、安忠志、张孝忠为前锋。封常清所募兵皆白徒，未更训练，屯武牢以拒贼；贼以铁骑蹂之，官军大败。常清收余众，战于葵园，又败；战上东门内，又败。丁酉，禄山陷东京，贼鼓噪自四门入，纵兵杀掠。常清战于都亭驿，又败；退守宣仁门，又败；乃自苑西坏墙西走。

河南尹达奚珣降于禄山。留守李憕谓御史中丞卢奕曰："吾曹荷国重任，虽知力不敌，必死亡！"奕许诺。憕收残兵数百，欲战，皆弃憕溃去；憕独坐府中。奕先遣妻子怀印间道走长安，朝服坐台中，左右皆散。禄山屯于闲厩，使人执憕、奕及采访判官蒋清，皆杀之。奕骂禄山，数其罪，顾贼党曰："凡为人当知逆顺。我死不失节，夫复何恨！"憕，文水人；奕，怀慎之子；清，钦绪之子也。禄山以其党张万顷为河南尹。

封常清帅余众至陕，陕郡太守窦廷芝已奔河东，吏民皆散。常清谓高仙芝曰："常清连日血战，贼锋不可当。且潼关无兵，若贼豕突入关，则长安危矣。陕不可守，不如引兵先据潼关以拒之。"仙芝乃帅见兵西趣潼关。贼寻至，官军狼狈走，无复部伍，士马相腾践，死者甚众。至潼关，修完守备，贼至，不得入而去。禄山使其将崔乾祐屯陕，临汝、弘农、济阴、濮阳、云中郡皆降于禄山。是时，朝廷徵兵诸道，皆未至，关中恟惧。会禄山方谋称帝，留东京不进，故朝廷得为之备，兵亦稍集。

禄山以张通儒之弟通晤为睢阳太守，与陈留长史杨朝宗将胡骑千余东略地，郡县官多望风降走，惟东平太守嗣吴王祗、济南太守李随起兵拒之。祗，祎之弟也。郡县之不从贼者，皆倚吴王为名。单父尉贾贲帅吏民南击睢阳，斩张通晤。李庭望引兵欲东徇地，闻之，不敢进而还。

庚子，以永王璘为山南节度使，江陵长史源洧为之副；颍王璬为剑南节度使，蜀郡长史崔圆为之副。二王皆不出阁。洧，光裕之子也。

上议亲征，辛丑，制太子监国，谓宰相曰："朕在位垂五十载，倦于忧勤，去秋已欲传位太子；值水旱相仍，不欲以余灾遗子孙，淹留俟稍丰。不意逆胡横发，朕当亲征，且使之监国。事平之日，朕将高枕无为矣。"杨国忠大惧，退谓韩、虢、秦三夫人曰："太子素恶吾家专横久矣，若一旦得天下，吾与姊妹并命在旦暮矣！"相与聚哭。使三夫人说贵妃，衔土请命于上；事遂寝。

颜真卿召募勇士，旬日至万余人，谕以举兵讨安禄山，继以涕泣，士皆感愤。禄山使其党段子光赍李憕、卢奕、蒋清首徇河北诸郡，至平原，壬寅，真卿执子光，腰斩以徇；取三人首，续以蒲身，棺敛葬之，祭哭受吊。禄山以海运使刘道玄摄景城太守，清池尉贾载、盐山尉河内穆宁共斩道玄，得其甲仗五十余船；携道玄首谒长史李暐，暐收严庄宗族，悉诛之。是日，送道玄首至平原。真卿召载、宁及清河尉张澹诣平原计事。饶阳太守卢全诚据城不受代；河间司法李奂杀禄山所署长史王怀忠；李随遣游奕将訾嗣贤济河，杀禄山所署博平太守马冀；各有众数千或万人，共推真卿为盟主，军事皆禀焉。禄山使张献诚将上谷、博陵、常山、赵郡、文安五郡团结兵万人围饶阳。

高仙芝之东征也，监军边令诚数以事干之，仙芝多不从。令诚入奏事，具言仙芝、常清桡败之状，且云："常清以贼摇众，而仙芝弃陕地数百里，又盗减军士粮赐。"上大怒，癸卯，遣令诚赍敕即军中斩仙芝及常清。初，常清既败，三遣使奉表陈贼形势，上皆不之见。常清乃自驰诣阙，至渭南，敕削其官爵，令还仙芝军，白衣自效。常清草遗表曰："臣死之后，望陛下不轻此贼，无忘臣言！"时朝议皆以为禄山狂悖，不日授首，故常清云然。令诚至潼关，先引常清，宣敕示之；常清以表附令诚上之。常清既死，陈尸蘧蒢。仙芝还，至听事，令诚索陌刀手百余人自随，乃谓仙芝曰："大夫亦有恩命。"仙芝遽下，令诚宣敕。仙芝曰："我遇敌而退，死则宜矣。今上戴天，下履地，谓我盗减粮赐则诬也。"时士卒在前，皆大呼称枉，其声振地，遂斩之。以将军李承光摄领其众。

河西、陇右节度使哥舒翰病废在家，上藉其威名，且素与禄山不协，召见，拜兵马副元帅，将兵八万以讨禄山；仍敕天下四面进兵，会攻洛阳。翰以病固辞，上不许，以田良丘为御史中丞，充行军司马，起居郎萧昕为判官，蕃将火拔归仁等各将部落以从，并仙芝旧卒，号二十万，军于潼关。翰病，不能治事，悉以军政委田良丘，良丘复不敢专决，使王思礼主骑，李承光主步，二人争长，无所统壹。翰用法严而不恤，士卒皆懈弛，无斗志。

颜杲卿将起兵，参军冯虔、前真定令贾深，藁城尉崔安石、郡人翟万德、内丘丞张通幽皆预其谋；又遣人语太原尹王承业，密与相应。会颜真卿自平原遣杲卿甥卢逖潜告杲卿，欲连兵断禄山归路，以缓其西入之谋。时禄山遣其金吾将军高邈诣幽州征兵，未还，杲卿以禄山命召李钦凑，使帅众诣郡受犒赏；丙午，薄暮，钦凑至，杲卿使袁履谦、冯虔等携酒食妓乐往劳之，并其党皆大醉，乃断钦凑首，收其甲兵，尽缚其党，明日，斩之，悉散井陉之众。有顷，高邈自幽州还，且至藁城，杲卿使冯虔往擒之。南境又白何千年自东京来，崔安石

颜杲卿像

与翟万德驰诣醴泉驿迎千年，又擒之，同日致于郡下。千年谓杲卿曰："今太守欲输力王室，既善其始，当慎其终。此郡应募乌合，难以迎敌，宜深沟高垒，勿与争锋。俟朔方军至，并力齐进，传檄赵、魏，断燕、蓟要膂，彼则成擒矣。今且宜声云：'李光弼引步骑一万出井陉'，因使人说张献诚云：'足下所将多团练之人，无坚甲利兵，难以当山西劲兵，献诚必解围遁去。此亦一奇也。'"杲卿悦，用其策，献诚果遁去，其团练兵皆溃。杲卿乃使人入饶阳城，慰劳将士。命崔安石等徇诸郡云："大军已下井陉，朝夕当至，先平河北诸郡。先下者赏，后至者诛！"于是河北诸郡响应，凡十七郡皆归朝廷，兵合二十余万；其附禄山者，唯范阳、卢龙、密云、渔阳、汲、邺六郡而已。

杲卿又密使人入范阳召贾循，郏城人马燧说循曰："禄山负恩悖逆，虽得洛阳，终归夷灭，公若诛诸将之不从命者，以范阳归国，倾其根柢，此不世之功也。"循然之，犹豫不时发。别将牛润容知之，以告禄山，禄山使其党韩朝阳召循，朝阳至范阳，引循屏语，使壮士缢杀之，灭其族；以别将牛廷玠知范阳军事。史思明、李立节将蕃、汉步骑万人击博陵、常山。马燧亡入西山；隐者徐遇匿之，得免。

初，禄山欲自将攻潼关，至新安，闻河北有变而还。蔡希德将兵万人自

河内北击常山。

是岁，吐蕃赞普乞梨苏笼猎赞卒，子娑悉笼猎赞立。

【译文】

天宝十四载 （乙未、755年）

二月，辛亥日（二十二日），安禄山派副将何千年上朝奏事，要求用蕃将32人代替汉将。皇上命令中书省即刻下敕书，由自己签署实行，给予委任状。韦见素对杨国忠说："安禄山长期以来一直有异心，如今又有这个请求，他造反的意图十分明白了。明天见素将极力进谏；皇上如果不听取，您要接着进谏。"杨国忠应许。壬子日（二十三日），杨国忠、韦见素入朝觐见，皇上迎着他们说："卿等有怀疑安禄山之心吗？"韦见素便竭力述说安禄山叛乱已经有了迹象，但他的请求没有被答应。皇上心中很不高兴。杨国忠畏缩不前不敢进谏，皇上终于答应了安禄山的请求。有一天，杨国忠、韦见素对皇上说："臣有计策可以靠闲坐着而消除安禄山的阴谋。如今如果任命安禄山为平章事，召他回朝，任命贾循为范阳节度使，吕知诲为平卢节度使，杨光翙为河东节度使，那么势力自然就分散了。"皇上听从了。已经把诏书写好了，皇上留着没有发出去，又派宫中使者辅璆琳带着珍贵的水果赏赐安禄山，暗地观察他的变化。辅璆琳接受安禄山贵重的贿赂，返回朝廷，竭力说安禄山精忠报国，没有二心。皇上对杨国忠等人说："安禄山，朕用至诚之心对待他，肯定没有异心。东北两方面的敌人，依仗他来镇压遏制。朕自己保证安禄山不反，卿等不必担心！"事情因而罢休不再讨论。

陇右、河西节度使哥舒翰入朝，在路上得了风湿病，因而就留在京师，待在家中不出来。

安禄山返回范阳，朝廷每次派使者去，都借口生病，不出来迎接。大量陈设武备，然后才出来接见。裴士淹到了范阳20多天才得到接见，不再有人臣的礼节。杨国忠日夜寻找安禄山造反的证据，派京兆尹包围他的宅第，逮捕安禄山的门客李超等人，送到御史台监狱，暗地里把他杀掉。安禄山的儿子安庆宗娶宗室女荣义郡主，在京师为太仆卿，得随供奉官班见朝，秘密地告诉安禄山，安禄山愈加害怕。六月，皇上因为他的儿子要成婚，亲自写诏书命安禄山到朝观礼，安禄山托词生病而不来。秋，七月，安禄山上表要求献马3000匹，每匹马用马童2人，派蕃将22人分部遣送。河南尹达奚珣疑心他有变诈，奏请皇上"晓谕安禄山，进献车马应当等到冬天，政府自有马夫，不必麻烦自己的军队。"于是皇上逐渐省悟，开始怀疑安禄山。恰好逢辅璆琳接受安禄山贿赂的事情也泄露出来，皇上假借其他罪过把他杀了。皇上派宫中使者冯神威带着亲手写的诏书晓谕安禄山，如达奚珣的计策，并且说："朕最近为卿做了一个温泉，到十月在华清宫里等待卿来。"冯神威到范阳宣读圣旨，安禄山蹲踞在胡床上，微微起身，也不跪拜，说："圣上平安吗？"又说："马不进献也可以，十月一定到京师去。"就命令左右带领冯神威进入驿馆，不再接见他。过了几天，遣冯神威回朝，也无谢恩的表文。冯神威回来，见了皇上哭泣着说："臣差不多不能再见到皇上！"

八月，辛卯日（初四），免掉今年老百姓的租、庸赋税。

冬，十月，庚寅日（初四），皇上驾临华清宫。

安禄山独自控制范阳、平卢、河东三道之地，暗地蓄藏异志，大约10年。由于皇上对待他十分优厚，想等到皇上死后再作乱。及至杨国忠和安禄山二人交情不好，多次说安禄山将叛乱，皇上不信；杨国忠好几次用事情刺激他，想要他快些叛乱以取得皇上的信任。安禄山因而决心尽快造反，单独与孔目官、太仆丞严庄、掌书记、屯田员外郎高尚、将军阿史那承庆秘密商量，其他的将军和佐贰官都不知情，只是对于从八月以来，多次宴飨士卒，秣马厉兵感到奇怪而已。恰好逢有向皇上奏事的官员从京师回来，安禄山就伪造皇上的敕书，召集全部的将军出示给他们看，说："有秘密的圣旨，命令禄山入朝讨伐杨国忠，诸位将军应该马上从军出征。"众人你看我我看你非常惊讶，没有一个人敢提出异议。十一月，甲子日（初九），安禄山发动所统帅的部队和同罗、奚、契丹、室韦等士卒，一共有50万人，号称20万，在范阳叛乱。命令范阳节度副使贾循留守范阳，平卢节度副使吕知诲留守平卢，别将高秀岩留守大同。所有的将军都率兵夜晚出发。

次日早晨，安禄山到蓟城南，阅兵训话，以讨杨国忠为借口，出榜揭示军中说："有异议煽动军心的，杀戮三族！"于是率兵向南进发。安禄山坐着铁制的车子，步兵和骑兵都很精良，烟雾和尘土飞扬千里，鼓声和喧哗的声音震动大地。当时天下很久以来都处太平时代，老百姓好几代都没有经历过战争。忽然听到安禄山从范阳举兵叛乱，不管远处和近处的人都很震惊。河北道在安禄山统辖以内的地区，所经过的州县，只要望见他的风尘就崩溃了。守城的太守和县令，有的大开城门，出来迎接；有的抛弃城池，逃窜藏匿，有的人被他俘虏杀掉，没有人敢抵御他。安禄山先派遣将军何千年、高邈率领奚部的骑兵20人，声言进献擅长射箭的兵卒，乘驿车进至太原。乙丑日（初十），北京副留守杨光翙出城迎接，因而就将他劫持而去。太原把实情向朝廷详细报告。东受降城也奏报安禄山已叛乱。皇上还以为是讨厌安禄山的人假造的谣言，不肯相信。

庚午日（十五日），皇上听说安禄山真的已经叛乱，才召请宰相来商议此事。杨国忠得意扬扬地说："现在造反的，只有安禄山一个人，将军和士卒都不想叛乱。不过10天，肯定把安禄山的头颅送来。"皇上信以为真，大臣们面面相觑吓得脸色都变了。皇上派特进毕思琛到东京，金吾将军程千里到河东，各挑选招募几万人，各随方便组织训练民兵来抵御叛军。辛未日（十六日），安西节度使封常清入朝，皇上问他讨伐叛贼的方略，封常清夸言说："如今太平时日很久，因而人们看见贼党的风尘就害怕。但是事情有逆理顺理，形势有奇诡变化，臣请骑马飞驰到东京，打开府库金帛武器，招募骁勇善战的人，挥舞着马鞭渡过黄河，不要几天就可斩叛贼的首级送到京城！"皇上十分高兴。壬申日（十七日），以封常清为范阳、平卢节度使。封常清当时就骑驿马到东京招募士卒，10天募得6万人；从而砍断河阳桥，作为防御的准备。

设立河南节度使，统辖陈留等13个郡，以卫尉卿猗氏人张介然为节度使。以程千里为潞州长史。并在首当叛贼冲击的各郡，开始设立防御使。

丁丑日（二十二日），任荣王李琬为元帅，右金吾大将军高仙芝为副元帅，统帅各军东征。拿出宫内府藏的金钱和绢帛，在京师招募士兵11万，号称："天武军"，十天就会集齐备，应募的全部是市井子弟。

十二月，丙戌日（初一），高仙芝率飞骑、彍骑以及新招募的士卒和边疆兵士留在京师的，合计有5万人，从长安出发。皇上派宦者监门将军边令诚监视他的军队，驻扎在陕郡。

丁亥日（初二），安禄山从灵昌渡过黄河，用大绳把破船和草木绑好连接在一起横渡河流。当天晚上，河水结冰把破船草木冻住了像浮桥一样，因此就攻下了灵昌郡。安禄山的步兵和骑兵都十分散乱，人们不知晓他究竟有多少兵马。凡是他的军队经过的地方，都被残杀毁灭。张介然到陈留才几天，安禄山就已到达。张介然发兵器给士卒教他们登城防守，可是大家都很害怕，不能防守。庚寅日（初五），太守郭讷献城投降。安禄山进入城北部，听说安庆宗已被杀掉，恸哭说："我有什么罪，却杀死我的儿子！"当时陈留的将士站在路两旁投降的将近1万人，安禄山把他们全部杀掉来泄愤；在营门前把张介然杀掉。任命他的部将李庭望为节度使，把守陈留。

壬辰日（初七），皇上下制书要亲自征讨安禄山，所有朔方、河西、陇右的士兵留守在城堡外面的，都到节度使的军营，命令节度使亲自率，限期20天全部会齐。

安禄山的声势更加强大，用他的部将田承嗣、安忠志、张孝忠为前锋。封常清所招募的士兵都是平民百姓，未曾经过训练，驻扎在武牢以抵御贼兵。反贼用铁骑蹂躏他，把政府的军队打得大败。封常清收集剩下的士兵，在葵园和他交战，又战败；在洛阳上东门内交战，又被打败。丁酉日（十二日），安禄山攻陷东京，贼兵击鼓喧哗从四方的城门进入，放纵士兵杀人抢劫。封常清在都亭驿和贼兵交战，又战败；退守宣仁门，又失败；就从御苑西边毁坏墙壁向西逃跑。

河南尹达奚珣向安禄山投降。留守李憕对御史中丞卢奕说："我们担当国家的大任，虽然知晓力量敌不过他，必须同他拼一死命！"卢奕答应。李憕收集散兵几百人，将要与叛贼作战，士兵都抛弃李憕散去。李憕独自坐在留守府中。卢奕先打发妻子怀揣官印抄近路急忙跑回长安，自己穿着朝服坐在御史台中，左右的人都已散去。安禄山屯兵在闲厩，派人捉住李憕、卢奕和采访判官蒋清，把他们全都杀掉。卢奕骂安禄山，数他的罪状，看着四周的贼党说："大凡做人，应该知道什么是顺理什么是逆理。我死了不失为人臣的节操，又有什么遗憾呢！"李憕，是文水人；卢奕，是卢怀慎的儿子；蒋清，是蒋钦绪的儿子。安禄山任用他的党徒张万顷为河南尹。

封常清率残兵到达陕城，陕郡太守窦廷芝已经逃到河东去，官吏和百姓都已离散。封常清对高仙芝说："常清一连好几天和敌人血战，贼兵的锋头很强盛，不可抵御。而且潼关没有兵把守，如果贼寇像猪一样唐突入关，那么长安就危险了。陕不可以固守，不如带兵先据有潼关来抵抗他。"高仙芝就带领剩余的兵向西赶到潼关。叛贼不久就到达了，政府军狼狈逃窜，队伍凌乱不堪，士兵和战马互相践踏，死了很多人。到达潼关，修筑好了防备工事，贼兵到了，不能攻入潼关而退去。安禄山教他的部将崔乾佑屯兵在陕，临汝、弘农、济阴、濮阳、云中诸郡，都投降安禄山。这时候，朝廷向诸道征兵，都尚未到达，关中非常危急。恰巧这时安禄山正在计划自称为皇帝，停留在东京没有向前进攻，所以朝廷能够有时间作准备，部队也逐渐会集起来。

安禄山任用张通儒的弟弟张通昭为睢阳太守，同陈留长史杨朝宗将领胡族的骑兵1000多人向东攻取土地，各郡各县的官吏大部分望见风尘就投降或逃跑，只有东平太守嗣吴王李祗、济南太守李随发兵抵抗他。李祗，是李祎的弟弟。各郡县不愿投降叛贼的官吏和百姓，都倚靠吴王为领袖。单父县尉贾贲带领官吏和人民向南进攻睢阳，杀掉了张通晤。李庭望率领兵马要向东攻略土地，知道这个消息，不敢向前进攻就返回了。

庚子日（十五日），任命永王李璘为山南节度使，江陵长史源洧为节度副使；颖王李璬为剑南节度使，蜀郡长史崔圆为节度副使。永王和颖王都不离开宫殿。源洧，是源光裕的儿子。

皇上打算亲自出征，辛丑日（十六日），下诏书命太子监国，对宰相说："朕在位将近50年，厌倦于忧思勤劳。去年秋天就已经想传位给太子。适逢水灾旱灾接连不断，不想让余灾遗累子孙，所以停留很久想等到逐渐富足再传位。没有想到叛逆的胡贼突然叛乱。朕应当亲自征讨，暂且教太子监国。乱事平定的时候，朕将要过清静无为的生活。"杨国忠非常害怕，退朝以后，对韩国、虢国、秦国三夫人说："太子一向讨厌我们杨家专权蛮横，如果有一天他得了天下，我和姐妹们都要在旦夕之间一同被杀掉！"几个人聚集在一起恸哭。教三位夫人游说贵妃，教他衔土向皇上请求。事情因而就停息了。

颜真卿招募勇士，10日内就有1万余人应募。颜真卿向他们申明大义，要起来讨伐安禄山，说着说着，悲痛地抽泣起来。勇士们大受感动，群情激愤。安禄山叫他的党徒段子光带着李憕、卢奕、蒋清的头到河北各郡去徇示，行到平原郡，壬寅日（十七日），颜真卿把段子光逮住，当腰把他砍断，传给百姓观看；而且把3个人的头拿过来，用蒲草编成身体和头连接起来，用棺材成敛，把他们埋葬，祭奠哭泣并接受人们吊祭。安禄山任命海运使刘道玄代理景城太守，清池县尉贾载、盐山县尉河内人穆宁一起把刘道玄杀掉，获得他的盔甲兵器50多船；带着刘道玄的首级去拜见长史李邙，李邙逮捕严庄宗族，把他们全部杀掉。当天，就把刘道玄的首级送到平原。颜真卿召集贾载、穆宁和清河县尉张澹到平原商量事情。饶阳太守卢全诚占据郡城不接受安禄山派来代替郡守的人；河间司法李奂杀掉安禄山所任命的长史王怀忠；李随派游弈将訾嗣贤渡过黄河，杀掉安禄山任命的博平太守马冀；每个人都有士兵数千人或1万人，共同推举颜真卿为盟主，军中的事务全都禀告他。安禄山使张献诚率领上谷、博陵、常山、赵郡、文安五郡的民兵共同围攻饶阳。

高仙芝东征的时候，监军边令诚对事情多次提出建议，高仙芝多不听取。边令诚入朝向皇上奏报事情，详细地叙说高仙芝、封常清失败的情形，并且说："封常清拿叛贼动摇大众的士气，而且高仙芝抛弃陕郡数百里的地方，又偷盗扣减军士的钱粮赏赐。"

颜真卿像

皇上很生气，癸卯日（十八日），派遣边令诚携带着敕书就在军中把高仙芝和封常清杀掉。起初，封常清战败后，多次派遣使者奉表文陈述叛贼的形势，皇上都不接见他。封常清就自己飞驰到京城，走到渭南，皇上下敕书削夺他的官爵，命令他仍回到高仙芝军中，以平民身份效力。封常清写遗表说："臣死以后，希望陛下不要轻视这个叛贼，不要忘记臣所说的话！"当时，朝廷的议论都以为安禄山猖狂背逆，不要几日就要被杀，所以封常清才向皇上这样奏报。边令诚到了潼关，先将封常清叫到面前，向他宣读敕书；封常清把遗表托附边令诚转呈皇上。封常清死了以后，尸首放在芦席上。高仙芝返回来，到办公处，边令诚带着100多个陌刀手，对高仙芝说："大夫也有恩命。"高仙芝马上下来。边令诚宣读敕书。高仙芝说："我遇到敌人而退却，死是应当的。如今头顶皇天，脚履后土，说我偷盗扣减军士的钱量赏赐却是欺罔的！"当时士兵在面前，都大声呼叫冤枉，声音震动大地；因此把高仙芝杀掉。任命将军李承光代领他的部队。

河西、陇右节度使哥舒翰因为风湿病而待在家中，皇上想借重他的威名，而且他又一向同安禄山不和，因而召见他，拜为兵马副元帅，率8万兵马去讨伐安禄山。于是下敕书命令天下从四面进兵，共同进攻洛阳。哥舒翰由于生病，坚决辞谢，皇上不答应；以田良丘为御史中丞，代理行军司马，起居郎萧昕为判官，蕃将火拔归仁等人，各自率领本部落的兵马随从出征，连同高仙芝旧有的士卒，号称20万人，驻扎在潼关。哥舒翰由于生病，不能管理事情，把军政完全委托田良丘。田良丘又不敢独自决定事情，命令王思礼主管骑兵，李承光主管步兵，两个人互争尊长，军令无法统一。哥舒翰对士卒用法严厉而不知爱惜，士卒都松散懈怠，没有斗志。

颜杲卿打算起兵，参军冯虔、前真定县令贾深、藁城县尉崔安石、郡人翟万德、内丘县丞张通幽都参与计划。又派人告诉太原尹王承业，暗地和他相呼应。适逢颜真卿从平原派颜杲卿的外甥卢逖偷偷跑去告诉颜杲卿，想联合两地的兵马断绝安禄山后退的道路，以拖延他向西进攻的计划。当时安禄山派他的金吾将军高邈到幽州去征兵，尚未回来。颜杲卿用安禄山的命令召李钦凑，教他率领部下到郡下接受犒劳赏赐。丙午日（二十二日），傍晚时分，李钦凑来到，颜杲卿派袁履谦、冯虔等人带着酒食妓女和乐团去慰劳他，连同他的党羽全喝得大醉。于是就砍下李钦凑的头，收取他的盔甲和兵器，把他的党羽全都捆缚。第二天，把他们全部杀掉，把驻守在井陉口的士卒全部放走。不久，高邈从幽州回来，将到藁城。颜杲卿派冯虔将他擒获。南部地区又告诉何千年使他从东京来，崔安石和翟万德骑快马到醴泉驿去迎接何千年，又将他擒获，在同一天送到郡下。何千年对颜杲卿说："现在太守想要尽力于王室，开始时工作已经做得很好，应该有一个好的结果。这一个郡里的士卒，都是应募而来的乌合之众，难以临阵对敌；您应当把营外的河沟挖得深深的，把垒壁筑得高高的，不要跟他的强锋相争。等到朔方的军队到达，齐力一齐进攻，发送檄文到赵、魏，教他截断燕、蓟的腰脊。现在应当向外宣扬说：'李光弼率步兵和骑兵1万人通过井陉口，'并趁势派人游说张献诚说：'足下所率的士卒大多是团练民兵，没有坚甲快刀，难以抵御山西的强兵，'张献诚必定解围逃走。这也是一个奇策。"颜杲卿十分高兴，采用他的计谋，张献诚果然逃走了，他所带领的团练民兵也全都散了。颜杲卿就派人进入饶阳城，慰劳将士。命令崔安石等人去经营各郡，并教转告各郡说："大军已攻下井陉口，很快将要到达，先平定河北各郡。先归顺的有赏，后来降的将被杀掉！"于是河北各郡都响应号召，一共有17个郡都又归附朝廷，合计士兵有20万人。仍旧归附安禄山的，只有范阳、卢龙、密云、渔阳、汲、邺6个郡。

颜杲卿又秘密地派人到范阳去招服贾循。陕城人马燧游说贾循说："安禄山身受国家大恩却发动叛乱，虽然他攻下洛阳，最终还是要灭亡。先生如果杀掉不听命的将军，以范阳归附国家，倾覆安禄山的根本，这将是今世少有的大功劳。"贾循认为很对，但是犹豫不决，没有能够及时行动。别将牛润容知道了，向安禄山汇报。安禄山教他的党徒韩朝阳召贾循。韩朝阳到了范阳，将贾循领到无人处说话，派壮士勒死他，把他全族都杀掉了。任命别将牛廷玠主管范阳的军事。史思明、李立节率蕃、汉步兵和骑兵1万人进攻博陵、常山。马燧逃到西山；隐士徐遇把他藏起来，得以免祸。

开始，安禄山要亲自带兵进攻潼关，到了新安，听到河北有了变化就返回来了。蔡希德率领士卒1万人从河北进攻常山。

这一年，吐蕃赞普（君长）乞梨苏笼猎赞死了，他的儿子娑悉笼猎赞继立。

肃宗文明武德大圣大宣孝皇帝上之上
至德元载（丙申、756年）

春，正月，乙卯朔，禄山自称大燕皇帝，改元圣武，以达奚珣为侍中，张通儒为中书令。高尚、严庄为中书侍郎。

李随至睢阳，有众数万。丙辰，以随为河南节度使，以前高要尉许远为睢阳太守兼防御使。濮阳客尚衡起兵讨禄山，以郡人王栖曜为衙前总管，攻拔济阴，杀禄山将邢超然。

颜杲卿使其子泉明、贾深、翟万德献李钦凑首及何千年、高邈于京师。张通幽泣请曰："通幽兄陷贼，乞与泉明偕行，以救宗族。"杲卿哀而许之。至太原，通幽欲自托于王承业，乃教之留泉明等，更其表，多自为功，毁短杲卿，别遣使献之。杲卿起兵才八日，守备未完，史思明、蔡希德引兵皆至城下。杲卿告急于承业，承业既窃其功，利于城陷，遂拥兵不救。杲卿昼夜拒战，粮尽矢竭；壬戌，城陷。贼纵兵杀万余人，执杲卿及袁履谦等送洛阳。王承业使者至京师，玄宗大喜，拜承业羽林大将军，麾下受官爵者以百数。征颜杲卿为卫尉卿。朝命未至，常山已陷。

杲卿至洛阳，禄山数之曰："汝自范阳户曹，我奏汝为判官，不数年超至太守，何负于汝而反邪？"杲卿瞋目骂曰："汝本营州牧羊羯奴，天子擢汝为三道节度使，恩幸无比，何负于汝而反？我世为唐臣，禄位皆唐有，虽为汝所奏，岂从汝反邪！我为国讨贼，恨不斩汝，何谓反也？臊羯狗，何不速杀我！"禄山大怒，并袁履谦等缚于中桥之柱而剐脔之。杲卿、履谦比死，骂不绝口。颜氏一门死于刀锯者三十余人。

　　史思明、李立节、蔡希德既克常山，引兵击诸郡之不从者，所过残灭，于是邺、广平、钜鹿、赵、上谷、博陵、文安、魏、信都等郡复为贼守。饶阳太守卢全诚独不从，思明等围之。河间司法李奂将七千人，景城长史李暐遣其子祀将八千人救之，皆为思明所败。

　　上命郭子仪罢围云中，还朔方，益发兵进取东京；选良将一人分兵先出井陉，定河北。子仪荐李光弼。癸亥，以光弼为河东节度使，分朔方兵万人与之。

　　史思明等围饶阳二十九日，不下，李光弼将蕃、汉步骑万余人、太原弩手三千人出井陉。己亥，至常山，常山团练兵三千人杀胡兵，执安思义出降。光弼谓思义曰："汝自知当死否？"思义不应。光弼曰："汝久更陈行，视吾此众，可敌思明否？今为我计当如何？汝策可取，当不杀汝。"思义曰："大夫士马远来疲弊，猝遇大敌，恐未易当；不如移军入城，早为备御，先料胜负，然后出兵。胡骑虽锐，不能持重，苟不获利，气沮心离，于时乃可图矣。思明今在饶阳，去此不二百里。昨暮羽书已去，计其先锋来晨必至，而大军继之，不可不留意也。"光弼悦，释其缚，即移军入城。史思明闻常山不守，立解饶阳之围，明日未旦，先锋已至，思明等继之，合二万余骑，直抵城下。光弼遣步卒五千自东门出战，贼守门不退。光弼命五百弩于城上齐发射之，贼稍却；乃出弩手千人分为四队，使其矢发发相继，贼不能当，敛军道北。光弼出兵五千为枪城于道南，夹呼沱水而陈；贼数以骑兵搏战，光弼之兵射之，人马中矢者太半，乃退，小憩以俟步兵。有村民告贼步兵五千自饶阳来，昼夜行百七十里，至九门南逢壁，度憩息。光弼遣步骑各二千，偃旗鼓，并水潜行，至逢壁，贼方饭，纵兵掩击，杀之无遗。思明闻之，失势，退入九门。时常山九县，七附官军，惟九门、藁城为贼所据。光弼遣裨将张奉璋以兵五百戍石邑；余皆三百人戍之。

　　上以吴王祗为灵昌太守、河南都知兵马使。贾贲前至雍丘，有众二千。

先是谯郡太守杨万石以郡降安禄山，逼真源令河东张巡使为长史，西迎贼。巡至真源，帅吏民哭于玄元皇帝庙，起兵讨贼，吏民乐从者数千人；巡选精兵千人西至雍丘，与贾贲合。

初，雍丘令令狐潮以县降贼，贼以为将，使东击淮阳救兵于襄邑，破之，俘百余人，拘于雍丘，将杀之，往见李庭望；淮阳兵遂杀守者，潮弃妻子走，故贾贲得以其间入雍丘。庚子，潮引贼精兵攻雍丘；贲出战，败死。张巡力战却贼，因兼领贲众，自称吴王先锋使。

三月，乙卯，潮复与贼将李怀仙、杨朝宗、谢元同等四万余众奄至城下；众惧，莫有固志。巡曰："贼兵精锐，有轻我心。今出其不意击之，彼必惊溃。贼势小折，然后城可守也。"乃使千人乘城；自帅千人，分数队，开门突出。巡身先士卒，直冲贼陈，人马辟易，贼遂退。明日，复进攻城，设百炮环城，楼堞皆尽；巡于城上立木栅以拒之。贼蚁附而登，巡束蒿灌脂，焚而投之，贼不得上。时伺贼隙，出兵击之，或夜缒斫营，积六十余日，大小三百余战，带甲而食，裹疮复战，贼遂败走。巡乘胜追之，获胡兵二千人而还，军声大振。

壬午，以河东节度使李光弼为范阳长史、河北节度使。加颜真卿河北采访使。真卿以张澹为支使。

先是清河客李萼，年二十余，为郡人乞师于真卿曰："公首唱大义，河北诸郡恃公以为长城。今清河，公之西邻，国家平日聚江、淮、河南钱帛于彼以赡北军，谓之'天下北库'；今有布三百余万匹，帛八十余万匹，钱三十余万缗，粮三十余万斛。昔讨默啜，甲兵皆贮清河库，今有五十余万事。户七万，口十余万。窃计财足以三平原之富，兵足以倍平原之强。公诚资以士卒，抚而有之，以二郡为腹心，则余郡如四支，无不随

李光弼像

所使矣。"真卿曰："平原兵新集，尚未训练，自保恐不足，何暇及邻！虽然，借若诸子之请，则将何为乎？"萼曰："清河遣仆衔命于公者，非力不足而借公之师以尝寇也，亦欲观大贤之明义耳。今仰瞻高意，未有决辞定色，仆何敢遽言所为哉！"真卿奇之，欲与之兵。众以为萼年少轻房，徒分兵力，必无所成，真卿不得已辞之。萼就馆，复为书说真卿，以为："清河去逆效顺，奉粟帛器械以资军，公乃不纳而疑之。仆回辕之后，清河不能孤立，必有所系托，将为公西面之强敌，公能无悔乎？"真卿大惊，遽诣其馆，以兵六千借之；送至境，执手别。真卿问曰："兵已行矣，可以言子之所为乎？"萼曰："闻朝廷遣程千里将精兵十万出崞口讨贼，贼据险拒之，不得前。今当引兵先击魏郡，执禄山所署太守袁知泰，纳旧太守司马垂，使为西南主人，分兵开崞口，出千里之师，因讨汲、邺以北至于幽陵郡县之未下者；平原、清河帅诸同盟，合兵十万，南临孟津，分兵循河，据守要害，制其北走之路。计官军东讨者不下二十万，河南义兵西向者亦不减十万。公但当表朝廷坚壁勿战，不过月余，贼必有内溃相图之变矣。"真卿曰："善！"命录事参军李择交及平原令范冬馥将其兵，会清河兵四千及博平兵千人军于堂邑西南。袁知泰遣其将白嗣恭等将二万余人来逆战，三郡兵力战尽日，魏兵大败，斩首万余级，捕虏千余人，得马千匹，军资甚众。知泰奔汲郡，遂克魏郡，军声大振。

时北海太守贺兰进明亦起兵，真卿以书召之并力，进明将步骑五千度河，真卿陈兵逆之，相揖，哭于马上，哀动行伍。进明屯平原城南，休养士马，真卿每事咨之，由是军权稍移于进明矣，真卿不以为嫌。真卿以堂邑之功让进明，进明奏其状，取舍任意。敕加进明河北招讨使，择交、冬馥微进资级，清河、博平有功者皆不录。进明攻信都郡，久之，不克；录事参军长安第五琦劝进明厚以金帛募勇士，遂克之。

李光弼与史思明相守四十余日，思明绝常山粮道。城中乏草，马食荐藉。光弼以车五百乘之石邑取草，将车者皆衣甲，弩手千人卫之，为方陈而行，贼不能夺。蔡希德引兵攻石邑，张奉璋拒却之。光弼遣使告急于郭子仪，子仪引兵自井陉出，夏，四月，壬辰，至常山，与光弼合，蕃、汉步骑兵十余万。甲午，子仪、光弼与史思明等战于九门城南，思明大败。中郎将浑瑊射李立节，杀之。瑊，释之之子也。思明收余众奔赵郡，蔡希德奔钜鹿。思明自赵郡如博陵，时博陵已降官军，思明尽杀郡官。河朔之民苦贼残暴，所至屯结，多至二万人，少者万人，各为营以拒贼；及郭、李军至，争出自效。庚子，攻赵郡；一日，城降。士卒多虏掠，光弼坐城门，收所获，悉归之，民大悦。子仪生擒四千人，皆舍之，斩禄山守郭献璆。光弼进围博陵，十日，不拔，引兵还恒阳就食。

杨国忠问士之可为将者于左拾遗博平张镐及萧昕，镐、昕荐左赞善大夫永寿来瑱，丙午，以瑱为颍川太守。贼屡攻之，瑱前后破贼甚众，加本郡防御史，人谓之"来嚼铁"。

安禄山使平卢节度使吕知诲诱安东副大都护马灵詧，杀之。平卢游弈使武陟刘客奴、先锋使董秦及安东将王玄志同谋讨诛知诲，遣使逾海与颜真卿相闻，请取范阳以自效。真卿遣判官贾载赍粮及战士衣助之。真卿时惟一子颇，才十余岁，使诣客奴为质。朝廷闻之，以客奴为平卢节度使，赐名正臣；玄志为安东副大都护，董秦为平卢兵马使。

南阳节度使鲁炅立栅于滍水之南，安禄山将武令珣、毕思琛攻之。

【译文】
至德元载（丙申、756年）

春，正月，乙卯朔日（初一），安禄山自称为大燕皇帝，改年号为圣武，任达奚珣为侍中，张通儒为中书令，高尚、严庄为中书侍郎。

李随到了睢阳，有士卒好几万人。丙辰日（初二），任命李随为河南节度使。任命以前的高要县尉许远为睢阳太守兼防御使。濮阳郡宾客尚衡起兵讨伐安禄山，以本郡人王栖曜为衙前总管，攻下济阴，杀掉安禄山的将军邢超然。

颜杲卿派他的儿子颜泉明同贾深、翟万德到京师去进献李钦凑的首级和何千年、高邈。张通幽哭泣着请求说："通幽的哥哥陷于贼党，要求和颜泉明一同进京，以挽救宗族。"颜杲卿很哀怜他而同意了。到了太原，张通幽想依托王承业，就教他扣留颜泉明等人，更易表文，多改为自己的功劳，诽谤颜杲卿，另外派人进献朝廷。颜杲卿起兵才8天，守备尚没有完善，史思明、蔡希就带兵来到城下。颜杲卿向王承业告急，王承业既已偷占了他的功勋，以为常山城被攻下对自己有利，因而坐拥大兵而不去救援。颜杲卿日夜奋战，抵御敌人，粮食吃光了箭也用完了；壬戌日（初八），城被攻克。叛贼纵兵杀死1万多人，逮捕颜杲卿和袁履谦等人送到洛阳。王承业的使者到达京师，玄宗十分高兴，任命王承业为羽林大将军，部下蒙受官爵的有100多人。征召颜杲卿为卫尉卿。朝廷的召命尚未到达，常山就已经被攻占了。

颜杲卿被送到洛阳，安禄山责骂他说："你从范阳户曹，我奏请皇上任命你为判官，没有几年升到太守，有何亏待你的地方而你却背叛我！"颜杲卿怒目而视骂他说："你本来是营州放羊的羯奴，天子提拔你做三道的节度使，宠爱无比，有什么亏待你的地方你却作乱呢！我世代都是唐朝的臣子，奉禄和官位都是唐朝的，尽管曾经你奏请，难道说我就会跟随你叛乱吗！我替国家讨伐叛贼，只恨没有能砍掉你的头，怎么能说是反叛呢？腥臊的羯狗，为什么不赶快杀掉我！"安禄山很恼火，连袁履谦一起绑在中桥的柱子上凌迟处死。颜杲卿和袁履谦临死前，还是不停地辱骂。颜氏一家被杀的有30多人。

史思明、李立节、蔡希德攻下常山以后，率兵攻打各个不服从的郡县，所经过的地方都被残害毁灭，于是邺、广平、钜鹿、赵、上谷、博陵、文安、魏、信都等郡均归顺贼寇。饶阳太守卢全诚独不归附，史思明等人围攻他。河间司法李奂率领7000人、景城长史李𬀪派他的儿子李祀率8000人去援救他，都被史思明打败。

皇上命令郭子仪停止围攻云中，回到朔方，再发兵进攻东京；选一个优良的将官带领一部军队先出井陉口，平定河北。郭子仪推荐李光弼，癸亥日（初九），任李光弼为河东节度使，把朔方的部队分给他1万人。

史思明等人围攻饶阳29天，攻不下来。李光弼率领蕃、汉步兵和骑兵1万多人、太原弓弩手3000人从井陉口东下。己亥日（十五日），抵达常山，常山民兵3000人杀死胡兵，逮捕安思义出来投降。李光弼对安思义说："你自己知道该死吗？"安思义不回答。李光弼说："你在军中服役很久，经过很多战争，你看我这些队伍，可以抵御史思明吗！现在为我计划应该如何应战？你的方法如果可取，将不杀你。"安思义说："大夫的兵马从远道赶来，十分疲倦，突然遇到大敌，恐怕不易抵御；不如把军队带入城中，早作防备，先衡量胜败，然后再出兵进攻。胡人的兵马尽管很精锐，不能保持稳重，如果不能得胜，士气消失人心离散，这时就可攻打他了。史思明现在在饶阳，离这里不到200里。昨天晚上已经送飞快文书去了，预计他的前锋部队明天早上必定来到，大军接着就抵达，不可不留意。"李光弼十分高兴，解开他身上捆绑的绳子，立刻把大军带入城中。史思明听到常山失守，马上解除饶阳的包围；第二天天未亮，先锋部队已经到达常山，史思明的大军也接着来到，合计有2万多兵马，直接开到城下。李光弼派步兵5000人，从东门出来迎战，贼兵坚守城门不向后退。李光弼命令500弓弩手从城上一齐发箭射贼，贼兵逐渐后退；又派弓弩手1000人，分为四队，教他们一箭接着一箭地射出，贼兵不能抵御，收兵至道北。李光弼派出5000士卒在道南布防，枪戟林立有如城墙，夹着呼沱水摆开阵势；贼寇多次用骑兵搏战，李光弼的步兵用箭射他，人马被射中的有一大半，才退却；稍作休息以等待步兵。有村民报告说有贼人步兵5000人从饶阳赶来，日夜行走170里，到达九门南面的逢壁，猜想现在正在休息。李光弼派步兵和骑兵各2000人，偃藏旌旗和战鼓，靠着河边暗中行进，到了逢壁，贼兵正在吃饭，就纵兵突然进攻，把贼兵杀得一个不留。史思明听到了，知晓大势已去，就退入九门。当时常山郡共有9个县，其中7个县归附政府军，只有九门、藁城2个县被贼人占据。李光弼派副将张奉璋带兵500人戍守石邑县，其余各县都用300人戍守。

皇上任命吴王李祇为灵昌太守、河南都知兵马使。在从前贾贲到雍丘，有士卒2000。先前谯郡太守杨万石将全郡投降安禄山，逼迫真源县令河东人张巡教他做长史，向西迎接叛贼。张巡到真源，率官吏和人民到玄元皇帝庙痛哭，然后起兵讨伐贼寇，官吏和人民乐意跟随的有好几千人；张巡挑选精兵1000人向西到雍丘，与贾贲会合。

开始，雍丘县令令狐潮率全县投降叛贼，叛贼任用他做将军，教他向东到襄邑去攻打淮阳的救兵，将救兵打败，俘获100多人，拘囚在雍丘，将要杀掉他们，就去拜见李庭望；淮阳的士兵因而杀死留守的人，令狐潮丢下妻子逃跑，所以贾贲能够在这时间进入雍丘。庚子日（十六日），令狐潮率领叛贼的精兵进攻雍丘，贾贲出来迎战，失败而死。张巡拼命作战，把叛贼打退，因而兼领了贾贲的部下自称为吴王先锋使。

三月，乙卯日（初二），令狐潮又和贼将李怀仙、杨朝宗、谢元同等4万多人忽然来到城下；众人都很害怕，没有坚守的意志。张巡说："贼兵精良强大，有轻视我们的心理。今天出其不意地攻打他，他们肯定惊慌溃散。贼兵锐势遭遇小挫折,然后这个城才可以防守得住。"就教1000人登上城墙;自己亲自率领1000人,分成好几队,开门忽然冲出。张巡身先士卒,直奔贼人的营阵冲去,人马都吓得向后退,贼兵因此退去。天明,又来攻城,在城四周架设100座炮,城楼和垛口都被打光了。张巡在城上树立木栅来抵御。贼兵像蚂蚁一样贴着城墙向上爬。张巡把草捆束起来,用油脂浇灌,点燃后投向贼兵,使贼兵不能爬上城。张巡经常窥伺贼兵,一有机会,就派兵出去攻打,有时夜里悬城而下去偷袭贼兵的军营。一连60多天,大小300多次战斗,军士们都穿戴着盔甲吃饭,包扎着疮伤继续作战,贼兵因此败走。张巡乘胜追赶,俘获胡兵2000人回来,军队的声势大振。

壬午日(二十九日),以河东节度使李光弼为范阳长史、河北节度使。加颜真卿河北采访使。颜真卿任用张澹为支使。

在这之前,清河客李萼,年龄20多岁,替郡中百姓向颜真卿乞师,说:"先生率先倡导大义,河北各郡把先生当作长城一样的依靠。现今清河郡,是先生的西邻,国家在平常的时候,把江、淮、河南等地的钱财布帛都聚集此地以供给河北各军,所以称为'天下北库';现有300多万匹布,80多万匹帛,30多万缗钱,30多万斛的粮食。从前讨伐默啜,所用的盔甲和武器都贮存在清河库里,现在有50多万件物品。有7万户人家,10多万人口。私自计算财帛的富足是平原郡的3倍,兵力的强大是平原郡的2倍。先生真能借兵帮助他们,安抚他的人民而统有他的土地,以这两个郡为腹心,其他各郡就如四肢一样,没有不可以随意指使的了。"颜真卿说:"平原郡的兵刚征集来,还未训练,自保都恐怕不能,哪有余力顾及邻郡!尽管如此,假如我答允您的请求,您将如何做呢?"李萼说:"清河郡所以派鄙人衔命来向先生乞师,并不是力量不够,才来借先生的军队去尝试贼兵,只不过是想瞻仰大贤的高义而已。现在我看尊意,没有决定的言辞和表情,鄙人又如何敢贸然说如何做呢!"颜真卿认为他很奇特,打算借兵给他。众人都认为李萼年少轻视敌人,白白分散兵力,肯定不会有成就。颜真卿不得已就辞谢了他。李萼回到客馆,又写信给颜真卿。他以为:"清河郡离开叛贼投靠政府军,奉献米粮布帛和武器来帮助军用,先生不收容而怀疑他。鄙人回去以后,清河郡不能孤立,必须有所归附和依托,将要成为先生西面的强敌,先生能不后悔吗?"颜真卿很吃惊,马上到他的客馆，借给6000士兵；送他到边境，握手告别。颜真卿问他说："借给您的士兵已经出发了，可以谈谈您的做法吗？"李萼说："听说朝廷派程千里率领精兵10万人，从崞口出关讨伐叛贼，贼兵据守险要来抵抗他，他不能前进。现在应该率兵先进攻魏郡，逮捕安禄山所任命的太守袁知泰，送到原任太守司马垂，使他做西南的主人；再分派一部分的兵马打开崞口，使程千里的部队能够出关，因而讨伐汲郡、邺郡以北一直到幽陵各个尚未攻下来的郡县；平原郡、清河郡率各同盟部队，会合10万兵马，南到孟津，分兵巡行黄河，据守要害之地，控制他们北走的道路。估计政府军向东征讨的不下20万人，河南的义兵西向讨贼的也不少于10万人。先生只要上表给朝廷，坚守营垒不同贼兵交战，不过1个多月，叛贼内部肯定会有崩溃而互相谋害的变化。"颜真卿说："很好！"就教录事参军李择交和平原县令范冬馥率自己的部队，和清河兵4000人博平兵1000人，驻扎在堂邑西南。袁知泰派他的将军白嗣恭等人率领2万多人来迎战，三郡的兵士和他拼命打了一整天的仗，魏兵被打得大败，杀死1万多人，俘虏1000多人，获得战马1000匹和很多军需品。袁知泰逃到汲郡，因而就攻下了魏郡，军队的声望大为显扬。

当时，北海太守贺兰进明也起兵讨贼，颜真卿写信请他齐力讨贼。贺兰进明率步兵和骑兵5000人渡过了黄河，颜真卿陈列大军欢迎他，相互作揖，在马上痛哭，悲哀的情绪感动全军。贺兰进明屯兵在平原城南，使士兵和马匹休养，颜真卿每件事都同他商量，因此军权逐渐转移给贺兰进明了，颜真卿并不介意。颜真卿把堂邑的战功让给贺兰进明，贺兰进明向皇上奏报详细情形，任意取舍。朝廷下敕书加贺兰进明为河北招讨使，李择交和范冬馥仅略微进升资格和官阶，清河、博平有战功的都没有叙录。贺兰进明进攻信都郡，很久攻克不下；录事参军长安人第五琦劝贺兰进明多用金银财帛招募勇敢之士，于是将他攻下。

李光弼和史思明相持了40多天，史明思截断了常山城的运粮道路。城中缺喂马的草料，马全吃地上或床上所铺的干草或苫席。李光弼派500辆车到石邑去取草，拉车的人都穿着盔甲，派弓弩手1000人保护，排成方阵进行，贼兵不能夺取。蔡希德带兵攻打石邑，张奉璋将他打退。李光弼派使者向郭子仪告急，郭子仪带兵从井陉口东来。夏，四月，壬辰日（初九），到达常山，同李光弼会合，蕃、汉步兵和骑兵一共有10多万人。甲午日（十一日），郭子仪和李光弼同史思明等人在九门城南作战，史思明被打败。中郎将浑瑊射李立节，把他杀掉。浑瑊，是浑释之的儿子。史思明收集残余的士卒逃到赵郡，蔡希德逃到钜鹿。史思明从赵郡到博陵，当时博陵已经投降政府军，史思明就将郡府的官吏全都杀掉。河朔地区的人民苦于贼兵的残酷凶暴，在贼兵所到的地方，都互相团结屯扎在一块，多的到2万人，少的也有1万人，各自做成营垒来抵御贼兵；等郭子仪、李光弼的部队一到，他们就出来效力。庚子日（十七日），进攻赵郡。有一天，郡城降附。士卒多掳掠财物，李光弼坐在城门上，收取掳获的东西，全部归还人民，人民十分欢喜。郭子仪活捉了贼军4000人，全都释放。杀了安禄山的太守郭献璆。李光弼进兵围攻博陵10天，没有攻下，就率兵回恒阳以就地取食。

杨国忠向左拾遗博平人张镐和萧昕问朝士中那个能够做将军，张镐和萧昕推荐左赞善大夫永寿人来瑱，丙午日（二十三日），任命来瑱为颍川太守。贼兵多次攻打他，来瑱前后击破贼兵十多次，所以加本郡防御使之官；人都称他为"来嚼铁"。

安禄山教平卢节度使吕知诲诱骗安东副大都护马灵察，把他杀掉。平卢游弈使武陟人刘客奴、先锋使董秦以及安东将王玄志共谋讨伐杀死吕知诲，派使者过海与颜真卿通风报信，而且请求攻取范阳来效力。颜真卿派判官贾载带着粮食和军衣帮助他。颜真卿那时只有一个儿子颜颇，才十几岁，教他到刘客奴处作人质。朝廷知道后，任命刘客奴为平卢节度使，赐名为正臣；王玄志为安东副大都护，董秦为平卢兵马使。

南阳节度使鲁炅在滍水的南岸树立营栅，安禄山的将军武令珣、毕思琛前去攻打他。

唐纪五十六　宪宗昭文章武大圣至神孝皇帝中之下元和十二年（丁酉、817年）

李愬谋袭蔡州，表请益兵；诏以昭义、河中、鄜坊步骑二千给之。丁酉，愬遣十将马少良将十余骑巡逻，遇吴元济捉生虞候丁士良，与战，擒之。士良，元济骁将，常为东边患；众请刳其心，愬许之。既而召诘之，士良无惧色。愬曰："真丈夫也！"命释其缚。士良乃自言："本非淮西士，贞元中隶安州，与吴氏战，为其所擒，自分死矣，吴氏释我而用之，我因吴氏而再生，故为吴氏父子竭力。昨日力屈，复为公所擒，亦分死矣，今公又生之，请尽死以报德。"愬乃给其衣服器械，署为捉生将。

己亥，淮西行营奏克蔡州古葛伯城。

丁士良言于李愬曰："吴秀琳拥三千之众，据文城栅，为贼左臂，官军不敢近者，有陈光洽为之谋主也。光洽勇而轻，好自出战，请为公先擒光洽，则秀琳自降矣。"戊申，士良擒光洽以归。

鄂岳观察使李道古引兵出穆陵关。甲寅，攻申州，克其外郭，进攻子城。城中守将夜出兵击之，道古之众惊乱，死者甚众。道古，皋之子也。

淮西被兵数年，竭仓廪以奉战士，民多无食，采菱芡鱼鳖鸟兽食之，亦尽，相帅归官军者前后五千余户；贼亦患其耗粮食，不复禁。庚申，敕置行县以处之，为择县令，使之抚养，并置兵以卫之。

吴秀琳以文城栅降于李愬。戊子，愬引兵至文城西五里，遣唐州刺史李进诚将甲士八千至城下，召秀琳，城中矢石如雨，众不得前。进诚还报："贼伪降，未可信也。"愬曰："此待我至耳。"即前至城下，秀琳束兵投身马足下；愬抚其背慰劳之，降其众三千人。秀琳将李宪有材勇，愬更其名曰忠义而用之，悉迁妇女于唐州。于是唐、邓军气复振，人有欲战之志。贼中降者相继于道，随其所便而置之；闻有父母者，给粟帛遣之，曰："汝曹皆王人，勿弃亲戚。"众皆感泣。

官军与淮西兵夹溵水而军，诸军相顾望，无敢度溵水者。陈许兵马使王沛先引兵五千度溵水，据要地为城，于是河阳、宣武、河东、魏博等军相继皆度，进逼郾城。丁亥，李光颜败淮西兵三万于郾城，走其将张伯良，杀士卒什二三。

己丑，李愬遣山河十将董少玢等分兵攻诸栅；其日，少玢下马鞍山，拔路口栅。夏，四月，辛卯，山河十将马少良下嵖岈山，擒淮西将柳子野。

吴元济以蔡人董昌龄为郾城令，质其母杨氏。杨氏谓昌龄曰："顺死贤于逆生，汝去逆而吾死，乃孝子也；从逆而吾生，是戮吾也。"会官军围青陵，绝郾城归路，郾城守将邓怀金谋于昌龄，昌龄劝之归国。怀金乃请降于李光颜曰:"城人之父母妻子皆在蔡州,请公来攻城,吾举烽求救,救兵至,公逆击之,蔡兵必败,然后吾降,则父母妻子庶免矣。"光颜从之。乙未,昌龄、怀金举城降,光颜引兵入据之。吴元济闻郾城不守,甚惧。时董重质将骡军守洄曲,元济悉发亲近及守城卒诣重质以拒之。

李愬山河十将妫雅、田智荣下冶炉城。丙申,十将阎士荣下白狗、汶港二栅。癸卯,妫雅、田智荣破西平。丙午,游弈兵马使王义破楚城。

五月,辛酉,李愬遣柳子野、李忠义袭朗山,擒其守将梁希果。

六镇讨王承宗者兵十余万,回环数千里,既无统帅,又相去远,期约难壹,由是历二年无功,千里馈运,牛驴死者什四五。刘总既得武强,引兵出境才五里,留屯不进,月给度支钱十五万缗。李逢吉及朝士多言"宜并力先取淮西,俟淮西平,乘其胜势,回取恒冀,如拾芥耳!"上犹豫,久乃从之。丙子,罢河北行营,各使还镇。

丁丑,李愬遣方城镇遏使李荣宗击青喜城,拔之。

愬每得降卒,必亲引问委曲,由是贼中险易远近虚实尽知之。愬厚待吴秀琳,与之谋取蔡。秀琳曰:"公欲取蔡,非李祐不可,秀琳无能为也。"祐者,淮西骑将,有勇略,守兴桥栅,常陵暴官军。庚辰,祐率士卒刈麦于张柴村,愬召厢虞候史用诚,戒之曰:"尔以三百骑伏彼林中,又使人摇帜于前,若将焚其麦积者。祐素易官军,必轻骑来逐之。尔乃发骑掩之,必擒之。"用诚如言而往,生擒祐以归。将士以祐曩日多杀官军,争请杀之;愬不许,释缚,待以客礼。

时愬欲袭蔡,而更密其谋,独召祐及李忠义屏人语,或至夜分,他人莫得预闻。诸将恐祐为变,多谏愬;愬待祐益厚。士卒亦不悦,诸军日有谍称祐为贼内应,且言得贼谍者具言其事。愬恐谤先达于上,己不及救,乃持祐泣曰:"岂天不欲平此贼邪!何吾二人相知之深而不能胜众口也。"因谓众曰:"诸君既以祐为疑,请令归死于天子。"乃械祐送京师,先密表其状,且曰:"若杀祐,则无以成功。"诏释之,以还愬。愬见之喜,执其手曰:"尔之得全,社稷之灵也!"乃署散兵马使,令佩刀巡警,出入帐中;或与之同宿,密语不寐达曙,有窃听于帐外者,但闻祐感泣声。时唐、随牙队三千人,号六院兵马,皆山南东道之精锐也。愬又以祐为六院兵马使。

旧军令，舍贼谍者屠其家。愬除其令，使厚待之，谍反以情告愬，愬益知贼中虚实。乙酉，愬遣兵攻朗山，淮西兵救之，官军不利；众皆怅恨，愬独欢然曰："此吾计也！"乃募敢死士三千人，号曰突将，朝夕自教习之，使常为行备，欲以袭蔡。会久雨，所在积水，未果。

吴元济见其下数叛，兵势日蹙。六月，壬戌，上表谢罪，愿束身自归。上遣中使赐诏，许以不死；而为左右及大将董重质所制，不得出。

秋，七月，大水，或平地二丈。

初，国子祭酒孔戣为华州刺史，明州岁贡蚶、蛤、淡菜，水陆递夫劳费，戣奏疏罢之。甲辰，岭南节度使崔咏薨。宰相奏拟代咏者数人，上皆不用，曰："顷有谏进蚶、蛤、淡菜者为谁，可求其人与之。"庚戌，以戣为岭南节度使。

诸军讨淮、蔡，四年不克，馈运疲弊，民至有以驴耕者。上亦病之，以问宰相。李逢吉等竞言师老财竭，意欲罢兵；裴度独无言，上问之，对曰："臣请自往督战。"乙卯，上复谓度曰："卿真能为朕行乎！"对曰："臣誓不与此贼俱生。臣比观吴元济表，势实窘蹙，但诸将心不一，不并力迫之，故未降耳。若臣自诣行营，诸将恐臣夺其功，必争进破贼矣。"上悦，丙戌，以度为门下侍郎、同平章事、兼彰义节度使，仍充淮西宣慰招讨处置使。又以户部侍郎崔群为中书侍郎、同平章事。制下，度以韩弘已为都统，不欲更为招讨，请但称宣慰处置使；仍奏刑部侍郎马总为宣慰副使，右庶子韩愈为彰义行军司马，判官、书记，皆朝廷之选，上皆从之。度将行，言于上曰："臣若贼灭，则朝天有期；贼在，则归阙无日。"上为之流涕。

八月，庚申，度赴淮西，上御通化门送之。右神武将军张茂和，茂昭弟也，尝以胆略自衒于度；度表为都押牙，茂和辞以疾，度奏请斩之。上曰："此忠顺之门，为卿远贬。"辛酉，贬茂和永州司马。以嘉王傅高承简为都押牙。承简，崇文之子也。

李逢吉不欲讨蔡，翰林学士令狐楚与逢吉善，度恐其合中外之势以沮军事，乃请改制书数字，且言其草制失辞。壬戌，罢楚为中书舍人。

李光颜、乌重胤与淮西战，癸亥，败于贾店。

裴度过襄城南白草原，淮西人以骁骑七百邀之。镇将楚丘曹华知而为备，击却之。度虽辞招讨名，实行元帅事，以郾城为治所。甲申，至郾城。先是，诸道皆有中使监陈，进退不由主将，胜则先使献捷，不利则陵挫百端；度悉奏去之，诸将始得专军事，战多有功。

初，上为广陵王，布衣张宿以辩口得幸；及即位，累官至比部员外郎。宿招权受赂于外，门下侍郎、同平章事李逢吉恶之。上欲以宿为谏议大夫，逢吉曰："谏议重任，必能可否朝政，始宜为之。宿小人，岂得窃贤者之位！必欲用宿，请去臣乃可。"上由是不悦。逢吉又与裴度异议，上方倚度平蔡；丁未，罢逢吉为东川节度使。

甲寅，李愬将攻吴房，诸将曰："今日往亡。"愬曰："吾兵少，不足战，宜出其不意。彼此往亡不吾虞，正可击也。"遂往，克其外城，斩首千余级。余众保子城，不敢出，愬引兵还以诱之，淮西将孙献忠果以骁骑五百追击其背；众惊，将走，愬下马据胡床，令曰："敢退者斩！"返旆力战，献忠死，淮西兵乃退。或劝愬乘胜攻其子城，可拔也。愬曰："非吾计也。"引兵还营。

李祐言于李愬曰："蔡之精兵皆在洄曲，及四境拒守，守州城者皆羸老之卒，可以乘虚直抵其城。比贼将闻之，元济已成擒矣。"愬然之。冬，十月，甲子，遣掌书记郑澥至郾城，密白裴度。度曰："兵非出奇不胜，常侍良图也。"

上竟用张宿为谏议大夫，崔群、王涯固谏，不听，乃请以为权知谏议大夫，许之。宿由是怨执政及端方之士，与皇甫镈相表里，潜去之。

裴度帅僚佐观筑城于沱口，董重质帅骑出五沟，邀之，大呼而进，注弩挺刃，势将及度。李光颜与田布力战，拒之，度仅得入城。贼退，布扼其沟中归路，贼下马逾沟，坠压死者千余人。

辛未，李愬命马步都虞候、随州刺史史旻留镇文城，命李祐、李忠义帅突将三千为前驱，自与监军将三千人为中军，命李进诚将三千人殿其后。军出，不知所之；愬曰："但东行！"行六十里，夜，至张柴村，尽杀其戍卒及烽子。据其栅，命士少休，食干糒，整羁鞯，留义成军五百人镇之，以断朗山救兵，命西士良将五百人断洄曲及诸道桥梁，复夜引兵出门；诸将请所之，愬曰："入蔡州取吴元济！"诸将皆失色。监军哭曰："果落李祐奸计！"

时大风雪，旌旗裂，人马冻死者相望。天阴黑，自张柴村以东道路，皆官军所未尝行，人人自以为必死，然畏愬，莫敢违。夜半，雪愈甚，行七十里，至州城；近城有鹅鸭池，愬令击之以混军声。

自吴少诚拒命，官军不至蔡州城下三十余年，故蔡人不为备。壬申，四鼓，愬至城下，无一人知者。李祐、李忠义镢其城，为坎以先登，壮士从之；守门卒方熟寐，尽杀之，而留击柝者，使击柝如故。遂开门纳众，及里城，亦然，城中皆不之觉。鸡鸣，雪止，愬入居元济外宅。或告元济曰："官军至矣！"元济尚寝，笑曰："俘囚为盗耳！晓当尽戮之。"又有告者曰："城陷矣！"元济曰："此必洄曲子弟就吾求寒衣也。"起，听于廷，闻愬军号令曰："常侍传语。"应者近万人。元济始惧，曰："何等常侍，能至于此！"乃帅左右登牙城拒战。

时董重质拥精兵万余人据洄曲。愬曰："元济所望者，重质之救耳！"乃访重质家，厚抚之，遣其子传道持书谕重质；重质遂单骑诣愬降。

愬遣李进城攻牙城，毁其外门，得甲库，取器械。癸酉，复攻之，烧其南门，民争负薪刍助之，城上矢如猬毛。晡时，门坏，元济于城上请罪，进诚梯而下之。甲戌，愬以槛车送元济诣京师，且告于裴度。是日，申、光二州及诸镇兵二万余人相继来降。

自元济就擒，愬不戮一人，凡元济官吏、帐下、厨厩之卒，皆复其职，使之不疑，然后屯于鞠场以待裴度。

以淮南节度使李鄘为门下侍郎、同平章事。

己卯，淮西行营奏获吴元济，光禄少卿杨元卿言于上曰："淮西大有珍宝，臣能知之，往取必得。"上曰："朕讨淮西，为人除害，珍宝非所求也。"

董重质之去洄曲军也，李光颜驰入其壁，悉降其众。庚辰，裴度遣马总先入蔡州慰抚。辛巳，度建彰义军节，将降卒万余人入城，李愬具橐鞬出迎，拜于路左。度将避之，愬曰："蔡人顽悖，不识上下之分，数十年矣，愿公因而示之，使知朝廷之尊。"度乃受之。

李愬还军文城，诸将请曰："始公败于朗山而不忧，胜于吴房而不取，冒大风甚雪而不止，孤军深入而不惧，然卒以成功，皆众人所不谕也，敢问其故？"愬曰："朗山不利，则贼轻我而不为备矣。取吴房，则其众奔蔡，并力固守，故存之以分其兵。风雪阴晦，则烽火不接，不知吾至。孤军深入，则人皆致死，战自倍矣。夫视远者不顾近，虑大者不详细，若矜小胜，恤小败，先自挠矣，何暇立功乎！"众皆服。愬俭于奉己而丰于待士，知贤不疑，见可能断，此其所以成功也。

裴度以蔡卒为牙兵，或谏曰："蔡人反仄者尚多，不可不备。"度笑曰："吾为彰义节度使，元恶既擒，蔡人则吾人也，又何疑焉？"蔡人闻之感泣。先是，吴氏父子阻兵，禁人偶语于涂，夜不然烛，有以酒食相过从者罪死。度既视事，下令惟禁盗贼斗杀，余皆不问，往来者不限昼夜，蔡人始知有生民之乐。

甲申，诏韩弘、裴度条列平蔡将士功状及蔡之将士降者，皆差第以闻。淮西州县百姓，给复二年。近贼四州，免来年夏税。官军战亡者，皆为收葬，给其家衣粮五年。其因战伤残废者，勿停衣粮。

十一月，上御兴安门受俘，遂以吴元济献庙社，斩于独柳之下。

初，淮西之人劫于李希烈、吴少诚之威虐，不能自拔，久而老者衰，幼者壮，安于悖逆，不复知有朝廷矣。自少诚以来，遣诸将出兵，皆不束以法制，听各以便宜自战，故人人得尽其才。韩全义之败于溵水也，于其帐中得朝贵所与问讯书，少诚束以示众曰："此皆公卿属全义书，云破蔡州日，乞一将士妻女为婢妾。"由是众皆愤怒，以死为贼用；虽居中土，其风俗犷戾，过于夷貊。故以三州之众，举天下之兵环而攻之，四年然后克之。

旧制，御史二人知驿；壬辰，

李愬像

诏以宦者为馆驿使。左补阙裴潾谏曰："内臣外事，职分各殊，切在塞侵官之源，绝出位之渐。事有不便，必戒于初。令或有妨，不必在大。"上不听。

甲午，恩王连薨。

辛丑，以唐、随兵马使李祐为神武将军，知军事。

十二月，壬戌，赐裴度爵晋国公，复入知政事。以马总为淮西节度使。

初，吐突承璀方贵宠用事，为淮南监军。李鄘为节度使，性刚严，与承璀互相敬惮，故未尝相失。承璀归，引鄘为相；鄘耻由宦官进，及将佐出祖，乐作，鄘泣下曰："吾老安外镇，宰相非吾任也！"戊寅，鄘至京师，辞疾，不入见，不视事，百官到门，皆辞不见。

庚辰，贬淮西降将董重质为春州司户。重质为元济谋主，屡破官军；上欲杀之，李愬奏先许重质以不死。

【译文】

元和十二年（丁酉、817年）

李愬诉计划偷袭蔡州，上表请求增加军队数量；皇上下诏书把昭义、河中、鄜坊的2000步骑兵给他。丁酉日（初七），李诉派十将马少良率领十多个骑兵巡逻（十将，军中小校），碰见吴元济的捉生虞候丁士良，就跟他打起来，活捉了他。士良是元济的猛将，常给唐、邓的东边带来灾祸；众人请求挖他的心，李诉答应了。既而叫他来问话，士良没有一点害怕的样子。李诉说："真是一个大丈夫！"命令解开捆绑的绳子。士良自己说："我本不是淮西的兵，贞元年间隶属安州，和吴氏作战，被他捉住，自料死定了，吴氏释放了我并且用了我，我因吴氏的施恩而得重生，所以为吴氏父子尽力。昨天力量不够，又被公捉住，料想也死定了，现在公又让我活下去，请让我竭尽全力来报答公的恩德。"李诉于是给他衣服武器，任命为捉生将。

己亥日（初九），淮西行营上奏攻克了蔡州的古葛伯城。

丁士良对李诉说："吴秀琳带领3000人，据有文城栅，是敌人的左臂，官军不敢接近。有一个叫陈光洽的替他出主意。光洽勇敢而轻浮，喜欢自己出战，请让我替公先捉住光洽，那秀琳自然跟着投降。"戊申日（十八日），士良把光洽活捉回来。

鄂兵观察使李道古带兵出穆陵关；甲寅日（二十四日），攻申州，攻克了外城，进攻内城。城中守将晚上出兵攻击，道古的部下惊慌失措，死的很多。道古，是李皋的儿子。

淮西遭受战争好几年了，用尽了仓里用以供给战士的粮食，百姓有许多没有饭吃，采菱芡、捕鱼鳖鸟兽来吃，也采完捕完了，成群结队投向官军的前后有5000户人家；敌人也担心百姓耗费粮食，不再阻拦他们逃跑。庚申日（三十日），皇帝下敕书设置行县来安顿他们，为他们选择县令，教他安抚他们，并派兵保护他们。

吴秀琳以文城栅向李愬投降。戊子日（二十八日），李愬领兵到文城西边5里的地方，派唐州刺史李进诚带领8000武装军队到城下，召秀琳前来。箭和石头像下雨一般从城中射来，军队不能前行。进诚回来报告："敌人假装投降，不能相信。"李愬说："这是在等待我去。"就向前到城下。秀琳绑起兵器跪在李愬的马脚下。李愬抚摸着他的背安慰他，他带领3000人投降。秀琳的部将李宪有才干又勇敢，李愬替他改名忠义，任用了他，把文城的妇女全部迁到唐州。于是唐、邓的士气又振作起来了，人人都有想打仗的心愿。从敌方来投降的人络绎不绝，随他的方便而安排他；知道父母在的人，给一些粟帛送他走，对他们说："你们都是天子的百姓，不要丢下亲戚。"众人都感动得哭泣。

官军和淮西兵在溵水两岸扎营，军队彼此相望，没有谁敢渡过溵水。陈许兵马使王沛先带5000兵渡过溵水，占据重要的地方，于是河阳、宣武、河东、魏博等军接着都渡过河去，再往前逼近郾城。丁亥日（二十七日），李光颜在郾城打败3万淮西兵，将军张伯良败走，百分之二三十的士兵被杀。

己丑日（二十九日），李愬派山河十将董少玢等分兵攻打各栅；当天，少玢攻下马鞍山，占领路口栅。夏，四月，辛卯日（初二），山河十将马少良攻下嵖岈山，捉住淮西将军柳子野。

吴元济用蔡人董昌龄为郾城令，用他的母亲杨氏做人质。杨氏对昌龄说："归顺朝廷而死胜过跟随叛贼而生。你离开叛逆而我死了，你是孝子；你跟随叛逆而我活着，是侮辱我。"刚好官军围困青陵，断绝了郾城敌军的归路，郾城守将邓怀金和昌龄商议，昌龄劝他归顺朝廷。于是怀金向李光颜请求投降，说："城里的人的父母妻儿都在蔡州，请公来攻城，我举烽火求救，救兵来，公回头打他，蔡州的兵必定失败，然后我投降，这样我们的父母妻子就可以避免被杀了。"光颜按他的话做。乙未日（初六），昌龄、怀金以城投降，光颜带兵进城驻守，吴元济听说郾城失守，很担忧。这时董重质率领骑骡的军队防守洄曲，元济出动所有的亲近及守城兵到重质那里去。合力抵御官军。

李诉的山河十将妫雅、田智荣攻下冶炉城。丙申日（初七），十将阎士荣攻下白狗、汶港二栅。癸卯日（十四日），妫雅、田智荣攻取西平。丙午日（十七日），游弈兵马使王义攻占楚城。

五月，辛酉日（初二），李诉派柳子野、李忠义偷袭朗山，捉住守将梁希果。

六镇讨伐王承宗的兵总共有10多万，蜿蜒数千里，既没有统帅，彼此距离又远，即使约一个时间也难以取得一致，因此经过两年没有功劳，千里运输粮饷，牛驴死了10分之四五十。刘总已得到武强，带兵出境才5里，就留驻在那里不肯前进，每月要拨给他15万贯钱的开支。李逢吉及朝士都说："应当合力先平定淮西，乘得胜的威势，再回头平定恒冀，就很容易了。"皇上迟疑不决，过了好久才决定听从。丙子日（十七日），撤销河北行营，教军队各自回镇。

丁丑日（十八日），李诉派方城镇遏使李荣宗去攻打青喜城，攻下了。

李诉每次得到投降的兵，必定亲自问敌人的详细的情况。这样一来，敌人哪里防守坚固，哪里容易攻打，地方的远近，兵力的虚实完全知道了。李诉对待吴秀琳非常好，和他商议攻蔡的事。秀琳说："公想取得蔡州，非李佑不可，秀琳无能为力。"李佑，是淮西的骑兵将军，很勇敢且有智谋，防守兴桥栅，常常欺凌官军。庚辰日（二十一日），李佑率领士兵在张柴村收割麦子，李诉召厢虞候史用诚，告诫他说："你带300骑兵埋伏在那边的树林里，再使人在前面摇旗帜，好像要烧他们的麦子的样子。李佑一向轻视官军，必定派轻骑兵来追赶。这时你就发动伏兵去袭击，必定可以捉住他。"用诚依计前去，把李佑活捉了回来。因为李佑从前杀了许多官军，将士纷纷请求杀死他；李诉不答应，解了他的绳索，用客人的礼节对待他。

那时李诉想袭击蔡州，一切计划更加保密，只召李佑及李忠义商议，喝退左右的人，有时候谈到半夜，别人都不能参与。诸将担心李佑叛变，都劝谏李诉。而李诉对待李佑更加亲近。士兵也不高兴，诸军每天有文书送来，说李佑是敌人的内应，是敌人的间谍。李诉担心中伤的话先到皇上的耳朵里，自己来不及救，于是抱着李佑哭涕着说："难道是上天不想平定敌人吗？为什么我们两人相知这样深而不能胜过众人的中伤。"因而对大家说："诸君既然猜疑李佑，请让他到天子那里去受刑戮。"于是给李佑带上刑具，送到京师，先秘密上表说明与李佑谋划袭击蔡州的情形，而且说："如果杀了李佑，就无法成功。"皇上命令解除他的刑具，送还给李诉。李诉看见他很高兴，握住他的手说："你能够保住性命，是国家之福啊！"于是任命他暂代散兵马使的职务，让他佩刀巡逻，可以在自己的帐中自由出入；有时和他同宿，秘密谈话直到天亮。有人在帐外偷听，只听见李佑感激哭泣的声音。当时，唐、隋的牙队有3000人，叫做六院兵马，都是山南东道的精锐。李诉又用李佑做六院兵马使。

旧军令有一条是：窝藏敌人间谍的，杀死他的全家。李诉废除了这条军令，教人厚待间谍，间谍反而把敌人的情形向李诉报告，李诉更知道敌人的虚实。乙酉日（二十六日），李诉派兵攻打朗山，淮西兵来救，官军居于不利的地位；众人都心怀埋怨，只有李诉高兴地说："这是我的计划呀！"于是募了3000人组织敢死队，叫做突将，早晚亲自教导，经常做好行军的准备，想用他们袭击蔡州。正好碰上久雨，到处积水，没有成功。

吴元济看见他的部下多次反叛他，兵势一比一天窘迫。六月，壬戌日（初四），上表谢罪，愿意束身投降。皇上派中使赐给他诏书，答应不杀他；而他被左右的人及大将董重质所左右，不能出来。

秋，七月，水灾，有的地方平地水有二丈深。

起初，国子祭酒孔戣做华州刺史，明州每年上贡蚶、蛤、淡菜，运送的人经由水路陆路，费力费时，孔戣上奏疏请求停止进贡。甲辰日（十七日），岭南节度使崔咏死了，宰相上奏准备了好几个人代替崔咏的职位，皇上都不用，说："最近劝谏进贡蚶、蛤、淡菜的是谁？可找到那人举谏给他。"庚戌日（二十三日），任命孔戣为岭南节度使。

诸军征讨淮、蔡，四年没有平定，运送粮食的人马都疲惫不堪，人民不得已有用驴耕田的。皇上也很郁闷，拿来问宰相。李逢吉等争着说军队老化财用已尽，想停止作战；只有裴度不说话，皇上问他，回答说："臣请求亲自前去督战。"乙卯日（二十八日），皇上又对裴度说："你真能为我前去督战吗？"回答说:"臣发誓不和敌人一同活在世界上。臣最近看吴元济上的奏书,他的情况实在危急,但诸将不同心,没有合力逼迫他,所以没有投降。如果臣亲自到行营,诸将害怕我抢了他们的功劳,必定争着前去打敌人。"皇上听了很高兴。丙戌日,任命裴度为门下侍郎、同平章事、兼彰义节度使,依旧代理淮西宣慰招讨处理使。又委任户部侍郎崔群为中书侍郎、同平章事。制书颁下,裴度认为韩弘已做都统,不想再做招讨使,请求只称宣慰处置使;仍然奏请用刑部侍郎马总为宣慰副使,右庶子韩愈为彰义行军司马;判官、书记,都是朝廷一流的人选,皇上都答应了。裴度要走的时候,对皇上说:"臣如果能剿灭敌人,还有机会朝见天子,只要敌人在,我永远不回朝廷。"皇上感动得流泪。

八月,庚申日(初三),裴度出发到淮西去,皇上到通化门送行。右神武将军张茂和,是茂昭的弟弟,曾向裴度炫耀有胆识,裴度上表推举他做都押牙。茂和用生病做理由拒绝了,裴度上奏请求杀了他。皇上说:"他是忠诚之家的子弟,为你把他贬到远方去就行了。"辛酉日(初四),贬茂和为永州司马。用嘉王傅高承简为都押牙。承简,是高崇文的儿子。

李逢吉不想征讨蔡州,翰林学士令狐楚和逢吉交情好,裴度害怕他们联合朝廷内外的势力来制止军事行动,于是请求把诏书更改几个字,而且说他写诏书用词不适当;壬戌日(初五),免去令狐楚翰林学士的职务,任用为中书舍人。

李光颜、乌重胤与淮西兵作战;癸亥日(初六),在贾店打了败仗。

裴度经过襄城南方的白草原,淮西人派700名勇猛的骑兵去拦截他;镇将楚丘人曹华知道了,事先做了防范,击退了他们。裴度虽辞去招讨使的官,而实际上行的是元帅的职责,以郾城作为衙门所在地。甲申日(二十七日),到达郾城。起先,各道都有中使监督军阵,军队行动不由主将做主;打了胜仗中使就说先派使者向朝廷送去捷报,军事不利就对主将百般羞辱责罚;裴度上奏完全撤除中使监军,诸将才能够专管军事,打仗都能立功。

起初,皇上做广陵王的时候,平民张宿因能言善辩得到宠幸。等到皇上即位,张宿累积官职升为比部员外郎。张宿在外面以金钱侍奉权贵,接受贿赂,门下侍郎、同平章事李逢吉很讨厌他。皇上想用张宿做谏议大夫,逢吉说:"谏议大夫是很重要的官职,要能恰当地批评朝政的过失,才适合做。张宿是一个小人,怎能盗窃贤人的位置!一定要用张宿,请先把我铲除才行。"皇上因而不高兴。逢吉又和裴度意见不同,皇上正倚靠裴度去平定蔡州;丁未日

（二十一日），免去逢吉在京的官司职，派他去做东川节度使。

甲寅日（二十八日），李诉将要进攻吴房，诸将说："今天是往亡日。"（阴阳家之说，八月以白露后十八日为往亡，九月以寒露后第二十七日为往亡。）李诉说："我的兵少，不够作战，应出其不意。他们认为往亡日而不防备我们，正好去打他们。"就出发了，攻下了外城，砍下了1000多头颅。剩下的敌兵退保子城，不敢出来。李诉带兵退回以引诱敌人来追，淮西将孙献忠果然带了500名骁勇的骑兵在背后追击；众兵大惊，正要逃窜，李诉下马坐在交椅上，下令说："敢退的砍头！"大家又回头拼死作战，献忠战死，淮西兵才退。有人劝李诉乘胜攻打子城，必可攻下。李诉说："这不在我的计划之中。"带兵回营。

裴度像

李佑对李诉说："蔡的精兵都在洄曲，均在四方边境上驻守，守州城的都是老弱之兵，可以乘其空虚直接到州城，等贼将知道消息，元济已经被擒获了。"李诉认为有理。冬，十月，甲子日（初八），派掌书记郑澥到郾城，秘密报告裴度。裴度说："作战非出奇兵不能制胜，常侍的计划很好。"

皇上竟然用了张宿作谏议大夫，崔群、王涯固执地劝谏，不听；于是请求让他暂时作谏议大夫，皇上同意了。张宿因而仇恨执政及端正的士大夫，和皇甫镈互为表里，进谗言要赶走他们。

裴度率领属下官员在沱口参观修筑城墙，董重质率领骑兵从五沟出发，拦截他们，大叫着往前冲，剑拔弩张，看样子就要伤到裴度。李光颜和田布拼力作战，抵抗敌人，裴度勉强得以进城。敌人退了。田布布置兵马用壕沟拦截逃敌。敌人下马过沟，坠入沟中压死的有1000多人。

辛未日（十五日），李诉命令马步都虞候、随州刺史史腾留在文城镇守，命令李佑、李忠义率领3000突将当前锋，自己和监军率领3000人为中军，命令李进诚率领3000人殿后。军队出发，不知道要到哪里去。李诉说："只要向东边走就行了。"走了60里，晚上到了张柴村，把守卫的兵及守烽火的兵杀光。占据了营栅，命令士兵稍事休息，吃干粮，整理好马的装备，留下500义成军镇守，切断洄曲和各条通道的桥梁，又乘夜晚带兵出发。诸将请问目的地，李诉说："到蔡州捉吴元济。"诸将面色都变了。监军哭着说："果然陷进李佑的诡计。"当时风雪很猛烈，把大旗吹裂了，人马冻死的很多。天阴黑，自张柴村以东的道路，都是官兵没有走过的，人人都以为这一去一定会死；然而害怕李诉，不敢违背命令。到半夜，雪下得更大，走了70里，到蔡州城；靠近城有鹅鸭池，李诉教人去扰动鹅鸭，使他们乱叫，以掩盖行军的声音。

自从吴少诚违抗天子命令，官军已有30多年不到蔡州城下，所以蔡州人不设防备。壬申日（十六日），四更的时候，李诉到城下，没有一人知道。李佑、李忠义用锄头在城上挖了洞穴，先爬上去。壮士跟着往上爬；守城门的士兵睡得正甜，把他们全部杀了，而留下打更的，教他依旧打更。于是开城门让大军进来；到里城，也是这么做，城中的人都没有发觉。鸡叫了，雪也停了，李诉进入元济的外宅。有人告诉元济说："官军到了。"元济还在睡觉，笑着说："是俘虏及囚犯做些盗窃的事，天亮把他们全都杀掉。"又有人来告诉他说："城已经陷了。"元济说："这必定是洄曲的子弟来找我要冬衣。"起床后，在庭中听见李诉军队的号令说："常侍传话。"响应的将近上万的人。元济才开始恐惧起来，说："是什么常侍，能到这里来！"于是率领左右登上牙城抵抗。

这时董重质拥有1万多精兵守在洄曲。李诉说："元济所期望的，是重质来救他。"于是去访问重质的家属，送给很丰厚的财物安抚他们；派重质的儿子传道拿着信去告诉重质。重质就独自骑马来向李诉投降。

李诉派李进诚攻牙城，捣毁了外门，找到兵库，取出兵器。癸酉日（十七日），又进攻，放火烧南门，百姓争相背些柴草来帮忙烧。李诉的军队射到城上的箭，像猬刺一样多。日落时分，城门坏了，元济在城上请罪，进诚用梯子扶他下来。甲戌日（十八日），李佑用囚车送元济到京师，而且报告裴度。当天，申、光两州及诸镇兵2万余人逐一投降。

自从元济投降，李诉不杀一个人；凡是元济的官吏、帐下、厨房马房里的兵丁，都恢复他原来的官职，使他们不疑心，然后驻扎在球场等待裴度。

任命淮南节度使李鄘为门下侍郎，同平章事。

己卯日（二十三日），淮西行营上奏抓获吴元济，光禄少卿杨元卿对皇上说："淮西有许多珍宝，臣知道在哪里，去取一定能拿到。"皇上说："我讨伐淮西，是为人民除害，不是求珍宝。"

当董重质离开洄曲军队的时候，李光颜赶到他的营中，招降了所有的人。庚辰日（二十四日），裴度派马总先到蔡州去安慰。辛巳日（二十五日），裴度竖起彰义军的旗子和符节，率领投降的兵1万多人进城。李愬带上弓箭袋出城迎接，在道路左边向裴度跪拜。裴度要避开，李愬说："蔡州人冥顽叛逆，不知道尊卑的礼节，已经几十年了，希望公做给他们看，让他们知道朝廷的威严。"裴度这才接受李愬的跪拜之礼。

李愬的军队回到文城，诸将请求说："起先您在朗山打了败仗而不担心，在吴房打了胜仗而不攻下其地，冒着大风大雪而不停止行军，孤军深入敌境而不害怕，然而最后成功了，这都是大家不明白的，敢问是什么道理？"李愬说："在朗山失利，敌人就会蔑视我而不加防备了。要是攻下吴房，那里的军队会逃到蔡州，联合固守，所以留下吴房以分散他们的兵力。起风下雪天气昏暗，能见度低，烽火不能连续传递，敌人不知道我们到了。孤军深入，人人都会拼命，战斗力自然倍增。眼光看得远的人不顾近处，考虑大事的人不计较小处。如果打了小胜仗就骄傲，小小的失利就担忧，自己先就受挫折了，那里还能立功呢！"李愬对自己很节省，而对待士人很慷慨，知道某人是贤人就信任他而决不怀疑。看见事情应该如此，就能当机立断，这就是他能成功的原因。

裴度用蔡州兵做帐下的牙兵，有人劝谏说："蔡州人反复不安的还很多，不能不防范。"裴度笑着说："我做彰义节度使，元凶已经捉到，蔡州人就是我的人民，我怀疑什么呢？"蔡州人听见感激得流泪。起先是吴氏父子依靠兵力，禁止人民在道路上说话，晚上不许点灯，有互相来往宴饮的是死罪。裴度上任后，下令只禁止盗贼，其余都不问，来往不限昼夜，蔡州人才享受到生活的欢乐。

甲申日（二十八日），皇帝下诏书命令韩弘、裴度把平定蔡州将士的功绩，和蔡州投降的将士，按功劳大小，一条条的奏上来。淮西州县的百姓，免税两年；靠近敌人四周的州县，免除第二年夏天的税。战死的官兵，都收尸骨埋葬，给家属5年的衣粮；那些因作战受伤残废的，终身领俸禄。

十一月，皇上亲临兴安门举行受降仪式，把吴元济献给宗庙社稷，在独柳之下杀了他。

当初，淮西的人民受到李希烈、吴少诚虐政的恐吓，不能自拔，时间一久，老年人体弱了，幼年人长大了，习惯在悖逆的环境中生活，不再知道有天子。自少诚以来，派诸将出兵，都不用法制约束他们，任他们方便自己调度作战，所以人人能显露才华。当韩全义在溵水打败仗的时候，在他的帐幕里得到朝廷的贵人写给他的问候信，少诚束做一札给众人看，说："这些都是公卿托全义的信，说攻下蔡州的时候，要一个将士的妻子做婢妾。"这样一来众人都非常气愤，拼死为敌人效力；虽然住在中国的土地上，他们风俗的残酷暴戾，比夷貊犹有过之。所以保有三州的人，动用了天下的军队，围着攻打，经过四年，然后才攻克。

按照旧制，用御史二人掌管馆驿；壬辰日（初七），诏令以宦官为馆驿使。左补阙裴潾劝谏说："宫内的臣子和外间的事情，职务各不相同，最重要的是制止侵犯官职的根源，断绝逾越官位的开端。有不利的，必定要在起初禁止；有的命令有害，不一定要作为大事。"皇上不听从。

甲午日（初九），恩王连去世。

辛丑日（十六日），任命唐、隋兵马使李佑为神武将军，统领军事。

十二月，壬戌日（初七），赐给裴度晋国公的爵位，又让他入朝掌管政事。任命马总为淮西节度使。

最初，吐突承璀正威耀得宠掌权的时候，做淮南监军；李鄘做节度使，性情刚正严厉，和承璀彼此敬畏，所以从来没有发生过节。承璀回朝后，任用李鄘做宰相；李鄘认为由宦官推荐而升官是很丢脸的，等到属下将佐为他饯行的时候，音乐奏起来，李鄘流下眼泪说："我到老都安于做外镇的官，宰相不是我想做的。"戊寅日（二十三日），李鄘到京师，以生病辞相位，不肯入朝谒见天子，不肯上任，群官到门口求见，都拒绝不见。

庚辰日（二十五日），把淮西将董重质降为春州司户。重质是元济的主要策划人，屡次打败官军；皇上想杀他，李诉上奏早先已应允重质不杀他。

卷二四十一至卷二七〇

唐纪六十一　文宗元圣昭献皇帝
太和九年（乙卯、835年）

春，正月，乙卯，以王元逵为成德节度使。

郑注上言秦地有灾，宜兴役以禳之。辛卯，发左、右神策千五百人浚曲江及昆明池。

丙辰，以史元忠为卢龙节度使。

初，李德裕为浙西观察使，漳王傅母杜仲阳坐宋申锡事放归金陵，诏德裕存处之。会德裕已离浙西，牒留后李蟾使如诏旨。至是，左丞王璠、户部侍郎李汉奏德裕厚赂仲阳，阴结漳王，图为不轨。上怒甚，召宰相及璠、汉、郑注等面质之。璠、汉等极口诬之，路隋曰："德裕不至有此。果如所言，臣亦应得罪！"言者稍息。夏，四月，以德裕为宾客分司。

癸巳，以郑注守太仆卿，兼御史大夫，注始受之，仍举仓部员外郎李款自代曰："加臣之罪，虽于理而无辜；在款之诚，乃事君而尽节。"时人皆哂之。

初，京兆尹河南贾𫗧，性褊躁轻率，与李德裕有隙，而善于李宗闵、郑注。上巳，赐百官宴于曲江。故事，尹于外门下马，揖御史。𫗧恃其贵势，乘马直入，殿中侍御史杨俭、苏特与之争，𫗧骂曰："黄面儿敢尔！"坐罚俸。𫗧耻之，求出，诏以为浙西观察使；尚未行，戊戌，以𫗧为中书侍郎、同平章事。

庚子，制以曩日上初得疾，王涯呼李德裕奔问起居，德裕竟不至；又在西蜀征逋悬钱三十万缗，百姓愁困；贬德裕袁州长史。

初，宋申锡获罪，宦官益横；上外虽包容，内不能堪。李训、郑注既得幸，揣知上意，训因进讲，数以微言动上。上见其才辨，意训可与谋大事；且以训、注皆因王守澄以进，冀宦官不之疑，遂密以诚告之。训、注遂以诛宦官为己任。二人相挟，朝夕计议，所言于上无不从，声势烜赫。注多在禁中，或时休沐，宾客填门，赂遗山积。外人但知训、注倚宦官擅作威福，不知其与上有密谋也。

上之立也，右领军将军兴宁仇士良有功；王守澄抑之，由是有隙。训、注为上谋，进擢士良以分守澄之权。

京城讹言郑注为上合金丹，须小儿心肝，民间惊惧，上闻而恶之。郑注素恶京兆尹杨虞卿，与李训共构之，云此语出于虞卿家人。上怒，六月，下虞卿御史狱。注求为两省官，中书侍郎、同平章事李宗闵不许，注毁之于上。会宗闵救杨虞卿，上怒，叱出之；壬寅，贬明州刺史。

秋，七月，甲辰朔，贬杨虞卿虔州司马。

李训、郑注为上画太平之策，以为当先除宦官，次复河、湟，次清河北，开陈方略，如指诸掌。上以为信然，宠任日隆。

是时李训、郑注连逐三相，威震天下，于是平生丝恩发怨无不报者。

时人皆言郑注朝夕且为相，侍御史李甘扬言于朝曰："白麻出，我必坏之于庭！"癸亥，贬甘封州司马。然李训亦忌注，不欲使为相，事竟寝。

丁丑，以太仆卿郑注为工部尚书，充翰林侍讲学士。注好服鹿裘，以隐沦自处，上以师友待之。注之初得幸，上尝问翰林学士、户部侍郎李珏曰："卿知有郑注乎？亦尝与之言乎？"对曰："臣岂特知其姓名，兼深知其为人。其人奸邪，陛下宠之，恐无益圣德。臣忝在近密，安敢与此人交通！"戊寅，贬珏江州刺史。再贬沈议柳州司户。

时注与李训所恶朝士，皆指目为二李之党，贬逐无虚日，班列殆空。

盐铁使王涯奏改江淮、岭南茶法，增其税。

时弘志为山南东道监军，李训为上谋召之，至青泥驿，癸亥，封杖杀之。

郑注求为凤翔节度使，门下侍郎、同平章事李固言不可。丁卯，以固言为山南西道节度使，注为凤翔节度使。李训虽因注得进，乃势位俱盛，心颇忌注。谋欲中外协势以诛宦官，故出注于凤翔；其实俟既诛宦官，并图注也。

注欲取名家才望之士为参佐，请礼部员外郎韦温为副使，温不可。或曰："拒之必为患。"温曰："择祸莫若轻。拒之止于远贬，从之有不测之祸。"卒辞之。

李训、郑注为上谋，以虚名尊守澄，实夺之权也。

己巳，以御史中丞兼刑部侍郎舒元舆为刑部侍郎，兵部郎中知制诰、充翰林侍讲学士李训为礼部侍郎，并同平章事。仍命训三二日一入翰林讲《易》。元舆为中丞，凡训、注所恶者，则为之弹击，由是得为相。又上惩李宗闵、李德裕多朋党，以贾𫗮及元舆皆孤寒新进，故擢为相，庶其无党耳。

训起流人，期年致位宰相，天子倾意任之。训或在中书，或在翰林，天下事皆决于训。王涯辈承顺其风旨，惟恐不逮。

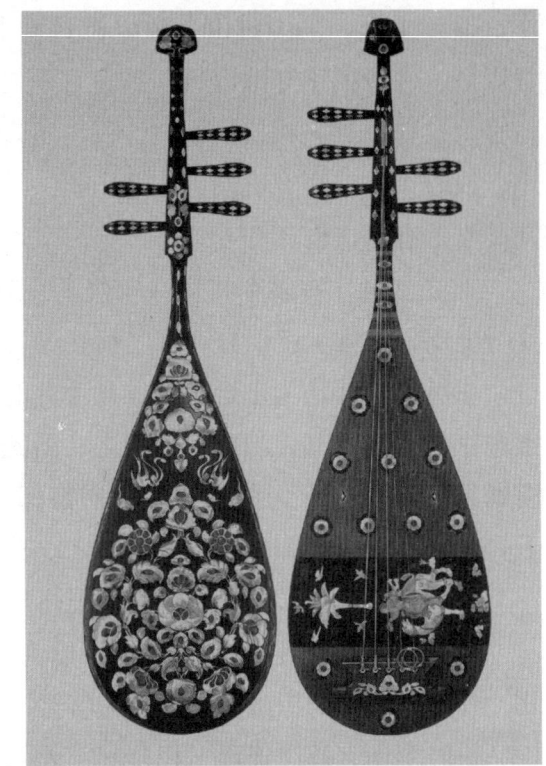

唐代乐器

壬申，以刑部郎中兼御史知杂李孝本权知御史中丞。孝本，宗室之子，依训、注得进。

郑注每自负经济之略，上问以富人之术，注无以对，乃请榷茶。于是以王涯兼榷茶使，涯知不可而不敢违，人甚苦之。

李训、郑注密言于上，请除王守澄。辛巳，遣中使李好古就第赐鸩，杀之，赠扬州大都督。训、注本因守澄进，卒谋而杀之，人皆快守澄之受佞而疾训、注之阴狡，于是元和之逆党略尽矣。

乙酉，郑注赴镇。

李训所奖拔，率皆狂险之士，然亦时取天下重望以顺人心，如裴度、令狐楚、郑覃皆累朝耆俊，久为当路所轧，置之散地，训皆引居崇秩。由是士大夫亦有望其真能致太平者，不惟天子惑之也。然识者见其横甚，知将败矣。

始，郑注与李训谋，至镇，选壮士数百，皆持白梃，怀其斧，以为亲兵。是月，戊辰，王守澄葬于浐水，注奏请入护葬事，因以亲兵自随。仍奏令内臣中尉以下尽集浐水送葬，注因阖门，令亲兵斧之，使无遗类。约既定，训与其党谋："如此事成，则注专有其功，不若使行余、璠以赴镇为名，多募壮士为部曲，并用金吾、台府吏卒，先期诛宦者，已而并注去之。"行余、璠、立言，约及中丞李孝本，皆训素所厚也，故列置要地，独与是数人及舒元舆谋之，他人皆莫之知也。

壬戌，上御紫宸殿。百官班定，韩约不报平安，奏称："左金吾听事后石榴夜有甘露，臣递门奏讫。"因蹈舞再拜，宰相亦帅百官称贺。训、元舆劝上亲往观之，以承天贶，上许之。百官退，班于含元殿。日加辰，上乘软舆出紫宸门，升含元殿。先命宰相及两省官诣左仗视之，良久而还。训奏："臣与众人验之，殆非真甘露，未可遽宣布，恐天下称贺。"上曰："岂有是邪！"顾左、右中尉仇士良、鱼志弘帅诸宦者往视之。宦者既去，训遽召郭行余、王璠曰："来受敕旨！"璠股栗不敢前，独行余拜殿下。时二人部曲数百，皆执兵立丹凤门外，训已先使人召之，令人受敕。独东兵入，邠宁兵竟不至。

仇士良等至左仗视甘露，韩约变色流汗，士良怪之曰："将军何为如是？"俄风吹幕起，见执兵者甚众，又闻兵仗声。士良等惊骇走出，门者欲闭之，士良叱之，关不得上。士良等奔诣上告变。训见之，遽呼金吾卫士曰："来上殿卫乘舆者，人赏钱百缗！"宦者曰："事急矣，请陛下还宫！"即举软舆，迎上扶升舆，决殿后罳䍐，疾趋北出。训攀舆呼曰："臣奏事未竟，陛下不可入宫！"金吾兵已登殿；罗立言帅京兆逻卒三百余自东来，李孝本帅御史台从人二百余自西来，皆登殿纵击，宦官流血呼冤，死伤者十余人。乘舆迤逦入宣政门，训攀舆呼益急，上叱之，宦者郗志荣奋拳殴其胸，偃于地。乘舆既入，门随阖，宦者皆呼万岁，百官骇愕散出。训知事不济，脱从吏绿衫衣之，走马而出，扬言于道曰："我何罪而窜谪！"人不之疑。王涯、贾𣗥、舒元舆还中书，相谓曰："上且开延英，召吾属议之。"两省官诣宰相请其故，皆曰："不知何事，诸公各自便！"士良等知上豫其谋，怨愤，出不逊语，上慙惧不复言。

士良等命左、右神策副使刘泰伦、魏仲卿等各帅禁兵五百人，露刃出阁门讨贼。王涯等将会食，吏白："有兵自内出，逢人辄杀！"涯等狼狈步走，两省及金吾吏卒千余人填门争出；门寻阖，其不得出者六百余人皆死。士良等分兵闭宫门，索诸司，捕贼党。诸司吏卒及民酤贩在中者皆死，死者又千余人，横尸流血，狼藉涂地，诸司印及图籍、帷幕、器皿俱尽。又遣骑千余出城追亡者，又遣兵大索城中。舒元舆易服单骑出安化门，禁兵追擒之。王涯徒步至永昌里茶肆，禁兵擒入左军。涯时年七十余，被以桎梏，掠治不胜苦，自诬服，称与李训谋行大逆，尊立郑注。王璠归长兴里私第，闭门，以其兵自防。神策将至门，呼曰："王涯等谋反，欲起尚书为相，鱼护军令致意！"璠喜，出见之。将趋贺再三，璠知见绐，涕泣而行；至左军，见王涯曰："二十兄自反，胡为见引？"涯曰："五弟昔为京兆尹，不漏言于王守澄，岂有今日邪！"璠俯首不言。又收罗立言于太平里，及涯等亲属奴婢，皆入两军系之。户部员外郎李元皋，训之再从弟也，训实与之无恩，亦执而杀之。故岭南节度使胡证，家巨富，禁兵利其财，托以搜贾悚入其家，执其子溵，杀之。又入左常侍罗让、詹事浑鐬、翰林学士黎埴等家，掠其赀财，扫地无遗。鐬，瑊之子也。坊市恶少年因之报私仇，杀人，剽掠百货，互相攻劫、尘埃蔽天。

癸亥，百官入朝，日出，始开建福门，惟听以从者一人自随，禁兵露刃夹道。至宣政门，尚未开。时无宰相御史知班，百官无复班列。上御紫宸殿，问："宰相何为不来？"仇士良曰："王涯等谋反系狱。"因以涯手状呈上，召左仆射令狐楚、右仆射郑覃等升殿示之。上悲愤不自胜，谓楚等曰："是涯手书乎？"对曰："是也！""诚如此，罪不容诛！"因命楚、覃留宿中书，参决机务。使楚草制宣告中外。楚叙王涯、贾悚反事浮泛，仇士良等不悦，由是不得为相。

时坊市剽掠者犹未止，命左、右神策将杨镇、靳遂良等各将五百人分屯通衢，击鼓以警之，斩十余人，然后定。

贾悚变服潜民间经宿，自知无所逃，素服乘驴诣兴安门，自言："我宰相贾悚也，为奸人所污，可送我诣两军！"门者执送西军。李孝本改衣绿，犹服金带，以帽障面，单骑奔凤翔，至咸阳西，追擒之。

甲子，以右仆射郑覃同平章事。

李训素与终南僧宗密善，往投之。宗密欲剃其发而匿之，其徒不可。训出山，将奔凤翔，为盩厔镇遏使宋楚所擒，械送京师。至昆明池，训恐至军中更受酷辱，谓送者曰："得我则富贵矣！闻禁兵所在搜捕，汝必为所夺，不若取我首送之！"送者从之，斩其首以来。

乙丑，以户部侍郎、判度支李石同平章事，仍判度支。前河东节度使李载义复旧任。

左神策出兵三百人，以李训首引王涯、王璠、罗立言、郭行余，右神策出兵三百人，拥贾𫗧、舒元舆、李孝本献于庙社，徇于两市。命百官临视，腰斩于独柳之下，枭其首于兴安门外。亲属无问亲疏皆死，孩稚无遗，妻女不死者没为官婢。百姓观者怨王涯榷茶，或诟詈，或投瓦砾击之。

王涯有再从弟沐，家于江南，老且贫。闻涯为相，跨驴诣之，欲求一簿、尉。留长安二岁余，始得一见，涯待之殊落莫。久之，沐因嬖奴以道所欲，涯许以微官，自是旦夕造涯之门以俟命；及涯家被收，沐适在其第，与涯俱腰斩。

舒元舆有族子守谦，愿而敏，元舆爱之，从元舆者十年，一旦忽以非罪怒之，日加谴责，奴婢辈亦薄之。守谦不自安，求归江南，元舆亦不留，守谦悲叹而去。夕，至昭应，闻元舆收族，守谦独免。

是日，以令狐楚为盐铁转运使，左散骑常侍张仲方权知京兆尹。时数日之间，杀生除拜，皆决于两中尉，上不豫知。

初，王守澄恶宦者田全操、刘行深、周元稹、薛士干、似先义逸、刘英誗等，李训、郑注因之遣分诣盐州、灵武、泾原、夏州、振武、凤翔巡边，命翰林学士顾师邕为诏书赐六道，使杀之。会训败，六道得诏，皆废不行。丙寅，以师邕为矫诏，下御史狱。

先是，郑注将亲兵五百，已发凤翔，至扶风。扶风令韩辽知其谋，不供具，携印及吏卒奔武功。注知训已败，复还凤翔。仇士良等使人赍密敕授凤翔监军张仲清令取注，仲清惶惑，不知所为。押牙李叔和说仲清曰："叔和为公以好召注，屏其从兵，于坐取之，事立定矣！"仲清从之，伏甲以待注。注恃其兵卫，遂诣仲清。叔和稍引其从兵，享之于外，注独与数人入。既啜茶，叔和抽刀斩注，因闭外门，悉诛其亲兵。乃出密敕，宣示将士，遂灭注家，并杀副使钱可复、节度判官卢简能、观察判官萧杰、掌书记卢弘茂等及其枝党，死者千余人。可复，徽之子；简能，纶之子；杰，俛之弟也。朝廷未知注死，丁卯，诏削夺注官爵，令邻道按兵观变。以左神策大将军陈君奕为凤翔节度使。戊辰夜，张仲清遣李叔和等以注首入献，枭于兴安门，人情稍安，京师诸军始各还营。

诏将士讨贼有功及娅队者，官爵赐赉各有差。右神策军获韩约于崇义坊，己巳，斩之。仇士良等各进阶迁官有差。自是天下事皆决于北司，宰相行文书而已。宦官气益盛,迫胁天子,下视宰相,凌暴朝士如草芥。每延英议事,士良等动引训、注折宰相。郑覃、李石曰:"训、注诚为乱首,但不知训、注始因何人得进?"宦者稍屈,搢绅赖之。

时中书惟有空垣破屋,百物皆阙。江西、湖南献衣粮百二十分,充宰相召募从人。辛未,李石上言:"宰相若忠正无邪,神灵所祐,纵遇盗贼,亦不能伤。若内怀奸罔,虽兵卫甚设,鬼得而诛之。臣愿竭赤心以报国,止循故事,以金吾卒导从足矣;其两道所献衣粮,并乞停寝。"从之。

十二月,壬申朔,顾师邕流儋州,至商山,赐死。

榷茶使令狐楚奏罢榷茶,从之。

度支奏籍郑注家赀,得绢百余万匹,他物称是。

庚辰,上问宰相:"坊市安未?"李石对曰:"渐安。然比日寒冽特甚,盖刑杀太过所致。"郑覃曰:"罪人周亲前已皆死,其余殆不足问。"时宦官深怨李训等,凡与之有瓜葛亲,或暂蒙奖引者,诛贬不已,故二相言之。

李训、郑注既诛,召六道巡边使。田全操追忿训、注之谋,在道扬言:"我入城,凡儒服者,无贵贱当尽杀之!"癸未,全操等乘驿疾驱入金光门,京城讹言有寇至,士民惊噪纵横走,尘埃四起。两省诸司官闻之,皆奔散,有不及束带袜而乘马者。

郑覃、李石在中书,顾吏卒稍稍逃去。覃谓石曰:"耳目颇异,宜且出避之!"石曰:"宰相位尊望重,人心所属,不可轻也!今事虚实未可知,坚坐镇之,庶几可定。若宰相亦走,则中外乱矣。且果有祸乱,避亦不免!"覃然之。石坐视文案,沛然自若。

敕使相继传呼:"闭皇城诸司门!"左金吾大将军陈君赏帅其众立望仙门下,谓敕使曰:"贼至,闭门未晚,请徐观其变,不宜示弱!"至晡后乃定。是日,坊市恶少年皆衣绯皂,持弓刀北望,见皇城门闭,即欲剽掠,非石与君赏镇之,京城几再乱矣。时两省官应入直者,皆与其家人辞诀。

时禁军暴横,京兆尹张仲方不敢诘,宰相以其不胜任,出为华州刺史,以司农卿薛元赏代之。元赏尝诣李石第,闻石方坐听事与一人争辩甚喧,元赏使觇之,云有神策军将诉事。元赏趋入,责石曰:"相公辅佐天子,纪纲四海。今近不能制一军将,使无礼如此,何以镇服四夷!"即趋出上马,命左右擒军将,俟于下马桥,元赏至,则已解衣跽之矣。其党诉于仇士良,士良遣宦者召之曰:"中尉屈大尹。"元赏曰:"属有公事,行当继至。"遂杖杀之。乃白服见士良，士良曰："痴书生何敢杖杀禁军大将！"元赏曰："中尉大臣也，宰相亦大臣也，宰相之人若无礼于中尉，如之何？中尉之人无礼于宰相，庸可恕乎？中尉与国同体，当为国惜法，元赏已囚服而来，惟中尉死生之！"士良知军将已死，无可如何，乃呼酒与元赏欢饮而罢。

【译文】

大和九年（乙卯、835年）

春，正月，乙卯日（初九），以王元逵为成德节度使。

郑注上书说秦地将有灾难，应该大兴土木来排除灾害。辛卯日，发动左、右神策1500人疏浚曲江以及昆明池。

丙辰日（十一日），派史元忠为卢龙节度使。

起初，李德裕为浙西观察使，漳王的傅母（女师，女之师保）杜仲阳被宋申锡的事牵连而放归金陵，诏令德裕对他存问厚待。适逢德裕已经调离浙西，行文给留后李蟾，请他照诏令的意思去做。到此时，左丞王璠、户部侍郎李汉奏报说德裕以重金贿赂仲阳，暗中勾结漳王，图谋不轨。皇上气愤之极。召了宰相和璠、汉、郑注等当面质问。璠、汉等诬陷德裕，路隋说："德裕不至于如此。果如他们所说的话，臣也应该获罪！"说话的人才稍稍平定。夏，四月，以德裕为宾客分司。

癸巳日（十八日），派郑注担任太仆卿，兼御史大夫，郑注才肯接受，于是推举仓部员外郎李款代替自己。说："加在臣身上的罪状，虽然在道理上都属无辜；但在李款的忠诚行为上看，则是在侍奉君主而竭尽臣节。"（李款有弹劾郑注事，见上卷）当时人都对此只是莞尔一笑。

起初，京兆尹河南贾𫗧，性情褊狭，急躁而轻率，与李德裕有积怨，而和李宗闵、郑注友善。上巳日，皇上在曲江赐宴百官。依旧例，尹应在

李德裕像

外门下马,拜揖御史。悚仰仗他的地位和权势,乘着马直入,殿中侍御史杨俭、苏特就跟他吵了起来,悚大骂说:"黄脸小儿(骂人语)胆敢如此!"结果被判罚俸。贾悚以此为羞耻,请求外调,诏令派他为浙西观察使,尚未成行。戊戌日(二十三日),又派贾悚为中书侍郎、同平章事。

庚子日(二十五日),制诏中说往日(七年冬)皇上刚生病时,王涯叫李德裕去照看起居,德裕竟然不到;又在西蜀征收了逋悬钱(久欠的租税)30万缗,使得百姓贫困;贬德裕为袁州长史。

起初,宋申锡获罪,宦官更加骄纵;皇上外表虽然能够包容,而内心已不能忍受。李训、郑注已经得到皇帝的宠幸,揣测到了皇上的心意,训借进宫讲学之便,屡次用试探性的言语来打动皇上。皇上已看出他的才辩,心想可以和李训谋划大事;而且因为李训、郑注都是依靠王守澄引进的,希望宦官不会猜疑他们,于是偷偷地把心意告诉了他们。训、注于是就以诛灭宦官为己任。二人相互倚恃,朝夕计议,对皇上所提的要求,没有不接受的,声势煊赫一时。郑注多数时间都在禁中,有时休假,拜访的宾客盈门,送来的礼物堆得像座山。外人只知道训、注倚仗宦官,作威作福,却不知道他们与皇上之间还有密谋。

皇上的立位登基,右领军将军兴宁人仇士良有功劳,而王守澄却压制他,于是两人产生分歧。训、注为皇上所出的计谋是,进用士良以分散守澄的权力。

京城谣言说郑注替皇上配金丹,必须用小孩子的心肝,民间惊恐害怕,皇上听到后十分气恼。郑注一向不喜欢京兆尹杨虞卿,就和李训共谋陷害他,说这番谣言是出于虞卿的家人。皇上大怒,六月,把虞卿关进御史监狱。郑注请求做两省官,中书侍郎。同平章事李宗闵不同意,郑注就在皇上面前诽谤他。适逢宗闵力救杨虞卿,引起皇上愤怒,把他叱逐出朝;壬寅日(二十八日),贬谪为明州刺史。

秋,七月,甲辰朔日(初一),贬杨虞卿为虔州司马。

李训、郑注替皇上谋划达到太平的策略,以为应当首先除去宦官,其次收复河、湟,再次肃清河北,对经营方略的叙述,了如指掌。皇上也认为很对,于是对二人的宠爱和器重,一天比一天加深。

当时李训、郑注接连放逐了李德裕、路隋和李宗闵三位宰相,威势震惊天下,平生凡有仇怨,没有不报复的。

当时人都说郑注马上就要做宰相了,侍御史李甘在朝中公开说:"只要白麻（诏书）颁布，我一定当庭把它销毁！"癸亥日（二十日），贬李甘为封州司马。然而李训也不信任郑注，不想让他做宰相，事情也就被搁置了。

丁丑日（初四），以太仆卿郑注为工部尚书，担任翰林侍讲学士。郑注喜欢穿鹿皮衣服，以隐士自居，皇上也以师友般对待他。郑注刚得宠幸时，皇上曾经问翰林学士、户部侍郎李珏说："卿知道有个人叫郑注的吗？跟他交谈过吗？"李珏回答说："臣不但知道他的姓名，更深知他的为人。这个人很奸诈，如皇上宠幸他，恐怕对圣上的大业并无帮助。臣忝列在皇上近侍之中，怎敢和这种人交往！"戊寅日（初五），贬李珏为江州刺史。再贬沈议为柳州司户。

当时被李训、郑注所厌恶的朝士，都被指为二李的同伙，几乎没有一天停止过贬逐，百官的位次都快空了。

盐铁使王涯上奏章，要改变江淮、岭南的茶法，增加税收。

郑注请求担任凤翔节度使，门下侍郎、同平章事，李固言不同意。丁卯日（二十五日），派固言为山南西道节度使，注为凤翔节度使。李训虽然是因为注的关系而被进用，但等到势力地位都强大时，内心也十分顾忌郑注。打算想以中外联合的势力以诛灭宦官，所以外调郑注到凤翔。其实是想等消灭宦官后，再把郑注也一并除去。

郑注想用名门豪家有才干的声望的士人为辅佐，请礼部员外郎韦温为副使，温不同意。有人对温说："拒绝他会遭祸害的。"温说："选取祸害时要选轻的。拒绝他只是遭贬远地，接受他就有不测之祸。"终于还是推辞了。

李训、郑注为皇上出的计谋是：以虚名尊奉守澄，而实际上已夺走了他的权力。

己巳日（二十七日），派御史中丞兼刑部侍郎舒元舆为刑部侍郎，兵部郎中知制诰、担任翰林侍讲学士的李训为礼部侍郎，并同平章事。仍然命令李训每隔二三天就要进一次翰林院，讲解《易经》。元舆是中丞，凡是训、注所讨厌的人，他就弹劾攻击他们，于是才能够成为宰相。加之皇上又戒备惧怕李宗闵、李德裕多用朋党，而因为贾𫗧和元舆都是孤寒新进，所以才提拔他为宰相，只是希望他们能不结朋党而已。

训崛起于放流刑徒之中，一年后就得到了宰相的地位，而且天子对他完全信任。训或在中书，或在翰林，而天下的大事却都取决于训。王涯等人要听从他的主意，还唯恐不及。

壬申日（三十日），以刑部郎中兼御史知杂李孝本暂代御史中丞。孝本是宗室之子，依靠训、注而得到进用。

郑注常自负有经世济民的谋略，皇上问他使百姓富有的方法，注一时无法应对，就请求征收茶税。以王涯兼榷茶使，涯明明知道不可为，但又不敢违抗，大家都为他难过。

李训、郑注秘密地向皇上进言，请求铲除王守澄。辛巳日（初九），派遣中使李好古到守澄宅第，赐给他鸩酒，守澄被杀，追赠扬州大都督。训、注原本是借着守澄而进用，结果训、注合谋杀了守澄，于是众人都以守澄的被逸佞所杀而人心大快，也痛恨训、注的阴险狡诈，这时元和时的逆党大概都已被消灭了。

乙酉日（十三日），郑注到凤翔镇。

李训所扶持提拔的，大多是狂妄险诈的人，但也有时举用一些天下有威望的人以顺应人心，如裴度、令狐楚、郑覃都是几朝的耆老俊彦，久被当权所压抑而安置为闲差的，李训都能引荐他们居于高位，以迷惑世人。因此士大夫中也有人热望他真的能带来太平，不仅是天子被他迷惑。但是有识见的人眼看他专横得厉害，知道他是必然会失败的。

起初，郑注和李训谋划，到镇时，选壮士数百人，都手上梃（棍棒），腰上挂着利斧，作为亲兵。这一月，戊辰日（二十七日），王守澄被安葬在浐水，注上奏章，请求入京护送葬事，因此就带着亲兵前往，并且上奏章，命令内臣中尉以下，都集合在浐水送葬。郑注计划关闭大门，命令亲兵用斧刃把他们砍杀了，要使他们一个也不留。彼此约定了以后，李训又和自己的同党商量："如照事情成功了，郑注就独占了功劳，不如教行余、璠以赴镇为名义，多征召一些壮士为部下，加上金吾台府的吏卒，先去杀了宦官，完事后把郑注也一并除掉。"行余、璠、立言、约以及中丞李孝本，都是李训平时所厚待的，所以都安插在要地。李训只跟这几个人以及舒元舆商议，其他的人都无从知晓。

壬戌日（二十一日），皇上亲临紫宸殿。百官的次位排定，韩约却不报平安，而奏报说："左金吾听事所后的石榴上夜晚出现了甘露，臣把消息层层呈送，奏报完毕。"因此高兴得手舞足蹈地再次伏拜地上，宰相也率领百官道贺。李训和元舆劝皇上亲自前往观赏，以承受天赐的吉祥。皇上同意了。百官退下，依次排列在含元殿。过了一个时辰，皇上坐着轻便的软轿离开紫宸门，登上含元殿。先命宰相和两省官到左仗去看看，很久以后才回来。李训奏报说：

"臣已经和众人查验了,恐怕不是真的甘露,不可马上对外宣布,以免天下百姓道贺。"皇上说:"怎么会有这种事呢!"回头暗示左、右中尉仇士良、鱼志弘率领所有宦官前去调查。宦官走后,训立刻召来郭行余和王璠说:"前来接受敕旨!"王璠两腿直发抖,不敢向前,只有行余一人跪拜在殿下。当时二人的部属有数百,都拿着兵器站在丹凤门外,李训已先派人下召,命令他们进来接受敕命。却只有东(河东)兵进来,邠宁兵竟然没有来。

仇士良等来到左仗看甘露,韩约却脸色大变冷汗直流,士良觉得奇怪,说:"将军怎么会如此?"不一会儿,风吹起了帐幕,看见许多士兵拿着兵器,又听到兵器碰击的声音。士良等慌忙地往外走,守门的正待把门关闭,士良大声喝叱,门插儿关不上。士良等跑去报告皇上,已发生事变。李训见了,立刻呼叫金吾卫士说:"到殿上来保卫皇上乘舆的人,赏钱百缗!"宦官说:"事情紧急了,请皇上马上回宫!"立刻抬起软舆,迎接皇上,扶他上了轿,冲破了殿后的门屏,急忙朝着北门离去。李训抓住软舆人叫说:"臣奏报要事还没完,皇上不可入宫!"此时金吾兵已登上大殿,罗立言带领着京兆逻兵300多人从东边而来,李孝本率领御史台众人200多人从西边而来,都登上大殿大肆砍杀,宦官流血呼冤,死伤的有10余人。皇上的乘舆摇摇晃晃的进入了宣政门,李训攀住软舆叫得更急,皇上呵责他,宦官郗志荣奋力一拳打在他的胸口,李训跌在地上,乘舆进去了,大门随即关上,宦官都高呼万岁,百官惊愕而四散。李训知道事情失败了,脱下随从的绿衣服穿上,骑马逃奔而出,在路上大声地说:"我犯了什么罪而被贬谪!"所以也没人怀疑。王涯、贾𬷓、舒元舆回到中书后,互相说:"皇上马上会打开延英殿,召我们去商议。"两省官都到宰相那儿去探听是怎么回事。都说:"不知道是什么事,诸位自行处理吧!"士良等知道皇上也参与了这次行动,气愤极了,口出不逊,皇上羞愧害怕得说不出话来。

士良等命令左、右神策副使刘泰伦、魏仲卿等各率领禁兵500人,亮出兵刃走出阁门去搜索叛贼。王涯等正准备在政事堂聚餐,有吏报告说:"有兵从内廷出来,逢人就杀!"涯等狼狈地逃跑,两省及金吾的吏卒1000多人阻塞在门口争着往外跑;门不久就关上了,其中出不来的600余人都被杀死。士良等分散军队关闭上各宫门,在各衙司中搜捕,捕捉贼党。各衙司的吏卒和在其中做生意的人也都被杀了,杀人上千,躺卧的尸体,流出的鲜血,狼藉遍地,各衙司中的印信和图籍、帐幕、器皿都被拿光了。又派遣了骑兵千余人出城追捕逃亡的人，又派兵在城中大肆搜捕。舒元舆单独一人骑着马出安化门，被禁兵追到捉住。王涯徒步到永昌里茶肆，被禁兵捉进左军。涯当时已经70多岁，被戴上刑具，掠打拷问不胜其苦，自己就认罪了。说是和李训共同谋划叛乱，尊奉郑注为国君。王璠回到长兴里私宅，关上大门，派兵防卫。神策军将到了门口，大叫说："王涯等图谋造反，所以起用尚书为宰相，鱼护军命令前来致意！"王璠大喜，出门相见。神策将急趋璠前再三道贺，璠才知道受了骗，只好流着眼泪而去；到了左军，见到王涯说："二十兄自己造反，为什么要把我牵连？"涯说："五弟当时是京兆尹，如果不把秘密透漏给王守澄，哪里会有今天呢！"璠低着头一言不发。又在太平里缉捕了罗立言，以及涯等人的亲属奴婢，都关进了两军的狱中。户部员外郎李元皋，是李训的同曾祖的弟弟，李训实际上和他并无关系，也被捉起来杀了。旧岭南节度使胡证，家财万贯，禁兵贪图他家财产，谎称以搜索贾𫗧为名，进到他家，捉了他的儿子溵，也杀了。又到左常侍罗让、詹事浑锵、翰林学士黎埴等人家中，抢夺财产，一扫而光。锵是瑊的儿子。坊市上的不良少年借此报私仇，到处杀人，抢夺百货，互相攻击劫持，闹得乌烟瘴气。

癸亥日（二十二日），百官入朝，直到日出，才打开建福门，只准带随从一人进去，禁兵拿着出鞘的兵刃站在路的两旁，到宣政门时，门还没打开。当时也没有宰相御史来主持位次，百官之间已不再有次序。当皇上亲临紫宸殿时，问道："宰相怎么没来？"仇士良说："王涯等谋反关在牢里。"而且把王涯亲手写的供状呈上，召左仆射令狐楚、右仆射郑覃等人上殿呈给皇上看。皇上悲愤得几乎抑制不住，对楚等说："这是涯的亲笔吗？"对答说："是的！""果真如此，也不至死罪！"于是命令楚、覃留宿在中书，参与决策机密要务。并让楚起草诏书向中外宣告。令狐楚叙述到王涯、贾𫗧等谋反的事时内容非常空洞，仇士良等很不高兴，因此楚不能做宰相。

当时市街上劫掠的事件还没停止，命令左、右神策将杨镇、靳遂良等各率领500人分别驻守在通衢要道，用击鼓来警告，又斩首十几人，才平定下来。

贾𫗧换了衣服在民间潜藏了几夜，自知无处可逃，于是穿上素服骑着驴到了兴安门，说："我是宰相贾𫗧，被奸人所中伤，可把我送到两军！"守门的士卒把他送到了西军（右神策军）。李孝本改穿了绿衣服，却还系着金带，用帽掩住了脸，单独一人骑马直奔凤翔，到咸阳西，被追兵捉住。

甲子日（二十三日），派右仆射郑覃同平章事。

李训平时和终南僧宗密友善，前往投靠。宗密想剃了他的头发，叫他躲藏起来，可是徒弟们不愿意。训离开了终南山，想奔凤翔，被周至镇使宋楚给捉了，加上刑械送到京师。到昆明池，训怕到军中会遭到更严酷的羞辱，对遣送的人说："得到我就可以富贵了！听说禁兵在到处搜捕我，你的功劳一定会被抢走的，不如拿下我的头先送去！"押送的人同意了，砍下了他的头而前往京师。

乙丑日（二十四日），派户部侍郎、判度支李石同平章事，仍旧判度支。前任河东节度使李载义恢复了原职。

左神策派兵300人，用李训的首级引导着王涯、王璠、罗立言、郭行余，右神策派兵300人，拥着贾餗、舒元舆、李孝本经过庙社，在东、西两市游街，命令百官去看，腰斩在一株孤独的柳树之下，把头悬挂在兴安门外。他们的亲属，不问亲疏一律处死，连小孩也不留，妻子、女儿有不死的，也被没收做官婢。旁观的百姓，都因怨恨王涯的征收茶税，所以有人辱骂他，更有人用瓦砾砸他。

王涯有个再从弟叫沐，家住江南，年老且贫穷。听说涯做了宰相，乘着驴去见他，想求得一职的簿或尉。留在长安两年多，才见到王涯一面，涯对待他非常地冷淡。许久以后，沐借着王涯亲近的家奴把自己的欲望说出，涯给了他一个很卑微的小官，从此他早晚都要到涯的家中去听候差遣，当涯全家被捕时，沐正在宅中，于是跟涯一起被腰斩了。

舒元舆有个族子叫守谦，谨慎而聪明，元舆很疼爱他，跟随元舆已经十年，某一天，他并没犯错，却突然被训斥，从此每天被斥责，而奴婢们也轻视他。守谦自己觉得不安，请求回到江南，元舆也不挽留，守谦悲叹着离去。傍晚，到了昭应，听说元舆被灭族，只有守谦一人免祸。

此日，派令狐楚为盐铁转运使，左散骑常侍张仲方暂代京兆尹。为时几天中，凡杀、生、除、拜的权力都决定在两中尉，皇上也不能预先得知。

起初，王守澄憎恶宦官田全操、刘行深、周元稹、薛士干、似先义逸、刘英諴等人，于是李训、郑注就分别把他们派往盐州、灵武、泾原、夏州、振武、凤翔等地去视察边务，又命翰林学士顾师邕写诏书颁赐给六道（即前六地），杀了他们。适逢李训失败，六道虽然得了诏书，都废置而不执行。丙寅日（二十五日）以师邕伪造诏书，关进了御史狱。

先是郑注率领亲兵500人，已从凤翔出发，到了扶风。扶风县令韩辽知道了他的计划，不提供武器，带着印信及吏卒逃到了武功。后来郑注知道李训已经失败，又回到凤翔。仇士良等派人送了密敕给凤翔监军张仲清，命令他捉拿郑注，仲清惊恐而不知该怎么办。押牙李叔和就对仲清说："叔和替您用无恶意的态度召来郑注，屏退他的随从士卒，在座上把他拿下，事情就办成了。"仲清同意，埋伏了甲士等待郑注。郑注依仗着自己有士兵保护，就去见仲清。叔和暗中把随从的士卒，引到了外面去饮宴，只有郑注和几个人进去。当喝完了茶，叔和抽刀杀了郑注，随即关闭外门，杀了所有的亲兵。才拿出密敕，宣告将士，杀光了郑注全家，并且杀了副使钱可复、节度判官卢简能、观察判官萧杰、掌书记卢弘茂等以及他们的朋党，被杀了千余人。可复是徽的儿子；简能是纶的儿子；杰是俛的弟弟。朝廷不知道郑注已死，丁卯日（二十六日），下诏削夺郑注的官爵，命令邻近各道按兵不动，以观察变化。封左神策大将军陈君奕为凤翔节度使。戊辰日（二十七日）的夜晚，张仲清派李叔和等人以郑注的首级呈献，悬挂在兴安门上，人心才稍微平定，京师的各路军队才各自回营。

李训像

  皇上诏告将士讨贼有功以及带兵谨慎的，都有不同官爵的赏赐。右神策军在崇义坊捉到了韩约，己巳日（二十八日），被杀。仇士良等也各有不同的进阶和升迁。从此天下大事都由北司决定，宰相只是划行公文而已。宦官气势更盛，威胁天子，轻视宰相，欺凌暴虐朝士，如同草芥。每当在延英殿议事，士良等动辄引用训、注的事来折辱宰相。郑覃、李石说："训、注诚然是祸乱的根源，但不知训、注在最初是谁引进的？"宦官才稍微屈服，朝中大官都依靠郑覃和李石二人。

  当时中书省只有空墙破屋，什么都欠缺。江西、湖南进献了衣服、粮草，作为宰相征募随从人员之用。辛未日（三十日），李石上奏说："宰相如能忠正无邪，神灵也会加以保佑，即使遇到强盗，也不能伤害他。如果内心怀着奸邪欺骗，虽然设下许多兵卫，鬼也能杀了他。臣愿尽赤诚之心以报效国家，只依循惯例，用金吾士卒为引导和随从就足够了。那些两道（江西、湖南）所进献的衣粮，都请停止。"皇上同意了。

十二月，壬申朔日（初一），顾师邕被流放到儋州，到高山时，被赐死。

榷茶使令狐楚上奏章请停收茶税。皇上批准。

度支上奏章请把郑注家产充公，得到绢百余万匹，其他财物也大致如此。

庚辰日（初九），皇上问宰相说："市街上是否已安宁？"李石回答说："已逐渐安宁。只是近来十分寒冷，大概是刑杀太过的结果。"郑覃说："罪人的至亲，日前都已被杀，剩下的恐怕已不必再追究了。"当时宦官深怨李训等人，凡是与他有关系的人，或者曾受他奖赏推举的人，被诛杀贬谪就没有停过，所以两位宰相才说这番话。

李训、郑注既已被杀，征召六道的巡边使入京。田全操还记恨李训、郑注的阴谋，在路上扬言："我入城后，凡是穿儒服的，不论贵贱，一定都把他们杀光！"癸未日（十二日），全操等乘驿车直入金光门，京城误传有强盗来了，士民都惊慌而到处奔逃，尘埃四起。两省各衙司官员听了，也都奔走四散，有些人连衣带袜子都来不及穿，骑着马就跑了。

郑覃、李石在中书，看着吏卒统统跑了。覃就对石说："我看情况有变，应该出去暂时避一避！"李石说："宰相地位尊贵崇高，是人心所维系，不可草率！如今虚实还不可知，必须坚定坐镇，才能安定民心。如果宰相也走了，那么朝廷内外就乱了。况且果真有叛乱时，恐怕逃也逃不了！"覃认为有理。石端坐批示文案，正气沛然，若无其事。

敕使相继传达呼叫说："关闭皇城中各衙司大门！"左金吾大将军陈君赏率领部众站在望仙门下，对敕使说："等贼来了，再关闭大门不迟，请慢慢看形势变化，不应显出恐惧！"到了黄昏后形势就安定下来了。当天，街市上的不良少年都穿着绯红皂鞋，拿着弓刀仰首北望，一见皇城大门关上，就要抢夺，如不是李石和陈君赏的坐镇，京城几乎又要大乱。

当时禁军残暴专横，京兆尹张仲方不敢过问，因为他不能胜任，宰相把他外调为华州刺史，以司农卿薛元赏来代他。元赏时常到李石宅第，听到李石正在听事中和一人大声争执。元赏派人去察看，说有神策军将在报告事情。元赏急忙进去，责备李石说："宰相辅佐天子，掌管四海，如今连身边的一个军将也不服从，竟让他如此无礼，又如何镇服四方夷狄！"立刻快步上马离去，命令左右拿下那位军将，等在下马桥，元赏到时，已经除去了他的制服，让他跪在地上。他的朋党报告了仇士良，士良派宦官召元赏说"中尉有请大尹。"元赏说："正有公事，马上就到。"就用杖杀了军将。于是穿上白衣服去见士良，士良说："痴书生怎敢杖杀禁军大将！"元赏说："中尉是国家的大臣，宰相也是国家的大臣，宰相的人如果对中尉无礼，该怎么办？而中尉的人对宰相无礼，怎能宽免呢！中尉与国家是一体，应当替国家尊重法令，元赏已经穿着囚服而来，生死任凭中尉决定！"士良知道军将已死，也没办法，于是叫来酒菜，和元赏痛饮一场而罢。

唐纪六十七　懿宗昭圣恭惠孝皇帝中
咸通九年（戊子、868年）

　　夏，六月，凤翔少尹李师望上言："巂州控扼南诏，为其要冲，成都道远，难以节制，请建定边军，屯重兵于巂州，以邛州为理所。"朝廷以为信然，以师望为巂州刺史，充定边军节度，眉、蜀、邛、雅、嘉、黎等州观察，统押诸蛮并统领诸道行营、制置等使。师望利于专制方面，故建此策；其实邛距成都才百六十里，巂距邛千里，其欺罔如此。

　　初，南诏陷安南，敕徐泗募兵二千赴援，分八百人别戍桂州，初约三年一代。徐泗观察使崔彦曾，慎由之从子也，性严刻；朝廷以徐兵骄，命镇之。都押牙尹戡、教练使杜璋、兵马使徐行俭用事，军中怨之。戍桂州者已六年，屡求代还，戡言于彦曾，以军帑空虚，发兵所费颇多，请更留戍卒一年；彦曾从之。戍卒闻之，怒。

　　都虞候许佶、军校赵可立、姚周、张行实皆故徐州群盗，州县不能讨，招出之，初牙职。会桂管观察使李丛移湖南，新使未至，秋，七月，佶等作乱，杀都将王仲甫，推粮料判官庞勋为主，劫库兵北还，所过剽掠，州县莫能御。朝廷闻之，八月，遣高品张敬思赦其罪，部送归徐州，戍卒乃止剽掠。

　　庞勋等至湖南，监军以计诱之，使悉输其甲兵。山南东道节度使崔铉严兵守要害，徐卒不敢入境，泛舟沿江东下。许佶等相与谋曰："吾辈罪大于银刀，朝廷所以赦之者，虑缘道攻劫，或溃散为患耳，若至徐州，必葅醢矣！"乃各以私财造甲兵旗帜。过浙西，入淮南，淮南节度使令狐绹遣使慰劳，给刍米。

都押牙李湘言于绹曰："徐卒擅归，势必为乱；虽无敕令诛讨，藩镇大臣当临事制宜。高邮岸峡而水深狭，请将奇兵伏于其侧，焚荻舟以塞其前，以劲兵蹙其后，可尽擒也。不然，纵之使得渡淮，至徐州，与怨愤之众合，为患必大。"绹素懦怯，且以无敕书，乃曰："彼在淮南不为暴，听其自过，余非吾事也。"

先是，朝廷屡敕崔彦曾尉抚戍卒擅归者，勿使忧疑。彦曾遣使以敕意谕之，道路相望。勋亦申状相继，辞礼甚恭。戊午，行及徐城，勋与许佶等乃言于众曰："吾辈擅归，思见妻子耳。今闻已有密敕下本军，至则支分灭族矣！丈夫与其自投网罗，为天下笑，曷若相与戮力同心，赴蹈汤火，岂徒脱祸，兼富贵可求！况城中将士皆吾辈父兄子弟，吾辈一唱于外，彼必响应于内矣。然后遵王侍中故事，五十万赏钱，翘足可待也！"众皆呼跃称善。将士赵武等十二人独忧惧，欲逃去，勋悉斩之，遣使致其首于彦曾，且为申状，称："勋等远戍六年，实怀乡里；而武等因众心不安，辄萌奸计。将士诚知讳误，敢避诛夷！今既蒙恩全宥，辄共诛首恶以补愆尤。"冬，十月，甲子，使者至彭城，彦曾执而讯之，具得其情，乃囚之。丁卯，勋复于递中申状桂林戍卒复尔猖狂，若纵使入城，必为逆乱，如此，则阖境涂地矣！不若乘其远来疲弊，发兵击之，我逸彼劳，往无不捷。"

时城中有兵四千三百，彦曾乃命都虞候元密等将兵三千人讨勋，数勋之罪以令士众，且曰："非惟涂炭平人，实亦污染将士。倘国家发兵诛讨，则玉石俱焚矣！"又曰："凡彼亲属，无用忧疑，罪止一身，必无连坐。"仍命宿州出兵苻离，泗州出兵于虹以邀之，且奏其状。彦曾戒元密无伤敕使。

戊辰，元密发彭城，军容甚盛。诸将至任山北数里，顿兵不进，共思所以夺敕使之计，欲俟贼入馆，乃纵兵击之，遣人变服负薪以诇贼。日暮，贼至任山，馆中空无人，又无供给，疑之，见负薪者，执而榜之，果得其情。乃为偶人列于山下而潜遁。比夜，官军始觉之，恐贼潜伏山谷及间道来袭，复引兵退宿于城南，明旦，乃进追之。

时贼已至苻离，宿州戍卒五百人出战于潍水上，望风奔溃，贼遂抵宿州。时宿州阙刺史，观察副使焦璐摄州事，城中无复余兵，庚午，贼攻陷之，璐走免。贼悉聚城中货财，令百姓来取之，一日之中，四远云集，然后选募为兵，有不愿者立斩之，自旦至暮，得数千人。于是勒兵乘城，庞勋自称兵马留后。

再宿，官军始至，贼守备已严，不可复攻。先是，焦璐闻符离败，决汴水以断北路，贼至，水尚浅可涉，比官军至，已深矣。壬申，元密引兵度水，将围城，会大风，贼以火箭射城外茅屋，延至官军营，士卒进则冒矢石，退则限水火，贼急击之，死者近三百人。元密等以为贼必固守，但为攻取之计。

贼夜使妇人持更，掠城中大船三百艘，备载资粮，顺流而下，欲入江湖为盗；以千缣赠张敬思，遣骑送至汴之东境，纵使西归。

明旦，官军知贼已去，狼狈追之，士卒皆未食，比追及，已饥乏。贼舣舟堤下而陈于堤外，伏千人于舟中，官军将至，陈者皆走入陂中。密以为畏己，纵兵追之；贼自舟中出，夹攻之，自午及申，官军大败。密引兵走，陷于荷涫，贼追及之，密等诸将及监陈敕使皆死，士卒死者殆千人，其余皆降于贼，无一人还徐者。贼问降卒以彭城人情计谋，知其无备，始有攻彭城之志。

乙亥，庞勋引兵北渡濉水，逾山趣彭城。其夕，崔彦曾始知元密败，移牒邻道求救；明日，塞门，选城中丁壮为守备，内外震恐，无复固志。或劝彦曾奔兖州，彦曾怒曰："吾为元帅，城陷而死，职也！"立斩言者。

丁丑，贼至城下，众六七千人，鼓噪动地，民居在城外者，贼皆慰抚，无所侵扰，由是人争归之，不移时，克罗城。彦曾退保子城，民助贼攻之，推草车塞门而焚之，城陷。贼囚彦曾于大彭馆，执尹戡、杜璋、徐行俭，刳而剉之，尽灭其族。勋坐听事，盛陈兵卫，文武将吏伏谒，莫敢仰视。即日，城中愿附从者万余人。

戊寅，勋召温庭皓，使草表求节钺，庭皓曰："此事甚大，非顷刻可成，请还家徐草之。"勋许之。明旦，勋使趣之，庭皓来见勋曰："昨日所以不即拒者，欲一见妻子耳。今已与妻子别，谨来就死。"勋熟视，笑曰："书生敢尔，不畏死邪！庞勋能取徐州，何患无人草表！"遂释之。

有周重者，每以才略自负，勋迎为上客，重为勋草表，称："臣之一军，乃汉室兴王之地。顷因节度使刻削军府，刑赏失中，遂致迫逐。陛下夺其节制，剪灭一军，或死或流，冤横无数。今闻本道复欲诛夷，将士不胜痛愤，推臣权兵马留后，弹压十万之师，抚有四州之地。臣闻见利乘时，帝王之资也。臣见利不失，遇时不疑；伏乞圣慈，复赐旌节。不然，挥戈曳戟，诣阙非迟！"庚辰，遣押牙张琯奉表诣京师。

勋以许佶为都虞侯，赵可立为都游弈使，党与各补牙职，分将诸军。又遣旧将刘行及将千五百人屯濠州，李圆将二千人屯泗州，梁丕将千人屯宿州，自余要害县镇，悉缮完成守。徐人谓旌节之至不过旬月，愿效力献策者远近辐凑，乃至光、蔡、淮、浙、兖、郓、沂、密群盗，皆倍道归之。

刘行及引兵至涡口，道路附从者增倍，濠州兵才数百，刺史卢望回素不设备，不知所为，乃开门具牛酒迎之。行及入城，囚望回，自行刺史事。泗州刺史杜慆闻勋作乱，完守备以待之，且求救于江、淮。李圆遣精卒百人先入泗州，封府库，慆遣人迎劳，诱之入城，悉诛之。明日，圆至，即引兵围城，城上矢石雨下，贼死者数百，乃敛兵屯城西。勋以泗州当江、淮之冲，益发兵助圆攻之，众至万余，终不能克。

初，辛云京之孙谠，寓居广陵，喜任侠，年五十不仕；与杜慆有旧，闻庞勋作乱，诣泗州，劝慆挈家避之。慆曰："安平享其禄位，危难弃其城池，吾不为也！且人各有家，谁不爱之？我独求生，何以安众！誓与将士共死此城耳！"谠曰："公能如是，仆与公同死！"乃还广陵，与其家诀，壬辰，复如泗州。时民避乱，扶老携幼，塞涂而来，见谠，皆止之曰："人皆南走，子独北行，取死何为！"谠不应。至泗州，贼已至城下，谠急棹小舟得入，慆即署团练判官。城中危惧，都押牙李雅有勇略，为慆设守备，帅众鼓噪，四出击贼，贼退屯徐城，众心稍安。

庞勋募人为兵，人利于剽掠，争赴之，至父遣其子，妻勉其夫，皆断锄首而锐之，执以应募。

邻道闻勋据徐州，各遣兵据要害，而官军尚少，贼众日滋，官军数不利。贼遂破鱼台近十县。宋州东有磨山，民逃匿其上，勋遣其将张玄稔围之。会旱，山泉竭，数万口皆渴死。

或说勋曰："留后止欲求节钺，当恭顺尽礼以事天子，外戢士卒，内抚百姓，庶几可得。"勋虽不能用，然国忌犹行香，飨士卒必先西向拜谢。癸卯，勋闻敕使入境，以为必赐旌节，众皆贺。明日，敕使至，但责崔彦曾及监军张道谨，贬其官。勋大失望，遂囚敕使，不听归。

诏以右金吾大将军康承训为义成节度使、徐州行营都招讨使，神武大将军王晏权为徐州北面行营招讨使，羽林将军戴可师为徐州南面行营招讨使，大发诸道兵以隶三帅。承训奏乞沙陀三部落使朱邪赤心及吐谷浑、达靼、契苾酋长各帅其众以自随；诏许之。

庞勋以李圆攻泗州久不克，遣其将吴迥代之。丙午，复进攻泗州，昼夜不息。时敕使郭厚本将淮南兵千五百人救泗州，至洪泽，畏贼强，不敢进。辛谠请往求救，杜慆许之。丁未夜，乘小舟潜度淮，至洪泽，说厚本，厚本不听，比明，复还。己酉，贼攻城益急，欲焚水门，城中几不能御；谠请复往求救。慆曰："前往徒还，今往何益？"谠曰："此行得兵则生返，不得则死之。"慆与之泣别。谠复乘小舟负户突围出，见厚本，为陈利害。厚本将从之，淮南都将袁公弁曰："贼势如此，自保恐不足，何暇救人！"谠拔剑瞋目谓公弁曰："贼百道攻城，陷在朝夕；公受诏救援而逗留不进，岂惟上负国恩！若泗州不守，则淮南遂为寇场，公讵能独存邪！我当杀公而后止耳！"起，欲击之，厚本起，抱止之，公弁仅免。谠乃回望泗州，恸哭终日，士卒皆为之流涕。厚本乃许分五百人与之，仍问将士，将士皆愿行。谠举身叩头以谢将士，遂帅之抵淮南岸，望贼方攻城，有军吏言曰："贼势已似入城，还去则便。"谠逐之，揽得其髻，举剑击之，士卒共救之，曰："千五百人判官，不可杀也。"谠曰："临陈妄言惑众，必不可舍！"众请不能得，乃共夺之。谠素多力，众不能夺。谠曰："将士但登舟，我则舍此人。"众竞登舟，乃舍之。士卒有回顾者，则斫之。驱至淮北，勒兵击贼。慆于城上布兵与之相应，贼遂败走，鼓噪逐之，至晡而还。

庞勋遣其将许佶将精兵数千助吴迥攻泗州，刘行及自濠州遣其将王弘立引兵会之。戊午，镇海节度使杜审权遣都头翟行约将四千人救泗州，己未，行约引兵至泗州，贼逆击于淮南，围之，城中兵少，不能救，行约及士卒尽死。先是，令狐绹遣李湘将兵数千救泗州，与郭厚本、袁公弁合兵屯都梁城，与泗州隔淮相望。贼既破翟行约，乘胜围之。十二月，甲子，李湘等引兵出战，大败，贼遂陷都梁城，执湘及郭厚本送徐州；据淮口，漕驿路绝。

康承训军于新兴，贼将姚周屯柳子，出兵拒之。时诸道兵集者才万人，承训以众寡不敌，退屯宋州。庞勋以为官军不足畏，乃分遣其将丁从实等各将数千人南寇舒、庐，北侵沂、海，破沭阳、下蔡、乌江、巢县，攻陷滁州，杀刺史高锡望。又寇和州，刺史崔雍遣人以牛酒犒之，引贼登楼共饮，命军士皆释甲，指所爱二人为子弟，乞全之，其余惟贼所处。贼遂大掠城中，杀士卒八百余人。

泗州援兵既绝，粮且尽，人食薄粥。闰月，己亥，辛谠言于杜慆，请出求救于淮、浙，夜，帅敢死士十人，执长柯斧，乘小舟，潜往斫贼水寨而出。明旦，贼乃觉之，以五舟遮其前，以五千人夹岸追之。贼舟重行迟，谠舟轻行疾，力斗三十余里，乃得免。癸卯，至扬州，见令狐绹；甲辰，至润州，见杜审权。时泗州久无声问，或传已陷，谠既至，审权乃遣押牙赵翼将甲士二千人，与淮南共输米五千斛、盐五百斛以救泗州。

戴可师将兵三万渡淮，转战而前，贼尽弃淮南之守。可师欲先夺淮口，后救泗州，壬申，围都梁城；城中贼少，拜于城上曰："方与都头议出降。"可师为之退五里。贼夜遁，明旦，惟空城。可师恃胜不设备，是日大雾，贼将王弘立引兵数万疾径奄至，纵击官军，官军不及成列，遂大败，将士触兵及溺淮死，得免者才数百人，亡器械、资粮、车马以万计，贼传可师及监军、将校首于彭城。

庞勋自谓无敌于天下，作露布，散示诸寨及乡村，于是淮南士民震恐，往往避地江东。令狐绹畏其侵轶，遣使诣勋说谕，许为奏请节钺，勋乃息兵俟命。由是淮南稍得收散卒，修守备。

时汴路既绝，江、淮往来皆出寿州，贼既破戴可师，乘胜围寿州，掠诸道贡献及商人货，其路复绝。勋益自骄，日事游宴，周重谏曰："自古骄满奢逸，得而复失，成而复败，多矣，况未得未成而为之者乎！"

诸道兵大集于宋州，徐州始惧，应募者益少，而诸寨求益兵者相继。勋乃使其党散入乡村，驱人为兵。又见兵已及数万人，资粮匮竭，乃敛富室及商旅财，什取其七八，坐匿财夷宗者数百家。又与勋同举兵于桂州者尤骄暴，夺人资财，掠人妇女，勋不能制，由是境内之民皆厌苦之，不聊生矣！

【译文】

咸通九年（戊子、868年）

夏，六月，凤翔少尹李师望对皇上说："嶲州控制住南诏，成为该地的要塞，而成都道路遥远，难以用来控制，请建制定边军，屯驻重兵在嶲州，以邛州为治所。"朝廷认为确应如此，就派李师望做嶲州刺史，兼定边军节度，眉、蜀、邛、雅、黎等州观察，统辖管理诸蛮，并统领各路行营、制置等使。为了能专制一方面的军政，李师望才建议这项策略；其实，邛州距离成都才160里，嶲州距离邛州有千里，他的欺骗竟到如此程度。

起初，南诏攻克安南，命令徐泗招募士兵2000前往支援，分800人另外戍守在桂州，最初约定三年更换一次。徐泗观察使崔彦曾，是崔慎由的从子，严厉苛刻；因为徐地的士兵骄纵，朝廷所以命令他去镇守。都押牙尹戡、教练使杜璋、兵马使徐行俭等当权用事，军中报怨。戍守在桂州的官司兵已经有6年，多次要求替代回防，戡却对彦曾说，以军中财务空虚，动员兵力所耗费用很多，请再留戍一年。彦曾同意了。驻守的士卒知道后，都愤怒极了。

都虞侯许佶、军校赵可立、姚周、张行实等都是从前徐州的一群盗贼，州县不能征讨而降服他们，补上牙职。适逢桂管观察使李丛调移湖南，新任的观察使还未到，秋，七月，佶等叛乱，杀都将王仲甫，推戴粮料官庞勋为主，抢劫了府库中的兵械回到北方，所经过之地必定剽窃掠夺，州县也不能抗御。朝廷知道了，八月，派高品张敬思赦免他们的罪过，部分送回徐州，于是驻守的士卒才停止盗窃抢夺。

庞勋等到了湖南，监军用计诱骗他，让他把甲兵都交了出来。山南东道节度使崔铉严兵守要冲，徐地的兵卒不敢入境，乘船沿江东下。许佶等相互商量说："我们的罪状比银刀军还重，而朝廷所以赦免我们，是担心我们沿路攻城抢劫，或者溃败四散而成为祸患。如果到了徐州，一定会被杀了！"于是各用私人财产制造甲兵旗帜。经过浙西，进入淮南。淮南节度使令狐绹派遣使者慰劳，供给刍草、米粮。

都押牙李湘对令狐绹说："徐州士卒擅自归还，一定会作乱，虽然没有皇上敕令诛杀讨伐他们，但藩镇大臣应当遇事时制定权宜之计。高邮两岸险峻，而且水深而且水面狭窄，请率领骑兵埋伏在旁侧，而焚烧苇荻所造的舟船阻塞在前，用强劲的兵力掩杀在后，可以把他们一网打尽。不然，被他们脱逃得以渡过淮水,到达徐州和怨愤的士众结合,则造成的灾难必然很大。"令狐绹一向懦弱胆小,并且又没敕书,于是就说:"他们在淮南只要不做暴力乱行之事,就随他们经过,其他就不是我们的事了。"

先前,朝廷几次敕命崔彦曾慰抚戍卒中擅自归乡的,不要使他们忧虑担心。彦曾派使者把敕命的意思告诉他们,敕命传送络绎不绝。庞勋也相继表明态度,文辞礼节都十分恭敬。戊午日(二十八日),走到徐城,庞勋和许佶等就对士众说:"我们擅自归乡,是为念妻子和孩子而已。如今听说已有密令下达本军,到达时就被支解灭族!大丈夫与其自投网罗,成为天下人的笑料,不如互相协力同心,赴汤蹈火,岂止是免除祸患,同时也有富贵可以追求,况且城中的将士都是我辈的父兄子弟,我辈在外一呼,他们必会在内响应。然后遵奉王侍中旧例,50万赏钱,可以迅速轻易地等到。"大家都欢呼雀跃而称好。只有将士赵武等12人忧虑恐惧,准备逃走,都被杀了头,并且派使者把头送给彦曾,并且上状说:"庞勋等远戍在外已经6年,对乡里实在怀念。而武等人借着士众内心不安,就萌生奸计。将士等都知道会被欺骗牵连,而极力避免被诛杀!如今既已蒙恩泽而宥谅,就共同杀了罪恶之首来补罪过。"冬,十月,甲子日(初四),使者到了彭城,彦曾把他捉住讯问,得知了全部实情,就把他关押起来。丁卯日(初七),庞勋又在递送使府的邮筒中上书状,而桂州戍卒又再次猖狂,如果允许他们进城,一定叛变作乱,如此,就全城肝脑涂地了!不如乘他远来疲乏,出兵攻击他,我方以逸待劳,将无往而不胜。

当时城中有兵4300人,彦曾就命令都虞侯元密等指挥士兵3000人去征讨庞勋,条列勋的罪行以号令士众,并且说:"不仅是使平民生灵涂炭,实际上也污染了将士。假使国家动员兵力消灭讨伐时,就是玉石俱焚了!"又说:"凡是他们的亲属,都不用担心疑惧,罪责止及个人,一定不会连坐。"于是命令宿州出兵符离,泗州出兵于虹以阻击他们,并且奏报他们的情况。彦曾告诫元密不要伤害敕使。

戊辰日(初八),元密从彭城出发,阵容十分盛大。诸将到任山以北数里时,停下士兵不再前进,共同商量夺敕使的计策,想等贼人进到馆中时,再派士兵攻击他。派人改变衣服背负着薪柴以侦查贼人。傍晚时分,贼人已到任山,见馆中空无一人,又没有接待,心中怀疑,看见负薪柴的人,就把他捉来拷问,果然得到了实情。于是做了假人,排列在山下而自己却暗中跑了。到晚上,官军才发觉,唯恐贼兵埋伏在山谷而从小道来偷袭,所以又引兵退守住宿在城南。第二天清晨，才进兵追击。

当时贼兵已到苻离，宿州的驻军500人出城在濉水上作战，结果望风奔逃溃败，贼兵于是到达了宿州。当时宿州缺刺史，由观察副使焦璐代理州事，城中已经没有剩余兵力，庚午日（初十），贼兵攻陷城池，璐逃走而得免一死。贼兵把城中财货都聚拢在一起叫百姓来拿。一天之中，四方远处的人像云般汇集，等拿了财货后就开始挑选他们当兵，如有不愿意的人，立刻杀头，从早到晚，募集了几千人。于是率兵登城，而庞勋自称是兵马留后。

再过了一夜，官军才到，而贼人守备已经严密，不能再发动攻势了。先前，焦璐听说苻离战败，挖断了汴水用来隔断北路，贼兵到时，水还浅可以涉渡，等官军到时，水已经很深了。壬申日（十二日），元密带领士兵涉水，准备围城，适逢大风，贼人以火箭射城外的茅屋，使火漫延烧到官军军营，士卒前进就得冒着箭矢与弹石，退后则又被水火困住，贼兵趁势急攻，杀死的人将近300人。元密等以为贼人一定会固守，所以一心想攻取城池。

贼兵在夜晚叫妇人击鼓巡更，掠夺了城中大船300艘，都装满了物资粮草，顺着水流而下，准备进入江湖作强盗；用一千匹缣赠给张敬思，派遣骑兵送他到汴州的东部边境，放他往西边回到长安。

第二天清晨，官军知道贼兵已经离去，才狼狈地去追击，士卒都没有进食，等追到时，都已经饿得没力气。贼兵在堤下把船整齐地朝着岸排列，而在堤下布下阵列，埋伏了千人在舟中，官军快到时，阵中的人都走进泽障中。元密以为他们害怕自己，于是放兵追击；贼兵从舟中出来，两面夹击，从午时直打到申时，官军大败。元密带着士兵逃走，陷在荷花池中，贼兵追及，元密等诸将以及监陈敕使都战死，士卒死了将近千人，剩下的都向贼兵投降，没有一人回到徐地。贼兵审问投降的士卒，有关彭城的人情和军事计划谋略，得知毫无戒备，于是就有了进攻彭城的企图。

乙亥日（十五日），庞勋率领士兵往北渡过了濉水，翻过山岭直逼彭城。当天晚上，崔彦曾才知道元密战败，移送公文到邻道去求救；第二天，屯塞城门，选择了城中的壮年男子为守备，而内外都已经震惊慌恐，不再有固守的意志。有人劝彦曾逃奔兖州，彦曾气愤地说："我是元帅，城池失陷而死，是职责所在！"立刻杀了进言的人。

丁丑日（十七日），贼兵到了城下，士众有六七千人，鼓噪之声动地。而百姓若住在城外的，贼人反加以慰问，没有一丝侵犯骚扰，因此，百姓争相归顺，不到一个时辰，攻下了城外的罗城。彦曾退守到城内小城以求自保，而百姓竟帮助贼兵攻城，推来草车堵住城门而点燃起来，城池失陷。贼兵把彦曾囚禁在大彭馆，擒住了尹戡、杜璋、徐行俭，把他们破了腹，锉成寸断，杀了全族。勋坐在徐州观察厅事，陈列了众多兵卫，文武将吏都拜跪谒见，没人敢抬头仰视。当日，城中愿意附顺服从的就有1万多人。

戊寅日（十八日），庞勋召见温庭皓，命令他起草表章求取节钺，庭皓说："此事极为重大，不是顷刻间可以完成，请求能够回家后慢慢起草。"勋答应了。第二天，勋派人催促，庭皓来见勋说："昨天所以没有立刻拒绝的原因，是想和妻子见一面而已。如今已和妻子诀别，特地前来就死。"勋仔细地看着庭皓，笑着说："书生竟敢如此，难道不怕死吗！庞勋能攻陷徐州，哪怕没人起草表章！"就把庭皓放了。

有个叫周重的人，经常自负才高，庞勋待他为上宾，周重替勋起草表章，大致说："臣的军队，是来自汉代王室兴起的所在地，近来因为节度使刻薄盘剥军府兵员的粮饷，刑罚、奖赏失去公正，于是引起士卒追逐主帅。而陛下强夺了他们的指挥管辖，瓦解了全军，有的死亡，有的流放，冤枉和横死的人无数。如今听说本道再次准备诛杀，将士都难以控制悲痛愤恨，推派臣子权充兵马留后，以镇领10万的军队，抚顺四州（徐、宿、濠、泗）的土地。臣听说见到利时必须寻找时机，这是成帝王事业的基础。臣见到利时不想失去，遇到时机时不会迟疑；乞求圣恩，再赐旌节。不然，就挥动兵戈，拖曳剑戟，即时拜见宫阙也不为迟！"庚辰日（二十日），派遣牙张琯奉表抵达京师。

庞勋派许佶为都虞侯，赵可立为都游弈使，朋党各补牙职，分别指挥诸军。又派遣旧将刘行及率领一千五百人屯驻在濠州，李圆率领二千人屯驻在泗州，梁丕率领一千人屯驻在宿州，其余守要害的县镇，都修缮完治防守准备。徐人以为旌节的来到不会超过一个月，愿意效力和献计策的人自远近趋身而至，竟然使光、淮、浙、兖、郓、沂、密的群盗，昼夜兼程赶来归顺。

刘行及带兵到涡口，道路上附和随从的人增加一倍，而濠州的士兵才几百，刺史卢望回平素不设防备，一时不知怎么办才好，于是敞开城门准备了牛酒来迎接。刘行及进了城，监押卢望回，自己履行了刺史职事。泗州刺史杜慆听说庞勋作乱，完成了守备来等待他，并且向江、淮求救。李圆派遣士卒百人先进入泗州，封闭府库，杜慆派人去欢迎慰劳，引诱他们进城，全部杀了。第二天，李圆到达，立刻带兵包围城池，城上箭矢有如雨般地落下，贼兵死亡几百,就收兵驻守在城西。庞勋因为泗州是江、淮的要冲,更加发兵帮助李圆的攻击,士众多到万余人,终究不能把城攻下。

起初,辛云京的孙子谠,寄居在广陵,喜欢任侠,年岁50仍未做官,和杜慆有故旧之谊,听说庞勋叛乱,就到了泗州,劝杜慆全家躲避。慆说:"平安时享受禄位,危难时放弃城池,这种事我是不做的!何况每人都有家庭,谁不爱它们呢?我独自一人求生,以什么来安抚民众!发誓决心和将士共为守此城池而死!"谠说:"公能如此,我与公同死!"于是回到广陵,和他的家人诀别,壬辰日(初三),又往泗州。当时百姓避乱,扶老携幼,充塞道路而来,遇见谠,都阻止他说:"大家都往南逃,只有你朝北走,就算死了又有什么意义呢!"谠不回答。到泗州,贼兵已临城下,谠急忙划了小船进去,杜慆立刻派他做团练判官。城中危急恐惧,都押牙李雅有才略,替慆布置守备,率领士众鼓动喧哗,从四方出兵攻击贼人,贼兵退守到徐城,大家的心才稍微安定。

庞勋征召百姓游勇当兵,人人贪图剽窃抢夺的利益,争相前往,甚至父亲遣送儿子,妻子勉励丈夫,都砍断了锄头而磨得锋利了,拿着去应征。

邻道听说庞勋占领了徐州,各派兵据守要害,然而官兵仍少,而贼人越来越多,官军几次失利,贼兵终于攻破了鱼台附近的十几个县。宋州的东方有座磨山,百姓都逃到上面躲避起来,庞勋派他的大将张玄稔围困磨山,适逢旱灾,山泉枯竭,数万人都被渴死。

有人劝庞勋说:"留后只想求节钺,就应该恭顺地尽臣礼来事奉天子,对外阻止士卒,对内安抚百姓,庶几乎可得到节钺。"庞勋虽然不能采用,但是在国家忌日时还是设斋焚香,大飨将士时必定先向西方望朝廷宫阙拜谢。癸卯日(十四日),庞勋听说敕使进到境内,以为必定是来赐旌节,士众也都道贺。第二天,敕使到达,只是责备崔彦曾和监军张道谨,贬了他们的官。庞勋大为

磨山梅园

失望，于是囚拘敕使，不让他回去。

皇上下诏派右金吾大将军康承训为义成节度使、徐州行营都诏讨使，神武大将军王晏权为徐州北面行营招讨使，羽林将军戴可师为徐州南面行营招讨使，大举动员诸道的兵力以归属三帅统领。承训上奏乞请沙陀三部落使朱邪赤心及吐谷浑、达靻、契苾酋长各统领他们的士卒追随在自己之后，皇上下诏依从。

庞勋因为李圆攻打泗州久久不下，派他的大将吴迥去顶替。丙午日（十七日），再度进攻泗州，昼夜不停。当时敕使郭厚本率领淮南士兵1500人往救泗州，到洪泽镇，害怕贼兵强大，不敢前进。辛谠请前去求援，杜慆同意了。丁未日（十八日）的夜晚，乘着小船暗中渡过淮水，到达洪泽，游说厚本，厚本不听，等天亮时，又回去了。己酉日（二十日），贼兵进攻城池更加紧急，准备焚烧水门，城中几乎已不能抵抗；辛谠请求再往求救。杜慆说："前次去了是徒劳而回，今番再去又有什么好处？"辛谠说："此行得到救兵就活着回来，得不到救兵就死在那里了。"杜慆和他哭泣着诀别。辛谠又坐着小船，背着门板突破重围而出。见到厚本，向他陈说利害。厚本准备同意时，淮南都将袁公弁说："贼兵形势如此，自保恐怕力量不足，哪有空闲救人！"辛谠拔出宝剑，怒目的对公弁说："贼兵自百道攻打城池，沦陷已是时在早晚，公接受诏命救援，但却逗留不进，哪里只是对上辜负国家恩典！如果泗州失守，则淮南就变成了敌寇践踏的地方，公岂能独自存在吗！我该先杀了公，然后再决定行止！"说着站了起来，就要攻击他，厚本也站起来，抱住说阻止他，公弁才免一死。辛谠于是回头望着泗州，整天痛哭，士卒都被他感动得流下眼泪。厚本才答应分出500人给他，就问将士，将士都愿意出发。辛谠离位起身向将士叩头表示谢意，于是就率领士卒抵达了淮水的南岸，看到贼兵正在攻城，有军吏说："贼兵的情形好像已经进城，军队返回则较有利。"谠在后追赶他，捉住了他的发髻，举起剑来刺他，士卒们一起救他说："他是1500人的判官，不可以杀掉。"辛谠说："面临敌人阵营前竟出妄言惑众，一定不能宽恕！"众人一看请求不成，就一起来抢人，而谠一向力气大，众人都夺不去。谠说："只要将士登上舟船，我就宽恕此人。"士众抢着上了船，于是就把他宽恕了。士卒中凡有回头观望的，就砍杀。把士卒驱使到淮北，引兵攻击贼兵。慆在城墙上布置兵力和谠相应，贼兵终于败退，鼓噪大呼地追逐贼兵，直到傍晚时才回来。

庞勋派了他的大将刘佶率领精锐士兵几千人帮助吴迥攻打泗州,刘行及从濠州派遣他的大将王弘立带兵去会合。戊午日(二十九日),镇海节度使杜审权派都头翟行约带领4000人去救援泗州,己未日(三十日),行约带兵到泗州,在淮南遭到贼兵迎击,并被包围起来,城中兵力太少,不能搭救,行约和士卒都被杀。先前,令狐绹派李湘带兵数千人去救泗州,和郭厚本、袁公弁的兵力会合屯驻在都梁城,和泗州隔着淮水相望。贼兵既已破了翟行约,乘胜包围都梁城。十二月,甲子日(初五),李湘等带兵出战,大败,贼兵于是攻克都梁城,捉了李湘和郭厚本送到徐州,占领了淮口,河上的运输道路断绝。

康承训驻军在新兴,贼将姚周屯扎在柳子,出兵抗击。当时诸道集合的兵力才1万人,承训以为众寡悬殊不能御敌,退守到宋州。庞勋以为官军不值得畏惧,于是分别派遣他的大将丁实等各率领几千人,往南方侵犯舒、庐,向北方侵犯浙、海,攻破沭阳、下蔡、乌江、巢县,攻陷滁州,杀了刺史高锡望。又侵犯和州,刺史崔雍派人用牛酒来犒赏他们,带引贼兵登上城楼一起饮酒,命令军士解掉盔甲,指着所爱的两个人,说是子弟,请求保全他们,其余的人就任凭贼兵处置。贼兵于是在城中大肆抢掠,杀了士众800多人。

泗州的援兵已经断绝,粮食也将用尽,每人都只能吃稀粥。闰月,己亥日(初十),辛谠对杜慆说,请准出城到淮、浙去请求救兵,夜间,率领敢死士卒10人,拿着长柄的斧头,乘着小船,暗中前往,击破了贼兵的水寨而出。第二天,贼兵才发觉,用5只船在前面拦截,用5000人夹两岸追击。贼兵的船重所以行动迟缓,谠的船轻所以船行迅速,拼力打斗了30多里,才得脱身。癸卯日(十四日),到扬州,见到令狐绹;甲辰日(十五日),到润州,见到杜审权。当时泗州已经很久没有消息,或有传言说已经沦陷,谠既然到了,审权就派押牙赵翼率领甲士2000人,和淮南共同运送米5000斛、盐500斛去救援泗州。

戴可师率领士兵3万人渡过淮水,转战而前进,贼兵完全放弃了淮南的守备,可师想先夺下淮口,然后救泗州,壬申日,包围都梁城;城中贼兵少,在城上跪拜说:"正想和都头商量出来投降。"可师为了他们退兵5里。贼兵在夜间逃跑。第二天,只剩下一座空城。可师仗恃着得胜的骄傲而不设置守备。当天大雾,贼将王弘立率兵数万从捷径隐蔽而至,大击官军。官军来不及排成阵势,于是大败,将士多身触兵刃以及在淮水中溺死,得免的人才几百人,遗失的器械、资粮、车马以万计,贼兵传送可师以及监军、将校的首级到彭城。

庞勋自以为天下无敌，作报捷文书，散布告示到各寨以及乡村，于是淮南的士民震惊害怕，往往避难到江东。令狐绹怕他们来侵犯，派使去见庞勋，并加劝说晓谕，答应他代为上奏请节钺，庞勋才停止军事，等待命令。由是淮地才能够稍事收聚四散的士卒，修修守备。

当时，汴京的通路已断绝，江、淮间的往来，都出自寿州。贼兵既然攻破了戴可师，乘胜包围寿州，抢掠诸道贡献以及商人的财物，于是这条道路再度断绝。庞勋更加狂妄骄傲，每日从事游猎宴会，周重进谏说："自古以来，骄傲自满，奢侈逸乐，致使得到后再度失去，成功后又复失败的例子多了，况且还没得到，还没成功而就骄傲奢侈的人呢！"

诸道兵力大量集结在宋州，徐州开始恐慌，征招的人就更加少了，然而诸寨请求增加兵力的人却相继不绝。庞勋于是派他的同党散布到乡村，驱使百姓当兵。又看兵力已达几万人，而金钱粮食则缺乏用尽，于是暴敛富有人家和商旅的钱财，征收的数量达到百分之七八十，因藏匿钱财而被灭族的有几百家。而且和庞勋在桂州同时举兵的人就更加骄横跋扈，抢夺别人财产，掳掠别人妇女，庞勋也没法制止，因此境内的百姓都憎恶他们，而以此为苦，生活都成了问题了！

唐纪六十九　僖宗惠圣恭定孝皇帝上之下
乾符四年（丁酉、877年）

春，正月，王郢诱鲁寔入舟中，执之，将士从寔者皆奔溃。朝廷闻之，以右龙武大将军宋皓为江南诸道招讨使，先征诸道兵外，更发忠武、宣武、感化三道、宣、泗二州兵，新旧合万五千余人，并受皓节度。二月，郢攻陷望海镇，掠明州，又攻台州，陷之；刺史王葆退守唐兴。诏二浙、福建各出舟师以讨之。

王仙芝陷鄂州。

黄巢陷郓州，杀节度使薛崇。

南诏酋龙嗣立以来，为边患殆二十年，中国为之虚耗，而其国中亦疲弊。酋龙卒，谥曰景庄皇帝；子法立，改元贞明承智大同，国号鹤拓，亦号大封人。

法好畋猎酣饮，委国事于大臣。闰月，岭南西道节度使辛谠奏南诏遣陁西段鉴宝等来请和，且言"诸道兵戍邕州岁久，馈饷之费，疲弊中国，请许其和，使羸瘵息肩。"诏许之。

王郢横行浙西，镇海节度使裴璩严兵设备，不与之战，密招其党朱实降之，散其徒六七千人，输器械二十余万，舟航、粟帛称是。敕以实为金吾将军。于是郢党离散；郢收余众，东至明州，甬桥镇遏使刘巨容以筒箭射杀之，余党皆平。璩，谓之从曾孙也。

三月，黄巢陷沂州。

夏，四月，壬申朔，日有食之。

庚申，王仙芝、黄巢攻宋州，三道兵与战，不利，贼遂围宋威于宋州。甲寅，左威卫上将军张自勉将忠武兵七千救宋州，杀贼二千余人，贼解围遁去。

王铎、卢携欲使张自勉以所将兵受宋威节度，郑畋以为威与自勉已有疑忌，若在麾下，必为所杀，不肯署奏。八月，辛未，铎、携诉于上，求罢免；庚辰，畋请归浐川养疾；上皆不许。

王仙芝陷安州。

盐州军乱，逐刺史王承颜，诏高品牛从珪往慰谕之；贬承颜象州司户。承颜及崔碣素有政声，以严肃为骄卒所逐，朝廷与贪暴致乱者同贬，时人惜之。

十一月，招讨副使、都监杨复光遣人说谕王仙芝，仙芝遣尚君长等请降于复光，宋威遣兵于道中劫取君长等。十二月，威奏与君长等战于颍州西南，生擒以献；复光奏君长等实降，非威所擒。诏侍御史归仁绍等鞫之，竟不能明；斩君长等于狗脊岭。

黄巢陷匡城，遂陷濮州。诏颍州刺史张自勉将诸道兵击之。

江州刺史刘秉仁乘驿之官，单舟入柳彦璋水寨，贼出不意，即迎拜，秉仁斩彦璋，散其众。

王仙芝寇荆南。节度使杨知温，知至之兄也，以文学进，不知兵，或告贼至，知温以为妄，不设备。时汉水浅狭，贼自贾堑渡。

【译文】

乾符四年（丁酉、877年）

春，正月，王郢把鲁实诱到了船中，捉了起来。追随鲁实的将士都逃奔溃散。朝廷知道后，派右龙武大将军宋皓做江南诸道招讨使，先征收了诸道的士兵外，进而动员忠武、宣武、感化三道，宣、泗二州的士兵，新旧合计15000多人，都接受皓的指挥。二月，王郢攻下望海镇，抢掠明州，又进攻台州，不久就攻下了台州；刺史王葆退守到唐兴。皇上下诏二浙、福建各出动舟师去讨伐王郢。

王仙芝攻下鄂州。

黄巢攻克郓州，杀节度使薛崇。

南诏自酋龙嗣立以来，即成为边患将近20年，中央财政被他耗损而空虚，而他自己的属国也疲惫不堪。酋龙死，谥号景庄皇帝；他的儿子法断立，改年号为贞明、承智、大同。国号鹤拓，也号大封人。

法喜好畋猎醉饮，把国家大事托付给大臣。闰月，岭南西道节度使辛说上奏南诏派陀西段鉴宝等人来求和，并且说："诸道士兵戍守在邕州的时间已经很久了，馈饷的用度，致使中国日渐贫乏，请允许讲和，使老弱贫病的人能卸下负担。"皇上诏令同意。

王郢横行在浙西，镇海节度使裴璩严密军备，不和他作战，暗中招安他的同党朱实，解散了他的士卒六七千人，运送器械20多万，舟船、粟帛也大致如此。敕命朱实为金吾将军。于是王郢党离散；王郢集合了残余的士众，往东到了明州，甬桥镇遏使刘巨容用筒箭射杀了王郢，残余的党徒，都被剿平。璩是谓的从曾孙。

三月，黄巢攻克沂州。

夏，四月，壬申朔日（初一），日蚀。

庚申日（二十一日），王仙芝、黄巢攻打宋州，平卢、宣武、忠武三道兵和王、黄交战，失利，贼兵把宋威包围在宋州。甲寅日（十五日），左威卫上将军张自勉率领忠武兵7000人救援宋州，杀了贼兵2000多人，贼军突围逃去。

王铎、卢携想使张自勉把所指挥的士兵交给宋威管制，郑畋以为宋威和张自勉彼此已有猜疑怨恨，如果在麾下，必被杀害，不肯署名奏报。八月，辛未日（初三），铎、携向皇上控诉，请求罢免郑畋；庚辰日（十二日），郑畋也请准归浐川养病；皇上都没有同意。

王仙芝攻克安州。

盐州军作乱，驱逐了刺史王承颜，皇上下诏高品牛从圭前往慰问安抚；贬承颜为象州司户。承颜和崔碣一向有政治美称，这是因为治军严肃而被骄横的士卒所逐，他和贪婪暴虐招致动乱的人同时被朝廷贬官，当时的人们都为此惋惜。

十一月，招讨副都监杨复光派人游说告谕王仙芝，王仙芝派尚君长等向复光请求投降，而宋威派兵在中途劫持了君长等人。十二月，宋威上奏说和君长等在颍州西南作战，生擒而进献；杨复光奏报说君长等实际上是投降，并非被宋威所捕。皇上诏令御史归仁绍等查问，竟然不能明断；把君长斩首在狗脊岭。

黄巢攻克了匡城，接着攻下濮州。皇上诏令颍州刺史张自勉带领诸道兵去攻击。

黄巢像

江州刺史刘秉仁乘驿车到官上任，单舟进入柳彦璋水寨，贼人大觉意外，立即出迎拜谒，秉仁杀了彦璋，把他的士众解散。

王仙芝侵犯荆南。节度使杨知温是知至的哥哥，以文学出仕，不懂兵事，有人告诉他贼兵来了，知温以为是妄言，没有戒备。当时汉水又浅又狭，贼军从贾堑渡了河。

五　年（戊戌、878年）

春，正月，丁酉朔，大雪，知温方受贺，贼已至城下，遂陷罗城。将佐共治子城而守之，及暮，知温犹不出。将佐请知温出抚士卒，知温纱帽皂裘而行，将佐请知温擐甲以备流矢。知温见士卒拒战，犹赋诗示幕僚，遣使告急于山南东道节度使李福，福悉其众自将救之。时有沙陀五百在襄阳，福与之俱，至荆门，遇贼，沙陀纵骑奋击，破之。仙芝闻之，焚掠江陵而去。江陵城下旧三十万户，至是死者什三四。

壬寅，招讨副使曾元裕大破王仙芝于申州东，所杀万人，招降散遣者亦万人。敕以宋威久病，罢招讨使，还青州；以曾元裕为招讨使，颍州刺史张自勉为副使。

振武节度使李国昌之子克用为沙陀副兵马使，戍蔚州。时河南盗贼蜂起，云州沙陀兵马使李尽忠与牙将康君立、薛志勤、程怀信、李存璋等谋曰："今天下大乱，朝廷号令不复行于四方，此乃英雄立功名富贵之秋也。吾属虽各拥兵众，然李振武功大官高，名闻天下，其子勇冠诸军，若辅以举事，代北不足平也。"众以为然。君立，兴唐人；存璋，云州人；志勤，奉诚人也。

会大同防御使段文楚兼水陆发运使，代北荐饥，漕运不继，文楚颇减军士衣米；又用法稍峻，军士怨怒。尽忠遣君立潜诣蔚州说克用起兵，除文楚而代之。克用曰："吾父在振武，俟我禀之。"君立曰："今机事已泄，缓则生变，何暇千里禀命乎！"于是尽忠夜帅牙兵攻牙城，执文楚及判官柳汉璋系狱，自知军州事，遣召克用。克用帅其众趣云州，行收兵，二月，庚午，至城下，众且万人，屯于斗鸡台下。壬申，尽忠遣使送符印，请克用为防御留后。癸酉，尽忠械文楚等五人送斗鸡台下，克用令军士咼而食之，以骑践其骸。甲戌，克用入府舍视事。令将士表求敕命；朝廷不许。

李国昌上言："乞朝廷速除大同防御使；若克用违命，臣请帅本道兵讨之，终不爱一子以负国家。"朝廷方欲使国昌谕克用，会得其奏，乃以司农卿支详为大同军宣慰使，诏国昌语克用，令迎候如常仪，除克用官，必令称惬。

曾元裕奏大破王仙芝于黄梅，杀五万余人，追斩仙芝，传首，余党散去。

黄巢方攻亳州未下，尚让帅仙芝余众归之，推巢为主，号冲天大将军，改元王霸，署官属。巢袭陷沂州、濮州。

王仙芝余党王重隐陷洪州，江西观察使高湘奔湖口。贼转掠湖南，别将曹师雄掠宣、润。诏曾元裕、杨复光引兵救宣、润。

朝廷以李克用据云中，夏，四月，以前大同军防御使卢简方为振武节度使，以振武节度使李国昌为大同节度使，以为克用必无以拒也。

诏以东都军储不足，贷商旅富人钱谷以供数月之费，仍赐空名殿中侍御史告身五通，监察御史告身十通，有能出家财助国稍多者赐之。时连岁旱、蝗，寇盗充斥，耕桑半废，租赋不足，内藏虚竭，无所攸助。兵部侍郎、判度支杨严三表自陈才短，不能济办，辞极哀切，诏不许。

南诏遣其酋望赵宗政来请和亲，无表，但令督爽牒中书，请为弟而不称臣。诏百僚议之，礼部侍郎崔澹等以为："南诏骄僭无礼，高骈不识大体，反因一僧呫嗫卑辞诱致其使，若从其请，恐垂笑后代。"高骈闻之，上表与澹争辩，诏谕解之。澹，鉴之子也。

五月，丙申朔，郑畋、卢携议蛮事，携欲与之和亲，畋固争以为不可。携怒，拂衣起，袂冒砚堕地，破之。上闻之，曰："大臣相诟，何以仪刑四海！"丁酉，畋、携皆罢为太子宾客、分司。以翰林学士承旨、户部侍郎豆卢瑑为兵部侍郎，吏部侍郎崔沆为户部侍郎，并同平章事。

时宰相有好施者，常使人以布囊贮钱自随，行施丐者，每出，襁褓盈路。有朝士以书规之曰："今百姓疲弊，寇盗充斥，相公宜举贤任能，纪纲庶务，捐不急之费，杜私谒之门，使万物各得其所，则家给人足，自无贫者，何必如此行小惠乎！"宰相大怒。

李国昌欲父子并据两镇，得大同制书，毁之，杀监军，不受代，与李克用合兵陷遮虏军，进击宁武及岢岚军。卢简方赴振武，至岚州而薨。

丁巳，河东节度使窦浣发民堑晋阳。己未，以都押牙康传圭为代州刺史，又发土团千人赴代州。土团至城北，狃队不发，求优赏。时府库空竭，浣遣马步都虞候邓虔往慰谕之，土团殴虔，床舁其尸入府。浣与监军自出慰谕，人给钱三百，布一端，众乃定。押牙田公锷给乱军钱布，众遂劫之以为都将，赴代州。浣借商人钱五万缗以助军。朝廷以浣为不才，六月，以前昭义节度使曹翔为河东节度使。

王仙芝余党剽掠浙西，朝廷以荆南节度使高骈先在天平有威名，仙芝党多郓人，乃徙骈为镇海节度使。

秋，七月，曹翔至晋阳；己亥，捕土团杀邓虔者十三人，杀之。义武兵至晋阳，不解甲，譁噪求优赏，翔斩其十将一人，乃定。发义成、忠武、昭义、河阳兵会于晋阳，以御沙陀。八月，戊寅，曹翔引兵救忻州。沙陀攻岢岚军，陷其罗城，败官军于洪谷，晋阳闭门城守。

黄巢寇宣州，宣歙观察使王凝拒之，败于南陵。巢攻宣州不克，乃引兵攻浙东，开山路七百里，攻剽福建诸州。

中书侍郎、同平章事李蔚罢为东都留守。以吏部尚书郑从谠为中书侍郎、同平章事。从谠，余庆之孙也。

以户部尚书、判户部事李都同平章事兼河中节度使。

冬，十月，诏昭义节度使李钧、幽州节度使李可举与吐谷浑酋长赫连铎、白义诚、沙陀酋长安庆、萨葛酋长米海万，合兵讨李国昌父子于蔚州。十一月，岢岚军翻城应沙陀。丁未，以河东宣慰使崔季康为河东节度、代北行营招讨使。沙陀攻石州，庚戌，崔季康救之。

十二月，甲戌，黄巢陷福州，观察使韦岫弃城走。

【译文】

五　年　（戊戌、878 年）

春，正月，丁酉朔日（初一），大雪，杨知温正在接受将吏牙等祝贺，而贼兵已到城下，接着攻下了外城。将佐共同整备内城而守卫，到傍晚时，知温还没出面。将佐请知温出面安抚士卒，知温穿着纱帽皂裘而出，将佐请知温穿上盔甲以防乱箭。知温看见士卒在抗敌作战，还赋诗给同僚看，派使者向山南东道节度使李福告急，李福亲自带着全部士众驰援。当时有沙陀军 500 人在襄阳，李福和他们一起来了，到达荆门，遇到贼军，沙陀放车骑奋力搏杀，破了贼兵。仙芝听到消息，掠劫焚烧了江陵就走了。江陵城外日有 30 万户，至此，死去了百分之三四十。

壬寅日（初六），招讨副使曾元裕在申州东方大破王仙芝，杀了万人，招降遣散的也有万人，敕命以宋威病了很久，免去招讨使，回到青州；派曾元裕为招讨使，颍州刺史张自勉为副使。

振武节度使李国昌的儿子克用为沙陀副兵马使，驻守在蔚州。当时河南盗贼云起，云州沙陀兵马使李尽忠和牙将康君立、薛志勤、程怀信、李存璋等谋划说："如今天下大乱，朝廷的号令已经不再能施行于四方，此时正是英雄建立功名的时机。我们虽然各自持有兵众，但是李振武功劳大、官位高，名闻天下，他的儿子在诸军中最为勇猛，如果辅助他举事，代郡以北还不够他平定的。"众人都以为很对。君立是兴唐人；存璋是云州人；志勤是奉诚人。

适逢大同防御使段文楚兼任水陆发运使，代郡以北连年饥荒，漕运又不能接继，文楚就大为减少军士的衣服米粮；又所用的法律稍嫌严厉，军士报怨。尽忠遣君立暗中到蔚州说服克用起兵，除去文楚而代替他。克用说："我的父亲在振武，等我去禀报。"君立说："如今机密之事已经败露，晚了就会起变化，哪有闲暇千里迢迢去禀命呢！"于是尽忠在夜晚率领牙兵进攻云州牙城，抓捕了文楚以及判官柳汉璋，把他们囚禁在狱中，自己知掌云州之事，派人召克用。克用率领他的士众直趋云州，并且一边行军一边结集兵力，二月，庚午日（初四），到了城下，士卒已将近万人，驻守在斗鸡台下。壬申日（初六），尽忠派使者送上符印，请克用为防御留后，癸酉日（初七），尽忠把文楚等五人加上刑具，送到斗鸡台下，克用命令军士剐了骨肉吃掉，用车骑践踏他的尸骨。甲戌日（初八），克用到府舍视事，命令将士上表请求册命；朝廷不答应。

李国昌上言："请求朝廷迅速解除大同防御使；如果克用违背命令，臣请率领本道兵去讨伐，绝不为爱一子而辜负国家。"朝廷正想派国昌去晓谕克用，适逢得到他的奏报，就派司农卿支详为大同宣慰使，皇上诏令国昌告诉克用，教他迎候时一切仍用平常仪节，拜克用官位，必定使他心满意足。

曾元裕上奏说在黄梅大破王仙芝，杀敌5万多人，追杀了仙芝，正传送首级，残余党徒也已离散而去。

黄巢正在攻打亳州不下，尚让率仙芝残余士众归顺，推举巢为主帅，号冲天大将军，改年号为王霸，委署官属。巢进而攻陷沂州、濮州。

王仙芝的残余同党王重隐攻下洪州，江西观察使高湘逃奔湖口。贼兵转向进犯湖南，别将曹师雄掠夺宣、润。

朝廷以李克用驻守云中郡，夏，四月，派前大同军防御使卢简方为振武节度使，派振武节度使李国昌为大同节度使，认为克用必定无法抵御。

诏令以东都军中储备不足，借贷商旅富人的钱谷用来供应数月的用度，就赐空名殿中侍御史的任命状5张，监察御史任命状10张，如果有人能献出家财帮国家稍多的，就把它赐送给他。当时连年旱灾，蝗灾，贼盗充斥，耕稼桑亩已大半荒废，租税赋敛不足，内库储藏空虚，又无所资助，兵部侍郎、判度支杨严三度上表陈述自己才能短绌，不能完成，文辞十分沉痛恳切，皇上诏令不许。

南诏派遣酋望前来请求和亲，并没有求亲表，只命令督爽文牒中书，要求以弟自称而不称臣。皇上诏令百官群臣商议，礼部侍郎崔澹等人以为："南诏骄慢僭越，毫无礼节，高骈不识大体，反而依托一个僧人小语卑辞来引诱和招致他们的使者，如果答应他们的要求，恐怕会留下后人的笑柄。"高骈听到后，上表和崔澹争辩，皇上于是下诏开导化解了纷争。澹是鉴的儿子。

五月，丙申朔日（初一），郑畋、卢携商议蛮国之事，卢携计划和亲，郑畋争辩坚持以为不可。携愤怒，拂袖而起，衣袂碰到了砚台，坠落地上，破了。皇上听到后，说："大臣彼此怒骂，何以做四海的仪法！"丁酉日（初二），畋、携都罢职为太子宾客、分司。派翰林学士承旨、户部侍郎豆卢缳为兵部侍郎，吏部侍郎崔沆为户部侍郎，并同平章事。

当时宰相有喜好施舍，常常命人用布囊装钱跟随着自己，施舍给乞丐，所以每次出门，衣服褴褛的人站满路边，有朝士用书函规谏说："如今百姓疲困，盗贼充斥，相公应该举拔任用贤能的人，如今管理一般事务，捐弃不必急需的费用，杜绝私人访谒的门径，使万物各得所处，则家家富裕户户充实，自然没有贫穷的人，何必如此专施行小恩惠呢？"宰相大怒。

李国昌想要父子同时占领两镇，得大同制书而烧毁掉，并杀了监军，不接受代理，和李克用联合兵力攻下了遮虏军，进击宁武军以及岢岚军。卢简方前往振武，到岚州时去世。

丁巳日（二十二日），河东节度使窦铎动员百姓挖晋阳护城河。己未日（二十四日），派都押牙康传圭为代州刺史，又动员土军1000人前往代州。土军到了城北时，整顿队伍却不前进，士兵要求优厚的赏赐。当时储库已空乏耗尽，窦铎派马步都虞侯邓虔前往慰劳宣谕，土军剐了虔，用床抬着尸体进入府中。铎和监军亲自出来慰问开导，每人发给钱300，布一端，士众才安定下来。押牙田公锷给乱军金钱布帛，士众就逼迫他做了都将，前往代州，铎向商人借了5万缗来帮助军用。朝廷认为铎为缺乏才干，六月，派前昭义节度使曹翔为河东节度使。

王仙芝的残余党人盗窃抢掠浙西，朝廷因为荆南节度使高骈早先在天平已有威名，而仙芝的党人中多数是郓人，于是调迁高骈为镇海节度使。

秋，七月，曹翔到晋阳；己亥日（初五），捕捉了土师中杀邓虔的13个人，都把他们杀了。义武兵到了晋阳，不肯解除武装，他们喧闹着要求丰厚的赏赐，曹翔杀了十将中的一人，才安定下来。动员义成、忠武、昭义、河阳的兵力会合在晋阳，以抗击沙陀。八月，戊寅日（十五日），曹翔带兵援助忻州。沙陀攻打岢岚军，攻克了外城。官军被打败在洪谷，晋阳关闭了城门进行坚守。

黄巢侵犯宣州，宣歙观察使王凝拒敌，在南陵打败了黄巢。巢攻宣州不下，就带兵攻打浙东，开辟了山路700里，攻夺福建各州。

中书侍郎、同平章事李蔚罢官为东都留守，派吏部尚书郑从谠为中书侍郎、同平章事。从谠是庆余的孙子。

派户部尚书、判户部事李都同平章事兼河中节度使。

冬，十月，皇上诏令昭义节度使李钧、幽州节度使李可举和吐谷浑酋长赫连铎、白义诚、沙陀酋长安庆，萨葛酋长米海万，合兵到蔚州讨伐李国昌父子。岢岚军打开城门响应沙陀。丁未日，派河东宣慰使崔季康任为河东节度、代北行营招讨使。沙陀进攻石州，庚戌日，崔季康救援石州。

十二月，甲戌日（十三日），黄巢攻克福州，观察使韦岫弃城逃跑。

唐纪七十一　僖皇帝
中和四年（甲辰、884年）

东川节度使杨师立以陈敬瑄瑄弟权宠之盛，心不能平。敬瑄之遣高仁厚讨韩秀升也，语之曰："成功而还，当奏天子，以东川相赏。"师立闻之，怒曰："彼此列藩，而遽以我疆土许人，是无天地也！"田令孜恐其为乱，因其不发兵防遏，征师立为右仆射。

杨师立得诏书，怒，不受代，杀官告使及监军使，举兵，以讨陈敬瑄为名，大将有谏者辄杀之，进屯涪城，遣其将郝蠲袭绵州，不克。丙午，以陈敬瑄为西川、东川、山南西道都指挥、招讨、安抚、处置等使。三月，甲子，杨师立移檄行在百官及诸道将吏士庶，数陈敬瑄十罪，自言集本道将士、八州坛丁共十五万人，长驱问罪。诏削师立官爵，以眉州防御使高仁厚为东川留后，将兵五千讨之，以西川押牙杨茂言为行军副使。

黄巢围陈州几三百日，赵犨兄弟与之大小数百战，虽兵食将尽，而众心益固。李克用会许、汴、徐、兖之军于陈州。时尚让屯太康，夏，四月，癸巳，诸军进拔太康。黄思邺屯西华，诸军复攻之，思邺走。黄巢闻之惧，退军故阳里，陈州围始解。

朱全忠闻黄巢将至，引军还大梁。五月，癸亥，大雨，平地三尺，黄巢营为水所漂，且闻李克用将至，遂引兵东北趣汴州，屠尉氏。尚让以骁骑五千进逼大梁，至于繁台；宣武将丰人朱珍、南华庞师古击却之。全忠复告急于李克用，丙寅，克用与忠武都监使田从异发许州，戊辰，追及黄巢于中牟北王满渡，乘其半济，奋击，大破之，杀万余人，贼遂溃。尚让帅其众降时溥，别将临晋李谠、曲周霍存、甄城葛从周、冤句张归霸及弟归厚帅其众降朱全忠。巢逾汴而北，己巳，克用追击之于封丘，又破之。庚午夜，复大雨，贼惊惧东走，克用追之，过胙城、匡城。巢收余众近千人，东奔兖州；辛未，克用追至冤句，骑能属者才数百人，昼夜行二百余里，人马疲乏，粮尽，乃还汴州，欲裹粮复追之，获巢幼子及乘舆器服符印，得所掠男女万人，悉纵遣之。

甲戌，李克用至汴州，营于城外；朱全忠固请入城，馆于上源驿。全忠就置酒，声乐、馔具皆精丰，礼貌甚恭；克用乘酒使气，语颇侵之，全忠不平。薄暮，罢酒，从者皆霑醉，宣武将杨彦洪密与全忠谋，连车树栅以塞衢路，发兵围驿而攻之，呼声动地。克用醉，不之闻；亲兵薛志勤、史敬思等十余人格斗，侍者郭景铢灭烛，扶克用匿床下，以水沃其面，徐告以难，克用始张目援弓而起。志勤射汴人，死者数十。须臾，烟火四合，会大雨震电，天地晦冥，志勤扶克用帅左右数人逾垣突围，乘电光而行，汴人扼桥，力战得度，史敬思为后拒，战死。克用登尉氏门，缒城得出，监军陈景思等三百余人，皆为汴人所杀。杨彦洪谓全忠曰："胡人急则乘马，见乘马则射之。"是夕，彦洪乘马适在全忠前，全忠射之，殪。

克用妻刘氏，多智略，左右先脱归者以汴人为变告，刘氏神色不动，立斩之，阴召大将约束，谋保军以还。比明，克用至，欲勒兵攻全忠，刘氏曰："公比为国讨贼，救东诸侯之急，今汴人不道，乃谋害公，自当诉之朝廷。若擅举兵相攻，则天下孰能辨其曲直！且彼得以有辞矣。"克用从之，引兵去，但移书责全忠。全忠复书曰："前夕之变，仆不之知，朝廷自遣使者与杨彦洪为谋，彦洪既伏其辜，惟公谅察。"

克用养子嗣源，年十七，从克用自上源出，矢石之间，独无所伤。嗣源本胡人，名邈佶烈，无姓。克用择军中骁勇者，多养为子，名回鹘张政之子曰存信，振武孙重进曰存进，许州王贤曰存贤，安敬思曰存孝，皆冒姓李氏。

郑君雄、张士安坚壁不出，高仁厚曰："攻之则彼利我伤，围之则彼困我逸。"遂列十二寨围之。丁丑，夜二鼓，君雄等出劲兵掩击城北副使寨，杨茂言不能御，帅众弃寨走，其旁数寨见副使走，亦走。东川人并兵南攻中军，仁厚闻之，大开寨门，设炬火照之，自帅士卒为两翼伏道左右。贼至，见门开，不敢入，还去，仁厚发伏击之，东川兵大奔，追至城下，蹙之壕中，斩获甚众而还。

仁厚念诸弃寨走者，明旦所当诛杀甚多，乃密召孔目官张韶，谕之曰："尔速遣步探子将数十人分道追走者，自以尔意谕之曰：'仆射幸不出寨，皆不知，汝曹速归，来旦牙参，勿忧也。'"韶素名长者，众信之，至四鼓，皆还寨；惟杨茂言走至张把，乃追及之。仁厚闻诸寨漏鼓如故，喜曰："悉归矣！"诘旦，诸将牙集，以为仁厚诚不知也。坐良久，仁厚谓茂言曰："昨夜闻副使身先士卒，走至张把，有诸？"对曰："昨夜闻贼攻中军，左右言仆射已去，遂策马参随，既而审其虚，复还寨中。"仁厚曰："仁厚与副使俱受命天子，将兵讨贼，若仁厚先走，副使当叱下马，行军法，代总军事，然后奏闻。今副使既先走，又为欺罔，理当何如？"茂言拱手曰："当死。"仁厚曰："然！"命左右扶下，斩之，诸将股栗。仁厚乃召昨夜所俘虏数十人，释缚纵归。君雄等闻之惧，曰："彼军法严整如是，自今兵不可复出矣！"

庚辰，时溥遣其将李师悦将兵万人追黄巢。

癸未，高仁厚陈于鹿头关城下，郑君雄等悉众出战。仁厚设伏于陈后，阳败走，君雄等追之，伏发，君雄等大败；是夕，遁归梓州。陈敬瑄发兵三千以益仁厚军，进围梓州。

【译文】

中和四年（甲辰、884年）

由于陈敬瑄兄弟受到皇上的宠幸太多，权力太大，东川节度使杨师立心中不平。去年，陈敬瑄派遣高仁厚去征讨韩秀升的时候，告诉高仁厚说："你征讨成功回来，我自当奏报天子，拿东川来奖赏你。"后来，杨师立听到这句话，怒道:"彼此名列藩镇,竟然在顷刻之间,就把我的封疆拿去送给别人,这纯属无法无天!"田令孜担心他作乱,因此就以他没有出兵去防御、阻止寇贼的理由,征召杨师立做右仆射。

杨师立拿到诏书后,大怒,不愿接受职务的更换,杀掉官方传送诏命的使者以及东川的监军使,发动军队,喊着讨伐陈敬瑄的口号,大将中如有劝谏的便被杀掉,进兵屯驻在涪城,派遣他的部将郝蠲去袭击绵州,但攻不下来。丙午日(十五日),派陈敬瑄做西川、东川、山南西道都指挥、招讨、安抚、处置等使。三月,甲子日(初三),杨师立呈送檄文给宫廷百官,以及各道的将领、官吏、士、庶人等,历数陈敬瑄的十大罪状,自称集结本道的将领、士兵,以及八州的民兵,总共有15万人,将长驱直入,去兴师问罪。诏命免除杨师立的官爵,派眉州防御使高仁厚做东川留后,带领士兵5000人前去征讨他,派西川押牙杨茂言做行军副使。

黄巢围困陈州将近有300天了,赵犨兄弟跟他们作战,大大小小打了几百次,虽然军中的粮食将吃光啦,但是民心士气却仍高涨。李克用在陈州会合了许、汴、徐、兖等州的军队。这时,尚让屯驻在太康,夏,四月,癸巳日(初三),各路军队进兵攻取太康。黄思邺屯驻在西华,各路军队又进攻他,黄思邺逃走了。黄巢听到这个消息后,感到害怕,退军到故阳里,陈州被围的窘境这才解除。

朱全忠听说黄巢即将来到,便带领军队回到大梁。五月,癸亥日(初三),下了一场大雨,平地积水达3尺高。黄巢的军营遭受洪水的冲刷、流动,又听说李克用就要赶到,因此带领军队向东北方走,直奔汴州,屠杀尉氏的百姓。尚让用5000名精悍的骑兵进逼大梁。到了繁台,宣武的将领丰人朱珍、南华人庞师古把他击退了。朱全忠情况紧迫,又向李克用求救,丙寅日(初六),李克用和忠武都监使

李克用像

田从异从许州发兵，戊辰日（初八），在中牟北方的王满渡追上了黄巢，趁着他们渡河到一半时，奋力去击杀他们，大破黄巢的军队，杀掉1万多人，寇贼因此溃散了。尚让率领他的部众向时溥投降，别将临晋人李谠、曲周人霍存、甄城人葛从周、冤句人张归霸跟他的堂弟张归厚等指挥他们的部众向朱全忠投降。黄巢越过了汴州，跑到北方去，己巳日（初九），李克用在封丘追杀黄巢，又大败他的军队。庚午日（初十）的晚上，又下大雨，寇贼惊慌害怕，向东逃走。李克用追赶他们，经过胙城、匡城。黄巢收聚残余的士卒，约近千人，东走兖州，辛未日（十一日），李克用追到了冤句，骑兵中能跟得上的才几百个人，日夜马不停蹄地奔走了200多里路，士兵、马匹都疲惫不堪，粮食也吃完了，于是回到汴州来，想要备足粮食再追，碰巧抓获了黄巢的幼子以及天子乘坐的车子、器用服饰、符信印玺等，并且还获得被抓获的男女约上万人，全部遣送他们回去。

甲戌日（十四日），李克用到了汴州，在城外扎营；朱全忠再三邀请他入城，住在上源驿。朱全忠摆设酒席，准备的音乐、馔食、器具等都非常精美、丰盛、礼貌周到，态度谦恭；李克用乘着喝酒气盛，讲的话有很多冒犯到了朱全忠，朱全忠心里愤愤不平。到了黄昏，酒席才结束，随从的人喝得酩酊大醉，宣武的将领杨彦洪秘密跟朱全忠谋划，用连接的车辆和树立的木栅来堵塞道路，发动军队围攻上源驿，呼杀喊打的声音震天动地。李克用喝得烂醉，根本没听到。他最亲近的士兵薛志勤、史敬思等十几个人奋力搏斗，侍从官郭景铢吹熄火烛，搀扶李克用躲在床上，用冷水浇灌他的脸面，慢慢地将变故告诉他，李克用醉意初醒，这才睁开眼睛，拿起弓箭，奋力抵御。薛志勤以弓箭射杀汴人，死的有几十位。不多久，四面烟火大起，逐渐燃烧过来，遇上天下大雨，雷电交加，天昏地暗，薛志勤扶持李克用带领左右的部属几个人，翻越墙垣，向外突围，借着雷电的闪光奔逃。汴人扼守桥梁，经过竭力作战后方才通过，史敬思在后面抵抗，力战身死。李克用攀登尉氏门，用绳索从城墙上垂下去才得以逃脱，监军陈景思等300多人都被汴人杀害。杨彦洪告诉朱全忠说："胡人在危急的时候必定乘着马匹逃走，只要看到乘马的人就射杀好了！"这一夜，杨彦洪碰巧乘马在朱全忠的前面，朱全忠发箭射他，杨彦洪中箭倒毙。

李克用的妻子刘氏，脑筋聪明，擅长谋略，李克用左右的亲信先逃回来报告汴人发动灾变的消息。刘氏不动声色，立刻把他杀了，暗中招募大将，部署士兵，谋划保护军队回来。天将亮的时候，李克用回到了军营，想要带兵去攻打朱全忠。刘氏说："您最近替国家讨伐寇贼，挽救东方诸侯的危急，今天汴人无理，却要谋害您，您应该向朝廷申诉才对。如果擅自发动军队相互攻打，那么，天下有谁能分辨这事的是非曲直呢？而且，他们也就有话可说啦！"李克用依她的话，带领军队离去，只送了一封信去责备朱全忠。朱全忠回信说："前日夜间的兵变，我根本不知道，朝廷派遣使者和杨彦洪谋划杀害你，杨彦洪已经戴罪身死了，希望您能明察！"

李克用的养子李嗣源，十七岁，在上源随从李克用出入弓林箭雨、怪石嶙峋之中，只有他没受到任何伤害。嗣源本来是胡人，名叫邈佶烈，没有姓。李克用选择军中勇猛善战的壮士，多数收养他们为义子，替回鹘人张政的小孩取名叫存信，替振武军孙重进取名叫存进，替许州人王贤取名叫存贤，替安敬思取名叫存孝，都假姓李氏。

郑君雄、张士安坚守营垒，绝不出战。高仁厚说："如果我们进攻他们，他们以逸待劳，对他们有利，对我们却有害；如果包围他们，则他们会困乏窘迫，我们却能以逸待劳。"于是布置了12个守寨来围困他们。丁丑日（十七日），晚上二更时候，郑君雄等人发动精良的军队袭击城北副使的守寨，副使杨茂言无法防御，率领部属抛弃守寨逃走，他旁边几个守寨看到副使逃走，也都跟着逃跑了。东川人合并军力向南进攻主帅所在的中军，高仁厚听到消息，把寨门全部打开，点亮所有火把，亲自率领士兵分成左右两翼，埋伏在路旁。寇贼到达，看到寨门都打开了，里面灯火通明，不敢进去，带兵退回。高仁厚指挥埋伏，两面夹攻，东川的士兵崩溃逃亡。高仁厚的伏兵一直追到城下，逼迫他们缩进沟堑中，斩杀虏获的非常多，大胜而归。

高仁厚想到那些舍弃守寨逃跑的人，第二天应该诛杀的很多，因此秘密叫来孔目官张韶，告诉他说："你赶紧派遣步探子带领几十个人分别去追回逃走的人，各人私下告诉他们说：'还好，仆射没有离开守寨，对发生的事情还不晓得，你们赶快回去吧！明天清晨到大将营中去觐见主帅就要如同平时一样，不用担忧，不会有事的。'"张韶向来就有忠厚长者的名声，大家都相信他，到了四鼓时候，都回到守寨里来了；只有副使杨茂言跑到张把才追到他，高仁厚听到各守寨更漏击鼓的情形就如往常一般，很高兴地说："都回来了。"第二天早晨，各将领到大将营中会集，以为高仁厚真的不知道这件事！坐了许久，高仁厚告诉杨茂言说："昨天晚上，听说杨副使一马当先，跑到张把去了，有这回事吗？"杨茂言回答说："昨夜听到寇贼进攻我们主帅所在的中军，左右的人说您已离去，我这才鞭策马匹，从后追赶您，后来知道这件事是假的，所以又回来。"高仁厚说："我和副使都是承受天子的命令，率领军队来征讨寇贼的，如果我先逃走，您副使应当呵斥我下马，就地执行军法，代我总领军中事务，然后才上奏给皇帝。今天副使既然抢先离去，讲话又不实在，按理应当如何？"杨茂言拱手施礼说道："应该斩首。"高仁厚说："是该如此。"命令左右的人把他拉下，斩首正法，各将吓得双腿发抖。高仁厚于是叫来昨夜抓获的几十个人，解开捆绑他们的绳子，放他们回去。郑君雄等听到这件事后，深感害怕，说道："他们军队的法令，严格到这个地步，从今以后，不可再出兵了。"

庚辰日（二十日），时溥派遣他的部将李师悦率万名士兵去追击黄巢。

癸未日（二十三日），高仁厚在展头关城下摆设军阵，郑君雄等人出动全军迎战。高仁厚在阵后设有埋伏，士兵假装败走，郑君雄等人便纵马追击，正中埋伏，郑君雄等人大败；这个晚上，逃回梓州。陈敬瑄加派3000名士兵给高仁厚进兵围打梓州。

唐纪七十四　昭宗圣穆景文孝皇帝上之上
龙纪元年（己酉、889年）

以翰林学士承旨、兵部侍郎刘崇望同平章事。

戊申，王建大破山行章于新繁，杀获近万人，行章仅以身免。杨晟惧，徙屯三交，行章屯濛阳，与建相持。

李克用大发兵，遣李罕之、李存孝攻孟方立，六月，拔磁、洺二州。方立遣大将马溉、袁奉韬将兵数万拒之，战于琉璃陂，方立兵大败，二将皆为所擒，克用乘胜进攻邢州。方立性猜忌，诸将多怨，至是皆不为方立用，方立惭惧，饮药死。弟摄洺州刺史迁，素得士心，众奉之为留后，求援于朱全忠。全忠假道于魏博，罗弘信不许；全忠乃遣大将王虔裕将精甲数百，间道入邢州共守。

杨行密围宣州，城中食尽，人相啖，指挥使周进思据城逐赵锽；锽将奔广陵，田頵追擒之。未几，城中执进思以降。行密入宣州，诸将争取金帛，徐温独据米囷，为粥以食饿者。温，朐山人也。镗将宿松周本，勇冠军中，行密获而释之，以为裨将。镗既败，左右皆散，惟李德诚从镗不去，行密以宗女妻之。德诚，西华人也。行密表言于朝，诏以行密为宣歙观察使。

朱全忠与赵镗有旧，遣使求之；行密谋于袁袭，袭曰："不若斩首以遗之。"行密从之。未几，袭卒，行密哭之曰："天不欲成吾大功邪，何为折吾股肱也！吾好宽而袭每劝我以杀，此其所以不寿与！"

朱珍拔萧县，据之，与时溥相拒，朱全忠欲自往临之。珍命诸军皆茸马厩，李唐宾部将严郊独惰慢，军吏责之，唐宾怒，见珍诉之；珍亦怒，以唐宾为无礼，拔剑斩之，遣骑白全忠，云唐宾谋叛。淮南左司马敬翔，恐全忠乘怒，仓猝处置违宜，故留使者，逮夜，然后从容白之，全忠果大惊，翔因为画策，诈收唐宾妻子系狱，遣骑往慰抚，全忠从之，军中始安。秋，七月，全忠如萧县，未至，珍出迎，命武士执之，责以专杀而诛之。诸将霍存等数十人叩头为之请，全忠怒，以床掷之，乃退。丁未，至萧县，以庞师古代珍为都指挥使。八月，丙子，全忠进攻时溥壁，会大雨，引兵还。

上将祀圜丘。故事，中尉、枢密皆袴衫侍从；僖宗之世，已具襕笏；至是，又令有司制法服，孔纬及谏官、礼官皆以为不可，上出手札谕之曰："卿等所论至当。事有从权，勿以小瑕遂妨大礼。"于是宦官始服剑佩侍祠。己酉，祀圜丘，赦天下。

上在藩邸，素疾宦官，及即位，杨复恭恃援立功，所为多不法，上意不平；政事多谋于宰相，孔纬、张浚劝上举大中故事抑宦者权。复恭常乘肩舆至太极殿。他日，上与宰相言及四方反者，孔纬曰："陛下左右有将反者，况四方乎！"上矍然问之，纬指复恭曰："复恭陛下家奴，乃肩舆造前殿，多养壮士为假子，使典禁兵，或为方镇，非反而何！"复恭曰："子壮士，欲以收士心，卫国家，岂反邪！"上曰："卿欲卫国家，何不使姓李而姓杨乎？"复恭无以对。

复恭假子天威军使杨守立，本姓胡，名弘立，勇冠六军，人皆畏之。上欲讨复恭，恐守立作乱，谓复恭："朕欲得卿胡子在左右。"复恭见守立于上，上赐姓名李顺节，使掌六军管钥，不期年，擢至天武都头，领镇海节度使，俄加同平章事。及谢日，台吏申请班见百僚，孔纬判不集；顺节至中书，色不悦。他日，语纬及之，纬曰："宰相师长百僚，故有班见。相公职为都头，而于政事堂班见百僚，于意安乎？"顺节不敢复言。

朱全忠求领盐铁，孔纬独执以为不可，谓进奏吏曰："朱公须此职，非兴兵不可！"全忠乃止。

前山南东道节度使刘巨容之在襄阳也，有申屠生教之烧药为黄金。田令孜之弟过襄阳，巨容出金示之。及寓居成都，令孜求其方，不与，恨之，是岁，令孜杀巨容，灭其族。

【译文】

龙纪元年 （己酉、889 年）

派翰林学士承旨、兵部侍郎刘崇望同平章事。

戊申日（二十八日），王建在新繁大破山行章的军队，斩杀、虏获将近万人，山行章仅仅能免于一死罢了。杨晟很恐惧，移兵驻扎在三交，山行章屯驻在濛阳，跟王建维持对抗状态，彼此相持不下。

李克用大量地调动军队，派遣李罕之、李存孝进击孟方立，六月，攻下磁、鑫两州。孟方立派遣大将马溉、袁奉韬率领士兵几万人来防守抵抗他们，在琉璃陂作战。孟方立的军队大败，两个将领都被抓去了，李克用乘胜进攻邢州。孟方立的个性生疑多嫉，各位将领都怨恨他。到这时候，都不替孟方立效力了。孟方立惭愧、恐惧，就喝毒药自杀了。他的弟弟代理洺州刺史孟迁，向来深得士兵们的拥护，部众们供事他做留后，向朱全忠求援。朱全忠向魏博节度使借路，罗弘信不答应；朱全忠于是派遣大将军王虔裕率领精锐的武装士兵几百人，由小路进入邢州共同防守。

杨行密包围宣州，城中的食物都吃光了，无奈，只得吃人肉！指挥使周进思占据守城，逐走赵锽；赵锽将逃往广陵，田頵从后追上，把他捉去了。

朱全忠像

不久，城中的人抓住周进思来投降。杨行密进入宣州，各将领争先恐后地夺取金玉、布帛，只有徐温占据米仓，煮稀饭给饥饿的人吃。徐温，是朐山人，赵锽的部将宿松人周本，英勇冠于军中，杨行密捕获他后，又把他放了，派他做神将。赵锽失败以后，他左右的人都逃走了，只有李德诚跟随着赵锽，没有离去。杨行密把他同宗的女儿嫁给他做妻子。李德诚，是西华人。杨行密上书向朝廷报告，诏命派杨行密做宣歙观察使。

朱全忠跟赵锽有旧交情，派遣使者去寻找他。杨行密跟袁袭谋划，袁袭说："不如斩了赵锽的首级送去给他。"杨行密听从他的意见。不多久，袁袭死了，杨行密悲痛流涕道："上天不想让我成大功吗？为何折损了像我臂膀般的得力助手呢。我喜欢宽厚，而袁袭每每劝我杀人，这就是他不想长寿的原因吗？"

朱珍占领了萧县。他和时溥相互攻击，朱全忠想要临阵督战。朱珍命令各路军队都要修葺马厩，李唐宾的部将严郊特别懒惰散漫，军吏责备他，李唐宾就生气了，看到朱珍，向他诉说冤屈。朱珍十分气愤，认为李唐宾没有礼貌，拔出佩剑，就把李唐宾杀了，派遣骑兵去向朱全忠报告，说李唐宾阴谋叛乱。淮南左司马敬翔恐怕朱全忠正气在头上，在仓促之间处置会不适宜，因此留下使者，等到晚上，才心平气和地向他报告。朱全忠果然大为地震惊。敬翔就替他策划，欺骗朱珍说："已经收系李唐宾的妻子，把他们关在监狱中。再派遣骑兵前去慰问安抚。"朱全忠照他的意见做，军中才安定下来。秋，七月，朱全忠到萧县去，还没到达，朱珍出来迎接。朱全忠命令武士当场将他抓获，责备他擅自杀害将领，并且将他处决了。各将领霍存等几十个人向朱全忠叩头，替他请命，朱全忠发怒，投掷床板打他们，霍存等将领才退了回去。丁未日（十七日），到了萧县，派庞师古替代朱珍做都指挥使。八月，丙子日（十七日），朱全忠进攻时溥的壁垒，遇上大雨，这才带领军队回去。

皇上将在圜丘举行祭天大典。按照以前的惯例，护军中尉、枢密使都穿着分裾的衣衫服侍随从；僖宗的时候，已经具备了袍和笏；到这时，又命令有关官吏制定法定制服—冕服剑佩，孔纬和谏官、礼官们都认为不可以，皇上用手札告谕他们说："你们所讨论的都非常正确。但是事情有时需要改变，不要因为小毛病而妨害了大礼节。"于是宦官才穿上佩剑制服随侍祠堂。己酉日（二十一日），在圜丘举行祭天大典，大赦天下。

皇上在藩国府邸的时候，向来痛恨宦官。等到即位，杨复恭倚仗援助，功劳大，所作所为多不合法，皇上心中气恼；政治大事多跟宰相商议，孔纬、张濬举唐宣宗时所发生的事情劝谏皇上抑制宦官的权力。杨复恭常常乘坐人力轿子到太极殿来。有一天，皇上和宰相说到了四方造反的人，孔纬说："在您的左右，就有将要谋反的人，何况是四方呢！"皇上很惊异地问他，孔纬指着杨复恭说："杨复恭是您的家奴，但却乘坐轿子到前殿来，养了很多壮士做义子，让他们主管禁兵，或掌管方镇，不是要造反是什么呢！"杨复恭说："以壮士做义子，是要借以收敛士兵的心，来保卫国家，哪里是造反呢！"皇帝说："你想要保卫国家，为何不使他们姓李，而却姓杨呢？"杨复恭没有话可以回答。

杨复恭的义子天威军使杨守立，本来姓胡，名叫弘立，英勇冠于六军，大家都惧怕他。皇上想要讨伐杨复恭，担心杨守立作乱，告诉杨复恭说："我想要你的胡姓义子在我左右。"杨复恭向皇上引见杨守立，皇上赐给他姓名叫李顺节，派他掌管六军屯营门的钥匙。不到一年，提拔至神策军中天武都的都头，兼领镇海节度使，不多久，加封同平章事。等到谢恩那一天，台吏要求依班次跟百官相见，孔纬的判决是：不会集百官。李顺节官至中书令，有不高兴的意思流露出来。有一天，李顺节说话时略微谈到了这事，孔纬说："宰相、师长、百官等，以前都是列班次相见。您的职位是都头，而在政事堂中列班次跟百官相见，您觉得合适吗？"李顺节从此以后便不敢再说话了。

朱全忠要求兼领盐铁专卖职务，孔纬独自坚持，认为绝对不可以。告诉进奏皇上的官吏说："朱先生如果得到这个职务，非起兵作乱不可！"朱全忠这才不再要求。

前山南东道节度使刘巨容在襄阳的时候，有一个叫申屠生的人，教他烧药炼成黄金的方法。田令孜的弟弟经过襄阳的时候，刘巨容拿出黄金给他看。等到刘巨容客居成都，田令孜向他索要烧药成金的方法。刘巨容不给他，田令孜因此仇恨刘巨容。这一年，田令孜杀掉刘巨容，并且灭绝了他的全族。

大顺元年（庚戌、890年）

春，正月，戊子朔，群臣上尊号曰圣文睿德光武弘孝皇帝；改元。

李克用急攻邢州，孟迁食竭力尽，执王虔裕及汴兵以降。克用以安金俊为邢䥽团练使。

壬寅，王建攻邛州，陈敬瑄遣其大将彭城杨儒将兵三千助刺史毛湘守之，湘出战，屡败。杨儒登城，见建兵盛，叹曰："唐祚尽矣，王公治众，严而不残，殆可以庇民乎！"遂帅所部出降。建养以为子，更其姓名曰王宗儒。乙巳，建留永平节度判官张琳为邛南招安使，引兵还成都。

韦昭度营于唐桥，王建营于东阊门外；建事昭度甚谨。

李克用将兵攻云州防御使赫连铎，克其东城。铎求救于卢龙节度使李匡威，匡威将兵三万赴之。丙子，邢洺团练使安金俊中流矢死，河东万胜军使申信叛降于铎。会幽州军至，克用引还。

赫连铎、李匡威表请讨李克用。朱全忠亦上言："克用终为国患，今因其败，臣请帅汴、滑、孟三军，与河北三镇共除之。乞朝廷命大臣为统帅。"

初，张浚因杨复恭以进，复恭中废，更附田令孜而薄复恭。及复恭再用事，深恨之。上知浚与复恭有隙，特亲倚之；浚亦以功名为己任，每自比谢安、裴度。克用之讨黄巢屯河中也，浚为都统判官。克用薄其为人，闻其作相，私谓诏使曰："张公好虚谈而无实用，倾覆之士也。主上采其名而用之，他日交乱天下，必是人也。"浚闻而衔之。

上从容与浚论古今治乱，浚曰："陛下英睿如此，而中外制于强臣，此臣日夜所痛心疾首也。"上问以当今所急，对曰："莫若强兵以服天下。"上于是广募兵于京师，至十万人。

及全忠等请讨克用，上命三省、御史台四品以上议之，以为不可者什六七，杜让能、刘崇望亦以为不可。浚欲倚外势以挤杨复恭，乃曰："先帝再幸山南，沙陀所为也。臣常虑其与河朔相表里，致朝廷不能制。今两河藩镇共请讨之，此千载一时。但乞陛下付臣兵柄，旬月可平。失今不取，后悔无及。"孔纬曰："浚言是也。"复恭曰："先朝播迁，虽藩镇跋扈，亦由居中之臣措置未得其宜。今宗庙甫安，不宜更造兵端。"上曰："克用有兴复大功，今乘其危而攻之，天下其谓我何？"纬曰："陛下所言，一时之体也；张浚所言，万世之利也。昨计用兵、馈运、犒赏之费，一二年间未至匮乏，在陛下断志行之耳。"上以二相言叶，俛俛从之，曰："兹事今付卿二人，无贻朕羞！"

五月，诏削夺克用官爵、属籍，以浚为河东行营都招讨制置宣慰使，京兆尹孙揆副之，以镇国节度使韩建为都虞侯兼供军粮料使，以朱全忠为南面招讨使，李匡威为北面招讨使，赫连铎副之。

浚奏给事中牛徽为行营判官，徽曰："国家以丧乱之余，欲为英武之举，横挑强寇，离诸侯心，吾见其颠沛也！"遂以衰疾固辞。徽，僧孺之孙也。

李克恭骄恣不晓军事；潞人素乐李克修之简俭，且死非其罪，潞人怜之，由是将士离心。初，潞人叛孟氏，牙将安居受等召河东兵以取潞州；及孟迁以邢、洺、磁州归李克用，克用宠任之，以迁为军城都虞侯，群从皆补右职，居受等咸怨且惧。

昭义有精兵，号"后院将"。克用既得三州，将图河朔，令李克恭选后院将尤骁勇者五百人送晋阳，潞人惜之。克恭遣牙将李元审及小校冯霸部送晋阳，至铜鞮，霸招其众以叛，循山而南，至于沁水，众已三千人，李元审击之，为霸所伤，归于潞。庚子，克恭就元审所馆视之，安居受帅其党作乱，攻而焚之，克恭、元审皆死。众推居受为留后，附于朱全忠。居受使召冯霸，不至。居受惧，出走，为野人所杀。霸引兵入潞，自为留后。

时朝廷方讨克用，闻克恭死，朝臣皆贺。全忠遣河阳留后朱崇节将兵入潞州，权知留后。克用遣康君立、李存孝将兵围之。

壬子，张浚帅诸军五十二都及邠、宁、鄜、夏杂虏合五万人发京师，上御安喜楼饯之。浚屏左右言于上曰："俟臣先除外忧，然后为陛下除内患。"杨复恭窃听，闻之。两军中尉饯浚于长乐坂，复恭属浚酒，浚辞以醉，复恭戏之曰："相公杖钺专征，作态邪？"浚曰："俟平贼还，方见作态耳！"复恭益忌之。

张浚会宣武、镇国、静难、凤翔、保大、定难诸军于晋州。

秋，七月，官军至阴地关，朱全忠遣骁将葛从周将千骑潜自壶关夜抵潞州，犯围入城。又遣别将李谠、李重胤、邓季筠将兵攻李罕之于泽州，又遣张全义、朱友裕军于泽州之北，为从周应援。季筠，下邑人也。全忠奏：臣已遣兵守潞州，请孙揆赴镇。张浚亦恐昭义遂为汴人所据，分兵三千，使揆将之趣潞州。

八月，乙丑，揆发晋州，李存孝闻之，以三百骑伏于长子西谷中。揆建牙仗节，褒衣大盖，拥众而行；存孝突出，擒揆及赐旌节中使韩归范、牙兵五百余人，追击余众于刁黄岭，尽杀之。存孝械揆及归范，徇于潞州城下曰："朝廷以孙尚书为潞帅，命韩天使赐旌节，葛仆射可速归大梁，令尚书视事。"遂絷以献于克用。克用囚之，既而使人诱之，欲以为河东副使，揆曰："吾天子大臣，兵败而死，分也，岂能伏事镇使邪！"克用怒，命以锯锯之，锯不能入。揆骂曰："死狗奴！锯人当用板夹，汝岂知邪！"乃以板夹之，至死，骂不绝声。

九月，壬寅，朱全忠军于河阳。汴军之初围泽州也，呼李罕之曰："相公每恃河东，轻绝当道；今张相公围太原，葛仆射入潞府，旬月之间，沙陀无穴自藏，相公何路求生邪！"及李存孝至，选精骑五百，绕汴寨呼曰："我，沙陀之求穴者也，欲得尔肉以饱士卒；可令肥者出斗！"汴将邓季筠，亦骁将也，引兵出战，存孝生擒之。是夕，李谠、李重胤收众遁去，存孝、罕之随而击之，至马牢山，大破之，斩获万计，追至怀州而还。存孝复引兵攻潞州，葛从周、朱崇节弃潞州而归。戊申，全忠庭责诸将桡败之罪，斩李谠、李重胤而还。

李克用以康君立为昭义留后，李存孝为汾州刺史。存孝自谓擒孙揆功大，当镇昭义，而君立得之，愤恚不食者数日，纵意刑杀，始有叛克用之志。

李嗣源性谨重廉俭，诸将相会，各自诧勇略，嗣源独默然，徐曰："诸君喜以口击贼，嗣源但以手击贼耳。"众惭而止。

邛州刺史毛湘，本田令孜亲吏，王建攻之急，食尽，救兵不至。壬戌，湘谓都知兵马使任可知曰："吾不忍负田军容，吏民何罪！尔可持吾头归王建。"乃沐浴以俟刃。可知斩湘及二子降于建，士民皆泣。甲戌，建持永平旌节入邛州，以节度判官张琳知留后。缮完城隍，抚安夷獠，经营蜀、雅。冬，十月，癸未朔，建引兵还成都，蜀州将李行周逐徐公铢，举城降建。

官军出阴地关，游兵至于汾州。李克用遣薛志勤、李承嗣将骑三千营于洪洞，李存孝将兵五千营于赵城。镇国节度使韩建以壮士三百夜袭存孝营，存孝知之，设伏以待之；建兵不利，静难、凤翔之兵不战而走。河东兵乘胜逐北，抵晋州西门；张浚出战，又败，官军死者近三千人。静难、凤翔、保大、定难之军先渡河西归，浚独有禁军及宣武军合万人，与韩建闭城拒守，自是不敢复出。存孝引兵攻绛州，十一月，刺史张行恭弃城走。存孝进攻晋州，三日，与其众谋曰："张浚宰相，俘之无益；天子禁兵，不宜加害。"乃退五十里而军；浚、建自含口遁去。存孝取晋、绛二州，大掠慈、隰之境。

先是，克用遣韩归范归朝，附表讼冤，言"臣父子三代，受恩四朝，破庞勋，翦黄巢，黜襄王，存易定，致陛下今日冠通天之冠，佩白玉之玺，未必非臣之力也！若以攻云州为臣罪，则拓跋思恭之取鄜延，朱全忠之侵徐、郓，何独不讨？赏彼诛此，臣岂无辞！且朝廷当阽危之时，则誉臣为韩、彭、伊、吕；及既安之后，则骂臣为戎、羯、胡、夷。今天下握兵立功之人，独不惧陛下他日之骂乎！况臣果有大罪，六师征之，自有典刑，何必幸臣之弱而后取之邪！今张浚既出师，则固难束手，已集蕃、汉兵五十万；欲直抵蒲、潼，与浚格斗；若其不胜，甘从削夺。不然，方且轻骑叩阍，顿首丹陛，诉奸回于陛下之扆座，纳制敕于先帝之庙庭，然后自拘司败，恭俟铁锧。"表至，浚已败，朝廷震恐。浚与韩建逾王屋至河阳，撤民屋为筏以济河，师徒失亡殆尽。

是役也，朝廷倚朱全忠及河朔三镇；及浚至晋州，全忠方连兵徐、郓，虽遣将攻泽州而身不至。行营乃求兵粮于镇、魏，镇、魏倚河东为扞蔽，皆不出兵；惟华、邠、凤翔、鄜、夏之兵会之。兵未交而孙揆被擒，幽、云俱败，杨复恭复从中沮之，故邠军望风自溃。

是岁，置升州于上元县，以张雄为刺史。

【译文】

大顺元年（庚戌、890年）

春，正月，戊子朔日（初一），群臣上尊号，叫做：圣文睿德光武弘孝皇帝；改年号为大顺。

李克用急攻邢州，孟迁粮食吃光了，力量也用尽了，便逮捕王虔裕和汴州的士兵投降。李克用派安金俊做邢洺团练使。

壬寅日（十五日），王建攻击邛州，陈敬瑄派遣他的大将彭城人杨儒统领士兵3000人协助刺史毛湘来防守。毛湘出去作战，屡战屡败。杨儒登临城墙，望见王建的士兵十分强盛，感慨地说："唐代的福祚完了，王先生治理部众，严格而不残暴，大概可以保护百姓吧！"于是率领他的部属出去投降。王建收养他做义子，把他的姓名改作王宗儒。乙巳日（十八日），王建留下永平节度判官张琳做邛南招安使，带领士兵回到成都。

韦昭度安营在唐桥，王建扎营在东阊门外；王建侍奉韦昭度非常的谦恭。

李克用率领士兵攻打云州防御使赫连铎，攻下它的东城。赫连铎向卢龙节度使李匡威求援，李匡威指挥士兵3万人前往救援。丙子日（二十日），邢洺团练使安金俊被流矢射中死了，河东万胜军使申信叛变，向赫连铎投降。遇到了幽州的军队，李克用只得带兵回去。

赫连铎、李匡威上表，请征伐李克用。朱全忠也上表说："李克用终究会成为国家的祸患的，今天趁着他失败的时候，请让我率领汴、滑、孟三镇的军队和河北的三镇联合起来，共同除掉李克用。请朝廷任命我做统帅吧！"

起初，张濬凭借杨复恭才得以进身，为朝廷所用。杨复恭被罢官赋闲时，张濬便改附田令孜而轻视杨复恭。等到杨复恭再度被朝廷重用的时候，便深深痛恨张濬。皇上知道张濬和杨复恭有仇怨，就特别亲近、倚赖他；张濬也以争取功名作为自己的责任，每每把自己比做谢安、裴度。李克用讨伐黄巢，驻守在河中的时候，张濬做都统判官。李克用鄙视他的为人，听说他做了宰相，私下告诉传诏命的使者说："张先生爱好空虚浮泛的谈论，没有实际的作为，切实的效用，是危害国家的人！皇上听到他的声名就重用他，以后扰乱天下的，必定是这个人。"张濬听到了以后，便将仇恨埋在心中。

皇帝从容自在地和张濬谈论古今治乱的事情，张濬说，"您这样英明聪慧，通达事理，可是朝廷内外却受到蛮横臣子们的牵制，这是我时时刻刻深深感到痛心疾首的事啊！"皇帝问他目前最急迫、紧要的事情是什么，他回答说："没有比用武力征服天下更重要了！"皇帝于是多方招募士兵到京师里来，兵众至10万人。

等到朱全忠等人请求讨伐李克用的时候，皇帝命令尚书、门下、中书三省及御史台等部门四品以上的官吏来讨论这件事情，结果认为不可以的占百分之六七十，杜让能、刘崇望两位宰相也认为不可以。张濬想要依靠朝廷地方的势力来排挤杨复恭，于是说道："先帝再度到山南去，都是沙陀所造成的。我常常在想，他跟河朔是相互表里的，以至于朝廷不能控制他。今天两河的藩镇共同要求征讨他，这是千载难逢的好机会啊！只要求您交付给我带兵的权力，在十天、个把月之内，便可以消灭他们。失掉今

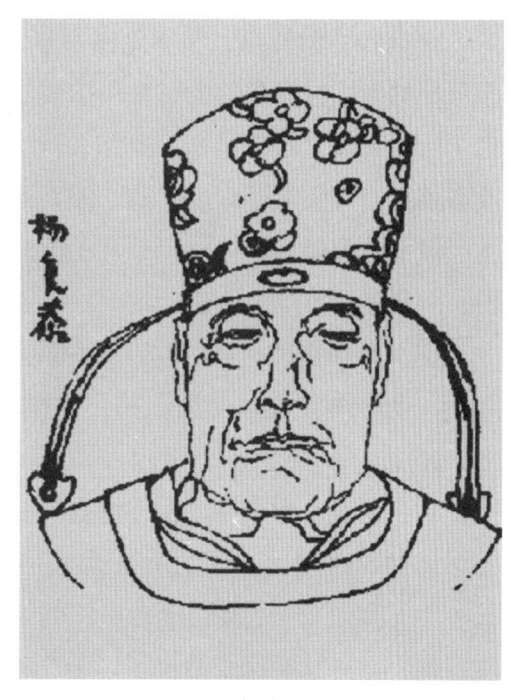

杨复恭像

天这个机会，不去攻取他们，将会后悔不及的。"孔纬跟着说："张濬说得没错。"杨复恭说："先代流离失所，虽然说是因为藩镇强悍蛮横，但也是由于在朝廷中的臣子措施不得当的缘由。今天宗庙方才安定下来，不应该另起战端啊！"皇帝说："李克用有兴复国家的大功，今天趁着他危险的时候来攻击他，全天下的人将会如何来说我呢？"孔纬说："您所说的，是一时的体制；张濬所说的，是万世的裨益啊！昨天我们商量过，派用士兵、运送粮食、犒劳赏赐等的费用，一两年之间还不至于缺乏，只在于您下定决心去做罢了。"由于两位宰相所说的很一致，皇帝很勉强地依从了他们的意见，说道："这件事今天就交给你们两位去办了，可不要留给我丢脸啊！"

　　五月，诏命削除李克用的官职、爵位，注销其宗室的册籍，派张濬做河东行营都招讨制置宣慰使，京兆尹孙揆做他的副使，派镇国节度使韩建做都虞侯兼供军粮料使，派朱全忠做南面招讨使，王熔做东面招讨使。李匡威做北面招讨使，赫连铎则做他的副使。

　　张濬上奏，请给事中牛徽做行营判官，牛徽说："国家在祸乱之后，想做英勇威武的举动，无缘无故的去激怒顽强的寇贼，分离诸侯们，我意识到人事的困顿，百姓的流离失所啦！"于是用身体衰老多病坚决推辞。牛徽，是牛僧孺的孙子。

　　李克恭骄傲放纵，又不熟谙军事。潞人原来就很喜欢李克修的简朴节约，而且他的死亡并非是他的过失所造成的，潞州人怜悯他，因为这样，将士们便有了叛变背离之心。当初，潞州人背叛孟氏，牙将安居受等人招来河东的军队攻取潞州；等到孟迁以邢、洺、磁三州归附李克用以后，李克用很信任他，派孟迁做军城都虞侯，众堂兄弟及子侄们都担任了高官要职，安居受等人都很怨恨，而且感到害怕。

　　昭义有精锐的士兵，号叫"后院将"。李克用占领了三州以后，将要图谋河朔，命令李克恭从"后院将"中挑选特别勇猛强健的士兵500人送到晋阳去，潞州人深觉惋惜。李克恭派遣牙将李元审以及小校冯霸的部众护送到晋阳去，到了铜鞮，冯霸煽动他的部众叛变，沿着山势向南走，到了沁水县，部众已增加到3000人了。李元审去攻击他，结果被冯霸打伤了，回到潞州。庚子日（十五日），李克恭到李元审住的地方去看他，安居受率领他的私党作乱，攻打他们，并且把房子给烧了，李克恭、李元审都死了。部属们推举安居受做留后，依附朱全忠。安居受派人去叫冯霸，冯霸不来。安居受很害怕！逃了出去，被田野的农夫杀害。冯霸带领军队进入潞州，自己担任留后的职位。

这时，朝廷正在讨伐李克用，听说李克恭死了，朝廷中的臣子都向皇帝祝贺。朱全忠派遣河阳留后朱崇节率领军队进入潞州，代理留后。李克用派遣康君立、李存孝率领军队去围困他。

壬子日（二十七日），张濬率领各路军队五十二都和邠、宁、鄜、夏混合的俘虏合计5万人从京师开拔，皇帝亲临安喜楼饯行。张濬避开左右的人跟皇帝说："等我先除去外忧，然后再替您清除内患。"杨复恭去偷听，被他听到了。两军的护军中尉在长乐坂跟张濬送行，杨复恭劝张濬喝酒，张濬推辞说喝醉了，杨复恭开他玩笑说："您手持斧钺，专擅征伐，还扭扭捏捏什么嘛！"张濬回答道："等到平灭贼寇回来以后，才看得出我扭扭捏捏什么啊！"杨复恭听了，更加地憎恨他。

张濬在晋州与宣武、镇国、静难、凤翔、保大、定难等各路军队会合。

秋，七月，官军到了阴地关，朱全忠派遣勇将葛从周带领千名骑兵暗中从壶关到潞州去，在夜里抵达，包围了州城，并且攻入城中。又派遣别将李谠、李重胤、邓季筠等人统领士兵到泽州攻打李罕之，另又派遣张全义、朱友裕在泽州的北方驻扎，以应和支援葛从周。邓季筠，是下邑人。朱全忠上奏说：我已派遣士兵防守潞州，请孙揆赶赴镇守。张濬也害怕昭义就此被汴人占领了，分派3000名士兵，派孙揆率领，赶往潞州。

八月，乙丑日（十二日），孙揆从晋州出发。李存孝听说后，派300名骑兵埋伏在长子县西方的山谷中。孙揆立起牙旗，拿着赐节，穿着褒衣，坐在有高大伞盖的车上，部众们簇拥着他前进；李存孝突然出现，生擒活捉孙揆及赏赐旌节的中使韩归范、牙兵500多人，在刁黄岭追杀余下的兵丁，全部把他们斩杀了。李存孝给孙揆和韩归范戴上刑具，用素色的链把他们捆绑起来，在潞州城内游行示众，说："朝廷派孙尚书做潞州的节度使，命令韩天使赏赐旌节，葛仆射可以赶快回去大梁，命令尚书来巡查事情啦！"于是捆了他们两个交给李克用。李克用把他们关押起来，不多久，派人去诱降他们，要让他们做河东副使。孙揆说："我是天子的大臣，今天兵败而死，是我的本分，哪里能够屈身服从侍候镇使呢！"李克用大怒，命令用锯子锯他，锯子却锯不进去。孙揆大骂说："死狗奴才！锯人应该用木板把他夹起来，你那里晓得呢！"于是就用木板把他夹起来锯，直到他死的时候，怒骂的声音才停止。

九月，壬寅日（十九日），朱全忠驻军在河阳。汴州的军队初围泽州的时候,向李罕之呼喊着:"您每每仰赖河东,轻易弃绝本道;今天张相公包围太原,葛仆射攻入潞州府,10天个把月之间,沙陀人就会没有洞窟可以藏匿了,您用什么方法来求生呢?"等到李存孝到了,挑选精壮的骑兵500名,围绕着汴州的守寨叫喊道:"我,是沙陀寻找洞窟的人啊!想要拿你们的肉来喂士兵们;你们就命令肥胖的人出来打吧!"汴州的将领邓季筠也是一位勇将,带领士兵出去作战,李存孝把他活捉了。这个晚上,李谠、李重胤集结部众逃走了,李存孝、李罕之随后追击,到了马牢山,大败他们的军队,斩首、俘获的数以万计,直追杀到怀州才回来。李存孝又带领军队攻打潞州。葛从周、朱崇节放弃潞州跑回去了。戊申日(二十五日),朱全忠在朝廷里指责各将领受挫、战败的罪过,杀掉了李谠、李重胤后才命令班师回朝。

李克用派康君立做昭义留后,李存孝做汾州刺史。李存孝自以为捉拿孙揆的功劳很大,应该镇守昭义,然而却让康君立得到了,心中愤愤不平,好几天没有进食,肆意用刑,滥杀无辜,开始有背叛李克用的意思了。

李嗣源个性稳健、沉着、清廉、节俭,众将领聚会的时候,每人都自夸他们的英勇、谋略,只有李嗣源默不作声,缓缓地说道:"各位先生喜欢用嘴巴来攻打贼兵,我嗣源只是用手来打贼兵罢了。"众将听了都感到惭愧,便不再自吹自擂了。

邛州刺史毛湘,本来是田令孜的亲吏。王建攻打他,非常的急迫,毛湘吃的食物没有了,救兵也不来。壬戌日(初九),毛湘告诉都知兵马使任可知说:"我不忍心辜负田军容使,官吏、百姓有何罪过呢?你拿我的头颅去投降王建吧!"于是洗净身躯,等待刀刃。任可知杀掉毛湘以及他的两个小孩,投降王建,士民们悲痛万分,都掉下泪来。甲戌日(二十一日),王建拿永平军的旌节进入邛州,派节度判官张琳掌管留后职务。王建把邛州的城池修葺完备,抚养安定夷、獠,经营整建蜀、雅。冬,十月,癸未朔日(初一),王建带领军队回到成都,蜀州的将领李行周赶走了徐公钦,以城投降王建。

官兵从阴地关出发,一路闲逛、戏耍,到了汾州。李克用派遣薛志勤、李承嗣率领骑兵3000人扎营于洪洞,李存孝率领士兵5000人安营于赵城。镇国节度使韩建用300名壮士在夜间去偷袭李存孝的军营.李存孝知道了,安排埋伏等待他;韩建的士兵不利,静难、凤翔的士兵没有作战就逃走了。河东的士兵乘胜追击,直到晋州的西门;张濬出城作战,又战败了,官兵死的接近

3000人。静难、凤翔、保大、定难的军队先渡河回到西方去，张濬只有宫中的禁军和宣武的军队，共计约万人，跟韩建关闭城墙来抗拒防守，从此就不敢再出来了。李存孝带领士兵攻打绛州，十一月，绛州刺史张行恭放弃城池逃跑了。李存孝进攻晋州，打了3天，跟他的部队谋划说："张濬，是宰相，俘虏他没什么好处；天子的禁兵，不应该加害他们。"于是撤退50里后驻军安营；张濬、韩建这才得以从含口逃遁离去。李存孝攻下了晋、绛两个州，疯狂地劫掠了慈、隰两州。

以前，李克用遣送韩归范回朝廷的时候，附带表章去申诉冤屈，说道："我父子三代，蒙受武宗、宣宗、懿宗、僖宗四朝的恩惠，击破庞勋，剪除黄巢，废退襄王，保存易州、定州，使陛下今天能戴上通天冠，佩带白玉玺，这未必不是我的力量啊！如果认为攻打云州是我的过错，那么拓跋思恭攻取鄜延，朱全忠侵略徐、郓两州，为什么就不讨伐呢？奖赏他们而诛杀我，我怎能无话可说？并且朝廷在面临危险，摇摇欲坠的时候，就称赞我为韩、彭、伊、吕；等到安定以后，就骂我是戎、羯、胡、夷。今天，天下掌握兵权、建立大功的人，怎么会恐惧您在以后骂他们呢？何况，如果我真有大罪的话，六军的征讨，自有常法，何必趁着我在危险衰弱的时候来攻取呢？今天，张濬已经出兵，是不会束手就擒的。我已集结蕃人、汉人的士兵50万，想要直接抵达蒲、潼等地，消灭张濬；如果我不能胜利的话，宁愿听从您削夺官爵。不然的话，将要带领轻快的骑兵去叩宫门，到您的丹墀台阶向您叩头，到您的宝座那儿向您申诉奸佞邪曲的情形，在先帝的庙庭里奉还君命敕令，然后到司寇那边自首，恭候您的刑罚。"表送到时，张濬已经战败了，朝廷里震惊、恐惧。张濬和韩建越过王屋山，到了河阳，拆毁民房，做成木筏渡河，军中的士卒散失、死亡的极多，几乎都完了。

这一次战役，朝廷依靠朱全中和河朔三个镇；等到张濬到了晋州，朱全忠才联合徐、郓两州的军队，虽然派遣将领去攻打泽州，可是他自己并没有亲自到达。行营于是向镇、魏两州请求士兵、粮食的帮助，镇、魏倚赖河东做他的捍卫屏障，因此都没有出兵；只有华、邠、凤翔、鄜、夏等州的士兵去跟他会合。兵器还没交接，孙揆就被俘获了，幽州、云州也都失败了，杨复恭又从中阻拦这件事，因此张濬的军队望风披靡，纷纷逃亡溃散啦！

这一年，在上元县设置了升州，派张雄做刺史。

大顺二年（辛亥、891年）

春，正月，罗弘信军于内黄。丙辰，朱全忠击之，五战皆捷，至永定桥，斩首万余级。弘信惧，遣使厚币请和。全忠命止焚掠，归其俘，还军河上。魏博自是服于汴。

杨复恭使人劫孔纬于长乐坡，斩其旌节，资装俱尽，纬仅能自免。李克用复遣使上表曰："张浚以陛下万代之业，邀自己一时之功，知臣与朱温深仇，私相连结。臣今身无官爵，名是罪人，不敢归陛下藩方，且欲于河中寄寓，进退行止，伏俟指麾。"诏再贬孔纬均州刺史，张浚连州刺史。赐克用诏，悉复其官爵，使归晋阳。

孙儒尽举淮、蔡之兵济江，癸酉，自润州转战而南，田頵、安仁义屡败退，杨行密城戍皆望风奔溃。儒将李从立奄至宣州东溪，行密守备尚未固，众心危惧，夜，使其将合肥台濛将五百人屯溪西；濛使士卒传呼，往返数四，从立以为大众继至，遽引去。儒前军至溧水，行密使都指挥使李神福拒之。神福阳退以示怯，儒军不设备，神福夜帅精兵袭之，俘斩千人。

二月，加李克用守中书令，复李罕之官爵；再贬张浚绣州司户。

韦昭度将诸道兵十余万讨陈敬瑄，三年不能克，馈运不继，朝议欲息兵。三月，乙亥，制复敬瑄官爵，令顾彦朗、王建各帅众归镇。

王师范遣都指挥使卢弘击棣州刺史张蟾，弘引兵还攻师范，师范使人以重赂迎之，曰："师范童褐，不堪重任，愿得避位，使保首领，公之仁也。"弘以师范年少，信之，不设备；师范密谓小校安丘刘郛曰："汝能杀弘，吾以汝为大将。"弘入城，师范伏甲而享之，郛杀弘于座及其党数人。师范慰谕士卒，厚赏重誓，自将以攻棣州，执张蟾，斩之；崔安潜逃归京师。师范以郛为马步副都指挥使。诏以师范为平卢节度使。

师范和谨好学，每本县令到官，师范辄备仪卫往谒之；令不敢当，师范命客将挟持，令坐于听事，自称"百姓王师范"，拜之于庭。僚佐或谏，师范曰："吾敬桑梓，所以教子孙不忘本也！"

夏，四月，有彗星见于三台，东行入太微，长十丈余。甲申，赦天下。

成都城中乏食，弃儿满路。民有潜入行营贩米入城者，逻者得之，以白韦昭度，昭度曰："满城饥甚，忍不救之！"释勿问。亦有白陈敬瑄者，敬瑄曰："吾恨无术以救饿者，彼能如是，勿禁也！"由是贩者浸多，然所致不过斗升，截筒，径寸半，深五分，量米而鬻之，每筒百余钱，饿殍狼藉。军民强弱相陵，将吏斩之不能禁；乃更为酷法，或断腰，或斜劈，死者相继而为者不止，人耳目既熟，不以为惧。吏民日窘，多谋出降，敬瑄悉捕其族党杀之，惨毒备至。内外都指挥使、眉州刺史成都徐耕，性仁恕，所全活数千人。田令孜曰："公掌生杀而不刑一人，有异志邪？"耕惧，夜，取俘囚戮于市。

王建见罢兵制书，曰："大功垂成，奈何弃之！"谋于周庠，庠劝建请韦公还朝，独攻成都，克而有之。建表请："陈敬瑄、田令孜罪不可赦，愿毕命以图成功。"昭度无如之何，由是未能东还。建说昭度曰："今关东藩镇迭相吞噬，此腹心之疾也，相公宜早归庙堂，与天子谋之。敬瑄，疥癣耳，当以日月制之，责建，可办也！"昭度犹豫未决。庚子，建阴令东川将唐友通等擒昭度亲吏骆保于行府门，脔食之，云其盗军粮。昭度大惧，遽称疾，以印节授建，牒建知三使留后兼行营招讨使，即日东还。建送至新都，跪觞马前，泣拜而别。昭度甫出剑门，即以兵守之，不复内东军。昭度至京师，除东都留守。

建急攻成都，环城烽堠亘五十里。有狗屠王鹞，请诈得罪亡入城说之，使上下离心，建遣之。鹞入见陈敬瑄、田令孜，则言"建兵疲食尽，将遁矣"，出则鬻茶于市，阴为吏民称建英武，兵势强盛；由是敬瑄等懈于守备而众心危惧。建又遣其将京兆郑渥诈降以觇之，敬瑄以为将，使乘城，既而复以诈得归。建由是悉知城中虚实，以渥为亲从都指挥使，更姓名曰王宗渥。

以武安节度使周岳为岭南西道节度使。

李克用大举击赫连铎，败其兵于河上，进围云州。

杨行密遣其将刘威、朱延寿将兵三万击孙儒于黄池，威等大败。延寿，舒城人也。孙儒军于黄池，五月，大水，诸营皆没，乃还扬州，使其将康暀据和州，安景思据滁州。

丙午，立皇子祐为德王。

杨行密遣其将李神福攻和、滁，康暀降，安景思走。

秋，七月，李克用急攻云州，赫连铎食尽，奔吐谷浑部，既而归于幽州。克用表大将石善友为大同防御使。

王建攻陈敬瑄益急，敬瑄出战辄败，巡内州县率为建所取。威戎节度使杨晟时馈之食，建以兵据新都，彭州道绝。敬瑄出，慰勉士卒，皆不应。

辛丑，田令孜登城谓建曰："老夫向于公甚厚，何见困如是？"建曰："父子之恩岂敢忘！但朝廷命建讨不受代者，不得不然。倘太师改图，建复何求！"是夕，令孜自携西川印节诣建营授之，将士皆呼万岁。建泣谢，请复为父子如初。

先是，建常诱其将士曰："成都城中繁盛如花锦，一朝得之，金帛子女恣汝曹所取，节度使与汝曹迭日为之耳！"壬寅，敬瑄开门迎建。建署其将张勍为马步斩斫使，使先入城。乃谓将士曰："吾与汝曹三年百战，今始得城，汝曹不忧不富贵，慎勿焚掠坊市。吾已委张勍护之矣，彼幸执而白我，我犹得赦之；若先斩而后白，吾亦不能救也！"既而士卒有犯令者，勍执百余人，皆搥其胸而杀之，积尸于市，众莫敢犯。故时人谓勍为"张打胸"。

癸卯，建入城，自称西川留后。小校韩武数于使厅上马，牙司止之，武怒曰："司徒许我迭日为节度使；上马何为！"建密遣人刺杀之。

初，陈敬瑄之拒朝命也，田令孜欲盗其军政，谓敬瑄曰："三兄尊重，军务烦劳，不若尽以相付，日具记事咨呈，兄但高居自逸而已。"敬瑄素无智能，忻然许之。自是军事皆不由己，以至于亡。建表敬瑄子陶为雅州刺史，使随陶之官，明年，罢归，寓居新津，以一县租赋赡之。

癸丑，建分遣士卒就食诸州，更文武坚姓名曰王宗阮，谢从本曰王宗本。陈敬瑄将佐有器干者，建皆礼而用之。

六军十二卫观军容使、左神策军中尉杨复恭总宿卫兵，专制朝政，诸假子皆为节度使、刺史，又养宦官子六百人，皆为监军。假子龙剑节度使守贞、武定节度使守忠不输贡赋，上表讪薄朝廷。

上舅王瓌求节度使，上访于复恭，复恭以为不可，瓌怒，诟之。瓌出入禁中，颇用事，复恭恶之，奏以为黔南节度使，至吉柏津，令山南西道节度使杨守亮覆诸江中，宗族宾客皆死，以舟败闻。上知复恭所为，深恨之。

李顺节既宠贵，与复恭争权，尽以复恭阴事告上，上乃出复恭为凤翔监军；复恭愠怼，不肯行，称疾，求致仕。九月，乙卯，以复恭为上将军致仕，赐以几杖。使者致诏命还，复恭潜遣腹心张绾刺杀之。

杨复恭居第近玉山营，假子守信为玉山军使，数往省之。或告复恭与守信谋反，乙酉，上御安喜楼，陈兵自卫，命天威都将李顺节、神策军使李守节将兵攻其第。张绾帅家众拒战，守信引兵助之，顺节等不能克。丙戌，禁兵守含光门，俟其开，欲出掠两市，遇刘崇望，立马谕之曰："天子亲在街东督战，汝曹皆宿卫之士，当于楼前杀贼立功，勿贪小利，自取恶名！"众皆曰："诺。"遂从崇望而东。守信之众望见兵来，遂溃走。守信与复恭挈其族自通化门出，趣兴元，永安都头权安追之，擒张绾，斩之。复恭至兴元，杨守亮、杨守忠、杨守贞及绵州刺史杨守厚同举兵拒朝廷，以讨李顺节为名。守厚，亦复恭假子也。

天威都将李顺节恃恩骄横，出入常以兵自随。两军中尉刘景宣、西门君遂恶之，白上，恐其作乱。戊子，二人以诏召顺节，顺节入至银台门，二人邀顺节于仗舍坐语，供奉官似先知自后斩其首，从者大噪而出。于是天威、捧日、登封三都大掠永宁坊，至暮乃定。百官表贺。

孙儒焚掠苏、常，引兵逼宣州，钱镠复遣兵据苏州。儒屡破杨行密之兵，旌旗辎重亘百余里。行密求救于钱镠，镠以兵食助之。

以顾彦晖为东川节度使，遣中使宋道弼赐旌节。杨守亮使杨守厚囚道弼，夺其旌节，发兵攻梓州。癸卯，彦晖求救于王建；甲辰，建遣其将华洪、李简、王宗侃、王宗弼救东川。建密谓诸将曰："尔等破贼，彦晖必犒师，汝曹于行营报宴，因而执之，无烦再举。"宗侃破守厚七寨，守厚走归绵州。彦晖具犒礼，诸将报宴，宗弼以建谋告之，彦晖乃以疾辞。

初，李茂贞养子继臻据金州，均州刺史冯行袭攻下之，诏以行袭为昭信防御使，治金州。杨守亮欲自金、商袭京师，行袭逆击，大破之。

福建观察使陈岩疾病，遣使以书召泉州刺史王潮，欲授以军政，未至而岩卒。岩妻弟都将范晖讽将士推己为留后。

【译文】
大顺二年 （辛亥、891 年）

春，正月，罗弘信驻军于内黄。丙辰日（初五），朱全忠攻打他，打了 5 次仗，都赢了，直到永定桥，斩首的有 1 万多人。罗弘信惧怕了，派遣使者拿了很多的钱财来要求和好相处。朱全忠命令停止焚烧掠夺，归还他们的俘虏，退兵驻守河上。魏博从此以后才算是心悦诚服于汴人了。

杨复恭派人到长乐坡去掠夺孔纬，斩断他的旌节，抢光了他所有的财产、行装，孔纬仅能免于一死。李克用又派遣使者上表说："张濬拿您万世的基业，来求取自己一时的功劳，他知道我和朱温有深仇大恨，便私下里跟他联合起来。我今天身无官职爵位，又有罪人的名声，不敢回到您的藩属州镇去，想要在河中寄居，我的举止，敬待您的指挥驱遣。"诏令把孔纬再降为均州刺史，张濬做连州刺史。皇帝赐给李克用诏命，完全恢复他的官职爵位，命令他回到晋阳。

朱温像

孙儒带领淮州、蔡州的全部士兵渡江，癸酉日（二十二日），从润州辗转作战到南方，田頵、安仁义多次战败后退，杨行密的城守都望风逃跑溃散了。孙儒的部将李从立急速赶到宣州的东溪，杨行密还没来得及做好防守、戒备，部众们心里感到危险、害怕，夜里，派遣他的部将合肥人台濛率领500名士兵进驻在宛溪的西方；台濛使士兵们再三再四地来回传声呼喊叫号，李从立以为大兵将紧跟着来到，便匆忙带兵离去。孙儒的前军到达溧水，杨行密派遣都指挥使李神福来防御他们。李神福假装退兵，佯装畏惧，孙儒的军队没有设防，李神福在夜里率领精锐的士兵偷袭他，俘获斩首的有上千人。

二月，委任李克用做守中书令，恢复李罕之的官职爵位；把张濬再贬为绣州司户。

韦昭度率领各路的士兵十几万人去讨伐陈敬瑄，打了3年都没打下来，军粮的运送、供给没法继续下去，朝廷中议论要停止战事。三月，乙亥日（二十五日），君命恢复陈敬瑄的官职爵位，命令顾彦朗、王建各率领部队回到镇守去。

王师范派遣都指挥使卢弘去攻打棣州刺史张蟾，卢弘带领士兵回过头来攻打王师范，王师范派人拿了很多的钱财礼物去迎接他，说："我王师范年幼无知，不能承担重责大任，希望能够退位，使我保全首级，这是您仁仪的表现啊！"由于王师范年纪小，卢弘便相信了他，没有设置防范的人员；王师范秘密告诉小校安丘人刘鄩说："你如果能杀掉卢弘，我派你做大将。"卢弘进入城中以后，王师范埋伏了武装士兵来宴请他，刘鄩在筵席座上杀了卢弘和他的几个同僚。王师范告谕士兵们，并且丰厚地奖赏有功人员，发重誓，亲自率领士兵攻打棣州，捉获张蟾，将他杀了；崔安潜逃回京师。王师范派刘鄩做马步副都指挥使。诏命派王师范做平卢节度使。

王师范个性淳厚，做事稳健，而且非常好学，每每本县县令到任，王师范往往准备了持有仪仗的侍卫陪侍，去拜见他；县令不敢承受王师范的礼仪，王师范命令客将挟持他，使他坐在办事的正厅上，王师范自称做"百姓王师范"，在正厅上谒见他。僚属佐吏们有的劝谏王师范，王师范说："我恭敬县令，不忘故里，就是要教导子孙们不要忘了这个根本啊！"

夏，四月，有彗星出现在二台的位置，向东移动，进入太微星座，长达10余丈。甲申日（初五）大赦天下。

成都城中匮乏食物，被遗弃的小孩满路都是。百姓有暗中潜入军营贩卖米粮因而进入城中的，被巡逻的士兵抓到了，向韦昭度报告，韦昭度说："全城的人饥饿得这么厉害，那里忍心不救他们呢？"便放了他，不再追问。也有去报告陈敬瑄的，陈敬瑄说："我没有办法来救济饥饿人深觉遗憾，他能这样做，不要阻止他！"因此贩卖米粮的人渐渐多了起来。然而所获取的也不过一斗半升而已，他们砍断竹筒，直径有1寸半，深度是5分，用这个量米来卖，每筒米价100多钱，饿死的人随处可见，尸首杂乱横卧。军队、百姓强弱相互欺凌，将领、官吏斩杀他们也无法禁止他们这样做；于是另外订了一套残酷的办法：或者从腰部砍断，或者斜砍成两半。被处死的人前后相继不绝，然而犯法的人依旧不能禁止，百姓听多了，看多了，习惯了以后便不再感到害怕了！官吏、百姓一天比一天贫困，大多数人谋划出去投降，陈敬瑄把他们的宗族、同党全部杀掉，凶残恶毒到极点。内外都指挥使、眉州刺史成都人徐耕，本性仁慈，推己及人，受到他保全、救活的有几千人之多。田令孜问他说："您掌握了生杀大权，然而却没有杀过一个人，是不是有什么意图呢？"徐耕恐惧了，夜里，去拿俘获来的囚犯在市场里把他杀了。

王建看到罢兵休战的诏敕，说道："大功就要完成，为何要放弃呢！"跟周庠商议谋划，周庠劝王建请韦先生回到朝中，独自攻打成都，把它攻打下来，并占领这个地方。王建上表要求："陈敬瑄、田令孜的罪过不可以宽恕，我希望能拼命来完成它。"韦昭度没能奈何他，因此就不能回到东方去啦！王建游说韦昭度说："今天，关东的藩镇互相侵犯吞并，这是我们心中的大病啊！您应该早些回到朝廷，和天子商议谋划。陈敬瑄，就像是疥癣病一般，我自会花些时间来制服他的，责求我王建，就可以办成啦！"韦昭度心中犹疑，不能决定。庚子日（二十一日），王建暗中命令东川将领唐友通等人在行府门把韦昭度的亲吏骆保捉了来，切成肉片吃掉了，说是他盗取军中的粮食。这一下韦昭度大感恐慌，立即推说有病，将印章、旌节交给王建，上牒文派王建掌理节度使、招抚使和制置使等三使的留后职务，兼行营招讨使，即日回到东方。王建送到新都，在马前跪下来奉觞话别，落泪跪拜后才分手。韦昭度一离开剑门县，立即派士兵防守，不再让东川的士兵进入。韦昭度到了京师，委任他做东都留守。

王建急速攻打成都，环绕围城的烽堠连绵了50里长。有一位杀狗的人，名叫王鹞，请求伪装为罪犯，逃进城中做游说工作，使他们上下离心，不能合作，王建就派遣他去了。王鹞进城后去见陈敬瑄、田令孜，告诉他们："王建的士兵困乏，食物也吃光了，就要逃走啦！"离开他们到市场里去卖茶，暗中向官吏、百姓们散布王建的英勇威武，兵势的强盛情况；因此，陈敬瑄等人放松防守，而民众则心生害怕、危险的感觉。王建另外派遣他的部将京兆人郑渥假装投降以便窥探他们军情。陈敬瑄派他做将领，命令他登临城墙去防御敌人，没多久，郑渥又用欺骗的方法跑了回来。王建因此已经熟知城中的情况，派郑渥做亲从都指挥使，更改姓名叫王宗渥。

派武安节度使周岳做岭南西道节度使。

李克用大举进攻赫连铎，在北河之上挫败了他的部队，进兵包围云州。

杨行密派遣他的部将刘威、朱延寿率领士兵3万人到黄池镇去攻打孙儒，刘威等人大败。朱延寿，是舒城人。孙儒在黄池镇驻军，五月，发生了大水灾，各军营都被淹没了，于是回到扬州，派遣他的部将康暄占据了和州，另外派遣安景思占领滁州。

丙午日，立皇子祐做德王。

杨行密派遣他的部将李神福攻打和州、滁州，结果康暄投降了，安景思则逃走了！

秋，七月，李克用紧急进犯云州，赫连铎食物吃光了，跑到吐谷浑的部族去，不多久，又回到幽州来。李克用上表派大将石善友做大同防御使。

王建对陈敬瑄的进攻更似紧锣密鼓。陈敬瑄出去作战往往失败，他管辖内的州县大多被王建占领。威戎节度使杨晟时时拿食物赠送给他，王建派兵占领了新都，通往彭州的路途便断绝了。陈敬瑄出去安慰、勉励士兵们，士兵们都没有反应。

辛丑日（二十四日），田令孜登临城上，告诉王建说："我以前对您非常好，今天您为什么如此围困我呢？"王建说："义父对我的恩惠我哪里敢忘记，只是朝廷命令我征讨不接受职务更替的人，我才不得不如此啊！如果您能改变主意，我王建还有什么要求呢？"这天晚上，田令孜亲自携带西川节度使的印章和旌节到王建的军营中赐给他，将士们高呼"万岁"。王建感动得落下泪来，连忙称谢不已，请求恢复为义父子，如同当初那样。

以前，王建常常引诱他的部将、士兵们，说："成都的城中，繁花似锦，有一天得到了它，金银、布帛、子女等随你们的心意去拿，节度使的职位我就和你们轮流做啦！"壬寅日（二十五日），陈敬瑄打开城门迎接王建，王建任命他的部将张勍做马步斩斫使，派他先进入城中。于是告诉将士们说："我和你们在三年中历经百战，今天才得到这一个城市，你们不用担心不会富贵的，小心不要焚烧掠夺街坊市区。我已经委托张勍来保护它了，他如果抓到之后来告诉我，我还能宽恕你；如果他先斩后奏，我也不能救你啊！"不多久，士兵们有触犯禁令的，张勍抓了100多人，都捶打他们的胸膛，然后把他们杀了，堆积尸体在市场中，部众们没有一个敢再冒犯的了。因此时人称呼张勍做"张打胸"。

癸卯日（二十六日），王建进入城中，自称为西川留后。小校韩武多次在节度使的厅堂前上马，牙司制止他，韩武发怒说："王司徒允许跟我轮流做节度使；在厅堂前上马，算得什么事！"王建秘密派人把他刺杀了。

当初，陈敬瑄违抗朝廷命令的时候，田令孜想要窃取他的军政大权，田令孜告诉陈敬瑄说："三哥既尊崇又贵重，军中的事务既劳繁又辛劳，不如全部托付我，我每天详细记载事情，来问您，送给您批阅，三哥只要处在高位，自求安逸悠闲就行了。"陈敬瑄向来没有智慧、才能，很高兴地答应了。从此以后，军中的事务都不能按照自己的意思做，以至于灭亡。王建上表派陈敬瑄的儿子陈陶做雅州刺史，使陈敬瑄跟随陈陶到任所去。第二年，罢官回家，客居在新津，用1个县的租金、赋税来奉养他。

癸丑日，王建分别派遣士兵们到各州去谋生，把文武坚的姓名改叫王宗阮，谢从本叫王宗本。陈敬瑄的部将佐吏们都是有胆识、才干的，王建都以礼相待而重用他们。

六军十二卫观军容使、左神策军中尉杨复恭总领宿卫的军队，专擅控制朝廷里的政治，各义子们都做节度使、刺史，又养了宦官义子600人，都做了监军。义子龙剑节度使杨守贞、武定节度使杨守忠不再输送贡品、赋税了，上表毁谤鄙薄朝廷。

皇帝的舅舅王环要求做节度

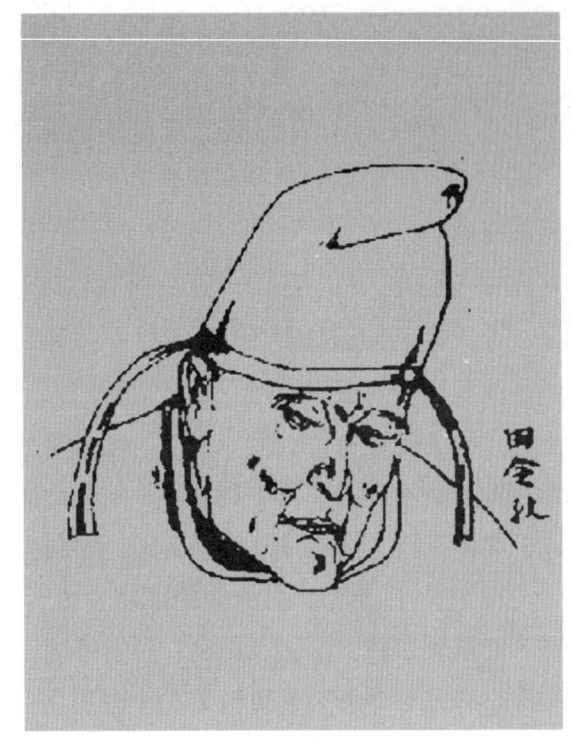

田令孜像

使，皇帝问杨复恭。杨复恭认为不可以，王环发怒了，骂他。王环在宫禁中进进出出的，似乎做了不少事，杨复恭非常仇视他，奏请皇帝派他做黔南节度使，王环便动身前往上任，到了吉柏津，杨复恭命令山南西道节度使杨守亮在江中倾覆了他的坐船，王环的宗族、来宾、客人都死了，然后向皇帝报告说：是搭的船坏掉了。皇帝知道是杨复恭所做的，因此深深的怨恨他。

李顺节既得宠又显贵，跟杨复恭争夺权势，全是向皇帝报告杨复恭的秘密事情，皇帝于是贬废杨复恭，派他做凤翔的监军；杨复恭怨恨愤怒，不肯前往，推说生病了，要求辞职。九月，乙卯日（初八），杨复恭以上将军的官职退休归隐，皇帝赏赐给他几和杖。使者送去皇帝的诏命后回来，杨复恭就暗中派遣他的心腹张绾秘密地将他刺杀了。

杨复恭居住的地方靠近玉山营，义子杨守信做玉山军使，多次前往看望他。有人报告皇帝，杨复恭和杨守信阴谋造反。乙酉日（初八），皇帝亲临安喜楼，安排士兵以求自卫，命令天威都将李顺节、神策军使李守节带领士兵去进攻杨复恭的住宅。张绾率领杨复恭家中的人众抵抗作战，杨守信带领士兵去帮助他，李顺节等人攻打不下来。丙戌日（初九），宫禁中的士兵防守含光门,等待门打开后,就要出去抢劫两市区,遇到刘崇望,刘崇望停下了马,告诉他们,说道:"天子亲自在街东督促作战,你们都是宿卫的士兵,应该在楼前击杀寇贼,建立功名,不要贪取小利,自取坏的名声啊!"众士兵们都说:"是!"于是就随着刘崇望跑到东边去。杨守信的部队远远望见军队冲杀过来,便都溃散逃跑了。杨守信和杨复恭携带他的族人从通化门逃出去,跑到兴元,永安都头权安追杀他们,捉到张绾,把他杀了。杨复恭到兴元以后,杨守亮、杨守忠、杨守贞以及绵州刺史杨守厚以讨伐李顺节的名义,共同带兵对抗朝廷。杨守厚,是杨复恭的义子。

天威都将李顺节仰仗皇恩,骄恣蛮横,进出时经常随身带着士兵。两军中尉刘景宣、西门君遂痛恨他,向皇帝报告,皇帝却害怕他会作乱。戊子日(十二日),他们两位拿诏命叫李顺节来,李顺节进入,到了银台门,两人邀请李顺节在仪仗所住的房间中坐下来聊天,供奉官似先知从后面砍下他的头,随从的人大声呼喊地跑出去了。于是天威、捧日、登封三都的士兵疯狂地掠夺永宁坊,到了晚上才安定下来。百官们都上表去庆贺。

孙儒焚烧掠夺苏州、常州,带领士兵进逼宣州,钱镠又派遣士兵占领苏州。孙儒屡次打败杨行密的军队,旌旗、器械、粮草等蜿蜒100多里路。杨行密向钱镠求救,钱镠派去士兵携带食物去帮助他。

派顾彦晖做东川节度使,命令中使宋道弼赐给旌节。杨守亮派杨守厚囚禁宋道弼,夺取旌节,发动士兵去攻打梓州。癸卯日(二十七日),顾彦晖向王建求援;甲辰日(二十八日),王建派遣他的部将华洪、李简、王宗侃、王宗弼去支援东川。王建秘密告诉各将领说:"你们打败了贼兵以后,顾彦晖必定会犒赏将士,你们就在行营中举行的庆功宴上,顺便把他抓起来,就不必再一次烦劳举兵进攻他了。"王宗侃攻破了杨守厚的7个守寨,杨守厚逃回绵州。顾彦晖准备了犒赏的礼物,各将领在庆功宴上报告功劳,王宗弼把王建的谋划告诉他,顾彦晖于是假托生病来辞职。

当初,李茂贞的养子李继臻占领了金州,均州刺史冯行龙把它攻下来了,诏命派冯行袭做昭信防御使,治理金州。杨守亮想要从金州、商州去偷袭京师。冯行袭阻击他,大败他的部队。

福建观察使陈岩病得很重,派遣使者拿书信去叫泉州刺史王潮来,想要授给他军政大权,没等王潮到达,陈岩就去世了。陈岩的小舅子都将范晖暗示将士们推举自己做留后。

唐纪七十七　昭宗圣穆景文孝皇帝中之上
乾宁四年（丁巳、897年）

　　春，正月，甲申，韩建奏："防城将张行思等告睦、济、韶、通、彭、韩、仪、陈八王谋杀臣，劫车驾幸河中。"建恶诸王典兵，故使行思等告之。上大惊，召建谕之；建称疾不入。令诸王诣建自陈，建表称："诸王忽诣臣理所，不测事端。臣详酌事体，不应与诸王相见。"又称："诸王当自避嫌疑，不可轻为举措。陛下若以友爱含容，请依旧制，令归十六宅，妙选师傅，教以诗书，不令典兵预政。"且曰："乞散彼乌合之兵，用光麟趾之化。"建虑上不从，引麾下精兵围行宫，表疏连上。上不得已，是夕，诏诸王所领军士并纵归田里，诸王勒归十六宅，其甲兵并委韩建收掌。建又奏："陛下选贤任能，足清祸乱，何必别置殿后四军！显有厚薄之恩，乖无偏无党之道。且所聚皆坊市无赖奸猾之徒，平居犹思祸变，临难必不为用，而使之张弓挟刃，密迩皇舆，臣窃寒心，乞皆罢。"诏亦从之。于是殿后四军二万余人悉散，天子之亲军尽矣。捧日都头李筠，石门扈从功第一，建复奏斩于大云桥。建既幽诸王于别第，知上意不悦，乃奏请立德王为太子，欲以解之。丁亥，诏立德王佑为皇太子，仍更名裕。

　　庞师古、葛从周并兵攻郓州，朱瑄兵少食尽，不复出战，但引水为深壕以自固。辛卯，师古等营于水西南，命为浮梁。癸巳，潜决濠水。丙申，浮梁成，师古夜以中军先济。瑄闻之，弃城奔中都，葛从周逐之，野人执瑄及妻子以献。

　　己亥，罢孙偓凤翔四面行营节度等使，以副都统李思谏为宁塞节度使。

　　钱镠使行军司马杜稜救婺州。安仁义移兵攻睦州，不克而还。

　　朱全忠入郓州，以庞师古为天平留后。

　　朱瑾留大将康怀贞守兖州，与河东将史俨、李承嗣掠徐州之境以给军食。全忠闻之，遣葛从周将兵袭兖州。怀贞闻郓州已失守，汴兵奄至，遂降。二月，戊申，从周入兖州，获瑾妻子，朱瑾还，无所归，帅其众趋沂州，刺史尹处宾不纳，走保海州，为汴兵所逼，与史俨、李承嗣拥州民渡淮，奔杨行密。行密逆之于高邮，表瑾领武宁节度使。

全忠纳瑾之妻，引兵还，张夫人逆于封丘，全忠以得瑾妻告之。夫人请见之，瑾妻拜，夫人答拜，且泣曰："兖、郓与司空同姓，约为兄弟，以小故恨望，起兵相攻，使吾姒辱于此。他日汴州失守，吾亦如吾姒之今日乎！"全忠乃送瑾妻于佛寺为尼，斩朱瑄于汴桥。于是郓、齐、曹、棣、兖、沂、密、徐、宿、陈、许、郑、滑、濮皆入于全忠。惟王师范保淄青一道，亦服于全忠。李存信在魏州，闻兖、郓皆陷，引兵还。

淮南旧善水战，不知骑射，及得河东、兖、郓兵，军声大振。

张佶克邵州，擒蒋勋。

三月，丙子，朱全忠表曹州刺史葛从周为泰宁留后，朱友裕为天平留后，庞师古为武宁留后。

丙戌，王建以节度副使张琳守成都，自将兵五万攻东川。更华洪姓名曰王宗涤。

六月，己酉，钱镠如越州，受镇东节钺。

李茂贞表："王建攻东川，连兵累岁，不听诏命。"甲寅，贬建南州刺史。乙卯，以茂贞为西川节度使。以覃王嗣周为凤翔节度使。

癸亥，王建克梓州南寨，执其将李继宁。丙寅，宣谕使李洵至梓州。己巳，见建于张杷砦，建指执旗者曰："战士之情，不可夺也。"

覃王赴镇，李茂贞不受代，围覃王于奉天。

置宁远军于容州，以李克用大将盖寓领节度使。

秋，七月，加荆南节度使成汭兼侍中。

韩建移书李茂贞；茂贞解奉天之围，覃王归华州。

初，李克用取幽州，表刘仁恭为节度使，留戍兵及腹心将十人典其机要，租赋供军之外，悉输晋阳。及上幸华州，克用征兵于仁恭，又遗成德节度使王镕、义武节度使王郜书，欲与之共定关中，奉天子还长安。仁恭辞以契丹入寇，须兵捍御，请俟虏退，然后承命。克用屡趣之，使者相继，数月，兵不出。克用移书责之，仁恭抵书于地，慢骂，囚其使者，欲杀河东戍将，戍将遁逃获免。克用大怒，八月自将击仁恭。

上欲幸奉天亲讨李茂贞，令宰相议之；宰相切谏，乃止。

延王戒丕还自晋阳，韩建奏："自陛下即位以来，与近辅交恶，皆因诸王典兵，凶徒乐祸，致銮舆不安。比者臣奏罢兵权，实虑不测之变。今闻延王、覃王尚苞阴计，愿陛下圣断不疑，制于未乱，则社稷之福。"上曰："何至于是！"数日不报。建乃与知枢密刘季述矫制发兵围十六宅，诸王被发，或缘垣，或升屋，呼曰："宅家救儿！"建拥通、沂、睦、济、韶、彭、韩、陈、覃、延、丹十一王至石堤谷，尽杀之，以谋反闻。

丁丑，李克用至安塞军，辛巳，攻之。幽州将单可及引骑兵至，克用方饮酒，前锋曰："贼至矣！"克用醉，曰："仁恭何在？"对曰："但见可及辈。"克用瞋目曰："可及辈何足为敌！"亟命击之。是日大雾，不辨人物，幽州将杨师侃伏兵于木瓜涧，河东兵大败，失亡太半。会大风雨震电，幽州兵解去。克用醒而后知败，责大将李存信等曰："吾以醉废事，汝曹何不力争！"

朱全忠既得兖、郓，甲兵益盛，乃大举击杨行密。遣庞师古以徐、宿、宋、滑之兵七万壁清口，将趋扬州；葛从周以兖、郓、曹、濮之兵壁安丰，将趋寿州，全忠自将屯宿州。淮南震恐。

刘仁恭奏称："李克用无故称兵见讨，本道大破其党于木瓜涧，请自为统帅以讨克用。"诏不许。又遗朱全忠书。全忠奏加仁恭同平章事，朝廷从之。仁恭又遣使谢克用，除去就不自安之意。克用复书略曰："今公仗钺控兵，理民立法，擢士则欲其报德，选将则望彼酬恩；己尚不然，人何足信！仆料猜防出于骨肉，嫌忌生于屏帷，持干将而不敢授人，捧盟盘而何词著誓！"

杨行密与朱瑾将兵三万拒汴军于楚州，别将张训自涟水引兵会之，行密以为前锋。庞师古营于清口，或曰："营地汙下，不可久处。"不听。师古恃众轻敌，居常弈棋。朱瑾壅淮上流，欲灌之；或以告师古，师古以为惑众，斩之。十一月，癸酉，瑾与淮南将领侯瓒将五千骑潜渡淮，用汴人旗帜，自北来趣其中军，张训逾栅而入；士卒苍黄拒战，淮水大至，汴军骇乱。行密引大军济淮，与瑾等夹攻之，汴军大败，斩师古及将士首万余级，余众皆溃。葛从周营于寿州西北，寿州团练使朱延寿击破之，退屯濠州，闻师古败，奔还。行密、瑾、延寿乘胜追之，及于淠水。

行密大会诸将，谓行军副使李承嗣曰："始吾欲先趣寿州，副使云不如先向清口，师古败，从周自走，今果如所料。"赏之钱万缗，表承嗣统镇海节度使。行密待承嗣及史俨甚厚，第舍、姬妾，咸选其尤者赐之，故二人为行密尽力，屡立功，竟卒于淮南。行密由是遂保据江、淮之间，全忠不能与之争。

戊寅，立淑妃何氏为皇后。后，东川人，生德王、辉王。

威武节度使王潮弟审知，为观察副使，有过，潮犹加捶挞，审知无怨色。潮寝疾，舍其子延兴、延虹、延丰、延休，命审知知军府事。十二月，丁未，潮薨。审知以让其兄泉州刺史审邽，审邽以审知有功，辞不受。审知自称福建留后，表于朝廷。

是岁，南诏骠信舜化有上皇帝书函及督爽牒中书木夹，年号中兴。朝廷欲以诏书报之。王建上言："南诏小夷，不足辱诏书。臣在西南，彼必不敢犯塞。"从之。

黎、雅间有浅蛮曰刘王、郝王、杨王，各有部落，西川岁赐缯帛三千匹，使觇南诏，亦受南诏赂诇成都虚实。每节度使到官，三王帅酋长诣府，节度使自谓威德所致，表于朝廷；而三王阴与大将相表里，节度使或失大将心，则教诸蛮纷扰。先是节度使多文臣，不欲生事，故大将常藉此以邀姑息，而南诏亦凭之屡为边患。及王建镇西川，绝其旧赐，斩都押牙山行章以惩之。邛崃之南，不置斥候，不戍一卒，蛮亦不敢侵盗。其后遣王宗播击南诏，三王漏泄军事，召而斩之。

右拾遗张道古上疏，称："国家有五危、二乱。昔汉文帝即位未几，明习国家事。今陛下登极已十年，而曾不知为君驭臣之道。太宗内安中原，外开四夷，海表之国，莫不入臣。今先朝封域日蹙几尽。臣虽微贱，窃伤陛下朝廷社稷始为奸臣所弄，终为贼臣所有也！"上怒，贬道古施州司户。仍下诏罪状道古，宣示谏官。道古，青州人也。

【译文】

乾宁四年（丁巳、897年）

春，正月，甲申日（初八），韩建上奏说："防城将张行思等人告诉我，睦、济、韶、通、彭、韩、仪、陈等八王谋划杀害我，要挟持天子到河中去。"韩建憎恨诸王掌管带领军队，因此命令张行思等人控告他们。皇上大为震惊，叫韩建来劝他。韩建推说有病不来。皇帝便命令诸王到韩建那儿自己陈述说明，韩建上表说道："诸王忽然到我办公的地方来，我无法猜度他们要做什么事。我详细斟酌了这件事情，认为还是不要跟诸王见面比较妥当。"又说："诸王应该自己避开嫌疑，不可以轻举妄动。陛下如果因为兄弟手足之情想要宽恕包容他们，请按照以前的办法，命令他们回到十六宅去，精挑细选师傅，教他们诗书，不要使他们统领军队，干预政事。"并且说："请解散那些乌合之众的军队，用来光大像《诗经》中所称述的《关雎》《麟趾》的教化。"韩建担心皇上不听从他的意见，带领部下精锐的士兵包围了皇帝的住处，接二连三的上表陈述。皇帝被迫不得不在当天晚上诏命诸王将所率领的军士全部解散，放他们回到田野乡里中，强行压制诸王回到十六宅中去，那些铠甲、兵器全部委交韩建收管。韩建又上奏说："陛下选举贤才，任用有才能的人士，就足以扫清祸患，平定叛乱，何必另外安置殿后的四个军队呢？很显然地恩惠有厚此薄彼的差异，违反了不偏颇、不结党的大道理。并且所聚集的士兵都是街坊市井中的无赖，奸诈狡猾之人。处在太平盛世的时候，这些人尚且还想变乱为祸，面临危急灾难时，必然不听指挥、不听调度，然而却命令他们拉开弓箭，挟持刀剑，跟在皇帝的身边，我私下里深为您感到担心、惧怕，请把他们都解散了吧！"诏命也依从他的意思。因此殿后的四支军队2万多人都解散了，天子的亲兵就没有啦！捧日都头李筠是皇上出走到石门镇时，跟随保护、功劳中最大的，韩建又上奏把他在大云桥处决了。韩建已经幽禁诸王在别墅以后，晓得皇上心里不高兴，于是上奏，请立德王做太子，想要来和缓解除他的不悦。丁亥日（十一日）诏命立德王李祐做皇太子，更改名字叫裕。

　　庞师古、葛从周联合军队进击郓州。朱瑄的士兵很少，粮食也吃光了，便不再出来应战，只挖掘很深的壕沟，引河水进来，用水自求巩固。辛卯日（十五日），庞师古等人在壕沟的西南方安营，命令士兵在水面上造桥梁。癸巳日（十七日），暗中开挖毁坏濠沟的堤防。丙申日（二十日），浮桥建成了，庞师古在黑夜中派中军先行渡过壕沟。朱瑄听到了，便放弃守城逃往中都县。葛从周追逐他，田间的农民捉住朱瑄以及他的妻子献了上来。

　　己亥日（二十三日），废除了孙偓的凤翔四面行营节度等使，派副都统李思谏做宁塞节度使。钱镠命令行军

唐朝钱币

司马杜稜去援助婺州。安仁义转移士兵去攻打睦州，打不下来就回去了。

朱全忠进入郓州，派庞师古担任天平留后。

朱瑾留下大将康怀贞来防守兖州，他和河东的将领史俨、李承嗣掠夺、抢劫徐州的财物，以供给军士们粮食的需求。朱全忠听到了，派遣葛从周率领士兵去偷袭兖州。康怀贞得知郓州已经失守了，汴州的士兵又突然到达，于是就投降了！二月，戊申日（初三），葛从周进入兖州，俘虏了朱瑾的妻子。朱瑾回来，没有地方可以宿营，只得带领他的部队跑到沂州去，刺史尹处宾不肯接纳他，他便跑到海州，并且防守这个地方，后来因为被汴州的士兵所威逼，他便和史俨、李承嗣率领州民渡过淮水，投奔杨行密。杨行密在高邮迎接他，上表请派朱瑾兼理武宁节度使。

朱全忠接纳了朱瑾的太太，带领士兵回去，张夫人在封丘迎接他们，朱全忠把获得朱瑾的太太这件事告诉她。张夫人要求跟她见面，朱瑾的太太跟张夫人见了面后俯身下拜，张夫人也还了礼，并且哭诉着说："兖州、郓州和司空是同姓的，约好作为兄弟，由于细小变故产生误会、怨恨，带领士兵相互攻击，使得大嫂您在这里蒙羞受辱。将来有一天汴州失守的时候，我也将会如大嫂您今天这个样子啊！"朱全忠于是把朱瑾的太太送到佛寺里去当尼姑，在汴桥杀掉了朱瑄。这时，郓、齐、曹、棣、兖、沂、密、徐、宿、陈、许、郑、滑、濮等各州都落入朱全忠的手中。只有王师范保留淄青一个道，但他也归附于朱全忠。李存信在魏州，听说兖州、郓州都沦陷了，便带领军队回去。

淮南的官司兵擅长在水中作战，不懂得骑马射箭。等到获得河东、兖州、郓州的士兵以后，军队的声威大大地提高了。

张佶攻下了邵州，擒获蒋勋。

三月，丙子日（初一），朱全忠上表，派曹州刺史葛从周做泰宁留后，朱友裕做天平留后，庞师古做武宁留后。

丙戌日（十二日），王建派节度副使张琳防守成都，亲自带领士兵5万攻打东川。更改华洪的姓名叫王宗涤。

六月，己酉日（初五），钱镠到越州去，接受镇东的符节和斧钺。

李戊贞上书说："王建进攻东川，连年征战，已历经好几年了，都不服从皇帝的诏命。"甲寅日（初十），贬王建做南州刺史。乙卯日（十一日），派李茂贞做西川节度使。派覃王李嗣周做凤翔节度使。

癸亥日（十九日），王建攻下了梓州的南寨，拘捕他们的将领李继宁。丙寅日（二十二日），宣谕使李洵到了梓州，己巳日（二十五日），张杷砦跟王建见面，王建指着掌旗的人说："这是战士们的心意，我没有办法裁夺、控制啊！"

覃王李嗣周前往镇守凤翔，李茂贞不接受职务的更替，在奉天包围了覃王。

在容州设置了宁远军，派李克用的大将盖寓兼理节度使。

秋，七月，加封荆南节度使成汭兼侍中。

韩建写信给李茂贞，李茂贞解除了对奉天的包围，覃王李嗣周回到华州。

当初，李克用攻占幽州时，上表派刘仁恭做节度使，留下戍守的士兵以及心腹部将10个人来管理军机要务，赋税除了供给军队的需要外，都输送到晋阳去。等到皇上到了华州，李克用向刘仁恭征调士兵，另外又送信给成德节度使王镕、义武节度使王郜，想要跟他们联合起来，共同讨平关中，侍奉天子回到长安。刘仁恭推辞说：契丹前来劫掠，必须士兵来防卫抵御，请等到寇贼退回去以后，再接受命令吧！李克用屡次去催促他，使者前后相继，好几个月，军队仍然没有出动。李克用写信指责他，刘仁恭把信丢到地上，发怒乱骂，把使者囚禁起来，想要杀害河东的守将，守将逃走了才能免于一死。李克用大发脾气，八月，亲自率领军队攻打刘仁恭。

皇上想要亲自到奉天去讨伐李茂贞，命令宰相们去商讨这件事情，宰相们直言极谏，皇上才停止这件事情。

延王李戒丕从晋阳回来，韩建上奏说："自从皇帝即位以来，京师附近的几个州之间的矛盾日深，都是因为诸王掌管军队，凶恶的匪徒幸灾乐祸，以至于天子不能痛下决心平定乱贼。最近我上奏罢免他们掌管军队的权力，实在是担心有无法预测到的灾变啊！今天听说延王、覃王还怀有这种阴谋、打算，希望陛下圣明的果断毫不迟疑，在还没有作乱的时候加以制止，那是国家的福祉啊！"皇上说道："那里会到这个地步？"好几天没有回答他。韩建于是和知枢密刘季述假借君命，发动士兵包围了十六宅，诸王披头散发，有的爬到墙垣上，有的登上屋顶，大声呼叫道："天子，救命啊！"韩建拿住了通、沂、睦、济、韶、彭、韩、陈、覃、延、丹等十一王到石堤谷，把他们全部杀死了，用造反的名义向天子汇报。

丁丑日（初三），李克用到了安塞军，辛巳日（初九），发动士兵去攻击他们。幽州的将领单可及带领骑兵前来攻城。李克用正在喝酒，前锋来汇报说：

"敌人已经到了！"李克用喝得酩酊大醉，说："刘仁恭在哪里？"前锋回答道："只看到单可及那些人。"李克用瞪大了双眼，说："单可及那些人根本不是对手！"急速命令攻击他们。这一天，浓雾弥漫，无法分清敌我，幽州的将领杨师侃埋伏士兵在木瓜涧，河东的军队大败，散失、死亡的有一大半。遇到刮大风、下大雨，雷电交集，幽州的军队便收兵回去了。李克用酒醒了以后知道战败了，责备大将李存信等人说："我因为喝醉酒才延误了军事，你们为什么不竭力去作战呢？"

朱全忠取得了兖州、郓州以后，铠甲、兵器更多啦，军势也更强盛了，于是大举出兵去攻打杨行密，派遣庞师古率领徐、宿、宋、滑等州的士兵7万人在清口筑壁垒，将到扬州去，葛从周带领兖、郓、曹、濮等州的士兵在安丰筑壁垒，将到寿州去，朱全忠亲自率领军队安驻在宿州；淮南大感震惊。

刘仁恭上奏说："李克用无缘无故举兵来征讨我，本应该在木瓜涧大破他的党徒，请让我自己担任统帅来讨伐李克用。"诏命不依允，又送信给朱全忠，朱全忠上奏，请加封刘仁恭做同平章事，朝廷依从他的意见。刘仁恭又派遣使者去向李克用请罪，述说自己在去、留之间徘徊的心态。李克用的回信里大略是说："今天您凭仗兵符和武器装备，掌握兵权，治理百姓，制定法规，提拔贤士就要他们宣扬你的美德，选取将领就希望他报答恩惠；您自己尚且还不能如此，别人又何足以相信呢？我在推想：猜疑防范必然出自于兄弟，嫌弃忌嫉产生在同一个房间中，拿着干将宝剑，但却不敢授给别人，捧着起誓的盘子，又有什么话可以发誓呢？"

杨行密和朱瑾指挥士兵3万人在楚州抵御汴州的军队，别将张训从涟水带领士兵来会合，庞师古在清口安营。有人说："安营的地方低洼，不可以长久居住。"庞师古不听。庞师古凭借人多，轻视敌人，闲暇的时候，经常下棋。朱瑾堵塞淮水的上游，想要用水淹没他们；有人告诉庞师古，庞师古认为这是在摇动、惶惑军心，就把他杀了。十一月，癸酉日（初二），朱瑾和淮南的将领侯瓒率领5000名骑兵暗中渡过淮水，使用汴州人的旗帜，从北方来，直接跑向他们主帅所在的中军，张训越过木栅冲进去了；士兵们仓猝之间来抗击作战，淮水又排山倒海的灌注过来，汴州的军队大惊失色、大乱。杨行密带领大军渡过淮水，和朱瑾等人合力夹攻他们，汴州的军队大败，斩掉庞师古以及他的部将、士兵们的首级1万多个，其余的部众都失散逃跑了。葛从周扎营在寿州的西北，寿州团练使朱延寿打败了他的军队，葛从周退兵屯驻在濠州，听说庞师古战败了，便逃了回去。杨行密、朱瑾、朱延寿趁着胜利的余威追杀他们，追到了淠水。

杨行密大量地集合各将领，告诉行军副使李承嗣说："开始的时候，我想要先到寿州去，副使说不如先到清口，庞师古失败，葛从周自然会逃走。今天果然如你所预料的那样。"赏给他钱1万缗，上表派李承嗣兼理镇海节度使。杨行密对待李承嗣和史俨非常好，房舍屋第、爱姬美妾，都选择最好的封赏给他们，因此两人替杨行密尽心尽力，屡次建立大功，最后竟然死在淮南。杨行密因此遂能保守占据江、淮之间，朱全忠不能跟他竞争。

戊寅日（初七），立淑妃何氏做皇后。皇后，是东川人，生了德王和辉王。

威武节度使王潮的弟弟王审知，做观察副使，犯了过失，王潮加以鞭打，王审知没有怨言。王潮卧病在床的时候，抛弃他的儿子王延兴、王延虹、王延丰、王延休，命令王审知来管理军府的事务。十二月，丁未日（初六），王潮去世了。王审知把职位让给他的哥哥泉州刺史王审邽，王审邽缘于王审知有功劳，推托他的好意，不肯接受。王审知自称为福建留后，上表给朝廷。

这一年，南诏的骠信舜化有上给皇帝的书信函件以及督爽送给中书省的牒文木夹，称年号叫中兴。朝廷想要用诏书来答复他。王建跟皇上说："南诏只不过是一个小小的夷族而已，不值得授给他们诏书。我镇守在西南，他们必定不敢来进犯边塞的。"朝廷同意了他的意见。

在黎、雅之间的大山长谷中，所居住的都是蛮人，比较接近汉人疆域的三王名叫：刘王、郝王、杨王，各有他们的部落，西川每年赏赐给他们的缯帛3000匹，派他们去监视南诏，他们也接受南诏的贿赂来侦察成都的虚实。每次节度使到官上任，三王就率领酋长们到使府里来，节度使自认为这是天子的威望、德行所获致的结果，便上表跟朝廷报告；然而三王暗中跟守边的大将里外相呼应，节度使如果失去大将的拥护，那么大将就教各蛮族惹是生非，纷纷起来暴乱。以前节度使大多数是文职的臣子，不想要滋生事端，因此大将们经常借这个机会苟且偷安，而南诏也得寸进尺屡次在边疆为患作乱。等到王建镇守西川的时候，断绝了他们往日的赏赐，斩掉都押牙山行章来惩治他们。邛崃关以南的地方，并没有在险要的地方设置斥候来侦察敌情，也没有动用一位士兵来防守，蛮人也不敢前来侵犯、抢劫。后来，派遣王宗播去攻打南诏，三王泄漏了军事机密，于是召命他们来，将他们都杀掉了。

右拾遗张道古上疏，说："国家有五种危难，两种灾乱。以前汉文帝即位没多久，就能明白熟悉国家的大事。今天陛下登临帝位已经10年了，然而却不晓得承担国君、驾驭臣子的方法。唐太宗对内安定中原，对外向四夷开拓国家的边境，海外的国家，没有不到朝廷里来称臣的。今天先辈所遗留下来的疆土，一天比一天减少，而且几乎要被侵吞殆尽。我虽然低微卑贱，私下里却哀伤朝廷、国家，开始的时候被奸诈的臣子们玩弄，到头来被乱臣贼子所占有啊！"皇上十分生气，把张道古贬做施州司户。又下诏命叙述张道古犯罪的情状，向谏官们宣示。张道古，是青州人。

唐纪七十九　昭宗圣穆景文孝皇帝中之下
天复二年（壬戌、902年）

丁卯，以给事中韦贻范为工部侍郎、同平章事。

李嗣昭等攻慈、隰，下之。进逼晋、绛。己丑，全忠遣兄子友宁将兵会晋州刺史氏叔琮击之。

戊午，氏叔琮、朱友宁进攻李嗣昭、周德威营。时汴军横陈十里，而河东军不过数万，深入敌境，众心汹惧。德威出战而败，朱全忠令叔琮、友宁乘胜遂攻河东。

李克用闻嗣昭等败，遣李存信以亲兵逆之。至清源，遇汴军，存信走还晋阳；汴军取慈、隰、汾三州。辛酉，汴军围晋阳，营于晋祠，攻其西门。

召诸将议保云州，李嗣昭、李嗣源、周德威曰："儿辈在此，必能固守。王勿为此谋，动摇人心！"刘夫人言于克用曰："存信，北川牧羊儿耳，安知运虑！王常笑王行瑜轻去其城，死于人手，今日反效之邪！且王昔居达靼，几不自免，赖朝廷多事，乃得复归。今一足出城，则祸变不测，塞外可得至邪！"克用乃止。居数日，溃兵复集，军府浸安。

李嗣昭、李嗣源数将敢死士夜入氏叔琮营，斩首捕虏，汴军惊扰，备御不暇。会大疫，丁卯，叔琮引兵还。嗣昭与周德威将兵追之，及石会关，叔琮留数马及旌旗于高冈之巅。嗣昭等以为有伏兵，乃引去，复取慈、隰、汾三州。自是克用不敢与全忠争者累年。

克用以使引咨幕府曰："不贮军食，何以聚众？不置兵甲，何以克敌？不修城池，何以扞御？利害之间，请垂议度！"掌书记李袭吉献议，略曰："国富不在仓储，兵强不由众寡，人归有德，神固害盈。聚敛宁有盗臣，苛政有如猛虎。所以鹿台将散，周武以兴；齐库既焚，晏婴入贺。"又曰："伏以变法不若养人，改作何如旧贯！韩建蓄财无数，首事朱温；王珂变法如麻，一朝降城。中山城非不峻，蔡上兵非不多，前事甚明，可以为戒。且霸国无贫主，强将无弱兵。伏愿大王崇德爱人，去奢省役，设险固境，训兵务农。定乱者选武臣，制理者选文吏，钱谷有句，刑法有律。诛赏由我，则下无威福之弊；近密多正，则人无谮谤之忧。顺天时而绝欺诳，敬鬼神而禁淫祀，则不求富而国富，不求安而自安。外破元凶，内康疲俗，名高五霸，道冠八元。至于率闾阎，定间架，增麴蘖，检田畴，开国建邦，恐未为切"……

"朱氏恃其诈力，穷凶极暴，吞灭四邻，人怨神怒。今又攻逼乘舆，窥觎神器，此其极也，殆将毙矣！吾家世袭忠贞，势穷力屈，无所愧心。大人当遵养时晦以待其衰，奈何轻为沮丧，使群下失望乎！"克用悦，即命酒奏乐而罢。

刘夫人无子；克用宠姬曹氏生存勖，刘夫人待曹氏加厚。

上以金吾将军李俨为江、淮宣谕使，书御札赐杨行密，拜行密东面行营都统、中书令、吴王，以讨朱全忠。以朱瑾为平卢节度使，冯弘铎为武宁节度使。朱延寿为奉国节度使。加武安节度使马殷同平章事。淮南、宣歙、湖南等道立功将士，听用都统牒承制迁补，然后表闻。俨，张濬之子也，赐姓李。

辛丑，回鹘遣使入贡，请发兵赴难；上命翰林学士承旨韩偓答书许之。乙巳，偓上言："戎狄兽心，不可倚信。彼见国家人物华靡，而城邑荒残，甲兵凋弊，必有轻中国之心，启其贪婪。且自会昌以来，回鹘为中国所破，恐其乘危复怨。所赐可汗书，宜谕以小小寇窃，不须赴难，虚愧其意，实沮其谋。"从之。

凤翔人闻朱全忠且来，皆惧；癸丑，城外居民皆迁入城。己未，全忠将精兵五万发河中，至东渭横桥，遇霖雨，留旬日。

庚午，工部侍郎、平章事韦贻范遭母丧，宦官荐翰林学士姚洎为相。洎谋于韩偓，偓曰："若图永久之利，则莫若未就为善；倘出上意，固无不可。且汴军旦夕合围，孤城难保，家族在东，可不虑乎！"泊乃移疾，上亦自不许。

镇海、镇东节度使彭城王钱镠进爵越王。

上既不用泊，茂贞及宦官恐上自用人，协力荐检，遂用之。

武宁节度使冯弘铎介居宣、扬之间，常不自安；然自恃楼船之强，不事两道。宁国节度使田頵欲图之，募弘铎工人造战舰，工人曰："冯公远求坚木，故其船堪久用，今此无之。"頵曰："第为之，吾止须一用耳。"弘铎将冯晖、颜建说弘铎先击頵，弘铎从之，帅众南上，声言攻洪州，实袭宣州也。杨行密使人止之；不从。辛巳，頵帅舟师逆击于葛山，大破之。

甲申，李茂贞大出兵，自将之，与朱全忠战于虢县之北，大败而还，死者万余人。丙戌，全忠遣其将孔勍出散关攻凤州，拔之。丁亥，全忠进军凤翔城下。全忠朝服向城而泣，曰："臣但欲迎车驾还宫耳，不与岐王角胜也。"遂为五寨环之。

冯弘铎收余众沿江将入海，杨行密恐其为后患，遣使犒军，且说之曰："公徒众犹盛，胡为自弃沧海之外！吾府虽小，足以容公之众，使将吏各得其所，如何？"弘铎左右皆恸哭听命。弘铎至东塘，行密自乘轻舟迎之，从者十余人，常服，不持兵，升弘铎舟，慰谕之，举军感悦。署弘铎淮南节度副使，馆给甚厚。

初，弘铎遣牙将丹徒尚公迺诣行密求润州，行密不许。公迺大言曰："公不见听，但恐不敌楼船耳。"至是，行密谓公迺曰："颇记求润州时否？"公迺谢曰："将吏各为其主，但恨无成耳。"行密笑曰："尔事杨叟如事冯公，无忧矣！"

行密以李神福为升州刺史。

杨行密发兵讨朱全忠，以副使李承嗣权知淮南军府事。军吏欲以巨舰运粮，都知兵马使徐温曰："运路久不行，葭苇堙塞，请用小艇，庶几易通。"军至宿州，会久雨，重载不能进，士有饥色，而小艇先至，行密由是奇温，始与议军事。行密攻宿州，久不克，竟以粮运不继引还。

韦贻范之为相也，多受人赂，许以官；既而以母丧罢去，日为债家所噪。亲吏刘延美，所负尤多，故汲汲于起复，日遣人诣两中尉、枢密及李茂贞求之。甲戌，命韩偓草贻范起复制，偓曰："吾腕可断，此制不可草！"即上疏论贻范遭忧未数月，遽令起复，实骇物听，伤国体。学士院二中使怒曰："学士勿以死为戏！"偓以疏授之，解衣而寝；二使不得已奏之。上即命罢草，仍赐敕褒赏之。八月，乙亥朔，班定，无白麻可宣；宦官喧言韩侍郎不肯草麻，闻者大骇。茂贞入见上曰："陛下命相而学士不肯草麻，与反何异！"上曰："卿辈荐贻范，朕不之违；学士不草麻，朕亦不之违。况彼所陈，事理明白，若之何不从！"茂贞不悦而出，至中书，见苏检曰："奸邪朋党，宛然如旧。"扼腕者久之。贻范犹经营不已，茂贞语人曰："我实不知书生礼数，为贻范所误，会当于邠州安置。"贻范乃止。

初，孙儒死，其士卒多奔浙西，钱镠爱其骁悍，以为中军，号武勇都。行军司马杜稜谏曰："狼子野心，他日必为深患，请以土人代之。"不从。

镠如衣锦军，命武勇右都指挥使徐绾帅众治沟洫；镇海节度副使成及闻士卒怨言，白镠请罢役，不从。甲戌，镠临飨诸将，绾谋杀镠于座，不果，称疾先出。镠怪之，丁亥，命绾将所部兵先还杭州。及外城，纵兵焚掠。武勇左都指挥使许再思以迎候兵与之合，进逼牙城。镠子传瑛与三城都指挥使马绰等闭门拒之，牙将潘长击绾，绾退守龙兴寺。镠还，及龙泉，闻变，疾驱至城北，使成及建镠旗鼓与绾战，镠微服乘小舟夜抵牙城东北隅，逾城而入。直更卒凭鼓而寐，镠亲斩之，城中始知镠至。武安都指挥使杜建徽自新城入援，徐绾聚木将焚北门，建徽悉焚之。

己亥，再起复前户部侍郎、同平章事韦贻范，使姚洎草制。贻范不让，即表谢，明日，视事。

西川兵请假道于兴元，山南西道节度使李继密遣兵戍三泉以拒之；辛丑，西川前锋将王宗播攻之，不克，退保山寨。亲吏柳修业谓宗播曰："公举族归人，不为之死战，何以自保？"宗播令其众曰："吾与汝曹决战，取功名；不尔，死于此！"遂破金牛、黑水、西县、褒城四寨。军校秦承厚攻西县，矢贯左目，达于右目，镞不出。王建自舐其创，脓溃镞出。王宗播攻马盘寨，继密战败，奔还汉中。西川军乘胜至城下，王宗涤帅众先登，遂克之，继密请降，迁于成都；得兵三万，骑五千，宗涤入屯汉中。王建曰："继密残贼三辅，以其降，不忍杀。"复其姓名曰王万弘，不时召见。诸将陵易之，万弘终日纵酒，俳优辈亦加戏诮；万弘不胜忧愤，醉投池水而卒。

诏以王宗涤为山南西道节度使。宗涤有勇略，得众心，王建忌之。建作府门，绘以朱丹，蜀人谓之"画红楼"，建以宗涤姓名应之，王宗佶等疾其功，复构以飞语。建召宗涤至成都，诘责之，宗涤曰："三蜀略平，大王听谗，杀功臣可矣。"建命亲随马军都指挥使唐道袭夜饮之酒，缢杀之，成都为之罢市，连营涕泣，如丧亲戚。建以指挥使王宗贺权兴元留后。

九月，乙巳，朱全忠以久雨，士卒病，召诸将议引兵归河中。亲从指挥使高季昌、左开道指挥使刘知俊曰："天下英雄，窥此举一岁矣；今茂贞已困，奈何舍之去！"全忠患李茂贞坚壁不出，季昌请以谲计诱致之。募有能入城为谍者，骑士马景请行，曰："此行必死，愿大王录其妻子。"全忠恻然止之，景不可。时全忠遣朱友伦发兵于大梁，明日将至，当出兵迓之。景请因此时给骏马杂众骑而出，全忠从之，命诸军皆秣马饱士。丁未旦，偃旗帜潜伏，无得妄出，营中寂如无人。景与众骑皆出，忽跃马西去，诈为逃亡，入城告茂贞曰："全忠举军遁矣，独留伤病者近万人守营，今夕亦去矣，请速击之！"于是茂贞开门，悉众攻全忠营；全忠鼓于中军，百营俱出，纵兵击之，又遣数百骑据其城门，凤翔军进退失据，自蹈藉，杀伤殆尽。茂贞自是丧气，始议与全忠连和，奉车驾还京，不复以诏书勒全忠还镇矣。全忠表季昌为宋州团练使。季昌，陕石人，本朱友恭之仆夫也。

辛亥，李茂贞尽出骑兵于邻州就刍粮。壬子，朱全忠穿蚰蜒壕围凤翔，设犬铺、铃架以绝内外。

或劝钱镠度江东保越州，以避徐、许之难。杜建徽按剑叱之曰："事或不济，同死于此，岂可复东渡乎！"

镠恐徐绾等据越州，遣大将顾全武将兵戍之。全武曰："越州不足往，不若之广陵。"镠曰："何故？"对曰："闻绾等谋召田頵；田頵至，淮南助之，不可敌也。"建徽曰："孙儒之难，王尝有德于杨公，今往告之，宜有以相报。"镠命全武告急于杨行密，全武曰："徒往无益，请得王子为质。"镠命其子传璙为全武仆，与偕之广陵，且求昏于行密。过润州，团练使安仁义爱传璙清丽，将以十仆易之；全武夜半赂阍者逃去。

绾等果召田頵，頵引兵赴之，先遣亲吏何饶谓镠曰："请大王东如越州，空府廨以相待，无为杀士卒！"镠报曰："军中叛乱，何方无之！公为节帅，乃助贼为逆。战则亟战，又何大言！"頵筑垒绝往来之道，镠患之，募能夺其地者赏以州。衢州制置使陈璋将卒三百出城奋击，遂夺其地，頵即以为衢州刺史。

顾全武至广陵，说杨行密曰："使田頵得志，必为王患。王召頵还，钱王请以子传璙为质，且求昏。"行密许之，以女妻传璙。

冬，十月，李俨至扬州，杨行密始建

唐代服饰

制敕院，每有封拜，辄以告俨，于紫极宫玄宗像前陈制书，再拜然后下。

庚辰，朱全忠遣幕僚司马邺奉表入城；甲申，又遣使献熊白；自是献食物、缯帛相继。上皆先以示李茂贞，使启视之，茂贞亦不敢启。丙戌，复遣使请与茂贞议连和，民出城樵采者皆不抄掠。丁亥，全忠表请修宫阙及迎车驾。己丑，遣国子司业薛昌祚、内使王延续赍诏赐全忠。

癸巳，茂贞复出兵击汴军城西寨，败还。全忠以绛袍衣降者，使招呼城中人，凤翔军夜缒去，及因樵采去不返者甚众。是后茂贞或遣兵出击汴军，多不为用，散还。茂贞疑上与全忠有密约，壬寅，更于御院北垣外增兵防卫。

汴军每夜鸣鼓角，城中地如动。攻城者诟城上人云"劫天子贼"，乘城者诟城下人云"夺天子贼"。是冬，大雪，城中食尽，冻馁死者不可胜计；或卧未死已为人所剐。市中卖人肉，斤直钱百，犬肉直五百。茂贞储偫亦竭，以犬彘供御膳。上鬻御衣及小皇子衣于市以充用，削渍松隤以饲御马。

苏检数为韩偓经营入相，言于茂贞及中尉、枢密，且遣亲吏告偓，偓怒曰："公与韦公自贬所召归，旬月致位宰相，讫不能有所为；今朝夕不济，乃欲以此相污邪！"

田頵急攻杭州，仍具舟将自西陵度江，钱镠遣其将盛造、朱郁拒破之。

十二月，李茂勋遣使请降于朱全忠，更名周彝。于是茂贞山南州镇皆入王建，关中州镇皆入全忠，坐守孤城；乃密谋诛宦官以自赎，遗全忠书曰："祸乱之兴，皆由全诲；仆迎驾至此，以备他盗。公既志匡社稷，请公迎扈还宫，仆以弊甲羸兵，从公陈力。"全忠复书曰："仆举兵至此，正以乘舆播迁；公能协力，固所愿也。"

杨行密使人召田頵曰："不还，吾且使人代镇宣州。"庚辰，郐将还，征犒军钱二十万缗于钱镠，且求镠子为质，将妻以女。镠谓诸子："孰能为田氏婿者？"莫对。镠欲遣幼子传球，传球不可。镠怒，将杀之。次子传瓘请行。吴夫人泣曰："奈何置儿虎口！"传瓘曰："纾国家之难，安敢爱身！"再拜而出，镠泣送之。传瓘从数人缒北门而下。頵与徐绾、许再思同归宣州。镠夺传球内牙兵印。

越州客军指挥使张洪以徐绾之党自疑，帅步兵三百奔衢州，刺史陈璋纳之。温州将丁章逐刺史朱敖，敖奔福州。章据温州，田頵遣使招之，道出衢州；陈璋听其往还，钱镠由是恨璋。

丁酉，上召李茂贞、苏检、李继诲、李彦弼、李继岌、李继远、李继忠食，议与朱全忠和，上曰："十六宅诸王以下，冻馁死者日有数人。在内诸王及公主、妃嫔，一日食粥，一日食汤饼，今亦竭矣。卿等意如何？"皆不对。上曰："速当和解耳！"

凤翔兵十余人遮韩全诲于左银台门，喧骂曰："阖境涂炭，阖城馁死，正为军容辈数人耳！"全诲叩头诉于茂贞，茂贞曰："卒辈何知！"命酌酒两杯，对饮而罢。又诉于上，上亦谕解之。李继昭谓全诲曰："昔杨军容破杨守亮一族，今军容亦破继昭一族邪！"慢骂之，遂出降于全忠，复姓符，名道昭。

【译文】
天复二年（壬戌、902年）

丁卯日（二十日），派给事中韦贻范做工部侍郎、同平章事。

李嗣昭等人率兵攻下慈州、隰州，进兵逼迫晋州、绛州。己丑日（十二日），朱全忠派遣他的侄儿朱友宁率领士兵会合晋州刺史氏叔琮去攻打他。

戊午日（十二日），氏叔琮、朱友宁进兵攻击李嗣昭、周德威的军营。这时，汴州的军阵横着排列，绵延了10里路长，而河东的士兵不过几万人而已，深入敌人的领地，部队恐惧，人心惶惶。李德威出去作战失败了，朱全忠命令氏叔琮、朱友宁乘胜进兵攻击河东。

李克用听说李嗣昭等人战败，派遣李存信带领亲兵去迎击汴军。到了清源，跟汴军遭遇，李存信奔回晋阳；汴军占领了慈州、隰州、汾州三个地方。辛酉日（十五日），汴军包围晋阳，在晋王祠安营，攻击它的西门。召集各将领商量退保云州，李嗣昭、李嗣源、周德威说："我们几个孩子在这里，必定能够巩固防守的。父王不要做这种打算，以免动摇部队的信心。"刘夫人告诉李克用说："李存信，他只是北川牧羊人的小孩罢了，哪里晓得长远的谋略？大王常常讥笑王行瑜轻易放弃他的守城，以致死在别人的手中，今天反而要仿效他吗？况且大王以前住在达靻，几乎不能够免于灾难，正值朝廷多事的时候，才能够再回来。今天，只要一离开守城，就会有无法估量的灾祸变乱，怎么能到达塞外呢？"李克用这才停止了退守的念头。过了几天，溃散的士兵又集中起来了，将帅的府署才渐渐地安稳下来。

李嗣昭、李嗣源多次率领视死如归的猛士，在夜里进入氏叔琮的军营，斩杀兵丁，俘虏将士，汴州的军队惊慌失措，准备防御都来不及了。遇上了瘟疫大流行，丁卯日（二十一日），氏叔琮只得率领军队退了回去。李嗣昭和周德威率领士兵追杀他们，到了石会关，氏叔琮留下几匹马，并且把旌旗插在高冈的顶巅。李嗣昭等人以为有伏兵，这才带兵回去，又收复了慈、隰、汾三个州。自此以后，李克用有好几年不敢再和朱全忠争斗了。

李克用派遣使尹向将帅营舍里的府尹询问道："不储备军粮，如何聚集部队呢？不购置兵器、铠甲，如何战胜敌人？不修治城墙沟池，如何捍卫城池呢？在利和害之间，敬请提出好的建议，俾便考查商量呀！"掌理书记的李袭吉发表意见，说："国家的富有，不在仓库里储蓄的财物，军队的强大，不在于士兵的多少，人民都是归附于有美德的君王，而神灵本来就会减损志得望满而降福给谦退卑下的人啊！如果是横征暴敛的话，那么宁愿要像盗贼般的臣子，苛刻的政治就如同凶猛的老虎一般，所以散发鹿台的财物，周武王就因此而兴起；齐国藏物的库房被烧毁以后，晏婴就进入朝廷道贺啊！"又说："说到要改变治国的方法，倒不如来培养人才好些，要改革作风，那里能如原先的事例？韩建蓄备的钱财，不计其数，但却都拿来服侍朱温；王珂改变旧法非常的多，但一下子就投降了寇贼；中山的城墙不是不高险，蔡上的士兵不是不够多；以前发生的事情，是清清楚楚的，可以作为训诫啊！况且称霸的国家是不会有贫困的君王的，强盛的将领属下是不会有衰弱的士兵的。敬请大王崇尚美德，爱护人民，革除奢侈，减省赋役，设置险要来固守边境，训练士兵来勤务农事。要平定事乱的话就需选取勇武的臣子，要治理人民的话就要选取文职的官吏，钱财、米谷的出纳按照一定的规矩来办，刑罚的决断按照一定的法律来处理。诛杀奖赏由我们按统一标准去做，那么下属就没有作威作福的弊端了；往来密切的亲近臣子绝大多数是品行端正的人，那么在外的人就不会有受到诽谤、谗言的担忧啦！依顺天道的运行而断绝欺诈、诬罔，敬事鬼神而禁止不正当的祭祀，那么，虽然不要求富有，国家也自然会富有，不要求安定也自然会安定下来啊！对外击破主要的寇贼，对内安定疲困的民众，声名高过五霸，道德冠于八元。至于收敛人民的赋税，订定房屋的税收，增加专卖的收入，检查田地的亩数、租金，开拓国土，建立家邦，恐怕不尽妥当吧⋯⋯"

"姓朱的依仗他的欺诈和暴力，极尽其凶恶残暴，侵吞消灭四方的邻居，弄得人神共愤。现在又进攻逼迫天子，窥伺帝位，这就是他已到极点的时候啊！大概就要暴毙了！我们家世代以忠贞王室相继承，今天虽然形势困难，力量也不及他，但是我们问心无愧。父王应该率领人民，暂时隐退，以等待他的衰弱疲困，为何要轻易地灰心丧气，使得部众失望呢？"李克用听了很高兴，立即命令人摆设酒席，演奏音乐，然后才休息。

刘夫人没有小孩；李克用宠爱的美姬曹氏生了李存勖，刘夫人对待曹氏更好了。

皇上派左金吾将军李俨做江、淮宣谕使，亲笔书写信札赐给杨行密，授命杨行密做东面行营都统、中书令、吴王，用以征讨朱全忠。派朱瑾做平卢节度使，冯弘铎做武宁节度使，朱延寿做奉国节度使。加封武安节度使马殷做同平章事。淮南、宣歙、湖南等道立功的将士们，都听用都统的牒文，奉承君命来提升递补，然后才上表向皇上报告。李俨，是张濬的儿子，皇上赐给他姓李。

辛丑日（二十五日），回鹘派遣使者前来进贡物品，请求出动军队来共赴国难；皇上命令翰林学士承旨韩偓写信同意他。乙巳日（二十九日），韩偓向皇上报告说："戎族夷狄有禽兽一般的心意，是不可以依靠信任的。当他看到我们国家的人民过着奢侈生活，财物华贵而美丽，但是城邑荒废残颓，铠甲士兵凋零破败，必定会有轻视中国的心理，诱发他们贪财的欲望，并且从武宗会昌三年以来，回鹘被我国打败，占领了他们的疆土，恐怕他们会趁着我们危险紧急的时候来报复仇怨。赐给他们可汗的书信，应该晓谕他们，小小的寇贼，不需要他们前来救难，表面上感谢他们的好意，事实上是阻止他们的阴谋啊！"皇上听从了他的建议。

凤翔人听说朱全忠就要来进犯，都很担惊害怕；癸丑日（初八），城外的居民都搬进城里去了。己未日（十四日），朱全忠率领精锐的士兵5万人从河中出发，到了东渭横桥，遇到天下大雨不停，耽搁了10天。

庚午日（二十五日），工部侍郎、同平章事韦贻范遭逢母亲丧事，宦官推举翰林学士姚洎做宰相。姚洎跟韩偓商量谋划这件事，韩偓说："如果要长远打算，不如不要即位做宰相比较好；倘若是出于皇上的意思，本来是没有什么不可以的。况且汴州的军队早晚就要会合包围过来，我们所处的孤城很难保全，而家族又在东方，怎可不考虑考虑呢！"姚洎于是上书推说有病，皇上也没有同意他当宰相。

李存勖像

镇海、镇东节度使彭城王钱镠，进封爵位做越王。

皇上既然不用姚洎，李茂贞跟宦官们害怕皇上自己用人，因此，同心协力推举苏检，皇上这才升用他。

武宁节度使冯弘铎居住在宣州和扬州之间，经常有不安全的感觉，然而仰仗有楼房的大船，战斗力强，因此不侍奉宣、扬两道。宁国节度使田頵想要图谋算计他，招募冯弘铎的工人来建造作战的船舰，工人们说："冯先生从很远的地方找来坚实的木料，因此他的船可以用很久，现在，这里没有这种木料啊！"田頵说："你只管去建造好了，我只需要用一次就行啦！"冯弘铎的部将冯晖、颜建告诉冯弘铎先去攻打田頵，冯弘铎依从了他们的意见，率领部众从南方逆流而上，扬言要攻打洪州，事实上却去偷袭宣州！杨行密派人去制止他的行动。他不听。辛巳日（初七），田頵率领兵船在葛山迎击他们，大破他们的军队。

甲申日（初十），李茂贞大规模地出动军队，亲自率领，跟朱全忠在虢县的北方激战，结果大败而回，死了1万多人。丙戌日（十二日），朱全忠派遣他的部将孔勍从散关出去，攻打凤州，把它攻下来了。丁亥日（十三日），朱全忠进兵驻守在凤翔的城下。朱全忠穿着上朝的制服面向凤翔城落泪，说："我只是要迎接天子回到宫中罢了，不跟岐王争夺输赢！"于是修筑了五个守寨来环绕包围他们。

冯弘铎集结余下的部队，沿着江水顺流而下，将要进入海中，杨行密恐怕他会成为后患，派遣使者去犒赏军队，并且告诉他说："您的部众仍然很多，为什么要弃置自己于海外呢？我的府署虽然不大，但是足以收纳您的部众，使将士官吏们都能得到合适的安排，怎么样呢？"冯弘铎左右的人都大声痛哭，听受命令。冯弘铎到了东塘，杨行密乘坐轻快的小船亲自来迎接他，跟随的人十几位，都穿着便服，不佩带兵器，登临冯弘铎的船上，去安慰晓谕他们，全军都非常感激、欢悦。杨行密任命冯弘铎做淮南节度副使，供给他的馆舍和膳食等非常优厚。

当初，冯弘铎派遣牙将丹徒人尚公迺到杨行密那儿去要求润州的时候，杨行密不同意。尚公迺大声嚷道："您如不肯听从，只恐怕会抵挡不过楼船的攻击的！"到了这时候，杨行密告诉尚公迺说："你还记得当初要求润州时的情形吗？"尚公迺谢罪说："将士官吏们各个替他们的主帅出力，只恨不能成功罢了。"杨行密笑着说："你侍奉我杨某人如能像侍奉冯先生那样，我就没有什么担忧了。"

杨行密派李神福做升州刺史。

杨行密发动士兵去讨伐朱全忠，派副使李承嗣代理淮南军府中的职务。军中的官吏想要用巨大的兵船来运送粮食，都知兵马使徐温说："水路已经很久都没有航行了，杂草、芦苇堵塞了航道，请用小船，也许比较容易通行！"军队到了宿州，遇到下雨，一连下了很多天，载满东西的大船无法前进，军粮消耗殆尽，小船反而先一步到达目的地，杨行密因此对徐温的才能非常惊异，才跟他商量军事。杨行密攻打宿州，打不下来，最后由于粮食的供应不上才退了回去。

韦贻范当宰相的时候，收受了很多人的贿赂，允许人家担任官职；不多久，因为母亲去世，免职回家，每天被讨债的人家骚扰。他的亲吏刘延美，积欠人家的更多，因此，韦贻范急切的谋求起身再用，恢复官职，每天派遣人到两个中尉、枢密以及李茂贞那儿去要求。甲戌日，皇上命令韩偓起草韦贻范起身复职的君命，韩偓说："我的手腕可以砍断，也不可以起草君命。"即刻上疏，辩论韦贻范遭遇母亲的丧事没几个月，马上命令他起身复职，实在是耸人听闻的事情，大伤国家体制。学士院里两个中使发怒说："韩学士不要拿死亡来开玩笑。"韩偓把论疏交给他，就宽衣解带，睡觉去了；两个中使不得已才上奏疏文。皇上即时命令停止起草君命，仍然赐给他敕命，表扬奖赏他。八月，乙亥朔日（初二），百官们的班次已经确定了，学士不再起草君命，因此没有诏书可以宣布；宦官们喧闹争吵着，说韩侍郎不肯起草诏书，听到的人大感惊异。李茂贞进入宫禁中参见皇上，说："您任命宰相，然而学士不肯起草诏书，这跟造反有何不同呢？"皇上说："你们推举韦贻范，我没有反对你们的意思；学士不能起草诏命，我也没有违背你们啊！何况他所述说的，事理清楚明白，怎能不依从呢？"李茂贞很不高兴地出去了，到了中书，去看苏检，跟他说："奸恶邪诈的人朋党勾结，依然像以前一般。"卷袖握拳，愤怒了许久。韦贻范仍然一再地钻营谋划不停，李茂贞告诉人家说："我实在不知晓书生们的礼节，才会把韦贻范耽搁了，应当在邠州另外安置他。"韦贻范这才停止。刘延美投井自杀了。

当初，孙儒死的时候，他的士兵大多数跑到浙西去，钱镠喜欢他们的英勇剽悍，以他们做中军，号称武勇都。行军司马杜棱劝谏说："他们像狼一般，具有野心，以后必定会成为大患的，请用浙西的本地人代替他们吧！"钱镠没有同意他的建议。

钱镠到衣锦军去，命令武勇右都指挥使徐绾率领部队修治沟渠；镇海节度副使成及听说士兵们有抱怨的情形出现，报告钱镠，请停止修治的劳役，钱镠没有接受他的意见。甲戌日（初一），钱镠亲临宴飨各将领，徐绾阴谋在座位上击杀钱镠，没有结果，推说有病就先出去了。钱镠感到奇怪，丁亥日（十四日），命令徐绾率领他的部队先回杭州。徐绾到了外城的时候，就放纵士兵去烧杀掠夺。武勇左都指挥使许再思率领迎接侍候的士兵跟他会合，进兵逼近牙城。钱镠的儿子钱传瑛和三城都指挥使马绰等人关闭城门来抗拒防御他们，牙将潘长去攻击徐绾，徐绾退兵驻扎在龙兴寺。钱镠回来了，到了龙泉，听到了灾变，急忙奔驰到城北，命令成及树立钱镠的旗帜，打着钱镠的鼓，击鼓进兵跟徐绾作战，钱镠穿了便服，乘坐小船，在夜里抵达守城的东北角，翻过城墙进去了。遇到守更的小兵靠着漏鼓在睡觉，钱镠就亲自杀了他，城中的人才知道钱镠到了。武安都指挥使杜建徽从新城进来支援，徐绾聚集了很多木头准备要焚烧北门，杜建徽把它们都烧了。

己亥日（二十六日），再度恢复起用前户部侍郎、同平章事韦贻范，皇上命令姚泊起草君命。韦贻范没有谦让，立即上书致谢，第二天，就到中书去巡查事情。

西川的军队向兴元要求借路，以便侍奉王事，山南西道节度使李继密派遣士兵戍守三泉，用来抵抗他们；辛丑日（二十八日），西川的前锋将领王宗播攻击他，打不下来，退兵保住并防守山寨。亲使柳修业告诉王宗播说："先生全族都归顺别人了，不替他拼死作战，如何保全身家性命呢？"王宗播命令他的部队说："我和你们坚决作战，以争取功劳荣誉；如果不能成功，就战死在这个地方。"就这样，击破了金牛、黑水、西县、褒城4个守寨。有一位军官秦承厚在攻击西县的时候，箭穿过左眼，直到右眼，箭头留在里面拿不出来。王建亲自用舌头去舔他的伤口，脓破了以后箭头流出来了。王宗播攻打马盘寨，李继密战败了，逃回汉中。西川的军队趁着胜利直接攻到城下，王宗涤率领部队首先登城，就这样把它攻下来了，李继密要求投降，将他迁到成都去；西川得到士兵3万人，骑兵5000人，王宗涤率兵进入汉中，并且驻扎在那儿。王建说："李继密残破贼害京都三辅。"由于李继密投降了，不忍心杀他，便恢复他的姓名叫王万弘，不定时的召见他。各将领都欺压他、轻视他，王万弘整日放纵喝酒，连唱歌、演戏的人都嘲笑他、戏弄他；王万弘无法忍受凌辱，就在喝醉酒后，跳到水池里自杀了。

诏命派王宗涤做山南西道节度使。王宗涤非常勇猛、有谋略，深得部众的拥护。王建嫉妒他、畏惧他。王建建造节度使府的大门时，用朱丹染绘大门，蜀人叫它做"画红楼"王建拿王宗涤本来的姓名华洪来跟它相应和，王宗佶等人妒忌他的功劳，又拿谣言来陷害他。王建叫王宗涤到成都来，责问他这些事，王宗涤说："三蜀已经大略平定了，大王听信谗言，要诛杀立功的臣子也可以啦！"王建命令亲近的随从马军都指挥使唐道袭在夜里给他饮酒，用绳子勒死他，整个成都市为了他停止所有的交易买卖，各个相连接的营寨弟兄们都为他悲伤涕泣，如同死了父母亲长一般。王建派指挥使王宗贺代理兴元留后。

九月，乙巳日（初二），由于上天老是下雨，下了许久仍然不停止，士兵们大多生病了，朱全忠便叫来众将领，商量如何把军队撤退回去。河中亲近的随从指挥使高季昌、左开道指挥使刘知俊说："天下的英雄们，眼睁睁地看着这一个平定李茂贞的举动已经一年了。今天李茂贞已经困乏了！为何要放弃他离去呢？"朱全忠非常忧虑。李茂贞坚守壁垒，不出来作战，高季昌建议用奸计来引诱他上当。于是招募能够进入城中做间谍的人，骑士马景请求前往，说道："此去必死无疑，希望大王能收养关怀我的妻子们。"朱全忠感到悲伤哀痛，便制止他，于是马景就不能去了。这时，朱全忠派遣朱友伦从大梁出兵，明天将会到达，应当出动士兵去迎接他们。马景请求就在这个时候给他一匹骏马，混杂在众骑兵里头跑出去，朱全忠答应了他的要求，命令各路军队喂饱了马匹，士兵们吃饱了饭，等待命令。丁未日（初四）的早晨，把旗帜都放倒收起来，士兵们都埋伏着，不可以随便出来，军营中寂静得如同没有人一般。马景跟众骑兵一起出去，忽然，调转马头向西逃去，假装逃亡，进入城中去告诉李茂贞说："朱全忠全军都逃走了，只有留下来的受伤、生病的士兵约近万人来防守营垒，今天晚上也将离去，请迅速去攻打他吧！"于是李茂贞打开城门，出动全部的兵力去攻打朱全忠的军营；朱全忠在中军击鼓，所有的军营都出动了，任凭士兵去攻击他们，又派遣几百名骑兵去占领他的城门，凤翔的军队前进、后退都失去了屏障，自相践踏推挤，被杀的被杀，受伤的受伤，几乎都完了。李茂贞到这时候意气颓废，才商量跟朱全忠联合起来，恭送天子回到京师去，不再使用诏书命令朱全忠回到镇守去了。朱全忠上表，派高季昌做宋州团练使。高季昌，是硖石人，他本来是侍奉朱友恭的仆人啊！

辛亥日（初八），李茂贞出动全部的骑兵到相邻的各州去就地寻找粮草。壬子日（初九）朱全忠挖穿壕堑来包围凤翔；设置了犬铺，让犬来看守，敌人一到，就能群起吠叫；树起木架，上面挂铃，敌人触及，就会鸣声大作，用这些来使城内、城外隔绝。

有人劝谏钱镠渡过江水，到东方去防守越州，以便避开徐绾、许再思的兵难。杜建徽以手接住剑柄，大声斥责他道："事情如果不能成功，就一同葬身此地，哪里可以再渡江到东方去呢？"

钱镠害怕徐绾等人占据了越州，派遣大将顾全武率领士兵去那儿戍守。顾全武说："越州不值得前往，不如到广陵去。"钱镠问道："是什么缘由？"顾全武回答说："听说徐绾等人策划叫田頵去；田頵一到，淮南再帮助他，这是无法抵抗的。"杜建徽说："孙儒遇难的时候，大王曾经对杨先生有恩泽，现在前往去告诉他，他应该会有所报答的。"钱镠命令顾全武向杨行密报告情况紧急，顾全武说："空手前往，没有什么诚意，请以大王的儿子做人质吧！"钱镠就命令他的儿子钱传璙穿着便服装扮成顾全武的仆人，跟他一同到广陵去，并且向杨行密的女儿求婚。经过润州的时候，团练使安仁义喜欢钱传璙的面貌清新秀丽，想用十个仆人来跟他交换；顾全武在半夜里贿赂守门的人，开门让他们逃跑。

徐绾等人果然叫来田頵，田頵带领士兵赶去了，首先派遣亲近的小吏何饶告诉钱镠说："请大王到东方的越州去，空下使府官署来等侯我们，不要因此而残害士兵们啊！"钱镠回答说："军中发生了反叛灾乱，哪一个地方没有呢？您是节度使府的主帅，却反过来帮助寇贼叛变。要作战就请赶快来吧，何须再说大话呢？"田頵建筑营垒，阻断了往来的道路，钱镠深感忧虑，招募能够夺取他们壁垒的人，用一个州来奖赏他。衢州制置使陈璋带领士兵300人出城去奋力攻击，就这样夺取了他们筑垒的营地，钱镠即刻派他做衢州刺史。

顾全武到了广陵，告诉杨行密说："假使田頵能满足心愿的话，必定会成为大王的祸患的。大王叫回田頵，钱王敬请用他的孩子钱传璙做人质，并且向您家小姐求婚。"杨行密答应了，把女儿嫁给钱传璙。

冬，十月，李俨到了扬州，杨行密才开始建筑天子发布命令的庭院，每次有封赏、拜官，往往告诉李俨，在紫极宫玄宗皇帝遗像的前面宣读诏书，再行拜礼，然后才退下。

庚辰日（初八），朱全忠派遣他的幕僚司马邺奉表文进入城中；甲申日（十二日），又派遣使者献上熊白；从此以后，进献食物、缯帛等的前后相继。皇上都先告诉李茂贞，要他打开来看，李茂贞也不敢打开。丙戌日（十四日），又派遣使者要求和李茂贞商量彼此联合，和睦相处，百姓出城去砍柴取薪的，都不会抄没和夺取他们的东西。丁亥日（十五日），朱全忠上书，请求修建宫殿帝阙以及迎接天子。己丑日（十七日），皇上派遣国子司业薛昌祚、中使王延绩奉持诏书赐给朱全忠。

癸巳日（二十一日），李茂贞又出兵进攻汴州驻扎在城西的守寨，结果战败回去了。朱全忠拿深红色的衣服给投降的人穿，派他们去招呼城里的人，凤翔的士兵在夜里用绳子垂下城墙离去，借着去砍柴伐木不回来的非常多。从此以后，李茂贞有时派遣士兵出去攻打汴州的军队，大多数不为他效命，就解散回去了。李茂贞猜疑皇上跟朱全忠有秘密的约定，壬寅日（三十日），另外又在皇上住处的北边墙外，增派士兵加强防范。

汴州的士兵每天晚上敲响军鼓和奏起号角，城中的土地就如同地震一般在震动。进攻凤翔城的人城上防守的人叫骂："劫持天子的盗贼"，登临城上的人骂城下的人说："抢夺天子的盗贼"。这一个冬天，大雪纷飞，城中吃的东西都没有了，受冻饿死的人无法计算；有的人躺在那儿，还没死，就被别人把他的肉割去了。市场中出卖人肉，每斤价值100钱，狗肉每斤价值500钱。李茂贞贮积的财物也用完了，拿狗肉、猪肉供给皇上食用。皇上在市场里变卖他和小皇子的衣服来供给需用，削浸松果、柿子用来饲养马匹。

苏检屡次替韩偓营求谋划，以便进入朝廷中当宰相，告诉了李茂贞以及中尉、枢密，并且派遣亲吏去告诉韩偓，韩偓发怒说："苏先生和韦先生从被贬的地方叫回来后，在10天、1个月之间就获得宰相的职位，自始至终不能有什么作为；现在早晚就要维持不住了，竟然要拿这个来沾污我？"

田頵紧急攻打杭州，于是准备了舟船，想从西陵渡江；钱镠派遣他的将领盛造、朱郁来抗击他，并且大破他的军队。

十二月，李茂勋派遣使者去向朱全忠要求投降，改名字叫周彝。于是李茂贞在山南的各州、镇都纳入王建的手中，关中的各州、镇都纳入朱全忠的控制，李茂贞空守孤城；于是秘密谋划诛杀宦官以求赎罪，送信给朱全忠说："灾祸动乱的产生，都是从韩全诲引起的；我迎接天子到这个地方来，是为了防范其他的盗贼啊！先生既然发誓在匡正恢复我们的国家，请您迎接并随从保护天子回到宫中去吧！我自当用仅余的破败甲胄和伤残士兵，随从您以尽绵薄之力。"朱全忠回信说："我带领士兵到这里来，正是因为天子流离失所的缘由；您能同心协力合作，这本来就是我们希望的！"

杨行密派人叫回田頵，说："不回来，我将另外派人

唐代铜镜

代理镇守宣州。"庚辰日（初八），田頵将回去时，向钱镠求取犒赏军队的钱20万缗，并且要求钱镠的儿子作为人质，将女儿嫁给他做妻子。钱镠告诉几个孩子说："谁肯做田氏的女婿呢？"几个孩子都没有回答。钱镠想要派遣最小的孩子钱传球去，钱传球不愿意。钱镠发怒了，要杀掉他。次子钱传瓘要求前往，吴夫人哭泣说："为何要把儿子放在虎口呢？"钱传瓘说："要解除国家的灾难，哪里敢爱惜自己的生命！"再拜之后，就动身前往了。钱镠老泪纵横的送他前去。钱传瓘随着几个人从守城的北门用绳子从城墙坠下。田頵和徐绾、许再思一同回到宣州。钱镠收回钱传球掌管内牙兵权的印信。

越州的客军指挥使张洪由于徐绾的同党猜疑他，便带领步兵300人跑到衢州去，衢州刺史陈璋接纳了他。温州的将领丁章逐走刺史朱敖，朱敖跑到福州去。丁章占领了温州，田頵派遣使者去招抚他，取道衢州；陈璋任由他们自由往来，钱镠因此憎恨陈璋。

丁酉日（二十五日），皇上叫李茂贞、苏检、李继诲、李彦弼、李继岌、李继远、李继忠等人来吃饭，商量跟朱全忠和好的事，皇上说："从十六宅各王以下，每天受冻挨饿而死的有好几个人。在宫内的各王以及公主、妃嫔，一天喝稀饭，吃汤饼，今天的粮食已经吃光了。你们想怎么样呢？"大家没有回答。皇上说："应当尽快地和好解决啊！"

凤翔的士兵10多个人在左银台门拦住了韩全诲，大骂道："全境生灵涂炭，全城的人饿死，就只为了少数几个宦官罢了！"韩全诲向李茂贞叩头，倾诉冤屈，李茂贞说："士兵们哪里晓得！"命令侍者倒了两杯酒，相对喝了两杯才作罢。韩全诲又向皇上诉冤，皇上也开导劝解他。李继昭告诉韩全诲说："以前杨军容毁灭了杨守亮的全族，今天您韩军容也要灭绝我李继昭的全族吗？"说罢任情谩骂，然后就出城去向朱全忠投降了，恢复他的姓为符，名字叫道昭。

唐纪八十一　昭宣光烈孝皇帝
天祐三年（丙寅、906年）

李简兵奄至宣州，王茂章度不能守，帅众奔两浙。亲兵上蔡刁彦能辞以母老，不从行，登城谕众曰："王府命我招谕汝曹，大兵行至矣。"众由是定。陶雅畏茂章断其归路，引兵还歙州，钱镠复取睦州。镠以茂章为镇东节度副使，更名景仁。

初，田承嗣镇魏博，选募六州骁勇之士五千人为牙军，厚其给赐以自卫，为腹心；自是父子相继，亲党胶固，岁久益骄横；小不如意，辄族旧帅而易之，自史宪诚以来皆立于其手。天雄节度使罗绍威心恶之，力不能制。朱全忠之围凤翔也，绍威遣军将杨利言密以情告全忠，欲借其兵以诛之。全忠以事方急，未暇如其请，阴许之。及李公佺作乱，绍威益惧，复遣牙将臧延范趣全忠。全忠乃发河南诸镇兵十万，遣其将李思安将之，会魏、镇兵屯深州乐城；声言击沧州，讨其纳李公佺也。会全忠女适绍威子廷规者卒，全忠遣客将马嗣勋实甲兵于橐中，选长直兵千人为担夫，帅之入魏，诈云会葬；全忠自以大军继其后，云赴行营；牙军皆不之疑。庚午，绍威潜遣人入库断弓弦、甲襻。是夕，绍威帅其奴客数百，与嗣勋合击牙军，牙军欲战而弓甲皆不可用，遂阖营歼之，凡八千家，婴孺无遗。诘旦，全忠引兵入城。

戊寅，以朱全忠为盐铁、度支、户部三司都制置使。三司之名始于此。全忠辞不受。

夏，四月，癸未朔，日有食之。

罗绍威既诛牙军，魏之诸军皆惧，绍威虽数抚谕之，而猜怨益甚。朱全忠营于魏州城东数旬，将北巡行营，会天雄牙将史仁遇作乱，聚众数万据高唐，自称留后，天雄巡内诸县多应之。全忠移军入城，遣使召行营兵还攻高唐，至历亭，魏兵在行营者作乱，与仁遇相应。元帅府左司马李周彝、右司马苻道昭击之，所杀殆半，进攻高唐，克之，城中兵民无少长皆死。擒史仁遇，锯杀之。

镇南节度使钟传以养子延规为江州刺史。传薨，军中立其子匡时为留后。延规恨不得立，遣使降淮南。

全忠留魏半岁，罗绍威供亿，所杀牛羊豕近七十万，资粮称是，所赂遗又近百万；比去，蓄积为之一空。绍威虽去其逼，而魏兵自是衰弱。绍威悔之，谓人曰："合六州四十三县铁，不能为此错也！"

朱全忠以幽、沧相首尾为魏患，欲先取沧州。甲辰，引兵发大梁。

刘仁恭救沧州，战屡败。乃下令境内："男子十五以上，七十以下，悉自备兵粮诣行营。军发之后，有一人在闾里，刑无赦！"或谏曰："今老弱悉行，妇人不能转饷，此令必行，滥刑者众矣。"乃命胜执兵者尽行，文其面曰"定霸都",士人则文其腕或臂曰"一心事主"。于是境内士民,稚孺之外无不文者。得兵十万,军于瓦桥。

时汴军筑垒围沧州,鸟鼠不能通。仁恭畏其强,不敢战。城中食尽,丸土而食,或互相掠啖。朱全忠使人说刘守文曰:"援兵势不相及,何不早降!"守文登城应之曰:"仆于幽州,父子也。梁王方以大义服天下,若子叛父而来,将安用之!"全忠愧其辞直,为之缓攻。

刘仁恭求救于河东,前后百余辈;李克用恨仁恭返覆,竟未之许,其子存勖谏曰:"今天下之势,归朱温者什七八,虽强大如魏博、镇、定,莫不附之。自河以北,能为温患者独我与幽、沧耳。今幽、沧为温所困,我不与之并力拒之,非我之利也。夫为天下者不顾小怨,且彼尝困我而我救其急,以德怀之,乃一举而名实附也。此乃吾复振之时,不可失也。"克用以为然,与将佐谋召幽州兵与攻潞州,曰:"于彼可以解围,于我可以拓境。"乃许仁恭和,召其兵。仁恭遣都指挥使李溥将兵三万诣晋阳,克用遣其将周德威、李嗣昭将兵与之共攻潞州。

夏州告急于朱全忠。戊戌,全忠遣刘知俊及其将康怀英救之。杨崇本将六镇之兵五万,军于美原。知俊等击之,崇本大败,归于邠州。

武贞节度使雷彦威屡寇荆南,留后贺瑰闭城自守;朱全忠以为怯,以颍州防御使高季昌代之,又遣驾前指挥使倪可福将兵五千戍荆南以备吴、蜀。朗兵引去。

初,昭宗凶讣至潞州,昭义节度使丁会帅将士缟素流涕久之。及李嗣昭攻潞州,会举军降于河东。李克用以嗣昭为昭义留后。会见克用,泣曰:"会非力不能守也。梁王陵虐唐室,会虽受其举拔之恩,诚不忍其所为,故来归命耳。"克用厚待之,位于诸将之上。

己巳,朱全忠命诸军治攻具,将攻沧州。壬申,闻潞州不守;甲戌,引兵还。

先是,调河南北刍粮,水陆输军前,诸营山积。全忠将还,悉命焚之,烟炎数里,在舟中者凿而沉之。刘守文使遗全忠书曰:"王以百姓之故,赦仆之罪,解围而去,王之惠也。城中数万口,不食数月矣,与其焚之为烟,沉之为泥,愿乞其余以救之。"全忠为之留数囤以遗之,沧人赖以济。

【译文】

天祐三年（丙寅、906年）

李简的士兵很快就到了宣州，王茂章私下思忖着，无法防守，因此带领部队跑到两浙去。他的亲兵上蔡人刁彦能推辞说母亲年纪老迈，不能跟着一起走，他登临守城，晓谕部众说："淮南军府命令我来晓谕你们，大兵即将到达啦！"部属们因此就稳定下来了。陶雅害怕王茂章拦断他回去的道路，就带领军队回到歙州，钱镠又占据了睦州。钱镠派王茂章做镇东节度副使，改名字叫景仁。

当初，田承嗣镇守魏博时，挑选、招募六州英勇的壮士五千人做牙军，供给的食物和赏赐非常的丰富，用此来自卫，作为心腹；从此以后，牙军父子相互继承，亲戚党朋如胶似漆般地坚实，年岁久了，更加骄傲蛮横；稍微不如意，往往就把旧帅全族杀灭而另换他人，从穆宗长庆二年史宪诚以来，统帅都是在他们的手中拥立的。天雄节度使罗绍威心里非常痛恨他们，但是没有足够的力量来压服他们。朱全忠包围凤翔的时候，罗绍威派遣军中的主将杨利言将实情秘密告诉朱全忠，想要借他的士兵来诛杀他们。朱全忠由于事情正紧急，没有空闲答应他的要求，但暗中却答应了他。等到李公佺作乱的时候，罗绍威更害怕了，又派遣牙将臧延范去催促朱全忠。朱全忠于是发动河南各镇的士兵十万人，派遣他的将领李思安来指挥，会合魏博、镇冀两镇的士兵屯驻在深州的乐城；扬言说要攻打沧州，讨伐他接纳李公佺。恰逢朱全忠嫁给罗绍威的儿子罗廷规的那一位女儿去世了，朱全忠派遣客将马嗣勋在橐橐中藏满了铠甲兵械，挑选长期值卫的士兵千人做挑夫，率领他们进入魏博，谎称是会合送葬；朱全忠亲自率领大军紧跟在后头，说是要赶赴行营；牙军都没有怀疑他们。庚午日（十六日），罗绍威暗中派遣人进入库房中剪断弓箭的弦线、铠甲上的纽扣圈套，这一个晚上，罗绍威率领他的僮奴游客几百人，和马嗣勋会合攻打牙军，牙军想要作战，然而弓箭、铠甲都不能使用了，因此全营都被剿灭，总共有8000家，连婴儿小孩一个也没留下来。第二天早上，朱全忠带领士兵进入城中。

戊寅日（二十五日），派朱全忠做盐铁、度支、户部三司都制置使。三司的名字自此开始的。朱全忠推托，不肯接受。

夏，四月，癸未朔日（初一），日蚀。

罗绍威诛杀了牙军以后，魏博各路军队都惧怕了，罗绍威虽然多次安抚晓谕他们，然而猜疑报怨却更厉害了。朱全忠在魏州城东扎营了几十天，将到北方巡视行营，遇到天雄牙将史仁遇作乱，集结部队几万人占据了高唐，自称为留后，天雄巡视的辖区内各县多应和他。朱全忠带领军队进入城中，派遣使者招呼行营的士兵回来攻击高唐，到了历亭，魏州的士兵在行营里作乱，和史仁遇相呼应。元帅府左司马李周彝、右司马苻道昭攻打他们，杀掉的几乎有一半，进兵攻打高唐，把它打下来了，城中的士兵、百姓，不论大小都杀了。抓住史仁遇，用锯子杀掉他。

镇南节度使钟传派养子钟延规做江州刺史。钟传去世了，军中拥立他的孩子钟匡时做留后，钟延规憎恨不能接任他的职位，派遣使者去向淮南投降。

朱全忠留在魏州半年，罗绍威供给他，使他能过得舒适安乐，所杀的牛、羊、猪将近70万头，资财、粮食跟这个相当，用来贿赂、赠送的，数目又接近百万；等到他们离去的时候，所有的储存都用光了。罗绍威虽然除去了牙军的逼迫，然而魏军从此就衰败下来了，罗绍威很后悔，告诉人家说："聚集6个州43个县的铁，也不能铸造出这样的大错啊！"

朱全忠由于幽州的刘仁恭、沧州的刘守文父子相互援助，如首尾一般，成为魏州的忧患，朱全忠想要先攻占沧州，甲辰日（二十三日），带领士兵从大梁出发。

刘仁恭去救援沧州，屡次作战都失败了。于是对境内下达命令说："男人15岁以上，70岁以下，都自己准备兵器、粮食，到行营里来，军队出发以后，有一个人停留在村里的，马上行刑，绝不宽恕！"有人劝谏他说："现在年老、衰弱的都走了，妇女们不能够运送粮食，这一个命令必定要执行的话，受到滥用刑罚的人必然很多。"于是命令可以拿动兵器的人全部出发，在他的脸上刺划上3个字："定霸都"，读书人就在他的手腕或臂上刺划上4个字："一心事主"，于是境内的士人、百姓们，除了小孩以外，没有不刺划纹路的，总共得到士兵10万人，驻军在瓦桥。

这时汴州的军队建筑营垒包围沧州，连飞鸟、老鼠都不能通过。刘仁恭惧怕他的强大，不敢作战。城中的食物吃光了，便揉泥土成丸子来吃，有的互相抢劫掠夺人来吃。朱全忠派遣人告诉刘守文说："援救的士兵看情况是不能及时赶来的了，为什么不早一点投降呢？"刘守文登临城上回答他说："我跟幽州，有父子的关系。梁王正在用大义来使天下的人归顺服从，如果孩子背叛父亲，跑去投降，您将如何用他呢？"朱全忠由于他讲的话义正词严，感到羞愧，进攻也就因此缓慢了下来。

冬，十月，丙戌日（初六），王建开始在蜀地设立行台，王建面向东方，指手划脚，踏地唤天，悲号恸灭，说道："自从先帝东迁以后，君命就不能通行了，请权变行事，设立行台，沿用以前李晟、郑畋的事例，奉承君命，实施封官拜爵的事务。"于是用榜帖告示安抚所部属的各藩镇州县。

刘仁恭向河东求救，前后派出使者100多人；李克用怨恨刘仁恭的反复无常，终究没有答应他，李克用的孩子李存勖劝谏说："目前，天下的形势，归附朱温的占百分之七八十，虽然像魏博、镇州、定州那样强大的也没有不归服他的。从河水以北，能够

唐代佛像

成为朱温的忧患的，只有我们和幽州、沧州罢了，今天幽州、沧州被朱温包围窘迫，我们不跟他们同心协力来抵抗朱温，这不是我们的利益啊！说到治理天下的人是不担心小的私怨的，并且他曾经逼迫我们，而我们援救他的危险紧急，用恩德来招御安抚他，这样一个举动就可以招致声名和实利了。这是我们复兴振奋的最好时机啊！千万不要遗失。"李克用觉得很对，就和部将、佐吏们商议，命令幽州的士兵跟他们共同进攻潞州，说道："对他们来说，可以解除被包围的窘迫，对我们来说，可以开拓我们的疆土。"于是允许刘仁恭的请求，叫他们的士兵来。刘仁恭派遣都指挥使李溥率领士兵3万人到晋阳来，李克用派遣他的将领周德威、李嗣昭率领士兵和他共同进兵攻打潞州。

夏州向朱全忠报告情况紧急；戊戌日（十八日），朱全忠派遣刘知俊跟他的将领康怀英前去支援。杨崇本率领六镇的士兵5万人，驻军在美原。刘知俊等人进兵攻打他，杨崇本大败，回到邠州去。

武贞节度使雷彦威屡次侵略夺取荆南，荆南的留后贺环关闭城门来固守；朱全忠以为他害怕了，派颍州防御使高季昌来代替他的职位，另外又派遣驾前指挥使倪可福率领士兵5000人驻守荆南，以防范吴、蜀的进犯。雷彦威的士兵

这才退了回去。

当初，昭宗的噩耗传到潞州来的时候，昭义节度使丁会率领将士们穿着丧服痛哭流泪了许久。等到李嗣昭进攻潞州的时候，丁会全军向河东投降。李克用派李嗣昭做昭义留后。丁会拜见李克用，伤心落泪说道："我丁会不是没有力量防守。梁王欺压虐待唐朝的宗室，我虽然蒙受他推荐提拔的恩惠，实在不忍心看到他的所作所为，因此才来归顺大王啊！"李克用用很丰厚的礼遇接待他，职位在各将领之上。

己巳日（二十一日），朱全忠命令各路军队修治作战的器具，将要攻击沧州。壬申日（二十四日），听说潞州失守；甲戌日（二十六日），带领士兵回来。

先前，征集河南、河北的刍草、粮食，用水路、陆路输到军中去，各营寨中的草粮堆积得如同山一般高，朱全忠将要回来的时候，命令全部把它们焚烧掉，浓烟、火焰弥漫照亮了几里远，储存在船里头的，就把船凿穿，使它沉没。刘守文派人送信给朱全忠说："大王因为百姓的缘故，宽恕我的罪过，解除包围而离开，这是大王的恩惠。城中的几万人口，已经几个月没有东西吃了，让那些食物焚烧成为灰烟，沉到水中成为泥土，很希望您把其余的拿来拯救百姓们。"朱全忠受到感动，替他留下几个仓库的粮食来送给他，沧州人依靠他的救济。

卷二七一至卷二九四

后梁纪五　均王中
贞明五年（己卯、919年）

晋李存审于德胜南北夹河筑两城而守之。晋王以存审代周德威为内外蕃汉马步总管。晋王还魏州，遣李嗣昭权知幽州军府事。

晋王自领卢龙节度使，以中门使李绍宏提举军府事，代李嗣昭。绍宏，宦者也，本姓马，晋王赐姓名，使与知岚州事孟知祥俱为中门使；孟知祥又荐教练使雁门郭崇韬能治剧，王以为中门副使。崇韬倜傥有智略，临事敢决，王宠待日隆。先是，中门使吴珙、张虔厚相继获罪，及绍宏出幽州，知祥惧祸，称疾辞位，王乃以知祥为河东马步都虞侯，自是崇韬专典机密。

诏吴越王镠大举讨淮南。镠以节度副大使传瓘为诸军都指挥使，帅战舰五百艘，自东洲击吴。吴遣舒州刺史彭彦章及裨将陈汾拒之。

吴徐温帅将吏藩镇请吴王称帝，吴王不许。夏，四月，戊戌朔，即吴国王位。大赦，改元武义；建宗庙社稷，置百官，宫殿文物皆用天子礼。以金继土，腊用丑。改谥武忠王曰孝武王，庙号太祖，威王曰景王，尊母为太妃；以徐温为大丞相、都督中外诸军事、诸道都统、镇海、宁国节度使，守太尉兼中书令、东海郡王，以徐知诰为左仆射、参政事兼知内外诸军事，仍领江州团练使，以扬府左司马王令谋为内枢密使，营田副使严可求为门下侍郎，盐铁判官骆知祥为中书侍郎，前中书舍人卢择为吏部尚书兼太常卿，掌书记殷文圭为翰林学士，馆驿巡官游恭为知制诰，前驾部员外郎杨迢为给事中。择，醴泉人；迢，敬之之孙也。

钱传瓘与彭彦章遇；传瓘命每船皆载灰、豆及沙，乙巳，战于狼山江。吴船乘风而进，传瓘引舟避之，既过，自后随之。吴回船与战，传瓘使顺风扬灰，吴人不能开目；及船舷相接，传瓘使散沙于己船而散豆于吴船，豆为战血所渍，吴人践之皆僵仆。传瓘因纵火焚吴船，吴兵大败。彦章战甚力，兵尽，继之以木，身披数十创，陈汾按兵不救；彦章知不免，遂自杀。传瓘俘吴裨将七十人，斩首千余级，焚战舰四百艘。吴人诛汾，丛没家赀，以其半赐彦章家，禀其妻子终身。

贺瓌攻德胜南城，百道俱进，以竹笮联艨艟十余艘，蒙以牛革，设睥睨、战格如城状，横于河流，以断晋之救兵，使不得渡。晋王自引兵驰往救之，陈于北岸，不能进；遣善游者马破龙入南城，见守将氏延赏，延赏言矢石将尽，陷在顷刻。晋王积金帛于军门，募能破艨艟者；众莫知为计，亲将李建及曰："贺瓌悉众而来，冀此一举；若我军不渡，则彼为得计。今日之事，建及请以死决之。"乃选效节敢死士得三百人，被铠操斧，帅之乘舟而进。将至艨艟，流矢雨集，建及使操斧者入艨艟间，斧其竹笮，又以木罂载薪，沃油然火，于上流纵之，随以臣舰实甲士，鼓噪攻之。艨艟既断，随流而下，梁兵焚溺者殆半，晋兵乃得渡。瓌解围走，晋兵逐之，至濮州而还。环退屯行台村。

秋，七月，吴越王镠遣钱传瓘将兵三万攻吴常州，徐温帅诸将拒之，右雄武统军陈璋以水军下海门出其后。壬申，战于无锡。会温病热，不能治军，吴越攻中军，飞矢雨集，镇海节度判官陈彦谦迁中军旗鼓于左，取貌类温者，摆甲胄，号令军事，温得少息；俄顷，疾稍间，出拒之。时久旱草枯，吴人乘风纵火，吴越兵乱，遂大败，杀其将何逢、吴建，斩首万级。传瓘遁去，追至山南，复败之。陈璋败吴越于香弯。

温募生获叛将陈绍者赏钱百万，指挥使崔彦章获之。绍勇而多谋，温复使之典兵。

初，衣锦之役，吴马军指挥曹筠叛奔吴越，徐温赦其妻子，厚遇之，遣间使告之曰："使汝不得志而去，吾之过也，汝无以妻子为念。"及是役，筠复奔吴。温自数昔日不用筠言者三，而不问筠去来之罪，归其田宅，复其军职。筠内愧而卒。

知诰请帅步卒二千，易吴越旗帜铠仗，蹑败卒而东，袭取苏州。温曰："尔策固善；然吾且求息兵，未暇如汝言也。"诸将皆以为："吴越所恃者舟楫，今大旱，水道涸，此天亡之时也，宜尽步骑之势，一举灭之。"温叹曰：

"天下离乱久矣，民困已甚，钱公亦未易可轻；若连兵不解，方为诸君之忧。令战胜以惧之，戢兵以怀之，使两地之民各安其业，君臣高枕，岂不乐哉！多杀何为？"遂引还。

吴越王镠见何逢马，悲不自胜，故将士心附之。宠姬郑氏父犯法当死，左右为之请，镠曰："岂可以一妇人乱我法！"出其女而斩之。镠自少在军中，夜未尝寐，倦极则就圆木小枕，或枕大铃，寐熟辄欹而寤，名曰"警枕"。置粉盘于卧内，有所记则书盘中，比老不倦。或寝方酣，外有白事者，令侍女振纸即寤。时弹铜丸于楼墙之外，以警直更者。尝微行，夜叩北城门，吏不肯启关，曰："虽大王来亦不可启。"乃自他门入。明日，召北门吏，厚赐之。

晋王归晋阳，以巡官冯道为掌书记。中门使郭崇韬以诸将陪食者众，请省其数。王怒曰："孤为效死者设食，亦不得专，可令军中别择河北帅，孤自归太原！"即召冯道令草词以示众。道执笔逡巡不为，曰："大王方平河南，定天下，崇韬所请未至大过；大王不从可矣，何必以此惊动远近，使敌国闻之，谓大王君臣不和，非所以隆威望也。"会崇韬入谢，王乃止。

八月，乙未朔，宣义节度使贺瓖卒。以开封尹王瓒为北面行营招讨使。瓒将兵五万，自黎阳渡河掩击澶、魏，击顿丘，遇晋兵而旋。瓒为治严，令行禁止，据晋人上游十八里杨村，夹河筑垒，运洛阳竹木造浮桥，自滑州馈运相继。晋蕃汉马步副总管、振武节度使李存进亦造浮梁于德胜，或曰："浮梁须竹笮、铁牛、石囷，我皆无之，何以能成！"存进不听，以苇笮维巨舰，系于土山巨木，逾月而成，人服其智。

吴徐温遣使以吴王书归无锡之俘于吴越；吴越王镠亦遣使请和于吴。自是吴国休兵息民，三十余州民乐业者二十余年。

【译文】

五 年（己卯、919年）

晋国的李存审在德胜渡的南北修建了两个城来防守，晋王委任存审代替周德威为内外蕃汉马步总管。晋王回到魏州，命李嗣昭暂时代理幽州军府的事务。

晋王自己兼领卢龙节度使，而委任中门使李绍宏掌理军府的事务，这是代替李嗣昭。李绍宏是一个宦官，原本姓马，晋王另外赐给他姓名，命他和掌理岚州事务的孟知祥都担任中门使；孟知祥又推举教练使雁门人郭崇韬处理繁杂的事务，晋王就委任他为中门副使。郭崇韬这个人，风流潇洒，还有机智谋略，处理事情非常果断，晋王日益地宠信他。起先，中门使吴圭、张虔厚两人由于不能得晋王的欢心而先后被治罪，等到绍宏出任幽州的职务，知祥怕遭到灾祸，就推说生病了请求辞职，晋王便改派知祥为河东马步都虞侯，自此郭崇韬一个人独掌机密大事。

皇帝下诏派吴越王钱镠大规模进攻淮南。钱镠委任命节度副大使钱传瓘为诸军都指挥使，带领500艘战舰，从东洲出发进击吴国。吴国命舒州刺史彭彦章和副将陈汾防御。

吴国徐温带领将领、官吏和各路藩镇请求吴王称帝，吴王不答应。夏天，四月，戊戌朔日（初一），吴王继吴国王位。大赦境内，改年号为义武；而且建立宗庙和社稷等神庙，分封百官，宫中的一切制度都效仿天子的礼制。自称在五德中，吴以金德继承唐的土德，而且定在丑月（十二月）举行腊祭。改谥武忠王为武孝王，庙号为太祖，威王的谥号改为景王，而且尊奉母亲为太妃；委任徐温为大丞相、都督朝廷内外诸军事、诸道都统、镇海、宁国节度使，守太尉兼中书令、东海郡王，委任徐知诰为左仆射、参政事兼知内外诸军事，依然兼领江州团练使，委任扬府左司马王令谋为内枢使，营田副使严可求担任门下侍郎，盐铁判官骆知祥为中书侍郎，前中书舍人卢择担任吏部尚书兼太常卿，掌书记殷文圭为翰林学士，馆驿巡官游恭为知制诰，前驾部员外郎杨迢担任给事中。卢择，是醴泉人；杨迢，是杨敬之的孙子。

钱传瓘和彭彦章的部队相遇，传瓘命令每船都装着灰、豆和沙，乙巳日（初八），大战于狼山旁边的江面。吴国的船舰顺风前进，钱传瓘舰队躲避，等吴国的船过去了以后，全传瓘就带领舰队从后面跟上来，吴国的舰队掉转头来要和他们会战。传瓘就下令顺风扬灰，弄得吴国人眼睛都睁不开；等到两边的船舷靠在一起后，传瓘又下令在己方的船甲板上铺上沙，却在对方的甲板上洒下豆，豆被受伤的人所流的血弄湿了，吴国的兵士们一踩到豆上全摔得四脚朝天。钱传瓘于是放火焚烧吴国的船只，吴兵大败。彦章奋力地作战，兵器砍坏了，抓起木头继续作战，身受10几处创伤。陈汾在一边却按兵不动，不来救援；彦章知道没有希望了，于是就自杀而死。传瓘抓获了吴国的副将70多人，斩杀的首级有1000多个，焚烧的战舰有400艘。后来吴国杀了陈汾，把他的家产全部抄没了，分了一半赐给彦章家，还给彦章妻子儿女终生的抚恤。

贺环攻打德胜南城，多路并进，用竹索把十几艘战船连接在一起，上面蒙上牛皮，而且像城墙一样设有防御敌军进攻的短垣和木栅，把船横在黄河中，来截断晋国的救兵，使他们没办法渡河。晋王亲自带兵前来救援，排兵在黄河北岸，无法前进；便派遣一个善于游泳的叫马破龙的游过河到南城去拜见守将氏延赏。氏延赏告诉他说，守城的弓箭、石块马上就要用光了，城随时会陷落。因而晋王在军门前堆了一大批金银布帛，悬赏招募能破梁朝战舰的人。大家都不知道该怎么办，晋王亲军将领李建及王建及做过李罕之养子，故有时称李建及说："贺环全军出动，就希望能打胜这一仗；我们部队假如不渡河，那他就成功了。如今，李建及请拼死和他决战。"便挑选了一批忠贞敢死的士兵，有300人，都披上盔甲，拿着斧头，由李建及带领，乘着小船前进，靠近战舰的时候，满天的流矢如同下雨一样落下来。李建及派拿斧头的军士到战船中间，把连接的竹索砍断，又拿木头罐子插上木柴，浇上油，之后点火，从上流顺水放下来，随后再用巨舰载着甲士，大声呐喊进攻。梁国战舰连接的竹索被砍断了，就顺着河水往下漂流，梁兵被烧死的、淹死的有一大半，晋兵因此就渡过了黄河。贺环解除围城撤退，晋兵从后面追击，直追到濮州才撤回来。贺环撤退守卫在行台村。

秋天，七月，吴越王钱镠命钱传瓘率领3万名部队攻打吴国的常州，徐温率领各将领们亲自守卫，右雄武统军陈璋率领水军由海门远到敌人的后方，壬申日（初七），两军在无锡交战。恰好徐温生病发烧，无法指挥部队，吴越的军队猛攻中军，满天的流矢如同下雨一样落下来，镇海节度判官陈彦谦把中军的旗鼓移到左方，找到一个相貌酷似徐温的人，披上甲胄，在那边发号施令，这边徐温稍微能够得到休息；没多久，病稍微好一点了，又出来指挥作战。那时长期干旱，草都枯黄了，吴国部队就乘机顺风放火，吴越的部队大乱，因而就大败了，将领何逢、吴建都被杀了，被斩杀的士兵有1万个。传瓘逃走了，吴国的军队一直追击到山南，又把他打败了。此外，陈璋也在番湾击败了吴越的部队。

徐温悬赏：能生擒叛将陈绍的，赏一百万钱。指挥使崔彦章被活捉了。绍勇敢而又有谋略，温又命他掌兵。

原先，衣锦战役的时候，吴国的马军指挥曹筠叛变投奔吴越，徐温赦免了他的妻子儿女，而且很优厚地对待他们，另外派秘密使者去对曹筠说："让你不得意而后离去，这是我的过错，你无须担心你的妻子儿女。"等到这次战役，曹筠又投奔回吴国。徐温责备自己过去不用筠的建议有三件事，而闭口不提筠叛变的罪过，把田地房宅归还给他，而且恢复他的军职。曹筠心中觉得很惭愧，后来就死了。

青釉弦纹执壶

徐知诰请求带领2000名步兵，换用吴越军队的旗帜铠甲兵器，跟从吴越的败兵往东，偷袭苏州。徐温说："你的计划很好，然而我现在一心一意只想停战，没时间照你所说的去做。"将领们都认为："吴越素来所依靠的都是舟船，如今大旱，水道都干涸了，这是老天要灭亡他们的时候了，我们应当发动所有的步兵、骑兵，一举把他们消灭。"徐温感叹说："天下经过多年的战乱，老百姓已经十分的困苦了，况且钱公也是不能随便轻视的；假如战争再延续不停的话，这恐怕也是令各位担心的事。现在我们打胜了，让他们知道害怕，我们又停止继续进攻，来安抚他们，使两国的老百姓都能够安居乐业，君臣高枕无忧，这不是很值得快乐吗？为什么一定要再多做一些杀戮的事情呢？"就率军回去了。

吴越王镠看到何逢的马，悲伤得无法自我抑制，因而军士们都衷心拥戴他。王的宠姬郑氏的父亲犯法应该处死，左右大臣们都替他说情，钱镠说："怎能因为一个妇人就乱了我们国家的法律。"因而把他的女儿逐出宫去，然后把他处斩了。钱镠自幼在军队中，晚上从不上床睡觉，极其疲倦了就靠在圆木的小枕头上，或者靠在大铃上，睡熟了就会滑下去而醒过来，这个称作"警枕"。又在卧房内放了一个粉盘，有什么事要记的话就写在盘里，到老都不倦怠。有时候睡得熟一点，外面有人来报告事情，教侍女在窗纸上弹弹，他就醒过来了。又时常弹射铜丸到楼墙外头去，来提醒值更的人要提高警惕。吴越王钱镠有一次微服出行，在晚上要敲开城的北门，守门的小吏不肯开门，说：

"如今就算是大王亲自来了也不能开。"因而钱镠就从其他的城门进城。第二天,把守北门的小吏叫来,厚厚地赏了他。

晋王回到晋阳,委任巡官冯道为掌书记。中门使郭崇韬觉得将领们陪着晋王吃饭的人太多了,请求减少数量。晋王发脾气说:"孤为效死命的部将们准备一点吃的,这种事都不能做主,那干脆教军中另外推选一个河北的主帅,孤回太原去好了!"于是立刻把冯道召来,要他马上草拟命令通知大众,道拿着笔迟迟不肯写,说:"大王正要平定河南,安定天下,崇韬所请求的也不算是大过错;大王不听他的就是了,为什么拿这个去惊动远近的部属呢?假如让敌国听到了,会说大王的君臣不和,恐怕这不是增加威望的做法。"恰好郭崇韬这时入宫来道歉,晋王才作罢。

八月,乙未朔日(初一),宣义节度使贺环去世。梁朝委任开封尹王瓒为北面行营招讨使。王瓒带领了五万名兵马,从黎阳渡过黄河,迅速地进攻澶州、魏州,一直到了顿丘,和晋兵遇上才撤退回来。王瓒治军很严,令出必行。攻占了晋人德胜寨上游18里的杨村,在黄河的两岸建筑堡垒,由洛阳运来竹子、木头,建造浮桥,之后从滑州运补粮饷。晋国的蕃汉马步副总管、振武节度使李存进也在德胜修造浮桥,有人劝他说:"建浮桥要竹索、铁牛、石囷,这些东西我们都没有,如何能建造成功呢?"存进不听他的,他命令用苇索绑着巨舰,之后固定在土山巨树上,过了一个多月就完成了,大家都很佩服他的智慧。

吴国徐温命使者带着吴王的国书把无锡的俘虏送到吴越;吴越王也命使者到吴国请求讲和。自此吴国能够休养士民,30多个州的老百姓都能够安居乐业,长达20年之久。

后唐纪一 庄宗光圣神闵孝皇帝上
同光元年(癸未、923年)

春,二月,晋王下教置百官,于四镇判官中选前朝士族,欲以为相。河东节度判官卢质为之首,质固辞,请以义武节度判官豆卢革、河东观察判官卢程为之;王即召革、程拜行台左、右丞相,以质为礼部尚书。

梁主遣兵部侍郎崔协等册命吴越王镠为吴越国王。丁卯，镠始建国，仪卫名称多如天子之制，谓所居曰宫殿，府署曰朝廷，教令下统内曰制敕，将吏皆称臣，惟不改元，表疏称吴越国而不言军。以清海节度使兼侍中传瓘为镇海、镇东留后，总军府事。置百官，有丞相、侍郎、郎中、员外郎、客省等使。

李继韬虽受晋王命为安义留后，终不自安，幕僚魏琢、牙将申蒙复从而间之曰："晋朝无人，终为梁所并耳。"会晋王置百官，三月，召监军张居翰、节度判官任圜赴魏州，琢、蒙复说继韬曰："王急召二人，情可知矣。"继韬弟继远亦劝继韬自托于梁，继韬乃使继远诣大梁，请以泽、潞为梁臣。梁主大喜，更命安义军曰匡义，以继韬为节度使、同平章事。继韬以二子为质。

安义旧将裴约戍泽州，泣谕其众曰："余事故使逾二纪，见其分财享士，志灭仇雠。不幸捐馆，柩犹未葬，而郎君遽背君亲，吾宁死不能从也！"遂据州自守。梁主以其骁将董璋为泽州刺史，将兵攻之。

继韬散财募士，尧山人郭威往应募。威使气杀人，系狱，继韬惜其才勇而逸之。

晋王筑坛于魏州牙城之南，夏，四月，己巳，升坛、祭告上帝，遂即皇帝位，国号大唐，大赦，改元。尊母晋国太夫人曹氏为皇太后，嫡母秦国夫人刘氏为皇太妃。以豆卢革为门下侍郎，卢程为中书侍郎，并同平章事；郭崇韬、张居翰为枢密使，卢质、冯道为翰林学士，张宪为工部侍郎、租庸使，又以义武掌书记李德休为御使中丞。德休，绛之孙也。

诏卢程诣晋阳册太后、太妃。初，太妃无子，性贤，不妒忌；太后为武皇侍姬，太妃常劝武皇善待之，太后亦自谦退，由是相得甚欢。乃受册，太妃诣太后宫贺，有喜色，太后忸怩不自安。太妃曰："愿吾儿享国久长，吾辈获没于地，园陵有主，余何足言！"因相向歔欷。

豆卢革、卢程皆轻浅无他能，上以其衣冠之绪，霸府元僚，故用之。

初，李绍宏为中门使，郭崇韬副之。至是，自幽州召还，崇韬恶其旧人位在己上，乃荐张居翰为枢密使，以绍宏为宣徽使，绍宏由是恨之。居翰和谨畏事，军国机政皆崇韬掌之。支度务使孔谦自谓才能勤效，应为租庸使；众议以谦人微地寒，不当遽总重任，故崇韬荐张宪，以谦副之，谦亦不悦。

以魏州为兴唐府，建东京；又于太原府建西京，又以镇州为真定府，建北都。以魏博节度判官王正言为礼部尚书，行兴唐尹；太原马步都虞候孟知祥为太原尹，充西京副留守；潞州观察判官任圜为工部尚书，兼真定尹，充北都副留守；皇子继岌为北都留守、兴圣宫使，判六军诸卫事。时唐国所有凡十三节度、五十州。

闰月，追尊皇曾祖执宜曰懿祖昭烈皇帝，祖国昌曰献祖文皇帝，考晋王曰太祖武皇帝。立宗庙于晋阳，以高祖、太宗、懿宗、昭宗洎懿祖以下为七室。

甲午，契丹寇幽州，至易定而还。

时契丹屡入寇，抄掠馈运，幽州食不支半年，卫州为梁所取，潞州内叛，人情岌岌，以为梁未可取，帝患之。会郓州将卢顺密来奔。先是，梁天平节度使戴思远屯杨村，留顺密与巡检使刘遂严、都指挥使燕颙守郓州。顺密言于帝曰："郓州守兵不满千人，遂严、颙皆失众心，可袭取也。"郭崇韬等皆以为："悬军远袭，万一不利，虚弃数千人，顺密不可从。"帝密召李嗣源于帐中谋之曰："梁人志在吞泽潞，不备东方，若得东平，则溃其心腹。东平果可取乎？"嗣源自胡柳有渡河之惭，常欲立奇功以补过，对曰："今用兵岁久，生民疲弊，苟非出奇取胜，大功何由可成！臣愿独当此役，必有以报。"帝悦。壬寅，遣嗣源将所部精兵五千自德胜趣郓州。比及杨刘，日已暮，阴雨道黑，将士皆不欲进，高行周曰："此天赞我也，彼必无备。"夜，渡河至城下，郓人不知，李从珂先登，杀守卒，启关纳外兵，进攻牙城，城中大扰。癸卯旦，嗣源兵尽入，遂拔牙城，刘遂严、燕颙奔大梁。嗣源禁焚掠，抚吏民，执知州事、节度副使崔笃、判官赵凤送兴唐。帝大喜曰："总管真奇才，吾事集矣。"即以嗣源为天平节度使。

敬翔知梁室已危，以绳内靴中，入见梁主曰："先帝取天下，不以臣为不肖，所谋无不用。今敌势益强，而陛下弃忽臣言，臣身无用，不如死。"引绳将自经。梁主止之，问所欲言，翔曰："事急矣，非用王彦章为大将，不可救也。"梁主从之，以彦章代思远为北面招讨使，仍以段凝为副。

帝闻之，自将亲军屯澶州，命蕃汉马步都虞候朱守殷守德胜，戒之曰："王铁枪勇决，乘愤激之气，必来唐突，宜谨备之！"守殷，王幼时所役苍头也。

五月，使者至吴，徐温欲持两端，将舟师循海而北，助其胜者。严可求曰："若梁人邀我登陆为援，何以拒之。"温乃止。

梁主召问王彦章以破敌之期，彦章对曰："三日。"左右皆失笑。彦章出，两日，驰至滑州。辛酉，置酒大会，阴遣人具舟于杨村；夜，命甲士六百，皆持巨斧，载冶者，具鞴炭，乘流而下。会饮尚未散，彦章阳起更衣，引精兵数千循河南岸趋德胜。天微雨，朱守殷不为备，舟中兵举锁烧断之，因以巨斧斩浮桥，而彦章引兵急击南城。浮桥断，南城遂破，斩首数千级，时受命适三日矣。守殷以小舟载甲士济河救之，不及。彦章进攻潘张、麻家口、景店诸寨，皆拔之，声势大振。

帝遣宦者焦彦宾急趣杨刘，与镇使李周固守，命守殷弃德胜北城，撤屋为筏，载兵械浮河东下，助杨刘守备，徙其刍粮薪炭于澶州，所耗失殆半。王彦章亦撤南城屋材浮河而下，各行一岸，每遇湾曲，辄于中流交斗，飞矢雨集，或全舟覆没，一日百战，互有胜负。比及杨刘，殆亡士卒之半。己巳，王彦章、段凝以十万之众攻杨刘，百道俱进，昼夜不息，连巨舰九艘，横亘河津以绝援兵。城垂陷者数四，赖李周悉力拒之，与士卒同甘苦，彦章不能克，退屯城南，为连营以守之。

杨刘告急于帝，请日行百里以赴之；帝引兵救之，曰："李周在内，何忧！"日行六十里，不废畋猎，六月，乙亥，至杨刘。梁兵堑垒重复，严不可入，帝患之，问计于郭崇韬，对曰："今彦章据守津要，意谓可以坐取东平；苟大军不南，则东平不守矣。臣请筑垒于博州东岸以固河津，既得以应接东平，又可以分贼兵势。但虑彦章伺知，径来薄我，城不能就。愿陛下募敢死之士，日令挑战以缀之，苟彦章旬日不东，则城成矣。"时李嗣源守郓州，河北声问不通，人心渐离，不保朝夕。会梁右先锋指挥使康延孝密请降于嗣源，延孝者，太原胡人，有罪，亡奔梁，时隶段凝麾下。嗣源遣押牙临漳范延光送延孝蜡书诣帝，延光因言于帝曰："杨刘控扼已固，梁人必不能取，请筑垒马家口以通郓州之路。"帝从之，遣崇韬将万人夜发，倍道趣博州。至马家口度河，筑城昼夜不息。帝在杨刘，与梁人昼夜苦战。崇韬筑新城凡六日，王彦章闻之，将兵数万驰至，戊子，急攻新城，连巨舰十余艘于中流以绝援路。时板筑仅毕，城犹卑下，沙土疏恶，未有楼橹及守备；崇韬慰劳士卒，以身先之，四面拒战，遣间使告急于帝。帝自杨刘引大军救之，陈于新城西岸，城中望之增气，大呼叱梁军，梁人断维敛舰；帝枻舟将渡，彦章解围，退保邹家口。郓州奏报始通。

李嗣源密表请正朱守殷覆军之罪；帝不从。

秋，七月，丁未，帝引兵循河而南，彦章等弃邹家口，复趋杨刘。

戊午，帝遣骑将李绍荣直抵梁营，擒其斥候，梁人益恐，又以火筏焚其连舰。王彦章等闻帝引兵已至邹家口，己未，解杨刘围，走保杨村；唐兵追击之，复屯德胜。梁兵前后急攻诸城，士卒遭矢石、溺水、暍死者且万人，委弃资粮、铠仗、锅幕，动以千计。杨刘比至围解，城中无食已三日矣。

王彦章疾赵、张乱政，及为招讨使，谓所亲曰："待我成功还，当尽诛奸臣以谢天下！"赵、张闻之，私相谓曰："我辈宁死于沙陀，不可为彦章所杀。"相与协力倾之。段凝素疾彦章之能而谄附赵、张，在军中与彦章动相违戾，百方沮桡之，惟恐其有功，潜伺彦章过失以闻于梁主。每捷奏至，赵、张悉归功于凝，由是彦章功竟无成。及归杨村，梁主信谗，犹恐彦章旦夕成功难制，征还大梁，使将兵会董璋攻泽州。

中书侍郎、同平章事卢程以私事干兴唐府，府吏不能应，鞭吏背；光禄卿兼兴唐少尹任团，圜之弟，帝之从姊婿也，诣程诉之。程骂曰："公何等虫豸，欲倚妇力邪！"团诉于帝。帝怒曰："朕误相此痴物，乃敢辱吾九卿！"欲赐自尽；卢质力救之，乃贬右庶子。

裴约遣间使告急于帝，帝曰："吾兄不幸生此枭獍，裴约独能知逆顺。"顾谓北京内牙马步军都指挥使李绍斌曰："泽州弹丸之地，朕无所用，卿为我取裴约以来。"八月，壬申，绍斌将甲士五千救之，未至，城已陷，约死，帝深惜之。

初，梁主遣段凝监大军于河上，敬翔、李振屡请罢之，梁主曰："凝未有过。"振曰："俟其有过，则社稷危矣。"至是，凝厚赂赵、张求为招讨使，翔、振力争以为不可；赵、张主之，竟代王彦章为北面招讨使，于是宿将愤怒，士卒亦不服。天下兵马副元帅张宗奭言于梁主曰："臣为副元帅，虽衰朽，犹足为陛下扞御北方。段凝晚进，功名未能服人，众议汹汹，恐贻国家深忧。"敬翔曰："将帅系国安危，今国势已尔，陛下岂可尚不留意邪！"梁主皆不听。

戊子，凝将全军五万营于王村，自高陵津济河，剽掠澶州诸县，至于顿丘。

梁主命王彦章将保銮骑士及他兵合万人，屯兖、郓之境，谋复郓州，以张汉杰监其军。

戊戌，康延孝帅百余骑来奔，帝解所御锦袍玉带赐之，以为南面招讨都指挥使，领博州刺史。帝屏人问延孝以梁事，对曰：“梁朝地不为狭，兵不为少；然迹其行事，终必败亡。何则？主既暗懦，赵、张兄弟擅权，内结宫掖，外纳货赂，官之高下唯视赂之多少，不择才德，不校勋劳。段凝智勇俱无，一旦居王彦章、霍彦威之右，自将兵以来，专率敛行伍以奉权贵。梁主每出一军，不能专任将帅，常以近臣监之，进止可否动为所制。近又闻欲数道出兵，令董璋引陕虢、泽潞之兵自石会关趣太原，霍彦威以汝、洛之兵自相卫、邢鑫寇镇定，王彦章、张汉杰以禁军攻郓州，段凝、杜晏球以大军当陛下，决以十月大举。臣窃观梁兵聚则不少，分则不多。愿陛下养勇蓄力以待其分兵，帅精骑五千自郓州自抵大梁，擒其伪主，旬月之间，天下定矣。”帝大悦。

蜀主以文思殿大学士韩昭、内皇城使潘在迎、武勇军使顾在珣为狎客，陪侍游宴，与宫女杂坐，或为艳歌相唱和，或谈嘲谑浪，鄙俚亵慢，无所不至，蜀主乐之。在珣，彦朗之子也。

时枢密使宋光嗣等专断国事，恣为威虐，务徇蜀主之欲以盗其权。宰相王锴、庾传素等各保宠禄，无敢规正。潘在迎每劝蜀主诛谏者，无使谤国。嘉州司马刘赟献陈后主三阁图，并作歌以讽；贤良方正蒲禹卿对策语极切直；蜀主虽不罪，亦不能用也。

九月，庚戌，蜀主以重阳宴近臣于宣华苑，酒酣，嘉王宗寿乘间极言社稷将危，流涕不已。韩昭、潘在迎曰：“嘉王好酒悲。”因谐笑而罢。

自德胜失利以来，丧刍粮数百万，租庸副使孔谦暴敛以供军，民多流亡，租税益少，仓廪之积不支半岁。泽潞未下。卢文进、王郁引契丹屡过瀛、涿之南，传闻俟草枯冰合，深入为寇。又闻梁人欲大举数道入寇。帝深以为忧，召诸将会议。宣徽使李绍宏等皆以为郓州城门之外皆为寇境，孤远难守，有之不如无之，请以易卫州及黎阳于梁，与之约和，以河为境，休兵息民，俟财力稍集，更图后举。帝不悦，曰："如此吾无葬地矣。"乃罢诸将，独召郭崇韬问之。对曰："陛下不栉沐，不解甲，十五余年，其志欲以雪家国之仇耻也。今已正尊号，河北士庶日望升平，始得郓州尺寸之地，不能守而弃之，安能尽有中原乎！臣恐将士解体，将来食尽众散，虽画河为境，谁为陛下守之！臣尝细询康延孝以河南之事，度已料彼，日夜思之，成败之机决在今岁。梁今悉以精兵授段凝，据我南鄙，又决河自固，谓我猝不能渡，恃此不复为备。使王彦章侵逼郓州，其意冀有奸人动摇，变生于内耳。段凝本非将材，不能临机决策，无足可畏。降者皆言大梁无兵，陛下若留兵守魏，固保杨刘，自以精兵与郓州合势，长驱入汴，彼城中既空虚，必望风自溃。苟伪主授首，则诸将自降矣。不然，今秋谷不登，军粮将尽，若非陛下决志，大功何由可成！谚曰：'当道筑室，三年不成'帝王应运，必有天命，在陛下勿疑耳。"帝曰："此正合朕志。丈夫得则为王，失则为虏，吾行决矣！"司天奏："今岁天道不利，深入必无功。"帝不听。

王彦章引兵逾汶水，将攻郓州，李嗣源遣李从珂将骑兵逆战，败其前锋于递坊镇，获将士三百人，斩首二百级，彦章退保中都。戊辰，捷奏至朝城，帝大喜，谓郭崇韬曰："郓州告捷，足壮吾气。"己巳，命将士悉遣其家属归兴唐。

冬，十月，辛未朔，日有食之。

帝遣魏国夫人刘氏、皇子继岌归兴唐，与之诀曰："事之成败，在此一决；若其不济，当聚吾家于魏宫而焚之！"

至郓州，中夜，进军逾汶，以李嗣源为前锋，甲戌旦，遇梁兵，一战败之，追至中都，围其城。城无守备，少顷，梁兵溃围出，追击，破之。王彦章以数十骑走，龙武大将军李绍奇单骑追之，识其声，曰："王铁枪也！"拔矟刺之，彦章重伤，马踣，遂擒之，并擒都监张汉杰、曹州刺史李知节、裨将赵廷隐、刘嗣彬等二百余人，斩首数千级。

彦章尝谓人曰："李亚子斗鸡小儿，何足畏！"至是，帝谓彦章曰："尔常谓我小儿，今日服未？"又问："尔名善将，何不守兖州？中都无壁垒，何以自固？"彦章对曰："天命已去，无足言者。"帝惜彦将之材，欲用之，赐药傅其创，屡遣人诱谕之。彦章曰："余本匹夫，蒙梁恩，位至上将，与皇帝交战十五年；今兵败力穷，死自其分，纵皇帝怜而生我，我何面目见天下之人乎！岂有朝为梁将，暮为唐臣！此我所不为也。"帝复遣李嗣源自往谕之，彦章卧谓嗣源曰："汝非邈佶烈乎？"彦章素轻嗣源，故以小名呼之。于是诸将称贺，帝举酒属嗣源曰："今日之功，公与崇韬之力也。曏从绍宏辈语，大事去矣。"

帝又谓诸将曰："曏所患惟王彦章，今已就擒，是天意灭梁也。段凝犹在河上，进退之计，宜何向而可？"诸将以为："传者虽云大梁无备，未知虚实。今东方诸镇兵皆在段凝麾下，所余空城耳，以陛下天威临之，无不下者。若先广地，东傅于海，然后观衅而动，可以万全。"康延孝固请亟取大梁。李嗣源曰："兵贵神速。今彦章就擒，段凝必未之知；就使有人走告，疑信之间尚须三日。设若知吾所向，即发救兵，直路则阻决河，须自白马南渡，数万之众，舟楫亦难猝办。此去大梁至近，前无山险，方阵横行，昼夜兼程，信宿可至。段凝未离河上，友贞已为吾擒矣。延孝之言是也，请陛下以大军徐进，臣愿以千骑前驱。"帝从之。令下，诸军皆踊跃愿行。

是夕，嗣源帅前军倍道趣大梁。乙亥，帝发中都，舁王彦章自随，遣中使问彦章曰："吾此行克乎？"对曰："段凝有精兵六万，虽主将非材，亦未肯遽尔倒戈，殆难克也。"帝知其终不为用，遂斩之。

丁丑，至曹州，梁守将降。

王彦章败卒有先至大梁，告梁主以"彦章就擒，唐军长驱且至"者，梁主聚族哭曰："运祚尽矣！"召群臣问策，皆莫能对。梁主谓敬翔曰："朕居常忽卿所言，以至于此。今事急矣，卿勿以为怼。将若之何？"翔泣曰："臣受先帝厚恩，殆将三纪，名为宰相，其实朱氏老奴，事陛下如郎君。臣前后献言，莫匪尽忠。陛下初用段凝，臣极言不可，小人朋比，致有今日。今唐兵且至，段凝限于水北，不能赴救。臣欲请陛下出避狄，陛下必不听从；请陛下出奇合战，陛下必不果决；虽使良、平更生，谁能为陛下计者！臣愿先赐死，不忍见宗庙之亡也。"因与梁主相向恸哭。

时城中尚有控鹤军数千，朱珪请帅之出战；梁主不从，命开封尹王瓒驱市人乘城为备。

梁主疑诸兄弟乘危谋乱，并皇弟贺王友雍、建王友徽尽杀之。

梁主登建国楼，面择亲信厚赐之，使衣野服，赍蜡诏，促段凝军，既辞，皆亡匿。或请幸洛阳，收集诸军以拒唐，唐虽得都城，势不能久留。或请幸段凝军，控鹤都指挥使皇甫麟曰："凝本非将材，官由幸进，今危窘之际，望其临机制胜，转败为功，难矣。且凝闻彦章败，其胆已破，安知能终为陛下尽节乎！"赵岩曰："事势如此，一下此楼，谁心可保？"梁主乃止。复召宰相谋之，郑珏请自怀传国宝诈降以纾国难，梁主曰："今日故不敢爱宝，但如卿此策，竟可了否？"珏俛首久之，曰："但恐未了。"左右皆缩颈而笑。梁主日夜涕泣，不知所为；置传国宝于卧内，忽失之，已为左右窃之迎唐军矣。

赵岩谓从者曰："吾待温许州厚，必不负我。"遂奔许州。

梁主谓皇甫麟曰："李氏吾世仇，理难降首，不可俟彼刀锯。吾不能自裁，卿可断吾首。"麟泣曰："臣为陛下挥剑死唐军则可矣，不敢奉此诏。"梁主曰："卿欲卖我邪？"麟欲自刭，梁主持之曰："与卿俱死。"麟遂弑梁主，因自杀。梁主为人温恭俭约，无荒淫之失；但宠信赵、张，使擅威福，疏弃敬、李旧臣，不用其言，以至于亡。

己卯旦，李嗣源军至大梁，攻封丘门，王瓒开门出降，嗣源入城，抚安军民。是日，帝入自梁门，百官迎谒于马首，拜伏请罪，帝慰劳之，使各复其位。李嗣源迎贺，帝喜不自胜，手引嗣源衣，以头触之曰："吾有天下，卿父子之功也，天下与尔共之。"帝命访求梁主，顷之，或以其首献。

李振谓敬翔曰："有诏洗涤吾辈，相与朝新君乎？"翔曰："吾二人为梁宰相，君昏不能谏，国亡不能救，新君若问，将何辞以对！"是夕未曙，或报翔曰："崇政李太保已入朝矣。"翔叹曰："李振谬为丈夫！朱氏与新君世为仇雠，今国亡君死，纵新君不诛，何面目入建国门乎！"乃缢而死。

庚辰，梁百官复待罪于朝堂，帝宣敕赦之。

赵岩至许州，温昭图迎谒归第，斩首来献，尽没岩所赍之货。昭图复名韬。

辛巳，诏王瓒收朱友贞尸，殡于佛寺，漆其首，幽之，藏于太社。

段凝自滑州济河入援，以诸军排阵使杜晏球为前锋；至封丘，遇李从珂，晏球先降。壬午，凝将其众五万至封丘，亦解甲请降。凝帅诸大将先诣阙待罪，帝劳赐之，慰谕士卒，使各复其所。凝出入公卿间，扬扬自得无愧色，梁之旧臣见者皆欲龁其面，抉其心。

段凝、杜晏球上言："伪梁要人赵岩、赵鹄、张希逸、张汉伦、张汉杰、张汉融、朱珪等，窃弄威福，残蠹群生，不可不诛。"

宋州节度使袁象先首来入朝，陕州留后霍彦威次之。象先辇珍货数十万，遍赂刘夫人及权贵、伶官、宦者，旬日，中外争誉之，恩宠隆异。

庚寅，豆卢革至自魏。甲午，加崇韬守侍中，领成德节度使。崇韬权兼内外，谋猷规益，竭忠无隐，颇亦荐引人物，豆卢革受成而已，无所裁正。

乙酉，梁西都留守河南尹张宗奭来朝，复名全义，献币马千计；帝命皇子继岌、皇弟存纪等兄事之。帝欲发梁太祖墓，斫棺焚其尸，全义上言："朱温虽国之深仇，然其人已死，刑无可加，屠灭其家，足以为报，乞免焚斫以存圣恩。"帝从之，但铲其阙室，削封树而已。

楚王殷遣其子牙内马步都指挥使希范入见，纳洪、鄂行营都统印，上本道将吏籍。

荆南节度使高季昌闻帝灭梁，避唐庙讳，更名季兴，欲自入朝，梁震曰："唐有吞天下之志，严兵守险，犹恐不自保，况数千里入朝乎！且公朱氏旧将，安知彼不以仇敌相遇乎！"季兴不从。

帝遣使以灭梁告吴、蜀，二国皆惧。徐温尤严可求曰："公前沮吾计，今将奈何？"可求笑曰："闻唐主始得中原，志气骄满，御下无法，不出数年，将有内变，吾但当卑辞厚礼，保境安民以待之耳。"唐使称诏，吴人不受；帝易其书，用敌国之礼，曰"大唐皇帝致书于吴国主"，吴人复书称"大吴国主上大唐皇帝"，辞礼如自笺表。

吴人有告寿州团练使钟泰章侵市官马者，徐知诰以吴王之命，遣滁州刺史王稔巡霍丘，因代为寿州团练使，以泰章为饶州刺史。徐温召至金陵，使陈彦谦诘之者三，皆不对。或问泰章："何以不自辨？"泰章曰："吾在杨州，十万军中号称壮士；寿州去淮数里，步骑不下五千，苟有他志，岂王稔单骑能代之乎！我义不负国，虽黜为县令亦行，况刺史乎！何为自辨以彰朝廷之失！"徐知诰欲以法绳诸将，请收泰章治罪。徐温曰："吾非泰章，已死于张颢之手，今日富贵，安可负之！"命知诰为子景通娶其女以解之。

彗星见舆鬼，长丈余，蜀司天监言国有大灾。蜀主诏于玉局化设道场，右补阙张云上疏，以为："百姓怨气上彻于天，故彗星见。此乃亡国之征，非祈禳可弭。"蜀主怒，流云黎州，卒于道。

帝幼善音律，故伶人多有宠，常侍左右；帝或时自傅粉墨，与优人共戏于庭，以悦刘夫人，优名谓之"李天下"。尝因为优，自呼曰"李天下，李天下"，优人敬新磨遽前批其颊。帝失色，群优亦骇愕，新磨徐曰："理天下者只有一人，尚谁呼邪！"帝悦，厚赐之。帝尝畋于中牟，践民稼，中牟令当马前谏曰："陛下为民父母，奈何毁其所食，使转死沟壑乎！"帝怒，叱去，将杀之。敬新磨追擒至马前，责之曰："汝为县令，独不知吾天子好猎邪？奈何纵民耕种，以妨吾天子之驰骋乎！汝罪当死！"因请行刑，帝笑而释之。

诸伶出入宫掖，侮弄缙绅，群臣愤嫉，莫敢出气；亦反有相附托以希恩泽者，四方藩镇争以货赂结之。其尤蠹政害人者，景进为之首。进好采间阎鄙细事闻于上，上亦欲知外间事，遂委进以耳目。进每奏事，常屏左右问之，由是进得施其谗慝，干预政事。自将相大臣皆惮之，孔岩常以兄事之。

癸卯，河中节度使朱友谦入朝，帝与之宴，宠赐无算。

乙巳，赐朱友谦姓名曰李继麟，命继岌兄事之。

以康延孝为郑州防御使，赐姓名曰李绍琛。

匡国节度使温韬入朝，赐姓名曰李绍冲。绍冲多赍金帛赂刘夫人及权贵伶宦，旬日，复遣还镇。郭崇韬曰："国家为唐雪耻，温韬发唐山陵殆遍，其罪与朱温相埒耳，何得复居方镇，天下义士其谓我何！"上曰："入汴之初，已赦其罪。"竟遣之。

戊申，中书奏以："国用未充，请量留三省、寺、监官，余并停，俟见任者满二十五月，以次代之；其西班上将军以下，令枢密院准此。"从之。人颇咨怨。

议者以郭崇韬勋臣为宰相，不能知朝廷典故，当用前朝名家以佐之。或荐礼部尚书薛廷珪、太子少保李琪，尝为太祖册礼使，皆耆宿有文，宜为相。崇韬奏廷珪浮华无相业，琪倾险无士风；尚书左丞赵光胤廉洁方正，自梁未亡，北人皆称其有宰相器。豆卢革荐礼部侍郎韦说谙练朝章。丁巳，以光胤为中书侍郎，与说并同平章事。光胤，光逢之弟；说，岫之子；廷圭，逢之子也。光胤性轻率，喜自矜；说谨重守常而已。

赵光逢自梁朝罢相，杜门不交宾客，光胤时往见之，语及政事；他日，光逢署其户曰："请不言中书事。"

租庸副使孔谦畏张宪公正，欲专使务，言于郭崇韬曰："东京重地，须大臣镇之，非张公不可。"崇韬即奏以宪为东京副留守，知留守事。戊午，以豆卢革判租庸，兼诸道盐铁转运使。谦弥失望。

己未，加张全义守尚书令，高季兴守中书令。时季兴入朝，上待之甚厚，从容问曰："朕欲用兵于吴、蜀，二国何先？"季兴以蜀道险难取，乃对曰："吴地薄民贫，克之无益，不如先伐蜀。蜀土富饶，又主荒民怨，伐之必克。克蜀之后，顺流而下，取吴如反掌耳。"上曰："善！"

温韬像

庚辰，御史台奏："朱温篡逆，删改本朝《律令格式》，悉收旧本焚之，今台司及刑部、大理寺所用皆伪廷之法。闻定州敕库独有本朝《律令格式》具在，乞下本道录进。"从之。

李继韬闻上灭梁，忧惧，不知所为，欲北走契丹，会有诏征诣阙；继韬将行，其弟继远曰："兄以反为名，何地自容！往与不往等耳，不若深沟高垒，坐食积粟，犹可延岁月；入朝，立死矣。"或谓继韬曰："先令公有大功于国，主上于公，季父也，往必无虞。"继韬母杨氏，善蓄财，家赀百万，乃与杨氏偕行，赍银四十万两，他货称是，大布赂遗。伶人宦官争为之言曰："继韬初无邪谋，为奸人所惑耳。嗣昭亲贤，不可无后。"杨氏复入宫见帝，泣请其死，以其先人为言；又求哀于刘夫人，刘夫人亦为之言。及继韬入见待罪，上释之，留月余，屡从游畋，宠待如故。皇弟义成节度使、同平章事存渥深诋诃之，继韬心不自安，复赂左右求还镇，上不许。继韬潜遣人遗继远书，教军士纵火，冀天子复遣己抚安之，事泄，辛巳，贬登州长史，寻斩于天津桥南，并其二子。遣使斩李继远于上党，以李继达充军城巡检。

甲申，吴王复遣司农卿洛阳卢苹来奉使，严可求豫料帝所问，教苹应对，既至，皆如可求所料。觐返，言唐主荒于游畋，啬财拒谏，内外皆怨。

高季兴在洛阳，帝左右伶宦求货无厌，季兴忿之。帝欲留季兴，郭崇韬谏曰："陛下新得天下，诸侯不过遣子弟将佐入贡，唯高季兴身自入朝，当褒赏以劝来者；乃羁留不遣，弃信亏义，沮四海之心，非计也。"乃遣之。季兴倍道而去，至许州，谓左右曰："此行有二失：来朝一失，纵我去一失。"过襄州，节度使孔勍留宴，中夜，斩关而去。丁酉，至江陵，握梁震手曰："不用君言，几不免虎口。"又谓将佐曰："新朝百战方得河南，乃对功臣举手云，'吾于十指上得天下'，矜伐如此，则他人皆无功矣，其谁不解体！又荒于禽色，何能久长！吾无忧矣。"乃缮城积粟，招纳梁旧兵，为战守之备。

【译文】

同光元年 （癸未、923年）

春，二月，晋王下令分封百官，并且要在四镇的判官中选拔前朝的士族，拜他为相。河东节度判官卢质的条件、资格最合适，质却坚持推辞，请求委任义武节度判官豆卢革和河东节度判官卢程；晋王因此马上征召革、程二人，拜为行台左、右丞相，同时任命质为礼部尚书。

梁主命兵部侍郎崔协等册封吴越王钱镠为吴越国王。丁卯日（二十二日），镠建国，倚仗侍卫的名称多比照天子的制度，自称所住的地方叫宫殿，府署叫朝廷，给部属的命令叫制敕，将领、官吏们对他都要称臣，只是没有更改年号，而向梁朝上表的时候只自称吴越国而不称镇海、镇东军。王委任清海节度使兼侍中钱传瓘为镇海、镇东留后，总管军府的事务。并分封百官，有丞相、侍郎、郎中、员外郎、内外客省使等职位。

李继韬尽管接受晋王委任为安义留后，但是内心里终究觉得不安稳，他的幕僚魏琢、牙将申蒙又暗中煽动他，说："晋国没有什么人才，将来终究要被梁国所吞并。"正好这时晋王正在设置百官，三月，征召监军张居翰和节度判官任圜前去魏州，琢、蒙又游说继韬说："晋王急忙地召回二人，他们的打算我们能够了解了。"继韬的弟弟继远也建议继韬归附梁国，李继韬于是命继远出使大梁；请求以泽州、潞州向梁国归附称臣。梁主十分高兴，就把安义军改名叫匡义,委任继韬为节度使、同平章事。继韬把两个儿子放在梁国当作人质。

安义的老将裴约戍守在泽州,哭着告诉他的部属们说:"我侍奉故使已经有20多年了,看到他平分财货,犒赏士卒,只为了一心一意要消灭仇敌。如今故使不幸去世了,灵柩还没有安葬,而他的儿子却背弃了君亲的心志,我宁死也不肯随从他们!"于是就占据州城防守。梁主委任他的骁勇部将董璋为泽州刺史,率军攻打裴约。

李继韬散用钱财,征召军士,尧山人郭威前往应募。郭威醉酒后一时意气用事杀了人,被逮捕关进监狱。李继韬怜惜他的才干勇气,就放他跑了。

晋王在魏州牙城的南方高筑神坛,夏四月,己巳日(二十五日),登到坛上,祭拜天帝,于是继皇帝位,国号大唐,大赦天下,改原来用唐朝的年号天祐为同光。尊奉生母晋国太夫人曹氏为皇太后,嫡母秦国夫人刘氏为皇太妃。委任豆卢革为门下侍郎,卢程为中书侍郎,都同平章事;郭崇韬、张居翰担任枢密使,卢质、冯道担任翰林学士,张宪为工部侍郎、租庸使,又委任义武掌书记李德休做御史中丞。德休是李绛的孙子。

皇帝下诏命卢程到晋阳去册封太后、太妃。原先,太妃没有儿子,性情却很贤淑,不妒忌别人;太后原本是武皇李克用的侍姬,太妃经常劝武皇要对她好一点,太后自己也很谦虚退让,于是两人相处得很融洽,到了接受册封之后,太妃到太后的宫中去向她道贺,显得很高兴,太后却有点儿不太好意思。太妃说:"希望我们的儿子享国能够长久一点,我们将来死了安葬在地下,墓园还能够有人照顾就好了,别的还谈什么呢?"因而都相对感慨叹气。

豆卢革、卢程两人都轻佻浅薄,无特殊的才能。由于他们是旺族的后代,同时又是霸府大镇的幕僚长,皇帝因而才重用他们。

开始,李绍宏担任中门使,郭崇韬是他的副使。到这时,晋王把他从幽州召回来,郭崇韬讨厌过去的老同事地位又在他之上,因而就推荐张居翰为枢密使,另外建议让绍宏为宣徽使,绍宏由此十分恨他。张居翰的为人温和谨慎而怕事,军国的机密政事都由崇韬掌管。支度务使孔谦自认为才能出众,应当能当上租庸使;但是大家都认为他出身低,背景差,不适宜一下子就担任重要的职位,因而郭崇韬就另外推荐了张宪,而让孔谦当他的副使,孔谦于是心里也不痛快。

晋国把魏州改为兴唐府，建为东京；又把太原府建为西京，又把镇州改成真定府，建为北都。委任魏博节度判官王正言为礼部尚书，兼任兴唐尹；委任太原马步都虞侯孟知祥为太原尹，代理西京副留守；委任潞州观察判官任圜为工部尚书，兼任真定尹，并代理北都副留守；加封皇子继岌为北都留守、兴圣宫使，兼判六军诸卫的事务。那时唐国所拥有的地区总共有13个节度，50个州。

闰月，追尊皇曾祖执宜为懿祖昭烈皇帝，祖国昌为献祖文皇帝，先考晋王克用为太祖武皇帝。在晋阳建立宗庙，从先朝高祖、太宗、懿宗、昭宗以及本朝懿祖以下三代立为七庙。

甲午日（二十日），契丹侵入幽州，一直攻到易定，才退回。

当时契丹人总是入侵，抄掠粮队，幽州的存粮还不足吃半年，卫州已经被梁军攻下了，潞州又叛变，一下子人心惶惶，都认为梁国实在没有办法消灭，皇帝对此很忧虑。刚好梁国的郓州将领卢顺密来投降。起先梁国的天平节度使戴思远驻扎在杨村，留下顺密和巡检使刘遂严，都指挥使燕颙防守郓州，所以顺密就对皇帝说："郓州的守军不足1000人，而且严和颙两人都失去众人对他的拥护，我们可以偷袭它把它攻下来。"郭崇韬等都认为："孤军远袭，一旦作战失利，将白白地损失了好几千人，顺密的建议不可采用。"皇帝暗自把李嗣源叫到他的帐中来商议说："梁人现在正打算要并吞泽州、潞州，东方必定没有防备，如果能攻取东平，那就是击溃了他们的心脏。你看东平有可能攻下吗？"嗣源在上次胡柳战役时由于渡河往北撤退而一直觉得惭愧，就总是想再建立奇功来补过，于是回答说："现在我们多年用兵，老百姓都疲惫不堪，假如不出奇计来取胜的话，又有什么办法能完成我们的大业绩呢？臣愿意独力承担这项任务，我保证对陛下有所交代。"皇帝听了很高兴。壬寅日（二十八日），派遣李嗣源率领他所属的5000名精兵由德胜赶往郓州。到达杨刘镇的时候，天色已晚，又下着雨，道路上一片漆黑，将士们都不希望再前进了。高行周说："这是老天协助我们啊！如今他们一定没有防备。"当晚，渡过黄河到达郓州城下，城里的人却都还不知道。李从珂率先登上城墙，杀掉了守备的士卒后，打开城门放进外头的人马，攻进牙城，城中大乱。癸丑日一早，李嗣源的人马全都攻进城中，因而攻下了牙城，刘遂严和燕颙逃回大梁。李嗣源不准部队放火抢劫，安抚当地的官吏百姓，生擒了知州事节度副使崔笃、判官赵凤,送往兴唐。皇帝十分高兴,说:"总管真是奇才,我的事情这下子都没问题了。"于是马上委任李嗣源为天平节度使。

敬翔知道梁国已经很危急了,便把绳子放在靴子中,入宫觐见梁主说:"先帝取得天下后,不觉得臣没本事,臣所建议的没有不采用的。如今敌人的势力日益强大,但陛下又忽视了臣的建言,臣活着也没有什么用,还不如死了算了。"因此就取出绳子准备上吊自杀。梁主马上阻止他,问他到底想建议什么,翔说:"事情已经很紧迫了,不起用王彦章为大将的话,事情就没办法挽回了。"梁主就听从他的建议,委任彦章代替思远担任北面招讨使,依旧让段凝当副帅。

梁国钱币

皇帝听说了这消息,亲自率领亲军驻扎澶州,又命令蕃汉马步都虞侯朱守殷防守德胜,告诫他说:"王铁枪勇敢果断,如今又是满肚子的愤激之气,一定会来攻打你,你可得好好地防备!"朱守殷是皇帝小时候使唤的奴才。

五月,使者来到吴国,徐温想骑墙观望,要命水师沿着海岸北上,看哪边打胜就帮助哪边。严可求说:"假如梁国要求我们登陆去援助他们,我们用什么理由拒绝?"徐温因此才作罢。

梁主把王彦章召来问他多长时间可以击败敌人,彦章回答说:"3天!"左右的侍臣们听了都忍不住笑出来。王彦章离开皇宫,2天之内,就来到滑州。辛酉日(十八日),举行了一个大规模的酒宴,暗自又命人在杨村准备船只;当晚,命令600名甲士,都带着巨斧,又运了一些铁匠,带着鼓风的皮囊和炭火,顺流而下。宴会还没结束之前,王彦章假装要起来换衣服,因此带领几千名精锐部队沿着黄河的南岸进逼德胜。那天,天正下着小雨,朱守殷毫无防备,梁军在船上的士兵就把连接晋军船只的锁烧断了,又把浮桥上的绳索用巨斧砍断,而彦章同时领兵猛攻南城。唐军在黄河上的浮桥断了,德胜南城也同时被攻克了。当时距离彦章接受梁主的命令恰好是3天。守殷用小船载着甲士渡河去营救南城，已经来不及了。王彦章同时又攻打潘张、麻家口、景店等几个营寨，都攻克了。

皇帝命宦官焦彦宾即刻赶到杨刘，和镇使李周一同固守，又命令朱守殷放弃德胜北城，拆下屋子的木料做成大木筏，载运着兵士和武器沿河东下，前往杨刘协助防守，又把德胜北城的粮草、柴火等都运到澶州，这一来损失了一大半。王彦章也拆除了德胜南城的屋板，做成木筏顺河而下，两军各靠着河的一边，每每到河道弯曲的地方，经常就在中流碰上了发生战斗，满天的流箭如同下雨一样，有时候整条船都翻了，一天之内交战百余次之多，两边互有胜负。到了杨刘后，几乎都损失了一半的士卒。己巳日（二十六日），王彦章和段凝带领10万名的部众进攻杨刘，百路并进，日夜不停，又将9艘巨舰连接起来，横在河上的渡口，来断绝唐军的援兵。杨刘城几次将要沦陷，靠着李周合力地防守，和士卒们同甘共苦，最后王彦章还是无法攻下，就退到城的南边，修建相连的营寨来防守。

杨刘向皇帝告急，请求以每日行军百里的速度前去营救；皇帝就领兵前往援救，但说："有李周在那儿，还怕什么？"于是只每天行军60里，而且还没有停止田猎，六月，乙亥日（初二），来到了杨刘。梁兵所设下的壕沟、营垒有好几重，布防得很严密，根本无法攻下，皇帝很头痛，就问郭崇韬有什么好计策。郭崇韬回答说："如今彦章占据着河上渡口的要地，觉得这样就能毫不费力地攻下东平。实际情形是，假如我们的援军不往南去救援，东平的确就守不住。臣请求在博州的东岸建筑营垒来巩固河上的渡口，一方面可以接应东平的守军，另一方面也可以分散敌人的兵力。但是只怕彦章侦探到这消息，马上就来攻击我们，那城就建不起来了。希望陛下征召敢死的勇士，让他们每天向梁军挑战以牵制他们，如果彦章有10天不往东进军，那么城就可以建起来了。"那时李嗣源防守郓州，河北的消息都不通，人心逐渐地离散，眼看着就要保不住了。正好这时梁国的右先锋指挥使康延孝暗自地向嗣源请求投降。延孝是太原的胡人，曾经犯了罪，就逃往梁国，当时正隶属为段凝的部属。嗣源命押牙临漳人范延光送延孝密封的蜡书到皇帝的所在地去，延光就向皇帝报告说："杨刘的防务已经很稳固了，梁国的军队绝对无法攻下，臣请求在马家口修筑堡垒，好打通郓州的通道。"皇帝同意了他的建议，便派遣崇韬带领1万人在晚上出发，加倍赶路赶往博州，来到马家口后，渡过黄河，在南岸昼夜不停地筑城。这边皇帝在杨刘，和梁国的部队日夜不停地苦战。郭崇韬建造新城有6天了，王彦章听到消息，马上率领数万名的部队赶到，戊子日（十五日），猛攻新城，而且连接十几艘的巨舰横在黄河中的中流来阻断援军的通路。那时城墙才刚建好，高度还不够，土石也不牢固，又还没有城楼和其他的守备设施；郭崇韬鼓励士卒们，而且亲自带头，四面防御，又派秘密使者向皇帝告急。皇帝从杨刘亲领大军前来救援，在新城的西岸布阵，城内看到援军来了，士气大振，大声地喝骂梁军，梁军把连接船只的绳索砍断，撤回战舰；皇帝备船准备渡河，王彦章因此解除了对新城的包围，退守到邹家口，唐军从此就能和郓州互通消息了。

李嗣源偷偷地上表给皇帝，请求查办朱守殷战败的罪责，皇帝不听。

秋天，七月，丁未日（初五），皇帝领兵沿着黄河往南挺进，彦章等舍弃邹家口，又赶往杨刘。

戊午日（十六日），皇帝命骑将李绍荣一直攻打到梁军的营垒前，把梁军的斥候兵都捉走了，梁国人更害怕了，唐军又用着火的木筏焚烧梁军相连的船舰。王彦章听说唐国的皇帝已经带领部队到达邹家口，己未日（十七日），就放弃了对杨刘的包围，撤退到杨村驻守，唐兵从后追击，梁兵又退守德胜。梁兵前后猛攻各城，士卒遭到流矢、飞石击死的、掉到河里淹死的和中暑而死的，将近1万人，所抛弃的粮草、盔甲兵器、锅子帐幕数以千计。等到杨刘解围的时候，城内已经三天没东西吃了。

王彦章恨赵岩、张汉杰等扰乱国政，到了做了招讨使以后，对他的亲信们说："等我打胜了回来的时候，我必定要杀尽这些奸臣，好告谢天下人！"赵岩和张汉杰两个人听到了，彼此商量说："我们宁肯死在沙陀人的手中，也不可让王彦章来杀我们。"便两人合作想要扳倒王彦章。段凝素来妒忌彦章的才能，又谄媚附和赵、张两人，于是在军中动不动就和王彦章作对，千方百计阻挠他，担心他能立功，又暗中收集彦章的过失材料，向梁主打小报告。每每军队的捷报到达京城的时候，赵、张两人都归功于段凝，因此王彦章竟然连丝毫功劳都没有。到了后来退守到杨村的时候，梁主听信了谗言，又担心彦章立下了大功以后难以节制，于是就召他回大梁。特别派他率兵会同董璋进攻泽州。

中书侍郎、同平章事卢程拿私人的事情去请托兴唐府，府吏无法满足他的要求，卢程就鞭打他们，光禄卿兼兴唐少尹任团，是任圜的弟弟，也是皇帝堂姐的女婿，听说这事就跑去找卢程理论。卢程骂他说："你是什么东西？你想凭借裙带关系来压我不成！"任团只得跑去向皇帝报告。皇帝大怒，说："朕错任这个蠢物为宰相，他居然敢侮辱朕的九卿！"原本要让他自尽，后来好在卢质尽力营救他，就贬为右庶子。

裴约命密使向皇帝告急，皇帝说："我哥哥嗣昭不幸生了这个畜生，唯独裴约还能知道是非、忠奸。"回头对北京内牙马步军都指挥使李绍斌说："泽州是个弹丸之地，对朕也没有什么用处，你为我去把裴约救回来就好了。"八月，壬申日（初一），绍斌率领5000名甲士前往营救。援军未到，泽州城已被梁军攻陷，裴约也战死了，皇帝听说了深觉惋惜。

原先，梁主派遣段凝到黄河边去监督大军，敬翔和李振屡次向梁主请求免去段凝的职务，梁主说："段凝又没有什么过失。"李振说："假如等到他有过错，那国家就危险了。"到这时候，段凝就厚厚地贿赂赵岩和张汉杰两个人，请他们设法让自己做招讨使，敬翔和李振知道了，都极力反对。在赵岩、张汉杰的大力支持下，段凝最终代替王彦章担任北面招讨使，因而梁军的旧将们心里都愤愤不平，士卒们也觉得不服气。天下兵马副元帅张宗奭对皇帝说："臣做天下兵马副元帅，尽管老朽，自信还能替陛下抵御北方的敌人。段凝的出仕很晚，以前立下的功劳和声名都还不足以叫人心服，如今大家对他的新职都议论纷纷，这样下去担心会替国家带来忧患。"敬翔也劝皇帝说："将帅的人选关系国家的安危，如今国家的局势已经很危急了，陛下怎能不十分谨慎呢？"这些意见梁主都不肯理会。

戊子日（十七日），段凝带领全军大约有5万人在王村扎营，又从高陵津渡过黄河，在澶州的各县劫掠，一直前进到顿丘。

梁主派王彦章率领保銮骑士和其他的部队加起来大约1万人，驻扎在兖州、郓州的边境一带，打算要收复郓州，又派张汉杰前去监军。

戊戌日（十七日），康延孝带领百余名随从前来归降，皇帝解下身上穿的锦袍、玉带赐给他，而且委任他为南面招讨都指挥使，兼领博州刺史。皇帝屏退侍从，单独向康延孝询问梁国的状况，康延孝回答说："梁国的领地并不小，兵员也不算少。但是仔细考察他们的所作所为，将来必定是要灭亡的。为什么呢？梁主本身已经昏庸无能，赵岩、张汉杰兄弟又专权跋扈，对内结交宫中的近臣，对外又招权纳贿，任官职位的高低完全看所送贿赂的大小来决定，也不考核是否有才能、品德，也不计较过去所立功劳的大小。段凝智慧勇气什么都没有，一旦得势了，居然还位居王彦章、霍彦威之上，自打他掌兵以后，就只知道克扣军饷，好拿去巴结朝中的权贵。梁主每派出一支军队，又不能全权任命将帅，往往还派个近臣去监督，如此，将帅的作为总被监军牵制。最近又听说梁主准备下令数路出兵，命令董璋率领陕州、虢州、泽州、潞州等地的部队由石会关进逼太原，霍彦威带领汝州、鑫州的部队从相州、卫州、邢州、鑫州进攻镇州，定州，王彦章、张汉杰带领禁军进攻郓州，段凝、杜晏球则率领大军和陛下对抗，听说已经确定在十月大举进兵。依臣看，梁兵假如聚合在一起，可以说不算少，但是假如分成数路，那每一路的数量就不多了，陛下可以沉住气养精蓄锐，等到他们兵力分散了以后，带领精锐的骑兵5000人，从郓州直接攻到大梁，生擒住伪王，不出一个月，天下就可以平定了。"皇帝听了十分高兴。

　　蜀主委任文思殿大学士韩昭、内皇城使潘在迎和武勇军使顾在珣为狎客，陪侍蜀主游玩、宴会，和宫女们相杂而坐，或互相唱和淫艳歌曲，或打情骂俏，极尽粗鄙淫乱，蜀主却很高兴。在珣是顾彦朗的儿子。

　　当时枢密使宋光嗣等专制垄断国家的政事，肆无忌惮地作威作福，一个劲儿地迎合蜀主，来盗取国君的权力，宰相王锴和庾传素等又只知道保全自己的地位，也没有人敢规劝谏正。潘在迎常建议蜀主要把进谏的人杀掉，以免他们诋毁国家。嘉州司马刘赞呈献陈后主三阁图，而且做了一首歌讽劝蜀主；贤良方正蒲禹卿呈奏的对策所说的话也十分切要直爽；蜀主尽管没怪罪他们，但是也不能采纳他们的意见。

　　九月，庚戌日（初九），当天是重阳节，蜀主就在宣华苑宴请近臣，喝到酒酣耳热的时候，嘉王宗寿突然利用机会痛言国家将会危险了，而且激动得痛哭流泪。韩昭、潘在迎说："嘉王喝了酒后就常爱哭哭啼啼的。"于是大家都哈哈一笑就散了。

　　唐国自打德胜之役失利以后，损失的粮草有几百万之多，祖庸副使孔谦就横征暴敛，以供应军需，老百姓多四散逃亡，于是租税的收入就更减少了，仓库里的积蓄还不足半年的支出。泽州、潞州又无法攻克。卢文进、王郁多次率领契丹兵攻进瀛州、涿州一带，听说准备等到秋冬草木凋枯，河上结冰以后要深入国境攻击，又听到梁军也准备分几路大举入侵，皇帝十分忧愁，就召集将领们开会商量。宣徽使李绍宏等都觉得郓州城门以外的地区都是敌人的领地，形势孤立，路途又遥远，的确难以防守，有了还不如没有，建议拿来同梁国交换卫州和黎阳，然后双方订盟约，以黄河为界，这样可以休息生养军民，等到财力稍微宽裕后，再作打算。皇帝听了，十分不高兴，说："这样我就死无葬身之地了。"因此就教将领们都退下去，唯独把郭崇韬叫来，问他的意见。郭崇韬说："陛下不梳洗、不解甲，已经15年以上了，原意也是希望能洗刷国家的仇恨耻辱。如今已正式登基，定尊号了，河北的军民天天都在希望天下早日能够太平，我们才刚刚取得郓州这么一点点地方，竟然没办法守住而抛弃它，那么将来又怎能拥有整个中原呢？臣担心这一来整个部队都会解体了。将来粮食吃光了，部队也离散了，就算能和梁国划河为界，又让谁替陛下来防守呢？我曾经仔细询问过康延孝有关河南那边的情形，而且衡量双方的形势，日夜思考的结果，决定成败的关键一定就在今年。梁国如今把所有的精锐部队全部交给段凝指挥，扼守在我们的南方，又掘开黄河固守，认为我们这一下子绝对没有办法渡河，他们就凭借着这个不再防备。又命王彦章进攻郓州，意思是希望奸人在我们内部作乱。段凝原本也不是大将的材料，根本无法随机应变，做出适当的决策，这个人不值得担心。来降的人都说大梁根本没有什么守军，陛下假如留一部分部队守住魏州，而且固守杨刘，另外亲自带领精锐部队会同郓州的部队长驱直入，进攻汴梁，他们城中既然空虚，必定是一听到什么风吹草动就自行溃散了。假如能砍下伪主的脑袋，那么将领们自然就会投降了。假如不这样，今年的秋天作物收成不好，军粮已经快用尽了，陛下不下定决心，大功怎能完成！俗谚说：'在人来人往的路中间建房子，三年也建不成。'帝王随之而生，这一定有上天的旨意，关键就在陛下是不是自信。"皇帝说："你这说法正合我意，大丈夫成则为王，败则为寇，我决心下定了！"司天的官员启奏说："今年的天道不利于深入敌境，这样做必定不会有什么功效。"皇帝不听他的。

王彦章领兵渡过汶水，准备要进攻郓州，李嗣源命李从珂率领骑兵迎战，在递坊镇打败梁军的先锋部队，而且掳获了300名将士，另外斩杀了200人，王彦章退守到中都。戊辰日（二十七日），捷奏传到朝城，皇帝十分高兴，对郭崇韬说："郓州已经传来捷报，这可以鼓舞我们的士气。"己巳日（二十八日），命令把将士们把家属都送回兴唐。

冬天，十月，辛未朔日（初一），发生日食。

皇帝命魏国夫人刘氏和皇子继岌回兴唐，而且和他们诀别，说："事情的成败，就在这一次决定；假如不能成功的话，你们把家人都聚在魏宫，之后引火自焚！"到达郓州，半夜的时候，又领兵渡过汶水，委任李嗣源为先锋，甲戌日（初四）的清晨，遇上梁军，一战打下来，就把对方攻克了，而且乘胜追击到中都，把中都城团团围住，城中没有防备，过了一会儿，梁兵就向外突围，唐军从后追击，又把他们打败了。王彦章率领几十名跟从逃走，龙武大将军李绍奇单枪匹马追他，听出他的声音，说："这是王铁枪！"便拔出长矛刺他，王彦章受了重伤，马又跌倒了，就被活捉了，唐军另外还生擒了都监张汉杰、曹州刺史李知节、副将赵延隐、刘嗣彬等两百多人，同时斩杀了千个首级。

王彦章曾经对人说："李亚子只不过是个斗鸡的小鬼头而已，有什么值得害怕的！"到这时候，皇帝问他说："你经常说我是小鬼头，今天服气不服气？"又问他说："你号称是一名出色的将领，怎么不会守兖州？中都也无壁垒城墙，你怎么防守呢？"彦章回答他说："我们已失去天命，如今没什么好说的了。"皇帝爱惜王彦章的才干，想收用他，就赐药给他疗伤，而且几次派人去向他招降。王彦章说："我原本是一个小老百姓，蒙受了梁国的恩泽，被晋升为上将，和你唐国的皇帝交战了15年；如今战败被俘虏了，死是我的本分，就算皇帝可怜我要让我活下去，我又有什么面目去见天下的人呢？难道能早上还是梁国的大将，到了夜晚就变成唐国的臣子？这是我所不肯做的事。"皇帝又命李嗣源亲自去游说他，王彦章躺着对李嗣源说："你不是邈佶烈吗？"王彦章向来轻视李嗣源，因而叫他小名。诸将领们都向皇帝祝贺这次的胜利，皇帝举酒对李嗣源说："如今的成功，都是你和郭崇韬的贡献，以前我如果听信绍宏等人的话，大事就去了。"

皇帝又对将领们说："以前所担心的只有王彦章，如今他已被我们活捉了，这是上天的旨意要覆灭梁国。段凝还在黄河边上，往后我们大军的行动，应该再攻击什么地方比较好？"诸将都觉得："尽管传说大梁没有什么防备，但是真正的虚实我们却没有办法确定。如今梁国在东方的各城，原有的部队都被征调在段凝的手下，所剩下的只是一个空城，假如以陛下的天威前去的话，没有攻不下的。假如能先扩大我们的领土，往东一直达到海边，之后伺机而动，这样就是万全之策了。"康延孝则竭力建议立刻攻取大梁。李嗣源也说："用兵贵在神速。如今王彦章被我们活捉了，段凝那边未必知道；哪怕有人跑去告诉他，将信将疑、犹豫之间，恐怕也要3天才能做出决定。如果他们知道了我们的动向，即刻派出救兵，要走直路，就会被他们自己所决开的黄河所阻挡，必定要从白马才能渡到河的南岸，几万人的部队，渡河的船只恐怕一下子也无法准备齐全。而我们从这儿到大梁十分近，前面又没有山川险阻，就算排成方阵的部队也能横着走，假如日夜加倍赶路，两三天就可以到达。段凝还没有离开黄河边，朱友贞就会被我们生擒了，康延孝所说的极为正确，请陛下带领大军慢慢前进，臣愿意率领1000名骑兵打先锋。"皇帝同意了他的建议。出师的命令下达后，各部队都欢喜雀跃，愿意马上出击。

当晚，李嗣源带领先锋部队兼程赶往大梁。乙亥日（初五），皇帝从中都出发，带着王彦章随从，又命中使去问王彦章说："我这次出击能攻下大梁吗？"王彦章回答："段凝还有3万名精兵，尽管主将并不是适当的人才，但是也不至于一下子就背叛，我看你们攻不下。"皇帝知道他是必定不肯投顺唐国了，就下令把他斩杀了。

丁丑日（初七），唐军来到曹州，梁国的守将归降。

王彦章部队的败兵有人先赶到大梁，向梁主报告说："王彦章已经被生擒了，唐军长驱直入，马上就要到了。"梁主聚集族人，痛哭说："国家的命运完了！"然后召集群臣，询问对策，群臣都没有办法回答。梁主对敬翔说："朕以前常常忽视你的建议，才会有今天。现在事情已经很紧迫了，你千万不要再抱怨了，如今的情形该怎么办？"敬翔哭着回答说："臣受到先帝的厚恩，几乎有30多年了，名义上是国家的宰相，实际是朱家的老奴，侍奉陛下就好像家奴事奉少主人一样。臣从前几次向陛下建议，无非是想尽奴才的忠心而已。陛下开始任用段凝的时候，臣曾经竭力地表示绝对不适宜，朝中小人又朋比为奸，以至于出现现在这个局面。如今唐兵马上就要攻到了，段凝的大军被阻隔在黄河以北，无法前来救援。臣想要请陛下暂时出行逃避，陛下必定不肯；如果要陛下出个奇策和敌人决一死战，陛下也必定没有办法很果断地做出决定；就算张良、陈平再活过来，又有谁能

洛阳石刻

为陛下出个好计策呢？臣愿意请陛下先赐我死，臣实在不忍心看到宗庙被毁灭。"因此就和梁主相对恸哭。

当时大梁城中还有几千名控鹤军，朱珪请求带领他们出城迎战，梁主没答应，下令开封尹王瓒驱使老百姓登城驻守。

梁主怀疑他的兄弟们会乘危作乱，就把他们和皇弟贺王友雍、建王友徽通通杀了。

梁主登上建国门，亲自挑选了亲信，厚给赏赐，然后让他们穿上百姓的衣服，带着蜡封的诏书，前去催促段凝的部队，可是求救的人刚一离开京城，就私自逃命去了。有人请求梁主到洛阳去，再召集各路人马抵御唐军，唐军就算夺取了都城，必定不能长久停留。又有人请皇帝赶到段凝的军中去，控鹤都指挥使皇甫麟说："段凝原本也不是大将的人才，他的官职是由于得到陛下的宠幸才升任的，现在危急窘迫的时候，望他临机应变而得胜、挽回颓败而建功，恐怕很难。而且段凝听说彦章兵败，他的胆子早已吓破了，又怎能料到他一定会替陛下效死力呢？"赵岩说："局势已经是这样了，陛下如果下了此楼，又有哪个是靠得住的！"梁主这才作罢。又召唤宰相来商议，郑珏主张由他带着传国宝向唐军诈降，以此来舒缓国家的灾难，梁主问他："今天我当然不会再舍不得这宝物，但是依你这个计策，问题就能够解决吗？"郑珏低着头沉吟了许久，最后只好说："恐怕解决不了。"旁边的近臣们听了，都缩着脖子偷笑。梁主昼夜哭泣，不知道该怎么办；把传国宝放在卧房内，然后竟然发现丢了，原本是已被左右的近臣偷走去迎接唐军了。

赵岩对侍从们说："我以前对温许州一向很好，想他不至于背弃我。"就逃奔往许州去。

梁主对皇甫麟说："李氏是我们的世代的仇敌，我绝对没有向他投降的道理，我不能等着他来杀我，我又没有勇气自杀，你可以帮我砍下脑袋。"皇甫麟哭着说："臣替陛下挥剑杀唐军，这个能做到，要杀陛下，臣不敢奉命。"梁主说："你难道想出卖我吗？"皇甫麟要先自杀，梁主拉住他说："朕和你一同死。"皇甫麟就先杀了梁主，然后自杀而死。梁主的为人，温恭俭约，没有什么荒淫的过失，只由于宠信赵岩、张汉杰等小人，让他们作威作福，又疏远了敬翔、李振等旧臣，不肯听他们的话，最终难逃败亡的命运。

己卯日（初九）早晨，李嗣源的部队来到大梁，进攻封丘门，王瓒开门出来投降，嗣源进城以后，就先安慰军民等。当天，皇帝从梁门入城，梁国的文武百官都到马前迎接,拜伏在地请罪。皇帝慰劳他们,让他们先恢复原有职位安顿。李嗣源来迎接并向皇帝恭贺,皇帝高兴得都有点禁不住了,手拉着李嗣源的衣服,用头碰它说:"我能取得天下,都是你们父子努力的功劳,未来这天下我就和你们共同分享。"皇帝下令打探梁主的下落,不久,就有人拿他的头来进献。

李振对敬翔说:"听说有命令都免去我们的罪,要不要一同去朝见新君呀!"敬翔回答说:"我们两人是梁国的宰相,国君昏庸不正,国家灭亡不能挽救,新君假如拿这事问我们,我们要怎么回答?"当天还没亮的时候,有人来报告敬翔说:"崇政李太保已经入宫朝见了。"敬翔叹了口气说:"李振枉费他还是一个男子汉大丈夫!朱氏和新君世代为仇敌,如今我们国家亡了,国君死了,就算新君不降罪诛杀我们,我们又有何面目进入皇宫的建国门呢?"于是就上吊了。

庚辰日(初十),梁国的百官又到朝堂上请罪,皇帝下诏赦免他们。

赵岩到达许州,温昭图迎接他回府第后,就斩下脑袋来进献唐国,还把他所携带的财货都私吞了。昭图又恢复原来的名字韬。

辛巳日(十一日),皇帝下诏让王瓚收朱友贞的尸,停灵在佛寺,又将他的脑袋上漆,用盒子装起来,藏在太社中。

段凝由滑州渡过黄河入京救援,委任诸军排陈使杜晏球为前锋;到达封丘的时候,和李从珂的部队相逢了,晏球首先投降。壬午日(十二日),段凝带领5万名的部众到达封丘,也解除武装,请求归降。段凝带领诸大将们到皇帝的宫阙外请罪,皇帝犒劳并赏赐他们,并且抚慰士卒,让他们各自回驻地去。段凝在公卿中间出入,洋洋得意!毫无羞愧的意思,梁国的老臣们看到了都恨不得挖他的心。

段凝、杜晏球提议说:"伪梁的重要人物赵岩、赵鹄、张希逸、张汉伦、张汉杰、张汉融、朱圭等人,窃权作威作福,残害群臣百姓,必须诛杀他们。"

宋州节度使袁象先率先入朝,陕州留后霍彦威也随后着入朝。象先带了珍奇的财货有几十万,到了京中到处贿赂刘夫人和权贵、伶人、宦官等,10天之后,朝廷内外的人都竞相赞誉他,因而就特别得到皇帝的恩宠。

庚寅日(二十日),豆卢革由魏州到达大梁。甲午(二十四日),加封郭崇韬兼侍中,又兼领成德节度使。郭崇韬兼掌朝廷内外大小事务,对皇帝呈献谋划,规劝过失,都能竭心尽力,毫无保留,也往往向皇帝推荐人才,豆卢革只是坐享成功而已，实际上并没什么作为。

乙酉日，梁国西都留守河南尹张宗奭到大梁来进见，又把名字恢复为全义，向皇帝进献的财物马匹数以千计，皇帝命令皇子继岌和皇弟存纪等以兄礼事奉宗奭。皇帝原本要掘开梁太祖的坟墓，毁掉他的棺木，焚烧他的尸体，全义向皇帝建议说："朱温尽管是国家的深仇大敌，但是这人已死了，刑戮也无法再加到他身上了，杀灭他的族人，已足够报仇了，臣请求不要毁棺焚尸，也算是显示陛下圣王的恩泽。"皇帝听从他的建议，后来只铲去了坟墓的阙室，并除掉了坟堆和墓树。

楚王马殷命他的儿子牙内马步都指挥使马希范进京朝见，呈缴洪、鄂行营都统的印信，而且献上本道将领、官吏的名籍册。

荆南节度使高季昌听说皇帝平灭了梁国，为了避唐国的庙讳，就更改叫季兴，想要亲自入朝；梁震建议说："唐国有倾吞天下的野心，我们若整编军队、据险防守，还怕没有办法自保，何况是离开几千里路前去入朝呢！并且您算来也是朱氏的旧将，我们怎能预料他们不会把你当仇敌看待呢？"季兴不听。

皇帝命使者把灭梁的事告诉吴、蜀两国，两国都觉得担心。徐温怪严可求说："你上次阻止我的计谋，现在可要怎么办？"严可求笑着说："我听说唐主刚得中原，意气骄傲自满，统领部下也没有什么法度，我看不出几年，内部必定会发生变乱，我们只要用卑下的言辞，厚重的礼物奉承他，暂时保全国境、安定百姓，再等待机会。"唐使带来的文书称作诏，吴国人不肯接受，皇帝把它更换了，用对等国的礼，称"大唐皇帝致书予吴国主"，吴国人回书称呼"大吴国主上大唐皇帝"，文辞和礼仪都比较像上给皇帝的笺表。

吴国有人报告寿州团练使钟泰章侵占、盗卖公家的马匹，徐知诰就用吴王的命令，命滁州刺史王稔巡视霍丘，于是就代泰章为寿州团练使，另外委任钟泰章为饶州刺史。徐温把钟泰章召到金陵，派陈彦谦去责问了他好几次，钟泰章都不理。有人问钟泰章说："你怎么不肯自我表白？"钟泰章说："我在扬州，10万大军中号称壮士，寿州距离淮水不过几里路，部队不下5000名，假如我有异志的话，哪里是王稔单独一个人就能把我代换掉的，我自认没有背负国家，就算降为县令我都愿意上任，何况刺史呢！又何必自我表白来显示朝廷的过失呢？"徐知诰想用法令整顿将领们，就请求拘捕泰章治罪。徐温说："我假如不是泰章的话，早就死在张颢的手中，今天富贵了，怎能背负他呢？"于是命令知诰替儿子景通娶泰章的女儿，这样来消除两人之间的猜忌。

彗星在舆鬼五星一带出现，长有1丈多，蜀国的司天监报告说国家将会有大灾害。蜀主下诏在玉局化设置道场，右补阙张云上疏，觉得："这是百姓怨恨之气上达于天，因此彗星出现，这是亡国的征象，不是作法祈福就能够消除的。"蜀主大怒，就把张云流放到黎州，张云后来死在路上。

皇帝自幼就善于音律，所以伶人多得到宠幸，经常随侍在左右；皇帝有时还自傅粉墨，与伶人们一起在庭中嬉戏，来取悦刘夫人，艺名叫做"李天下"。有一次由于扮演优，就自己叫着"李天下、李天下"，伶优人敬新磨突然赶上去打了他一个耳光，皇帝大惊失色，旁边的伶人们也吓了一大跳，新磨却从容地说："治理天下的只有一个人，还要叫谁呀！"皇帝一听十分高兴，就厚赏了他。皇帝曾经在中牟打猎，践踏了老百姓的庄稼，中牟令拦在马前进谏说："陛下是天下百姓的父母，为什么要毁掉他们的食粮，让他们流散而转死在沟壑中呢？"皇帝大怒，把他喝退下去，打算要杀他。敬新磨追上去把他捉回皇帝的马前，责怪他说："你是县令，难道不知道我们天子好打猎吗？你为什么放纵老百姓四处耕种，而妨害了天子驰骋打猎呢？你的罪真该死！"因此就向皇帝请求行刑，皇帝听了自己也觉得好笑，就把县令放了。

诸伶人出入宫禁，欺侮戏弄缙绅朝臣，群臣们都很愤慨，但是没人敢言，也有反而逢迎依附他们，希望能因此得到皇帝的恩宠的，各地的藩镇则竞相以财货贿赂结交他们。其中最为败坏朝政，残害忠良的，首先要算景进了。景进喜欢收集外头街面上的琐细小事呈报皇帝，皇帝也很想知道外头的事，就任命景进充当他的耳目。景进每次入宫奏报的时候，皇帝经常屏退左右的近臣再问他，因此景进得以施其逸惑奸诈的伎俩，干预国家的政事，从将相大臣以下没有不怕他的，孔谦经常以兄礼侍奉他。

癸卯日（初三），河中节度使朱友谦入朝，皇帝宴请他，而且赏赐了很多东西。

乙巳日（初五），赐给朱友谦姓名叫李继麟，而且让继岌以兄礼侍奉他。

委任康延孝为郑州防御使，并且赐姓名叫李绍琛。

匡国节度使温韬进京朝见，皇帝赐他姓名叫李绍冲。李绍冲带了很多金银布帛贿赂刘夫人和权贵、伶人、宦官等。10天后，皇帝又命他回驻守地。郭韬说："国家替唐朝洗雪耻辱，温韬差不多把唐朝天子的陵墓都挖，他的罪行可以说和朱温相等，怎么能再让他镇守藩镇呢？这样天下的义士们会怎么看我们?"皇帝说:"我们进入汴梁的时候,已经赦免他们的罪了。"最终还是命他回驻地去了。

戊申日(初八),中书上奏说:"国家的财用还不丰裕,请暂且留下三省、寺和监官,其余的一律停用,等现任的官员满25个月后,顺次递补;西班武官从上将军以下,也请命令枢密院准此办理。"皇帝同意了,但是这一来大家都报怨。

有人建议说,郭崇韬是由于功臣而拜相,并不了解朝廷的典章制度,应该再用个前朝的名家辅佐他。有人推举礼部尚书薛廷圭、太子少保李琪,这两人曾经是册封太祖时的册礼使,都是年高德劭,又有文采,应当委任为宰相。郭崇韬却向皇帝启奏说廷圭为人浮华,无宰相的才干,李琪则为人偏颇险恶,无士人君子的风度,反倒是尚书左丞赵光胤为人廉洁方正,在梁国未亡之前,北人都赞许他有宰相的气度。豆卢革则推举礼部侍郎韦说熟悉朝廷的典章制度。丁巳日(十七日),委任赵光胤为中书侍郎,与韦说都同平章事。光胤是赵光逢的弟;韦说是韦岫的儿子;薛廷圭是薛逢的儿子。光胤生性轻率,爱自夸;韦说则谨慎,只能守常而已。

赵光逢自从在梁国被罢相之后,闭门不和宾客交往,光胤经常见他,不免就谈到政事;后来,赵光逢在门上写上:"请不要谈论中书的事情。"

租庸副使孔谦很害怕张宪专霸租庸使的事务,就对郭崇韬说:"东京是重要的地方,必定要派大臣去驻守,这适当的人选非张公不可。"崇韬于是奏请皇帝委任张宪为东京副留守,管理留守的事务。戊午日(十八日),皇帝委任豆卢革兼任租庸使,并兼诸道盐铁转运使。孔谦越发失望。

己未日(十九日),委任张全义为代理尚书令,高季兴为代理中书令。那时候,季兴正好入朝,皇帝对他十分地优厚,从容问他说:"朕想要对吴、蜀两国用兵,照你看应该先对付哪一个?"季兴认为蜀国道路险阻,比较难攻,于是就回答说:"吴国土地狭小,百姓又穷困,就算攻下来了,也没有什么益处,不如先进攻蜀国。蜀国土地富饶,加上国君荒淫,百姓报怨,攻讨它的话,一定能攻下。攻下蜀国后,再顺流东下,要攻取吴国就易如反掌。"皇帝说:"对!"

庚辰日(十一日),御史台上奏说:"朱温篡逆,删改本朝的《律令格式》,而且把本朝的原本通通收集去焚烧了,现在台司和刑部、大理寺所用的都是伪朝的法令。听说定州的府库中还藏有本朝的《律令格式》，请求皇上下诏抄录进呈。"皇帝同意了。

李继韬听到皇帝灭了梁国，又担心又害怕，不知道要怎么办，原本打算要往北逃往契丹，正好皇帝下诏征召他到京城去；李继韬打算出发，他的弟弟继远说："哥哥你已是号称造反了，去了又何地自容！去与不去还不是一样，不如巩固营垒，坐吃储积的粮食，还能延长一段岁月，如果入朝，必定马上就死。"有人则对李继韬说："先令公对国家有过大功劳，皇上对您又是叔父之亲，您去了必定没事。"李继韬的母亲杨氏，素来很会攒积钱财，家产有百万之多，于是继韬就和杨氏同行，所带的银子就有40万两，其他的财货也差不多有这个价值，等到京城后就大肆地贿赂、馈赠。因此伶人和宦官都争相替他说情，说："李继韬原本也没有什么邪恶的阴谋，只是被奸人迷惑而已。嗣昭是至亲，又贤能，不能没有后嗣。"杨氏又入宫觐见皇帝，哭着请求赦免李继韬的死罪，又抬出先人来说情；又另外哀求刘夫人，刘夫人也帮着说情。到了李继韬进宫请罪，皇帝就赦免他了，李继韬留在京城有一个多月，几次都随从出游打猎，皇帝还是如同过去一样宠幸他。皇弟义成节度使、同平章事存渥痛斥李继韬，李继韬心里越发觉得不安，又贿赂左右近臣请求回镇地去，皇帝不答应。李继韬偷偷地派人给他弟弟继远送信，让军士们放火作乱，希望天子能再派他前往安抚，但是事情败露了，辛巳日（十二日），皇帝把他贬为登州长史，不久又把他连同两个儿子在天津桥南斩杀了。又命使者到上党斩杀李继远，又委任李继达充任军城巡检。

甲申日（十五日），吴王又命司农卿洛阳人卢苹出使唐国，严可求事先猜皇帝会问什么话，先教给苹该怎么回答。卢苹到了唐国，竟然一切都如可求所预料的一样。苹回国后，启禀说唐主沉迷于出游打猎，又吝惜钱财，不听忠谏，朝廷内外都有怨言。

高季兴在洛阳，皇帝身旁的伶官再三向他索求财物，而且贪得无厌，季兴对这件事十分愤怒。皇帝想要把季兴留下来，郭崇韬进谏说："陛下刚刚才得到天下，各地诸侯只不过派遣子弟或将领们入贡，只有高季兴亲自入朝，应该特别褒奖他，来鼓励以后的人；如果硬把他留下来，不仅背弃了信义，又将使天下的人因而失望，这样恐怕不是好办法。"于是皇帝就差遣季兴回去。季兴兼程赶路回去，到了许州，对左右随从说："这次来有两个失误：我去拜见唐天子是一失误，他又放我回来是二失误。"途经襄州的时候，节度使孔勋留他下来关宴请他，半夜，季兴冲开关门，不辞而别。丁酉日（二十八日），来到江陵，握着梁震的手说："没听你的话，差一点无法逃出虎口。"又对部将们说："新朝经过百战才取得河南，但是竟然举手对功臣们说：'我在十指上得到天下'，自己那么矜夸自己的本事，那别人不都是毫无功劳了，属下怎么能不离心呢？又沉溺于打猎和女色，这样下去，怎能能够长久呢？我没有什么好担心的了。"因此修筑城池，蓄积粮食，又招募过去梁国的士卒，做防守的准备。

高季兴

后唐纪三　明宗圣德和武钦孝皇帝上之上
天成元年（丙戌、926年）

河中节度使、尚书令李继麟自恃与帝故旧，且有功，帝待之厚，苦诸伶宦求丐无厌，遂拒不与。大军之征蜀也，继麟阅兵，遣其子令德将之以从。景进与宦官谮之曰："继麟闻大军起，以为讨己，故惊惧，阅兵自卫。"又曰："崇韬所以敢倔强于蜀者，与河中阴谋，内外相应故也。"继麟闻之惧，欲身入朝以自明，其所亲止之，继麟曰："郭侍中功高于我。今事势将危，吾得见主上，面陈至诚，则谗人获罪矣。"癸亥，继麟入朝。

魏王继岌将发成都，令任圜权知留事，以俟孟知祥。诸军部署已定，是日，马彦珪至，以皇后教示继岌，继岌曰："大军垂发，彼无衅端，安可为此负心事！公辈勿复言。且主上无敕，独以皇后教杀招讨使，可乎？"李从袭等泣曰："既有此迹，万一崇韬闻之，中涂为变，益不可救矣。"相与巧陈利害，继岌不得已从之。甲子旦，从袭以继岌之命召崇韬计事，继岌登楼避之。崇韬方升阶，继岌从者李环挝碎其首，并杀其子廷诲、廷信。外人犹未之知。都统推官饶阳李崧谓继岌曰："今行军三千里外，初无敕旨，擅杀大将，大王奈何行此危事！独不能忍之至洛阳邪？"继岌曰："公言是也，悔之无及。"崧乃召书吏数人，登楼去梯，矫为敕书，用蜡印宣之，军中粗定。崇韬左右皆窜匿，独掌书记滏阳张砺诣魏王府恸哭久之。继岌命任圜代崇韬总军政。

魏王通谒李廷安献蜀乐工二百余人，有严旭者，王衍用为蓬州刺史，帝问曰："汝何以得刺史？"对曰："以歌。"帝使歌而善之，许复故任。

马彦珪还洛阳，乃下诏暴郭崇韬之罪，并杀其子廷说、廷让、廷议，于是朝野骇愕，群议纷然，帝使宦者潜察之。保大节度使睦王存乂，崇韬之婿也；宦者欲尽去崇韬之党，言"存乂对诸将攘臂垂泣，为崇韬称冤，言辞怨望。"庚辰，幽存乂于第，寻杀之。

景进言："河中人有告变，言李继麟与郭崇韬谋反；崇韬死，又与存乂连谋。"宦官因共劝帝速除之，帝乃徙继麟为义成节度使，是夜，遣蕃汉马步使朱守殷以兵围其第，驱继麟出徽安门外杀之，复其姓名曰朱友谦。友谦二子，令德为武信节度使，令锡为忠武节度使；诏魏王继岌诛令德于遂州，郑州刺史王思同诛令锡于许州，河阳节度使李绍奇诛其家人于河中。绍奇至其家，友谦妻张氏帅家人二百余口见绍奇，曰："朱氏宗族当死，愿无滥及平人。"乃别其婢仆百人，以其族百口就刑。张氏又取铁券以示绍奇曰："此皇帝去年所赐也，我妇人，不识书，不知其何等语也。"绍奇亦为之惭。友谦旧将史武等七人，时为刺史，皆坐族诛。

时洛中诸军饥窘，妄为谣言，伶官采之以闻于帝，故朱友谦、郭崇韬皆及于祸。成德节度使兼中书令李嗣源亦为谣言所属，帝遣朱守殷察之；守殷私谓嗣源曰："令公勋业振主，宜自图归藩以远祸。"嗣源曰："吾心不负天地，祸福之来，无所可避，皆委之于命耳。"时伶宦用事，勋旧人不自保，嗣源危殆者数四，赖宣徽使李绍宏左右营护，以是得全。

魏王继岌留马步都指挥使陈留李仁罕、马军都指挥使东光潘仁嗣、左厢都指挥使赵廷隐、右厢都指挥使浚仪张业、牙内指挥使文水武璋、骁锐指挥使平恩李廷厚戍成都。甲申，继岌发成都，命李绍琛帅万二千人为后军，行止常差中军一舍。

魏博指挥使杨仁晸，将所部兵戍瓦桥，逾年代归，至贝州，以邺都空虚，恐兵至为变，敕留屯贝州。

时天下莫知郭崇韬之罪，民间讹言云："崇韬杀继岌，自王于蜀，故族其家。"朱友谦子建徽为澶州刺史，帝密敕邺都监军史彦琼杀之。门者白留守王正言曰："史武德夜半驰马出城，不言何往。"又讹言云："皇后以继岌之死归咎于帝，已杀帝矣，故急召彦琼计事。"人情愈骇。

杨仁晸部兵皇甫晖与其徒夜博不胜，因人情不安，遂作乱，劫仁晸曰："主上所以有天下，吾魏军力也；魏军甲不去体，马不解鞍者十余年，今天下已定，天子不念旧劳，更加猜忌，远戍逾年，方喜代归，去家咫尺，不使相见。今闻皇后弑逆，京师已乱，将士愿与公俱归，仍表闻朝廷。若天子万福，兴兵致讨，以吾魏博兵力足以拒之，安知不更为富贵之资乎！"仁晸不从，晖杀之；又劫小校，不从，又杀之。效节指挥使赵在礼闻乱，衣不及带，逾垣而走，晖追及，曳其足而下之，示以二首，在礼惧而从之。乱兵遂奉以为帅，焚掠贝州。晖，魏州人；在礼，涿州人也。诘旦，晖等拥在礼南趣临清、永济、馆陶，所过剽掠。

壬辰晚，有自贝州来告军乱将犯邺都者，都巡检使孙铎等亟诣史彦琼，请授甲乘城为备。彦琼疑铎等有异志，曰："告者云今日贼至临清，计程须六日晚方至，为备未晚。"孙铎曰："贼既作乱，必乘吾未备，昼夜倍道，安肯计程而行！请仆射帅众乘城，铎募劲兵千人伏于王莽河逆击之，贼既势挫，必当离散，然后可扑讨也。必俟其至城下，万一有奸人为内应，则事危矣。"彦琼曰："但严兵守城，何必逆战！"是夜，贼前锋攻北门，弓弩乱发。时彦琼将部兵宿北门楼，闻贼呼声，即时惊溃。彦琼单骑奔洛阳。

癸巳，贼入邺都，孙铎等拒战不胜，亡去。赵在礼据宫城，署皇甫晖及军校赵进为马步都指挥使，纵兵大掠。进，定州人也。

王正言方据案召吏草奏，无至者，正言怒，其家人曰："贼已入城，杀掠于市，吏皆逃散，公尚谁呼！"正言惊曰："吾初不知也。"又索马，不能得，乃帅僚佐步出府门谒在礼，再拜谢罪，在礼亦拜，曰："士卒思归耳，尚书重德，勿自卑屈！"慰谕遣之。

众推在礼为魏博留后，具奏其状。北京留守张宪家在邺都，在礼厚抚之，遣使以书诱宪，宪不发封，斩其使以闻。

郭崇韬之死也，李绍琛谓董璋曰："公复欲咕嗫谁门乎？"璋惧，谢罪。魏王继岌军还至武连，遇敕使，谕以朱友谦已伏诛，令董璋将兵之遂州诛朱令德。时绍琛将后军在魏城，闻之，以帝不委己杀令德而委璋，大惊。俄而璋过绍琛军，不谒。绍琛怒，乘酒谓诸将曰："国家南取大梁，西定巴、蜀，皆郭公之谋而吾之战功也；至于去逆效顺，与国家犄角以破梁，则朱公也。今朱、郭皆无罪族灭，归朝之后，行及我矣。冤哉，天乎！奈何！"绍琛所将多河中兵，河中将焦武等号哭于军门曰："西平王何罪，阖门屠脍！我属归则与史武等同诛，决不复东矣。"是日，魏王继岌至泥溪，绍琛至剑州遣人白继岌云："河中将士号哭不止，欲为乱。"丁酉，绍琛自剑州拥兵西还，自称西川节度、三川制置等使，移檄成都，称奉诏代孟知祥，招谕蜀人，三日间众至五万。

继岌闻之，以任圜为副招讨使，将步骑七千，与都指挥使梁汉颙、监军李延安追讨之。

李绍荣至邺都，攻其南门，遣人以敕招谕之，赵在礼以羊酒犒师，拜于城上，曰："将士思家擅归，相公诚善为敷奏，得免于死，敢不自新！"遂以敕遍谕军士。史彦琼戟手大骂曰："群死贼，城破万段！"皇甫晖谓其众曰："观史武德之言，上不赦我矣。"因聚噪，掠敕书，手坏之，守陴拒战。绍荣攻之不利，以状闻，帝怒曰："克城之日，勿遗噍类！"大发诸军讨之。壬寅，绍荣退屯澶州。

甲辰夜，从马直军士王温等五人杀军使，谋作乱，擒斩之。从马直指挥使郭从谦，本优人也，优名郭门高。帝与梁相拒于得胜，募勇士挑战，从谦应募，俘斩而还，由是益有宠。帝选诸军骁勇者为亲军，分置四指挥，号从马直，从谦自军使积功至指挥使。郭崇韬方用事，从谦以叔父事之，睦王存乂以从谦为假子。及崇韬、存乂得罪，从谦数以私财飨从马直诸校，对之流涕，言崇韬之冤。及王温作乱，帝戏之曰："汝既负我附崇韬、存乂，又教王温反，欲何为也？"从谦益惧。既退，阴谓诸校曰："主上以王温之故，俟邺都平定，尽坑若曹。家之所有宜尽市酒肉，勿为久计也。"由是亲军皆不自安。

丁未，李绍荣以诸道兵再攻邺都。庚戌，裨将杨重霸帅众数百登城，后无继者，重霸等皆死。贼知不赦，坚守无降意。朝廷患之，日发中使促魏王继岌东还。继岌以中军精兵皆从任圜讨李绍琛，留利州待之，未得还。

李绍荣讨赵在礼久无功；赵太据邢州未下。沧州军乱，小校王景戡讨定之，因自为留后；河朔州县告乱者相继。帝欲自征邺都，宰相、枢密使皆言京师根本，车驾不可轻动，帝曰："诸将无可使者"。皆曰："李嗣源最为勋旧"。帝心忌嗣源，曰："吾惜嗣源，欲留宿卫。"皆曰："他人无可者"。

壬戌，李嗣源至邺都，营于城西南；甲子，嗣源下令军中，诘旦攻城。是夜，从马直军士张破败作乱，帅众大噪，杀都将，焚营舍。诘旦，乱兵逼中军，嗣源帅亲军拒战，不能敌，乱兵益炽。嗣源叱而问之曰："尔曹欲何为？"对曰："将士从主上十年，百战以得天下。今主上弃恩任威，贝州戍卒思归，主上不赦，云'克城之后，当尽坑魏博之军'；近从马直数卒喧竞，遽欲尽诛其众。我辈初无叛心，但畏死耳。今众议欲与城中合势击退诸道之军，请主上帝河南，令公帝河北，为军民之主。"嗣源泣谕之，不从。嗣源曰："尔不用吾言，任尔所为，我自归京师。"乱兵拔白刃环之，曰："此辈虎狼也，不识尊卑，令公去欲何之！"因拥嗣源及李绍真等入城，城中不受外兵，皇甫晖逆击张破败，斩之，外兵皆溃。赵在礼帅诸校迎拜嗣源，泣谢曰："将士辈负令公，敢不惟命是听！"嗣源诡说在礼曰："凡举大事，须藉兵力，令外兵流散无所归，我为公出收之。"在礼乃听嗣源、绍真俱出城，宿魏县，散兵稍有至者。

汉州无城堑，树木为栅。乙丑，任圜进攻其栅，纵火焚之，李绍琛引兵出战于金雁桥，兵败，与十余骑奔绵竹，追擒之。孟知祥自至汉州犒军，与任圜、董璋置酒高会，引李绍琛槛车至座中，知祥自酌大卮饮之，谓曰："公已拥节旄，又有平蜀之功，何患不富贵，而求入此槛车邪！"绍琛曰："郭侍中佐命功第一，兵不血刃取两川，一旦无罪族诛；如绍琛辈安保首领！以此不敢归朝耳。"魏王继岌既获绍琛，乃引兵倍道而东。

孟知祥获陕虢都指挥使汝阴李肇、河中都指挥使千乘侯弘实，以肇为牙内马步都指挥使，弘实副之。蜀中群盗犹未息，知祥择廉吏使治州县，蠲除横赋，安集流散，下宽大之令，与民更始。遣左厢都指挥使赵廷隐、右厢都指挥使张业将兵分讨群盗，悉诛之。

李嗣源之为乱兵所逼也，李绍荣有众万人，营于城南，嗣源遣牙将张虔钊、高行周等七人相继召之，欲与共诛乱者。绍荣疑嗣源之诈，留使者，闭壁不应。及嗣源入邺都，遂引兵去。嗣源在魏县，众不满百，又无兵仗；李绍真所将镇兵五千，闻嗣源得出，相帅归之，由是嗣源兵稍振。嗣源泣谓诸将曰："吾明日当归藩，上章待罪，听主上所裁。"李绍真及中门使安重诲曰："此策非宜。公为元帅，不幸为凶人所劫；李绍荣不战而退，归朝必以公藉口。公若归藩，则为据地邀君，适足以实谗慝之言耳。不若星行诣阙，面见天子，庶可自明。"嗣源曰："善！"丁卯，自魏县南趣相州，遇马坊使康福，得马数千匹，始能成军。

戊辰，以军食不足，敕河南尹豫借夏秋税；民不聊生。

忠武节度使、尚书令齐王张全义闻李嗣源入邺都，忧惧不食，辛未，卒于洛阳。

租庸使以仓储不足，颇晙刻军粮，军士流言益甚。宰相惧，帅百官上表言："今租庸已竭，内库有余，诸军室家不能相保，倘不赈救，惧有离心。俟过凶年，其财复集。"上即欲从之，刘后曰："吾夫妇君临万国，虽藉武功，亦由天命。命既在天，人如我何！"宰相又于便殿论之，后属耳于屏风后，须臾，出妆具及三银盆、皇幼子三人于外曰："人言宫中蓄积多，四方贡献随以给赐，所余止此耳，请鬻以赡军！"宰相惶惧而退。

李绍荣自邺都退保卫州，奏李嗣源已叛，与贼合；嗣源遣使上章自理，一日数辈。嗣源长子从审为金枪指挥使，帝谓从审曰："吾深知尔父忠厚，尔往谕朕意，勿使自疑。"从审至卫州，绍荣囚，欲杀之。从审曰："公等既不亮吾父，吾亦不能至父所，请复还宿卫。"乃释之。帝怜从审，赐名继璟，待之如子。是后嗣源所奏，皆为绍荣所遏，不得通，嗣源由是疑惧。石敬瑭曰："夫事成于果决而败于犹豫，安有上将与叛卒入贼城，而他日得保无恙乎！大梁，天下之要会也，愿假三百骑先往取之；若幸而得之，公宜引大军亟进，如此始可自全。"突骑指挥使康义诚曰："主上无道，军民怨怒，公从众则生，守节则死。"嗣源乃令安重诲移檄会兵。义诚，代北胡人也。

时齐州防御使李绍虔、泰宁节度使李绍钦、贝州刺史李绍英屯瓦桥，北京右厢马军都指挥使安审通屯奉化军，嗣源皆遣使召之。绍英，瑕丘人，本姓房，名知温；审通，金全之侄也。嗣源家在真定，虞候将王建立先杀其监军，由是获全。建立，辽州人也。李从珂自横水将所部兵由盂县趣镇州，与王建立军合，倍道从嗣源。嗣源以李绍荣在卫州，谋自白皋济河，分三百骑使石敬瑭将之前驱，李从珂为殿，于是军势大盛。嗣源从子从璋自镇州引兵而南，过邢州，邢人奉为留后。癸酉，诏怀远指挥使白从晖将骑兵扼河阳桥，帝乃出金帛给赐诸军，枢密宣徽使及供奉内使景进等皆献金帛以助给赐。军士负物而诟曰："吾妻子已殍死，得此何为！"甲戌，李绍荣自卫州至洛阳，帝如鹞店劳之。绍荣曰："邺都乱兵已遣其党翟建白据博州，欲济河袭郓、汴，愿陛下幸关东招抚之。"帝从之。

景进等言于帝曰："魏王未至，康延孝初平，西南犹未安；王衍族党不少，闻车驾东征，恐其为变，不若除之。"帝乃遣中使向延嗣赍敕往诛之，敕曰："王衍一行，并从杀戮。"已印画，枢密使张居翰覆视，就殿柱揩去"行"字，改为"家"字，由是蜀百官及衍仆役获免者千余人。延嗣至长安，尽杀衍宗族于秦川驿。衍母徐氏且死，呼曰："吾儿以一国迎降，不免族诛，信义俱弃，吾知汝行亦受祸矣！"

乙亥，帝发洛阳；丁丑，次汜水；戊寅，遣李绍荣将骑兵循河而东。李嗣源亲党从帝者多亡去，或劝李继璟宜早自脱，继璟终无行意。帝屡遣继璟诣嗣源，继璟固辞，愿死于帝前以明赤诚。帝闻嗣源在黎阳，强遣继璟渡河召之，道遇李绍荣，绍荣杀之。

吴越王镠有疾，如衣锦军，命镇海、镇东节度使留后传瓘监国。吴徐温遣使来问疾，左右劝镠勿见，镠曰："温阴狡，此名问疾，实使之觇我也。"强出见之。温果聚兵欲袭吴越，闻镠疾瘳而止。镠寻还钱塘。

吴以左仆射、同平章事徐知诰为侍中，右仆射严可求兼门下侍郎、同平章事。

庚辰，帝发汜水。

辛巳，李嗣源至白皋，遇山东上供绢数船，取以赏军。安重诲从者争舟，行营马步使陶玘斩以徇，由是军中肃然。玘，许州人也。嗣源济河，至滑州，遣人招符习，习与嗣源会于胙城，安审通亦引兵来会。知汴州孔循遣使奉表西迎帝，亦遣使北输密款于嗣源，曰："先至者得之。"

先是，帝遣骑将满城西方邺守汴州；石敬瑭使裨将李琼以劲兵突入封丘门，敬瑭蹑其后，自西门入，遂据其城，西方邺请降。敬瑭使趣嗣源；壬午，嗣源入大梁。

是日，帝至荥泽东，命龙骧指挥使姚彦温将三千骑为前军，曰："汝曹汴人也，吾入汝境，不欲使他军前驱，恐扰汝室家。"厚赐而遣之。彦温即以其众叛归嗣源，谓嗣源曰："京师危迫，主上为元行钦所惑，事势已离，不可复事矣。"嗣源曰："汝自不忠，何言之悖也！"即夺其兵。指挥使潘环守王村寨，有刍粟数万，帝遣骑视之，环亦奔大梁。

帝至万胜镇，闻嗣源已据大梁，诸军离叛，神色沮丧，登高叹曰："吾不济矣！"即命旋师。帝之出关也，扈从兵二万五千，及还，已失万余人，乃留秦州都指挥使张唐以步骑三千守关。癸未，帝还过罂子谷，道狭，每遇卫士执兵仗者，辄以善言抚之曰："适报魏王又进西川金银五十万，到京将尽给尔曹。"对曰："陛下赐已晚矣，人亦不感圣恩。"帝流涕而已。又索袍带赐从官，内库使张容哥称颁给已尽，卫士叱容哥曰："致吾君失社稷，皆此阉竖辈也。"抽刀逐之；或救之，获免。容哥谓同类曰："皇后吝财致此，今乃归咎于吾辈；事若不测，吾辈万段，吾不忍待也。"因赴河死。

甲申，帝至石桥西，置酒悲涕，谓李绍荣等诸将曰："卿辈事吾以来，急难富贵靡不同之；今致吾至此，皆无一策以相救乎？"诸将百余人，皆截发置地，誓以死报，因相与号泣。是日晚，入洛城。

李嗣源命石敬瑭将前军趣汜水收抚散兵，嗣源继之。李绍虔、李绍英引兵来会。

丙戌，宰相、枢密使共奏："魏王西军将至，车驾宜且控扼汜水，收抚散兵以俟之。"帝从之，自出上东门阅骑兵，戒以诘旦东行。

【译文】
天成元年（丙戌、926年）

河中节度使、尚书令李继麟倚仗和皇帝是旧识，而且又有功劳，觉得皇帝会对他很优待。由于苦于伶人、宦官贪得无厌，所以就拒绝给他们。唐国大军讨伐蜀国的时候，李继麟检阅部队，而且派遣他的儿子令德率军随从出征。景进和宦官们就诋毁他说："继麟听说朝廷调动大军，以为是要讨伐他，所以害怕，就赶快校阅部队，准备抵抗。"又说："郭崇韬所以敢在蜀中那么跋扈，是由于和河中暗中勾结，内外相互呼应的缘故。"继麟听到这件事，非常害怕，想亲自入朝以表明态度，他的亲信们都劝止他，继麟说："郭侍中的功劳比我高。现在情形将要危急了，我如果能亲见主上，当面陈述我们效忠的诚心，那些谄媚的人就有罪了。"癸亥日（初六），继麟入朝。

魏王继岌将要从成都出发，命令任圜暂时管理留守的事，以等待孟知祥。各部队的去留都已经安排妥了。那天，马彦圭来到，把皇后的教令拿给继岌看，继岌说："大军将要出发了，郭崇韬他又没有什么嫌疑，我怎么能做出这种负心事，你不要再说了。并且主上没有诏书，只凭皇后的教令就杀了招讨使，这事能这么做吗？"李从袭等哭着劝谏他说："既然已经有这回事了，如果让崇韬知晓了，半路上再发生什么变故，那就没有办法收拾了。"于是都一起对他详细陈说利害关系，继岌不得已，只好答应了。甲子日（初七）早上，从袭以继岌的命令叫崇韬前来商议事情，继岌登到楼上躲避。崇韬正上台阶的时候，继岌的侍从李环用大铁槌把崇韬的脑袋打碎了，而且杀了他的儿子廷诲、廷信，而外头的人还不知道这件事。都统推官滏阳人李嵩对继岌说："如今行军3000里在外，也没有皇上的诏书，就擅自杀了大将，大王为何要做这种危险的事，难道就无法忍耐到洛阳再说吗？"继岌说："公所说的极是，我后悔都来不及了。"李嵩就召唤了几个书吏来，教他们上楼，然后撤去梯子，让他们伪造皇帝的诏书，而且用蜡假造中书的印章，然后再向外宣布，部队稍微安定下来。郭崇韬的左右四处乱窜，只有掌书记滏阳人张砺跑到魏王府去抚尸痛哭了很久。继岌委命任圜代替崇韬总理军政。

魏王通谒李廷安进献蜀国的乐工200多人。有个叫严旭的，以前王衍任用他为蓬州刺史，皇帝问他说："你怎么能得到刺史？"回答说："因为我会唱歌。"皇帝教他唱唱看，觉得还真不错，因此准许他恢复旧任。

马彦圭回到洛阳，皇帝因此下诏公布郭崇韬的罪状，并且杀了他在洛阳的儿子廷说、廷让、廷议等，因而朝野上下有的骇异，有的惋惜，大家都议论纷纷，皇帝就派遣宦官暗中观

孟知祥像

察。保大节度使睦王存乂是崇韬的女婿；宦官们想要全都除去崇韬的党羽，于是报告说："存乂对着将领们挥拳卷袖，痛哭流涕，声称崇韬是冤枉的，言谈之间对朝廷十分怨恨。"庚辰日（二十三日），皇帝下令把存乂幽禁在家中，不久又把他杀了。

景进上报说："河中有人报告就要发生变乱，说李继麟原来和郭崇韬造反；现在崇韬死了，又和存乂同谋。"宦官们于是都劝皇帝快速把李继麟除去，皇帝就把继麟迁为义成节度使，当夜，调遣蕃汉马步使朱守殷率军包围他的府邸，把继麟赶到徽安门外杀了，又恢复他原来的姓名朱友谦。朱友谦有两个儿子，令德是武信节度使，令锡是忠武节度使；皇帝下诏给魏王继岌在遂州杀害了令德，又下令郑州刺史王思同在许州杀害了令锡，另外派河阳节度使李绍奇到河中去杀害友谦的家人。李绍奇到了友谦家中，友谦的妻子张氏带领家人200多口出来见绍奇，对他说："朱氏的宗族当然应该死，但是盼望不要涉及其他人。"因此把僮仆婢女将近100人分别出来，带着族人100人就刑。张氏又拿出铁券给绍奇看，说："这是去年皇帝所赐给我们家的，我是个妇女，不认得字，不知道里面写些什么。"绍奇看了以后也都觉得惭愧。友谦旧日的部将史武等7人，当时担当刺史，也被连坐诛杀全族。

当时洛阳的各部队都饥饿困顿，于是就乱造谣言，伶官就拿去报告皇帝，所以朱友谦、郭崇韬都遇难。成德节度使兼中书令李嗣源也被谣言累及，皇帝就派遣朱守殷去侦察他。朱守殷私下对嗣源说："令公的功劳已经震动主上，应当赶快想办法回藩镇，好避免灾祸。"李嗣源说："我的心不负天地，祸福的来临，本来就没办法躲避，我都把它委之于命。"当时伶人，宦官得势，功臣和旧将人人不能自保，嗣源有多次处境非常危险，靠着宣徽使李绍宏的保护，才得以保全。

魏王继岌留下马步都指挥使陈留人李仁罕、马军指挥使东光人潘仁嗣、左厢都指挥使赵廷隐、右厢都指挥使浚仪人张业、牙内指挥使文水人武漳、骁锐指挥使平恩人李延厚等守卫成都。甲申日（二十七日），继岌从成都出发，命李绍琛带领12000人为后军，行军的时候常常和中军保持30里的距离。

魏博指挥使杨仁晟带领所属的部队戍守瓦桥，仅过了一年轮换回来，到达贝州。朝廷认为邺都空虚，担心军队到了发生变乱，因此下令他们屯驻在贝州。

当时天下人都不大了解郭崇韬的罪状，民间谣传说："崇韬杀了继岌，在蜀自立为王，所以消灭了他的家人。"朱友谦的儿子建徽当时担当澶州刺史，皇帝密令邺都监军史彦琼去杀他。门吏向邺都留守王正言上报说："史武德半夜骑马出城，也不说要往哪里去。"因此大家又谣传说："皇后把继岌的死归咎于皇帝，已杀害了皇帝，所以赶紧召彦琼前去商量。"于是人心更加慌张。

  杨仁晸的部属皇甫晖和他的伙伴们晚上聚集在一起赌博，输了钱，因此就利用人心惶恐不安，乘机作乱，挟持仁晸说："主上所以能夺得天下，都是靠我们魏军的效力；魏军人不解甲、马不解鞍，也已经有10多年了，如今天下已经平定了，天子不体谅我们过去的辛劳，反倒猜疑我们。我们到远方去戍守1年多，正高兴能回家，谁想到离家只有咫尺的时候，却不让我们和家人见面。现在听说皇后已杀害了皇帝，京师发生动乱，将士们盼望能随您回去，我们依然向朝廷上表报告。如果天子万福，依然无恙，而发兵讨伐我们，以我们魏博的军力足以抗拒，说不定就是争取更多富贵的凭借。"仁晸不肯依从他，皇甫晖因此就把他杀了；又劫持小校，小校也不依从他，晖又把小校杀了。效节指挥使赵在礼听知发生变乱了，衣服的带子都来不及系上，翻墙就要逃走，被晖追上了，拉住他的脚，把他拉下来，就拿仁晸和小校两个人的脑袋给他看，赵在礼一看担心了，只好依从。乱兵因此公推在礼为主帅，在贝州烧杀抢夺。晖是魏州人；在礼是涿州人。第二天一早，晖等拥护着在礼往南进逼临清、永济、馆陶等地，所过之处都随意抢劫。

  壬辰日（初五）晚上，有人从贝州跑来通报说军队发生叛乱，正要进犯邺都，都巡检使孙铎等赶忙跑去见史彦琼，请求他发下盔甲，好登城防备。史彦琼怀疑铎等可能叛变，就说："来通报的人说贼兵今天才到临清，算计他们的路程必须要到六日晚上才会到达这里，那时再防备也不晚。"孙铎说："贼兵既然作乱，必定会乘着我们没有防备的时候偷袭，所以一定会日夜赶路，怎么会按照一般的行程前进呢？请仆射率领部众登城防守，铎另外募请1000名劲兵埋伏在王莽河迎击他们，贼兵的攻击如果失败，一定会溃散，那时就可以把他们消灭了。如果定要等他们攻到城下时再进行防御，万一有奸人做内应，那就危险了。"彦琼说："只要整顿兵马，坚守城池，何必去迎击他们。"当晚，贼兵的前锋进攻北门，弓箭乱发。当时，彦琼率领所属的部队守北门城楼，一听到贼兵的喊声，部队立即就惊慌溃散了。彦琼只单骑逃到洛阳。

  癸巳日（初六），贼兵来到邺都，孙铎等防守不住，也逃走了。赵在礼占据宫城，委任皇甫晖和军校赵进两人为马步都指挥使，并且纵容军队，到处抢劫。赵进是定州人。

王正言正靠在桌上召唤小吏来拟好奏章,叫了半天没人进来,正言生气,他的家人告诉他说:"贼兵已经进城了,在街市上烧杀抢夺,官吏们都四处逃亡了,您还叫谁呀?"王正言大吃一惊,说:"我开始还不知道呢!"又下令备马,马也找不到,只好率领属僚们步行出府门前往拜见在礼,一再地叩首请罪。赵在礼也回拜,说:"只是兵士们想回家而已,尚书您德高望重,千万别太卑恭了。"安慰一番以后,又送他回去。

大家公推在礼为魏博留后,而且把这情形向皇帝启奏。北京留守张宪的家在邺都,在礼十分优待他们;又打发使者送信去招降张宪,张宪连信都不拆,把来使斩杀了,然后向皇帝上报。

郭崇韬死的时候,李绍琛对董璋说:"你还能到谁那儿去说我的坏话呀!"璋非常畏惧,赶快赔罪。魏王继岌军回到武连,碰见了宣诏的使者,告诉他们朱友谦已伏罪被诛杀了,又命令董璋带兵前往遂州诛杀朱令德。当时李绍琛率领后军在魏城,听说这件事,认为皇帝不委任自己而竟委任董璋去杀令德,大为惊讶。不久,董璋率军经过绍琛的部队,也不前来拜访。绍琛大怒,就趁着喝酒的时候对部将们说:"国家南取大梁,西定巴、蜀,都是靠着郭公的谋划和我的战功;至于弃离伪朝,归顺我朝,和我们犄角呼应而终于攻破梁国的,则是朱公。如今朱、郭两人都是无罪而被杀灭全族,我看归朝以后,大概就要轮到我了,天啊,冤枉啊!又能怎么办呢!"绍琛所率领的多是河中的部队,河中的将领焦武等在军门痛哭说:"西平王有什么罪过,而被杀害,全族我们如果回去,也肯定会像史武等一样被诛杀,我们绝不再往东回去了。"那天,魏王继岌到达泥溪,绍琛来到剑州,派人对继岌说:"河中的将士号啕不停,好像要作乱了。"丁酉日(初十),绍琛从剑州率领部队西去,自称为西川节度、三川制置等使,又移送檄文到成都,自称奉皇帝的命令代替孟知祥来安抚蜀国的人民。

继岌听到了,委任任圜为副招讨使,率领步兵和骑兵共7000人,和都指挥使梁汉颙,监军李延安等从后面追击攻打他们。

李绍荣到达邺都,进攻南门,又遣人以皇上的旨意招降,赵在礼送来羊酒犒师,而且在城上拜谢说:"将士们想家,擅自回来,相公要是能为我们向皇上求情,使我们得以免于一死,我们怎能不改过自新呢?"因此就以皇帝的赦令通告军士们。吏彦琼在城外叉着手大骂说:"你们这一群死贼,城攻破了后把你们碎尸万段！"皇甫晖对他的属下说："听史武德的口气，皇上似乎并没有要赦免我们。"于是又聚众鼓弄，抢了赦书，亲手把他撕坏了，然后据城防守。绍荣攻打不利，就把这情形向皇帝报告。皇帝大怒，说："城攻破的时候，一个活口也别给我留下！"于是发动各路兵马前去讨伐。壬寅日（十五日），李绍荣退到澶州屯驻。

甲辰日（十七日）晚上，从马直军士王温等5人斩了军使，阴谋作乱，被擒捉了以后斩首。从马直指挥使郭从谦本来是个优人，艺名叫郭门高。皇帝和梁军在得胜相争斗的时候，招募勇士前往梁营挑战，从谦去应募，后来竟然能够斩杀并俘虏敌人回来，所以更得到皇帝的宠信。皇帝挑选各部队骁勇善战的兵士编成亲军，分别设立四个指挥使，号称从马直，郭从谦从军使一直累积功绩升到指挥使。郭崇韬掌权的时候，从谦以侍叔父之礼侍奉他，睦王存乂又收从谦为义子。到了郭崇韬、王存乂获罪被杀以后，从谦常用私人的钱财犒赏从马直的将校们，对着他们流泪，辩称崇韬是冤枉的。到了王温作乱以后，皇帝开玩笑地对他说："你已经辜负过我去归附崇韬和存乂，现在又叫王温谋反，你到底想怎么样？"从谦更加害怕，退下来后，暗里对将校们说："皇上由于王温的缘故，准备等邺都平定以后，把你们通通坑杀了，你们家中要是有什么钱财，通通拿去买酒肉来吃了，不必再做什么长久的打算了。"因此各部队大家都惊惶不安。

丁未日（二十日），李绍荣带领诸道的兵马再度攻击邺都。庚戌日（二十三日），副将杨重霸率领数百名部众攻上城头，但是却没有后续的部队，杨重霸等都战死。贼兵知道朝廷不宽赦他们，就坚守城池而毫无投降的意思。朝廷很担心，就每天派出宫中的使者前去催促魏王继岌东还。继岌由于中军的精锐部队都随从任圜前去攻伐李绍琛，就留在利州等他们，没有办法回朝。

李绍荣讨伐赵在礼很长时间而没有结果。赵太占领邢州，也没有办法把他攻下。沧州的部队发生骚乱，小校王景勘把他们讨平了后，就自称留后；河朔的各州县也陆续报告说发生变乱。皇帝就想亲自出征邺都，宰相和枢密使说京师是根本重地，皇帝的车驾不能轻易出动，皇帝说："将领们都没有一个能用的。"群臣都回答说："李嗣源功勋大，又是旧将，应当可用。"皇帝一向心中忌恨李嗣源，就说："我爱惜嗣源，准备留在身边宿卫。"大家都说："别人没有再适合的了。"

壬戌日（初六），李嗣源来到邺都，扎营在城的西南面。甲子日（初八），李嗣源命令军中，第二天一早破城。当晚，从马直军士张破败作乱，带领部众起哄，杀了都将，烧了营舍。第二天一早，乱兵逼到中军，嗣源率领亲军迎战，没办法抵御，乱兵的声势更盛。嗣源责骂他们，问他们说："你们到底想干什么？"回答说："将士们跟随皇上十年，身经百战，才得到天下。现在皇上背弃恩情，只是一个劲要立威，贝州的戍卒想家，皇上却不宽赦他们，说：'城破了以后，要把魏博的部队全部坑杀'；最近从马直有几个士兵作乱，就想要把我们全部都杀了。我们本来也没有背叛的意思，只是怕被杀死而已。现在大家商量要和城中结合击退各道的部队，请皇上在河南当皇帝，令公在河北当皇帝，领导我们军民等。"嗣源哭着劝告他们，乱兵不听。嗣源说："你们不听从我的话，那就让你们去胡作妄为好了，我一个人回京师去。"乱兵们拔出刀子把他围住，说："这些人都是豺狼，也不识尊卑，令公要到哪里去呢？"于是就簇拥着嗣源和李绍真要进魏州城，城中不接待外头的部队；皇甫晖就带领部队攻击张破败，把张破败消灭了，城外的军队都溃散了。赵在礼率领将校们前来迎接拜见嗣源，哭着谢罪说："将士们都背负了令公，我们怎敢不听从令公的命令！"嗣源骗赵在礼说："只要能成就大事，一定要依靠兵力，现在城外的部队流散无所归依，我出去替你们集合起来。"在礼于是就让嗣源和绍真都出城去，停留在魏县，流散的部队慢慢地也聚集了一些。

　　汉州没有城池沟堑，单是树立一些木头为栅栏。乙丑日（初九），任圜攻取栅栏，放火焚烧，李绍琛就率兵出战于金雁桥，战败了，带领10多名随从逃奔绵州，被追上活捉了。孟知祥亲自到汉州犒劳部队，和任圜、董璋等设置酒宴欢饮，并且下令把李绍琛的监车拉到酒席中，孟知祥亲自倒了一大杯酒给绍琛，对他说："你已经是位拥节旄的大臣，又有安定蜀国的功劳，还怕无法享受荣华富贵，为什么被关进监车了呢？"绍琛说："郭侍中辅助皇上，功劳第一，几乎是兵不血刃，就攻下了两川，然而没罪却一下子全族被诛杀了。像绍琛这样的人又怎敢说一定能够保住脑袋，我就是由于这样不敢再回朝去。"魏王继岌捉到绍琛以后，就率兵兼程往东赶回京城。

　　孟知祥得到陕虢指挥都使汝阴人李肇和河中都指挥使千乘人侯弘实，就委任肇为牙内马步都指挥使，任命弘实为副使。蜀中的盗贼还没平定，知祥就选任廉能的官吏，让他们管理州县，除去苛捐杂税，安顿失散的百姓，颁下宽大的政令，对百姓明示革新的决心。又差遣左厢都指挥使赵廷隐、右厢都指挥使张业率兵分路征伐盗贼们，把他们都诛杀了。

李嗣源被乱兵所进逼的时候，李绍荣有部众 1 万人，驻营在城南，李嗣源派遣牙将张虔钊、高竹周等 7 人陆续前去召唤他，要和他一起诛杀作乱的士兵。李绍荣怀疑嗣源有诈，就留下使者，关闭营垒，不愿出兵。到了嗣源被乱兵拥进城中去的时候，绍荣就率军撤退。嗣源出城到魏县，部众不满百人，也没有兵器，李绍真所率领的 5000 名镇州兵，听到嗣源出城了，就前去归顺他，于是嗣源统率的部队声势逐渐振作起来。嗣源哭着对诸将们说："我明天就回藩镇，再上表向皇帝谢罪，一切都听皇上判决。"李绍真和中门使安重诲都劝告他说："这个办法不好。您是大军的元帅，不幸被凶人所劫持；李绍荣不战而退，回朝后定要拿您当借口；您如果回藩镇，那就变成了据地挟持国君，这样不就刚好印证了那逸佞的人诋毁您的话了吗？不如连夜赶往京城，亲自去面见天子，这样也许能够表现自己的心志。"嗣源说："对！"丁卯日（十一日），从魏县往南赶往相州，正好遇上马坊使康福，得到了几千匹马，因此才勉强能够成军。

　　戊辰日（十二日），由于军粮不足，皇帝下令河南尹先向百姓豫借夏秋的租税；老百姓更生存不下去了。

　　忠武节度使、尚书令、齐王张全义听说李嗣源来到邺都，又担心，又害怕，也吃不下饭。辛未日（十五日），就在洛阳去世。

　　租庸使由于仓库中储粮不够，就扣压军粮，军士们于是流言纷纷。宰相很害怕，就率领百官上表说："如今租庸的财力已经困顿了，而宫内的府库却还有结余。各部队的军士们都没有办法养活家属，如果再不加以救助的话，恐怕会有叛离的心意。等过了荒年，财物还是会聚集回宫内。"皇帝原本要答应了，刘后说："我们夫妇君临万国，虽说是依恃武功，也是由于天意，天意如此，别人能拿我们怎么样？"宰相又在偏殿向皇帝劝告，皇后在屏风后偷听，不久，就派人带了妆具和 3 个银盆、另外 3 个皇幼子出来说："大家都说宫中的蓄积很多，但是四方所进献上来的宝物都随手赏赐给臣下了，所剩下的只有这些，请拿去卖掉，好补助军用的不足！"宰相又惊惶又害怕，就赶快退了出来。

　　李绍荣从邺都退到卫州，向皇帝报告说李嗣源已经叛乱，和乱军结合；李嗣源派遣使者上表向皇帝表白，一天中派去了好几人。嗣源的长子从审那时正担任金枪指挥使，皇帝对从审说："我深深知道你父亲的优厚，你前去告诉他朕的意思，不要让他自己有怀疑。"从审到达卫州，李绍荣把他关押了起来，要杀他，从审说："公等既然不信任我父亲，我也不想到我父亲那里去了，我恳求再让我回京城去宿卫。"因此绍荣才放了他。皇帝怜惜从审，赐给他名字叫继滔，待他像自己的儿子一样，以后嗣源上给皇帝的奏章，都被绍荣所阻拦，没有办法送到京城去，嗣源因此更加猜疑忧惧。石敬瑭说："事情都是由于果断而成功，因为犹豫而失败，哪有上将和叛兵进入贼城，而将来却能安然无事的？大梁是全国的要会，我请求率领三百名骑兵先前去攻取；如果幸运地能攻陷了，公再率领大军赶来，这样才能保全生命。"突骑指挥使康义诚说："如今皇上无道，军民、百姓都怨恨愤怒，公如果听大家的意见就能活下去，如果只是一味地要守住君臣之节，那必死无疑。"嗣源就下令安重诲送檄方集全各路部队。康义诚是代北的胡人。

石敬瑭像

当时齐州防御使李绍虔、泰宁节度使李绍钦、贝州刺史李绍英等屯守在瓦桥，北京右厢马军都指挥使安审通屯驻在奉化军；李嗣源都差遣使者召唤他们。李绍英是瑕丘人，本来姓房，名叫知温；审通是安金全的侄子。李嗣源的家在真定，虞候将王建立先杀了监军，于是得以保全。王建立是辽州人。李从珂从横水率领所属的部队由盂县赶去镇州和王建立的部队集合，兼程赶去归附嗣源。嗣源因为李绍荣在卫州，就计划从白皋渡过黄河，分出300名骑兵由石敬瑭带领作为前锋，又命令李从珂殿后，因此军队的声威大振。嗣源的侄子从璋从镇州率兵往南，经过邢州的时候，邢州的军民奉他为留后。

癸酉日（十七日），皇帝诏令怀远指挥使白从晖率领骑兵守卫河阳桥，于是皇帝这才拿出金银布帛赏赐给各部队，枢密宣徽使及供奉内使景进等也都呈献金银布帛以帮助皇帝的赏赐。军士们背着东西，一边走还一边骂说："我的妻子儿女都饿死了，如今才拿到这些东西又有什么用！"甲戌日（十八日），李绍荣从卫州到达洛阳。皇帝到鹡店安慰他，李绍荣说："邺都的乱兵已经派遣他们的党羽翟建白占据博州，准备要渡河攻打郓州、汴州，希望陛下能临幸关东招抚他们。"皇帝答应了。

景进等向皇帝提议说："魏王还没回到京师，康延孝才刚讨平，西南还没安定；王衍的族党不少，要是听到皇上的车驾东征，担心会作乱，不如把他杀了。"皇帝于是调遣宫中的使者向延嗣带着诏书前去诛杀他们。诏书上写着："王衍一行，通通杀戮。"已经中书用过印而且由皇帝画可了。枢密使张居翰再检察一遍时，就在殿中的柱子上把"行"字擦去，改写成"家"字，因此蜀国的百官和王衍的仆役得以幸免的有千余人。向延嗣到达长安，在秦川驿把衍的宗族全部杀了。衍母徐氏将死的时候，呼叫着说："我儿子以一国归降，还不免全族被杀害，你们这是连信义都一起舍弃了，我看你们也快遭到灾祸了。"

乙亥日（十九日），皇帝从洛阳出发；丁丑日（二十一日），暂时驻扎在汜水；戊寅日（二十二日），派李绍荣率领骑兵沿着黄河往东。李嗣源的亲朋跟随皇帝出行的多趁机逃走。有人劝李继璟应当早一点逃走脱身，但是李继璟到底还是没有逃走的意思。皇帝屡次派遣继璟到嗣源那里去，继璟都坚决推辞，表示愿以死在皇帝的面前来表示赤诚。皇帝听说李嗣源在黎阳，就强行差遣继璟渡过黄河去召唤他。继璟在半路上遇见李绍荣，被李绍荣所杀。

吴越王钱镠有病，就前去衣锦军，命令镇海、镇东节度使留后钱传瓘监国。吴国徐温派遣使者前去探病，左右劝钱镠不要接见，钱镠说："徐温阴险狡诈，这回名义上是探病，实际上差人来窥探我的。"于是振作起精神出来会见使者。徐温果然聚集了兵马准备进攻吴越，听到钱镠病好了，才作罢。

吴国委任左仆射、同平章事徐知诰为侍中，右仆射严可求兼门下侍郎、同平章事。

庚辰日（二十四日），皇帝从汜水出发。

辛巳日（二十五日），李嗣源来到白皋，遇到山东入贡的几船绢，就拿来赏赐给部队。安重诲的随从们抢船，行营马步使陶玘就把他们斩杀了，再传观各部队，因此军中就纪律井然。陶玘是许州人。嗣源渡过黄河，来到滑州，派人去招抚符习，习和嗣源在胙城相会，安审通也率兵前来集合。知汴州孔循派遣使者奉表往西去迎接皇帝，同时也差遣使者秘密地向嗣源表示投诚，说："先来的人就能得到汴州。"

初始，皇帝派遣骑将满城人西方邺戍守在汴州，石敬瑭派遣副将李琼率领劲兵攻入封丘门，石敬瑭再亲自率兵随后赶到，从西门进入大梁，于是占领了城池，西方邺就投降了。敬瑭差人去通知李嗣源，催促他入城；壬午日（二十六日），嗣源进入大梁。

当天，皇帝来到荥泽东边，命令龙骧指挥使姚彦温率领 3000 名骑兵为前军，说："你们都是汴州人，我来到你们的地界，不愿意让其他部队在前，以免干扰你们的家室。"因此优厚地赐给他们，然后派他们出发。姚彦温却马上带领他的部队背叛前去投降李嗣源，对嗣源说："京师的情况非常危急，皇帝被元行钦李绍荣所迷惑，形势已经分崩离析，没有办法再侍奉他。"嗣源说："你自己不忠，还说这种叛逆的话！"于是立即夺去了他的部队。指挥使潘环戍守王村寨，囤积有几万粮草，皇帝派人前去视察，潘环也就投奔大梁去了。

皇帝到达万胜镇，听说李嗣源已占领大梁，加上各部队纷纷离散，神情非常沮丧，登到高丘上叹息地说："我不行了！"于是下令班师回朝。皇帝出关的时候，跟从的兵马有 25000 人，到了回来的时候，又失去了万余人，就留下秦州都指挥使张唐率领 3000 名步兵、骑兵守关。癸未日（二十七日），皇帝回来路经罂子谷，道路狭窄，每遇到卫士执持着兵器的，都好话安慰他们说："刚刚有报告说魏王又呈献西川的金银 50 万，到达京城后，一定都分给你们。"卫士回答说："陛下赏赐已经太晚了，而大家也不会感激！"皇帝只是哭泣而已。又找来袍带赐给随行的官吏，内库使张容哥报告说已经赏赐光了，卫士们骂容哥说："让我们国君失去社稷的，都是这一班阉宦！"就抽出刀子追他；有人搭救，才免于被杀。容哥对他的同僚们说："皇后吝惜钱财，才会有今天这种情况，现在却把过错通通归到我们身上；如果事情有个什么变化，我们都会被碎尸万段，我不忍心等到那个时候。"因此容哥就投河自杀。

甲申日（二十八日），皇帝来到石桥西，设置酒宴，痛哭流涕，对李绍荣等将领们说："你们事奉我以来，急难、富贵无不和你们共同分享，现在你们让我落到这种地步，难道就没有什么办法可以挽救吗？"将领们 100 多人，都割断头发放在地上，发誓要以死来报效皇帝，于是君臣就相向大哭。这天晚上，来到洛阳城。

李嗣源命令石敬瑭带领前军赶往汜水，收抚流散的部队，李嗣源率军从后跟进；李绍虔、李绍英都率领部队前往会合。

丙戌日（三十日），宰相和枢密使共同上奏说："魏王所率领的西征部队即将要回来，皇上应该控制汜水，安抚流散的士卒，等候西征部队的到达。"皇帝接纳他们的建议，亲自出上东门检阅骑兵，交代他们第二天一早要往东出发。

后晋纪一　高祖圣文章武明德孝皇帝上之上
天福元年（丙申、936年）

癸丑，唐主以千春节置酒，晋国长公主上寿毕，辞归晋阳。帝醉，曰："何不且留，遽归，欲与石郎反邪？"石敬瑭闻之，益惧。

三月，丙午，以翰林学士、礼部侍郎马胤孙为中书侍郎、同平章事。胤孙性谨懦，中书事多凝滞，又罕接宾客，时人目为"三不开"，谓口、印、门也。

石敬瑭尽收其货之在洛阳及诸道者归晋阳，托言以助军费，人皆知其有异志。唐主夜与近臣从容语曰："石郎于朕至亲，无可疑者；但流言不释，万一失欢，何以解之？"皆不对。

端明殿学士、给事中李崧退谓同僚吕琦曰："吾辈受恩深厚，岂得自同众人，一概观望邪！计将安出？"琦曰："河东若有异谋，必结契丹为援。契丹母以赞华在中国，屡求和亲，但求荝刺等未获，故和未成耳。今诚归荝刺等与之和，岁以礼币约直十余万缗遗之，彼必欢然承命。如此，则河东虽欲陆梁，无能为矣。"崧曰："此吾志也。然钱谷皆出三司，宜更与张相谋之。"遂告张延朗，延朗曰："如学士计，不惟可以制河东，亦省边费之什九，计无便于此者。若主上听从，但责办于老夫，请从库财之外捃拾以供之。"他夕，二人密言于帝，帝大喜，称其忠，二人私草《遗契丹书》以俟命。

久之，帝以其谋告枢密直学士薛文遇，文遇对曰："以天子之尊，屈身奉夷狄，不亦辱乎！又，虏若循故事求尚公主，何以拒之？"因诵戎昱《昭君诗》曰："安危托妇人。"帝意遂变。一日，急诏崧、琦至后楼，盛怒，责之曰："卿辈皆知古今，欲佐人主致太平；今乃为谋如是！朕一女尚乳臭，卿欲弃之沙漠邪？且欲以养士之财输之虏庭，其意安在？"二人惧，汗流浃背，曰："臣等志在竭愚以报国，非为虏计也，愿陛下察之。"拜谢无数，帝诟责不已。吕琦气竭，拜少止，帝曰："吕琦强项，肯视朕为人主邪！"琦曰："臣等为谋不臧，愿陛下治其罪，多拜何为？"帝怒稍解，止其拜，各赐卮酒罢之，自是群臣不敢复言和亲之策。丁巳，以琦为御史中丞，盖疏之也。

静江节度使、同平章事马希杲有善政,监军裴仁煦谮之于楚王希范,言其收众心,希范疑之。夏,四月,汉将孙德威侵蒙、桂二州,希范命其弟武安节度副使希广权知军府事,自将步骑五千如桂州。希杲惧,其母华夫人逆希范于全义岭,谢曰:"希杲为治无状,致寇戎入境,烦殿下亲涉险阻,皆妾之罪也。愿削封邑,洒扫掖庭,以赎希杲罪。"希范曰:"吾久不见希杲,闻其治行尤异,故来省之,无他也。"汉兵自蒙州引去,徙希杲知朗州。

初,石敬瑭欲尝唐主之意,累表自陈羸疾,乞解兵柄,移他镇,帝与执政议从其请,移镇郓州。房暠、李崧、吕琦等皆力谏,以为不可,帝犹豫久之。

五月,庚寅夜,李崧请急在外,薛文遇独直,帝与之议河东事,文遇曰:"谚有之:'当道筑室,三年不成。'兹事断自圣志;群臣各为身谋,安肯尽言!以臣观之,河东移亦反,不移亦反,在旦暮耳,不若先事图之。"先是,术者言国家今年应得贤佐,出奇谋,定天下,帝意文遇当之,闻其言,大喜,曰:"卿言殊豁吾意,成败吾决行之。"即为除目,付学士院使草制。辛卯,以敬瑭为天平节度使,以马军都指挥使、河阳节度使宋审虔为河东节度使。制出,两班闻呼敬瑭名,相顾失色。

甲午,以建雄节度使张敬达为西北蕃汉马步都部署,趣敬瑭之郓州。敬瑭疑惧,谋于将佐曰:"吾之再来河东也,主上面许终身不除代;今忽有是命,是非如今年千春节与公主所言乎?我不兴乱,朝廷发之,安能束手死于道路乎!今且发表称疾以观其意,若其宽我,我当事之;若加兵于我,我则改图耳。"幕僚段希尧极言拒之,敬瑭以其朴直,不责也。节度判官华阴赵莹劝敬瑭赴郓州;观察判官平遥薛融曰:"融书生,不习军旅。"都押牙刘知远曰:"明公久将兵,得士卒心;今据形胜之地,士马精强,若称兵传檄,帝业可成,奈何以一纸制书自投虎口乎!"掌书记洛阳桑维翰曰:"主上初即位,明公入朝,主上岂不知蛟龙不可纵之深渊邪?然卒以河东复授公,此乃天意假公以利器。明宗遗爱在人,主上以庶孽代之,群情不附。公明宗之爱婿,今主上以反逆见待,此非首谢可免,但力为自全之计。契丹素与明宗约为兄弟,今部落近在云、应,公诚能推心屈节事之,万一有急,朝呼夕至,何患无成。"敬瑭意遂决。

敬瑭表:"帝养子,不应承祀,请传位许王。"帝手裂其表抵地,以诏答之曰:"卿于鄂王固非疏远,卫州之事,天下皆知;许王之言,何人肯信!"壬寅,制削夺敬瑭官爵。以张敬达为太原四面兵马都部署,以义武节度使杨光远为副部署。

敬达奏西北先锋马军都指挥使安审信叛奔晋阳。敬瑭谓元信曰:"汝见何利害,舍强而归弱?"对曰:"元信非知星识气,顾以人事决之耳。夫帝王所以御天下,莫重于信。今主上失大信于令公,亲而贵者且不自保,况疏贱乎!其亡可翘足而待,何强之有!"敬瑭悦,委以军事。振武西北巡检使安重荣戍代北,帅步骑五百奔晋阳。

天雄节度使刘延皓恃后族之势,骄纵,夺人财产,减将士给赐,宴饮无度。捧圣都虞候张令昭因众心怨怒,谋以魏博应河东,癸丑未明,帅众攻牙城,克之;延皓脱身走,乱兵大掠。令昭奏:"延皓失于抚御,以致军乱;臣以抚安士卒,权领军府,乞赐旌节!"延皓至洛阳,唐主怒,命远贬;皇后为之请,六月,庚申,止削延皓官爵,归私第。

辛酉,吴太保、同平章事徐景迁以疾罢,以其弟景遂代为门下侍郎、参政事。

癸亥,唐主以张令昭为右千牛卫将军、权知天雄军府事。令昭以调发未集,且受新命。寻有诏徙齐州防御使,令昭托以士卒所留,实俟河东之成败。唐主遣使谕之,令昭杀使者。

石敬瑭遣间使求救于契丹,令桑维翰草表称臣于契丹主,且请以父礼事之,约事捷之日,割卢龙一道及雁门关以北诸州与之。刘知远谏曰:"称臣可矣,以父事之太过。厚以金帛赂之,自足致其兵,不必许以土田,恐异日大为中国之患,悔之无及。"敬瑭不从。表至契丹,契丹主大喜,白其母曰:"儿比梦石郎遣使来,今果然,此天意也。"乃为复书,许俟仲秋倾国赴援。

张敬达筑长围以攻晋阳。石敬瑭以为马步都指挥使,安重荣、张万迪降兵皆隶焉。知远用法无私,抚之如一,由是人无贰心。敬瑭亲乘城,坐卧矢石下,知远曰:"观敬达辈高垒深堑,欲为持久之计,无他奇策,不足虑也。愿明公四出间使,经略外事。守城至易,知远独能办之。"敬瑭执知远手,抚其背而赏之。

唐主使端明殿学士吕琦至河东行营犒军,杨光远谓琦曰:"愿附奏陛下,幸宽宵旰。贼若无援,旦夕当平;若引契丹,当纵之令入,可一战破也。"

帝甚悦。帝闻契丹许石敬瑭以仲秋赴援,屡督张敬达急攻晋阳,不能下。每有营构,多值风雨,长围复为水潦所坏,竟不能合。晋阳城中日窘,粮储浸乏。

九月,契丹主将五万骑。

辛丑,契丹主至晋阳,陈于汾北之虎北口。先遣人谓敬瑭曰:"吾欲今日即契贼可乎?"敬瑭遣人驰告曰:"南军甚厚,不可轻,请俟明日议战未晚也。"使者未至,契丹已与唐骑将高行周、符彦卿合战,敬瑭乃遣刘知远出兵助之。张敬达、杨光远、安审琦以步兵陈于城西北山下,契丹遣轻骑三千,不被甲,直犯其陈。

刘知远像

唐兵见其羸,争逐之,至汾曲,契丹涉水而去。唐兵循岸而进,契丹伏兵自东北起,冲唐兵断而为二,步兵在北者多为契丹所杀,骑兵在南者引归晋安寨。契丹纵兵乘之,唐兵大败,步兵死者近万人,骑兵独全。敬达等收余众保晋安,契丹亦引兵归虎北口。敬瑭得唐降兵千余人,刘知远劝敬瑭尽杀之。

是夕,敬瑭出北门,见契丹主。契丹主执敬瑭手,恨相见之晚。敬瑭问曰:"皇帝远来,士马疲倦,遽与唐战而大胜,何也?"契丹主曰:"始吾自北来,谓唐必断雁门诸路,伏兵险要,则吾不可得进矣。使人侦视,皆无之,吾是以长驱深入,知大事必济也。兵既相接,我气方锐,彼气方沮,若不乘此急击之,旷日持久,则胜负未可知矣。此吾所以亟战而胜,不可以劳逸常理论也。"敬瑭甚叹伏。

壬寅,敬瑭引兵会契丹围晋安寨,置营于晋安之南,长百余里,厚五十里,多设铃索吠犬,人蹑步不能过。敬达等士卒犹五万人,马万匹,四顾无所之。甲辰,敬达遣使告败于唐,自是声问不复通。唐主大惧,遣彰圣都指挥使符彦饶将洛阳步骑兵屯河阳,诏天雄节度使兼中书令范延光将魏州兵二万由青山趣榆次，卢龙节度使、东北面招讨使兼中书令北平王赵德钧将幽州兵出契丹军后，耀州防御使潘环纠合西路戍兵，由晋、绛两乳岭出慈、隰，共救晋安寨。

丁未，唐主下诏亲征。雍王重美曰："陛下目疾未平，未可远涉风沙；臣虽童稚，愿代陛下北行。"帝意本不欲行，闻之，颇悦。张延朗、刘延皓及宣徽南院使刘延郎皆劝帝行，帝不得已，戊申，发洛阳，谓卢文纪曰："朕雅闻卿有相业，故排众议首用卿，今祸难如此，卿嘉谋皆安在乎？"文纪但拜谢，不能对。己酉，遣刘延朗监侍卫步军都指挥使符彦饶军赴潞州，为大军后援。诸军自凤翔推戴以来，骄悍不为用，彦饶恐其为乱，不敢束之以法。

帝至河阳，心惮北行，召宰相、枢密使议进取方略，卢文纪希帝旨，言"国家根本，大半在河南。胡兵倏来忽往，不能久留；晋安大寨甚固，况已发三道兵救之。河阳天下津要，车驾宜留此镇抚南北，且遣近臣往督战，苟不能解围，进亦未晚。"张延朗欲因事令赵延寿得解枢务，因曰："文纪言是也。"帝访于余人，无敢异言者。泽州刺史刘遂凝，鄩之子也，潜自通于石敬瑭，表称车驾不可逾太行。帝议近臣可使北行者，张延朗与翰林学士须昌和凝等皆曰："赵延寿父德钧以卢龙兵来赴难，宜遣延寿会之。"庚戌，遣枢密使、忠武节度使、随驾诸军都部署、兼侍中赵延寿将兵二万如潞州。

帝以晋安为忧，问策于群臣，吏部侍郎永清龙敏请立李赞华为契丹主，令天雄、卢龙二镇分兵送之，自幽州趣西楼，朝廷露檄言之，契丹主必有内顾之忧，然后选募军中精锐以击之，此亦解围之一策也。帝深以为然，而执政恐其无成，议竟不决。

帝忧沮形于神色，但日夕酣饮悲歌。群臣或劝其北行，则曰："卿勿言，石郎使我心胆堕地！"

冬，十月，壬戌，诏大括天下将吏及民间马；又发民为兵，每七户出征夫一人，自备铠仗，谓之"义军"，期以十一月俱集，命陈州刺史郎万金教以战陈，用张延朗之谋也。凡得马二千余匹，征夫五千人，实无益于用，而民间大扰。

初，赵德钧阴蓄异志，欲因乱取中原，自请救晋安寨；唐主命自飞狐踵契丹后，钞其部落，德钧请将银鞍契丹直三千骑，由土门路西入，帝许之。

赵州刺史、北面行营都指挥使刘在明先将兵戍易州，德钧过易州，命在明以其众自随。在明，幽州人也。德钧至镇州，以董温琪领招讨副使，邀与偕行，又表称兵少，须合泽潞兵；乃自吴儿谷趣潞州，癸酉，至乱柳。时范延光受诏将部兵二万屯辽州，德钧又请与魏博军合；延光知德钧合诸军，志趣难测，表称魏博兵已入贼境，无容南行数百里与德钧合，乃止。

十一月，以赵德钧为诸道行营都统，依前东北面行营招讨使。以赵延寿为河东道南面行营招讨使，以翰林学士张砺为判官。庚寅，以范延光为河东道东南面行营招讨使，以宣武节度使、同平章事李周副之。辛卯，以刘延郎为河东道南面行营招讨副使。赵延寿遇赵德钧于西汤，悉以兵属德钧。唐主遣吕琦赐德钧敕告，且犒军。德钧志在并范延光军，逗留不进，诏书屡趣之，德钧乃引兵北屯团柏谷口。

契丹主谓石敬瑭曰："吾三千里赴难，必有成功。观汝气貌识量，真中原之主也。吾欲立汝为天子。"敬瑭辞让者数四，将吏复劝进，乃许之。契丹主作册书，命敬瑭为大晋皇帝，自解衣冠授之，筑坛于柳林，是日，即皇帝位。割幽、蓟、瀛、莫、涿、檀、顺、新、妫、儒、武、云、应、寰、朔、蔚十六州以与契丹，仍许岁输帛三十万匹。己亥，制改长兴七年为天福元年，大赦；敕命法制，皆遵明宗之旧。以节度判官赵莹为翰林学士承旨、户部侍郎、知河东军府事，掌书记桑继翰为翰林学士、礼部侍郎、权知枢密使事，观察判官薛融为侍御史知杂事，节度推官白水窦贞固为翰林学士，军城都巡检使刘知远为侍卫马军都指挥使，客将景延广为步军都指挥使，延广，陕州人也。立晋国长公主为皇后。

契丹主虽军柳林，其辎重老弱皆在虎北口，每日蜺辄结束，以备仓猝遁逃，而赵德钧欲倚契丹取中国，至团柏逾月，按兵不战，去晋安才百里，声问不能相通。德钧累表为延寿求成德节度使，曰："臣今远征，幽州势孤，欲使延寿在镇州，左右便于应接。"唐主曰："延寿方击贼，何暇往镇州！俟贼平，当如所请。"德钧求之不已，唐主怒曰："赵氏父子坚欲得镇州，何意也？苟能却胡寇，虽欲代吾位，吾亦甘心，若玩寇邀君，但恐犬兔俱毙耳。"德钧闻之，不悦。

闰月，赵延寿献契丹主所赐诏及甲马弓剑，诈云德钧遣使致书于契丹主，为唐结好，说令引兵归国；其实别为密书，厚以金帛赂契丹主，云：

"若立己为帝，请即以见兵南平洛阳，与契丹为兄弟之国，仍许石氏常镇河东。"契丹主自以深入敌境，晋安未下，德钧兵尚强，范延光在其东，又恐山北诸州邀其归路，欲许德钧之请。

帝闻之，大惧，亟使桑维翰见契丹主，说之曰："大国举义兵以救孤危，一战而唐兵瓦解，退守一栅，食尽力穷。赵北平父子不忠不信，畏大国之强，且素蓄异志，按兵观变，非以死徇国之人，何足可畏，而信其诞妄之辞，贪豪末之利，弃垂成之功乎！且使晋得天下，将竭中国之财以奉大国，岂此小利之比乎？"契丹主曰："尔见捕鼠者乎，不备之，犹或啮伤其手，况大敌乎！"对曰："今大国已扼其喉，安能啮人乎！"契丹主曰："吾非有渝前约也，但兵家权谋不得不尔。"对曰："皇帝以信义救人之急，四海之人俱属耳目，奈何二三其命，使大义不终？臣窃为皇帝不取也。"跪于帐前，自旦至暮，涕泣争之。契丹主乃从之，指帐前石谓德钧使者曰："我已许石郎，此石烂，可改矣。"

龙敏谓前郑州防御使李懿曰："君，国之近亲，今社稷之危，翘足可待，君独无忧乎？"懿为言赵德钧必能破敌之状。敏曰："我燕人也，知德钧之为人，怯而无谋，但于守城差长耳。况今内蓄奸谋，岂可恃乎！仆有狂策，但恐朝廷不肯为耳。今从驾兵尚万余人，马近五千匹，若选精骑一千，使仆与郎万金将之，自介休山路，夜冒虏骑入晋安寨，但使其半得入，则事济矣。张敬达等陷于重围，不知朝廷声问，若知大军近在团柏，虽有铁障可冲陷，况虏骑乎！"懿以白唐主，唐主曰："龙敏之志极壮，用之晚矣。"

丹州义军作乱，逐刺史康承询，承询奔鄜州。

晋安寨被围数月，高行周、符彦卿数引骑兵出战，众寡不敌，皆无功。刍粮俱竭，削柿淘粪以饲马，马相啗，尾鬣皆秃，死则将士分食之，援兵竟不至。张敬达性刚，时谓之"张生铁"，杨光远、安审琦劝敬达降于契丹，敬达曰："吾受明宗及今上厚恩，为元帅而败军，其罪已大，况降敌乎！今援兵旦暮至，且当俟之。必若力尽势穷，则诸军斩我首，携之出降，自求多福，未为晚也。"光远目审琦欲杀敬达，审琦未忍。高行周知光远欲图敬达，常引壮骑尾而卫之，敬达不知其故，谓人曰："行周每踵余后，何意也？"行周乃不敢随之。诸将每旦集于招讨使营，甲子，高行周、符彦卿未至，光远乘其无备，斩敬达首，帅诸将上表降于契丹。契丹主素闻诸将名，皆慰劳，赐以裘帽，因戏之曰："汝辈亦大恶汉，不用盐酪啗战马万匹！"光远等大惭。契丹主嘉张敬达之忠，命收葬而祭之，谓其下及晋诸将曰："汝曹为人臣，当效敬达也。"时晋安寨马犹近五千，铠仗五万，契丹悉取以归其国，悉以唐之将卒授帝，语之曰："勉事而主。"马军都指挥使康思立愤惋而死。

帝以晋安已降，遣使谕诸州，代州刺史张朗斩其使；吕琦奉唐主诏劳北军，至忻州，遇晋使，亦斩之。

契丹主谓帝曰："桑维翰尽忠于汝，宜以为相。"

帝与契丹主将引兵而南，欲留一子守河东，咨于契丹主，契丹主令帝尽出诸子，自择之。帝兄子重贵，父敬儒早卒，帝养以为子，貌类帝而短小，契丹主指之曰："此大目者可也。"乃以重贵为北京留守、太原尹、河东节度使。契丹以其将高谟翰为前锋，与降卒偕进。丁卯，至团柏，与唐兵战，赵德钧、赵延寿先遁，符彦饶、张彦琦、刘延朗、刘在明继之，士卒大溃，相腾践死者万计。

己巳，延朗、在明至怀州，唐主始知帝即位，杨光远降。众议以"天雄军府尚完，契丹必惮山东，未敢南下，车驾宜幸魏州。"唐主以李崧素与范延光善，召崧谋之，薛文遇不知而继至，唐主怒，变色；崧蹑文遇足，文遇乃去。唐主曰："我见此物肉颤，适几欲抽佩刀刺之。"崧曰："文遇小人，浅谋误国，刺之益丑。"崧因劝唐主南还，唐主从之。

洛阳闻北军败，众心大震，居人四出，逃窜山谷。门者请禁之，河南尹雍王重美曰："国家多难，未能为百姓主，又禁其求生，徒增恶名耳；不若听其自便，事宁自还。"乃出令任从所适，众心差安。

壬申，唐主还至河阳，命诸将分守南、北城。

甲戌，帝与契丹主至潞州，德钧父子迎谒于高河，契丹主慰谕之，父子拜帝于马首，进曰："别后安否？"帝不顾，亦不与之言。契丹主问德钧曰："汝在幽州所置银鞍契丹直何在？"德钧指示之，契丹主命尽杀之于西郊，凡三千人。遂琐德钧、延寿，送归其国。

德钧见述律太后，悉以所赍宝货并籍其田宅献之，太后问曰："汝近者何为往太原？"德钧曰："奉唐主之命。"太后指天曰："汝从吾儿求为天子，何妄语邪！"又自指其心曰："此不可欺也。"又曰："吾儿将行，吾戒之云：赵大王若引兵北向渝关，亟须引归，太原不可救也。汝欲为天子，何不先击退吾儿，徐图亦未晚。汝为人臣，既负其主，不能击敌，又欲乘乱邀利，所为如此，何面目复求生乎？"德钧俛首不能对。又问："器玩在此，田宅何在？"德钧曰："在幽州。"太后曰："幽州今属谁？"曰："属太后。"太后曰："然则又何献焉"？德钧益惭。自是郁郁不多食，逾年而卒。张砺与延寿俱入契丹，契丹主复以为翰林学士。

帝将发上党，契丹主举酒属帝曰："余远来徇义，今大事已成，我若南向，河南之人必大惊骇；汝宜自引汉兵南下，人必不甚惧。我令太相温将五千骑卫送汝至河梁，欲与之度河者多少随意。余且留此，俟汝音闻，有急则下山救汝；若洛阳既定，吾即北返矣。"与帝执手相泣，久之不能别，解白貂裘以衣帝，赠良马二十匹，战马千二百匹，曰："世世子孙勿相忘。"又曰："刘知远、赵莹、桑维翰皆创业功臣，无大故，勿弃也。"

初，张敬达既出师，唐主遣左金吾大将军历山高汉筠守晋州。敬达死，建雄节度副使田承肇帅众攻汉筠于府署，汉筠开门延承肇入，从容谓曰："仆与公俱受朝寄，何相迫如此？"承肇曰："欲奉公为节度使。"汉筠曰："仆老矣，义不为乱首，死生惟公所处。"承肇目左右欲杀之，军士投刃于地曰："高金吾累朝宿德，奈何害之！"承肇乃谢曰："与公戏耳。"听汉筠归洛阳。

符彦饶、张彦琪至河阳，密言于唐主曰："今胡兵大下，河水复浅，人心已离，此不可守。"丁丑，唐主命河阳节度使苌从简与赵州刺史刘在明守河阳南城，遂断浮梁，归洛阳。遣宦者秦继旻、皇城使李彦绅杀昭信节度使李赞华于其第。

己卯，帝至河阳，苌从简迎降，舟楫已具。

庚辰，唐主又与四将议复向河阳，而将校皆已飞状迎帝。帝虑唐主西奔，遣契丹千骑扼渑池。

辛巳，唐主与曹太后、刘皇后、雍王重美及宋审虔等携传国宝登玄武楼自焚。皇后积薪欲烧宫室，重美谏曰："新天子至，必不露居，他日重劳民力；死而遗怨，将安用之！"乃止。王淑妃谓太后曰："事急矣，宜且避匿，以俟姑夫。"太后曰："吾子孙妇女一朝至此，何忍独生！妹自勉之。"淑妃乃与许王从益匿于毬场，获免。

是日晚，帝入洛阳，止于旧第。唐兵皆解甲待罪，帝慰而释之。帝命刘知远部署京城，知远分汉军使不营，馆契丹于天宫寺，城中肃然，无敢犯令。士民避乱窜匿者，数日皆还复业。

初，帝在河东，为唐朝所忌，中书侍郎、同平章事、判三司张延郎不欲河东多蓄积，凡财赋应留使之外尽收取之，帝以

天宫寺的牌坊

是恨之。壬午，百官入见，独收延郎付御史台，余皆谢恩。

刘延皓匿于龙门，数日，自经死。刘延郎将奔南山，捕得，杀之。斩张延郎；既而选三司使，难其人，帝甚悔之。

初，朔方节度使张希崇为政有威信，民夷爱之，兴屯田以省漕运；在镇五年，求内徙，唐潞王以为静难节度使。帝与契丹修好，恐其复取灵武，癸巳，复以希崇为朔方节度使。

庚子，以唐中书侍郎卢文纪为吏部尚书。以皇城使晋阳周瓌为大将军、充三司使；瓌辞曰："臣自知才不称职，宁以避事见弃，犹胜冒宠获辜。"帝许之。

帝闻平卢节度使房知温卒，遣天平节度使王建立将兵巡抚青州。

改兴唐府曰广晋府。

安远节度使卢文进闻帝为契丹所立，自以本契丹叛将，辛丑，弃镇奔吴。所过镇戍，召其主将，告之故，皆拜辞而退。

高丽王建用兵击破新罗、百济，于是东夷诸国皆附之，有二京，六府，九节度，百二十郡。

【译文】

天福元年　（丙申、936 年）

癸丑日（二十三日），唐主为了庆祝千春节唐主的生日，就摆设酒席。晋

国长公主一祝完寿，就辞别唐主，要回晋阳。这时唐主已喝醉了，对公主说："为何不多待几天？这么急着赶回去，是想跟石郎一块儿造反吗？"这句话传出去让石敬瑭听到了，使他更加害怕。

三月，丙午日（十七日），擢用翰林学士、礼部侍郎马胤孙担任中书侍郎、同平章事。马胤孙天性拘谨文弱，所负责的中书省的政务，绝大多数积压停滞，而且又很少接见宾客。当时的人，都把他叫做"三不开"，就是说口不开、印不开、门也不开。

石敬瑭把所有储藏在洛阳以及各辖区内的财物全部运回晋阳，借口是用来补助军需；但是大家都明白他心怀不轨。唐主曾在一次与机要大臣的夜谈中，从容地问他们："石郎是我最亲的人，没什么可疑的；只是外头流言十分可畏，如果不加以澄清，将来一旦闹得不愉快，要怎么疏通排解才好呢？"当时无人回答他。

等到夜谈结束，大家辞退出来，端明殿学士、给事中李崧对同事吕琦说："我们深受皇上的恩惠，怎能跟一般人同样见识，而一味地采取观望的态度呢？我们该想出什么策略才是啊！"吕琦说："河东方面若有阴谋，一定会联合契丹作为后援。契丹国母由于赞华在中原，屡次请求和亲；只因朝廷没有同意他们关于放回荝刺等人的请求，所以和亲不成罢了。如今如果真把荝刺等人送回契丹，并且每年以相当于十余万缗价值的物品，作为礼物，赠予他们，而与他们结盟讲和，他们一定欣然接受。这样一来，河东方面即使想猖狂妄动，也无能为力了。"李崧说："这正是我的意思。但钱币谷粮，都由三司掌管核算，此事还应再跟张相商量。"于是就把这个计策告诉张延朗，张延朗说："按两位学士的计策，不但可以控制河东，而且还能节省百分之九十的守边费用，没有比这更妥善的计策了。如果皇上赞同的话，只要责成我来办，我将在国库所藏的财物之外，设法张罗来供应他。"因而有一天晚上，二人秘密地将此计谋报告给唐主；唐主十分高兴，不停地称赞他们的忠诚。于是二人就私下起草了一篇《遗契丹书》，以等待唐主的诏令。

过了一段时间，唐主把吕、李二人的计谋通知枢密直学士薛文遇，薛文遇回答说："以天子那样尊崇的地位，却委屈自己去侍奉夷狄，难道不觉耻羞辱吗？而且如果敌寇依照往例要求我们把公主下嫁给他们，我们又怎么拒绝呢？"于是随口吟诵了一句戎昱所作的《昭君诗》说："安危托妇人！"唐主一听，马上改变了主意。有一天，紧急地将李崧和吕琦召到后楼来，满怀愤怒地责骂他们说："你们这般人，都熟知古今盛衰兴亡的道理，目的是要辅佐国君，获致太平。如今居然想出这种馊主意！我才一个女儿，还满身奶味呢，你们也想把她丢在沙漠吗？而且还要把养兵的钱财送给敌寇，又有何用意呢？"吕、李二人听了，害怕得直冒冷汗，说："臣的心意是竭智尽忠，以报效国家；可不是给敌寇作打算的，希望陛下明察。"二人一边说着，一边不停地下拜谢罪，但唐主一直诟骂着。一会儿，吕琦拜得身手都酸了，气力也用尽了，就稍微歇了一下，唐主就说："吕琦倔强，你还肯把我当君主看待吗？"吕琦说："臣谋划不善，就请陛下治我们的罪，多拜有何用！"经这么一说，唐主的气消了一点，教他们不要再拜了，并各赐一杯酒，来缓和气氛，就此结束了这一次的召见。从那以后，群臣也就不敢再提和亲的事了。丁巳日（二十八日），任命吕琦为御史中丞。从这件人事任命看来，唐主是故意疏远他了。

  静江节度使、同平章事马希杲声誉良好，监军裴仁煦在楚王马希范面前造他的谣，说他在收买人心，因而马希范就对他起了疑心。夏，四月，汉将孙德威侵略蒙、桂二州，马希范任命他的弟弟武安节度副使马希广暂时代理军府的事务，自己带领步兵和骑兵共5000人前往桂州。马希杲得到这个消息，很畏惧，他的母亲华夫人特地到全义岭去迎接马希范，向他谢罪，说："希杲处理政务，没有成效，以致敌寇侵入境内，劳动殿下亲身经历许多艰险和困阻，这全是我教子无方的罪过。请殿下取消我的封邑，去做洒扫宫廷的工作，来赎免希杲的罪过。"马希范说："我很久没看到希杲了，听说他的政绩和德行都特别优异，所以特地来看看他，并没有其他的意思。"结果孙德威从蒙州引汉兵离去，同时马希范将马希杲迁调到朗州去做刺史。

  开始，石敬瑭想要试探唐主的心理，连上好几封奏表，自述说体弱多病，请求解除兵权，迁调到其他的藩镇去担任节度使。唐主就与执政大臣商议，想要顺从他的请求，调他去镇守郓州。但是，房暠、李崧、吕琦等人都极力劝谏，认为不可。因而唐主又犹豫了好久。

  五月，庚寅日（初二）的夜晚，李崧有事告假，不在宫廷，只有薛文遇一人值班，唐主跟他商讨河东方面的事情。文遇说："有句谚语说得好：'在马路边盖房子，三年也盖不成。'关于河东这件事情，须由圣上自己决定，群臣都只为各自的身家打算，怎么肯尽他的心力？由臣看来，河东方面，调动他，他要造反，不调他，他也要造反，只不过是时间的早晚。不如把握时机，先发制人。"在此之前，一些推算阴阳吉凶的卫士们盛传今年会获得贤能的辅佐大臣，能够出奇计，来定天下。唐主想：所谓的贤能的辅佐大臣，大概就是指薛文遇了。所以听了他的话，非常高兴，他说："你的话消除了我的疑虑，使我的胸怀开阔了许多。无论是成是败，我决定照原意去做。"于是立刻写下任命官吏的文书，交给学士院，让学士草拟诏令。辛卯日（初三），任命石敬瑭为天平节度使；又任命马军都指挥使、河阳节度使宋审虔担任河东节度使。当诏命宣布时，文武百官听到宣呼石敬瑭的名字，各个都你看我，我看你，惊奇得脸色都变了。

甲午日（初六），派建雄节度使张敬达担任西北蕃汉马步都部署，去催石敬瑭前往郓州上任。石敬瑭既迟疑又害怕，跟部将和僚佐讨论说："我上次入朝觐见，再回河东的时候，皇上当面答应我，在我有生之年，决不再任命别人来取代我的职位。如今忽然又下了这道命令，皇上的意思，莫非就像今年千春节跟公主所说的话一样吧？我并没有兴兵作乱，但朝廷却发动事端，我怎能乖乖地受制于人，而死于道路之上呢？如今我想暂且先发出一封奏表给皇上，推说生病，不能上任，借以观察朝廷真正的意图。假如朝廷不再逼我，那我就拥戴他；若是派兵来压我，那我就只能另作打算了。"幕僚段希尧极力主张拒绝朝廷的命令。敬瑭看他一副朴实直率的样子，没有怪罪他。节度判官华阴人赵莹则劝敬瑭前往郓州上任。观察判官平遥人薛融说："我是个书生，不知晓军旅的事情。"都押牙刘知远说："明公带兵已久，获得士卒们的衷心拥戴。如今据有形势险要的地盘，战马精良，士气强盛，如果昭告天下，起兵号召，帝业可以成功。为何只为一纸诏令就自投虎口呢？"掌书记洛阳人桑维翰说："皇上刚即位的时候，明公入朝觐见，皇上真的不知蛟龙不可放回深渊的道理吗？但最后还是把河东节度使这个重要的职位颁授给您，这是天意要把最有用的名器交给您呀。明宗虽已崩逝，但遗爱还在人间，当今皇上以庶子旁支的身份，继立为国君，民心并不归附。您是明宗心爱的女婿，如今皇上拿谋反叛逆的罪名加列到明公的头上，这不是叩头谢罪能够赦免的。只有好好想出一套保全自己的计策。契丹很久以来一直跟明宗约为兄弟。如今他们的部落，就在距此不远的云州与应州。明公如果真能表达诚意，委屈自身来侍奉他们，那么万一有什么紧急情况，可以随请随到，还怕不能成功吗？"石敬瑭听了，主意就此决定，不再动摇。

石敬瑭却上表说："皇上是养子，不该继承帝位，请传位给许王。"唐主气得亲手将那封奏表撕掉，丢在地上。同时下诏答复他，说："你和鄂王的关系原本不算疏远，可是从前你却曾杀光鄂王的随从人员，单留鄂王一人在卫州。这件事情，天下人都知道得十分清楚。现在你所说的要我传位给许王的那些话，没有谁会相信！"壬寅日（十四日），下诏解除石敬瑭的官职和爵位。又任命张敬达为太原四面兵马都部署；义武节度使杨光远是副部署。张敬达奏报西北先锋马军都指挥使安审信反叛，投奔晋阳。石敬瑭问安元信说："你到底看出什么利害关系，竟舍弃势力较为强大的梁，却归附较为弱小的我呢？"安元信答道："我并不懂什么星象气数，只是用人事为根据来作判断罢了。帝王治理天下，最重要的凭借，莫过于信。但如今皇上却对令公失了大信。像令公这样既亲而贵的人，尚且不能保全自己，更何况是既疏远又卑贱的我呢？我看梁之灭亡，可以跷腿安坐而等待，还有何强大可言呢！"石敬瑭听了，非常喜悦，就把军事交给他办。振武西北巡检使安重荣驻守代北，也率领步兵和骑兵约五百人投奔晋阳。

天雄节度使刘延皓凭借皇后家族的权势，骄奢放纵，侵夺别人的财产，扣减将士们的粮饷和赏赐，设宴饮酒，丝毫没有节制。捧圣都虞侯张令昭就想趁着众心怨怒的时机，准备以魏博之地响应河东，于是在癸丑日（二十五日）那天天还没亮的时候，率领众人进攻主将驻守的内城，果然把它攻下了。刘延昭脱身逃走，乱兵疯狂地抢掠一番。张令昭上奏说："刘延皓处置不当，安抚无方，以致军心大乱。臣已将士卒安抚停当，并代理军府事务。请皇上正式颁授旌节。"刘延皓到了洛阳，唐主十分生气，要下令贬他到远方去，皇后出面替他讲情。六月，庚申日（初三），只解除刘延皓的官职和爵位，让他回到他私人的宅第去。

辛酉日（初四），吴之太保，同平章事徐景迁因病辞官，改派他的弟弟徐景遂代替徐景迁为门下侍郎、参知政事。

癸亥日（初六），唐主派张令昭为右千牛卫将军、代理天雄军军府的事务。由于当时所调遣发动的各路人马还没有集结，所以张令昭暂且接受新的任命。不久又有诏命，派张令昭去做齐州防御使。张令昭借口被士卒所强留，不肯赴任。实际是想等待这次河东之役的胜败，再作打算。唐主派使者去告诫他，他却将使者杀掉。

石敬瑭派遣使者暗中抄小路到契丹那里去请救兵。同时命桑维翰草拟奏表，向契丹主称臣，同时自愿以事奉父亲的礼节来侍奉他。又约定在事情成功之后，将卢龙军那一辖区和雁门关以北的各州割让给他们。刘知远劝谏石敬瑭说:"向契丹称臣,就已很够了。又要以侍奉父亲的礼节来侍奉他,未免做得过分。只要用贵重的财物去收买他,自然就足以获得他们的援兵,不必答应给他们土地。给了土地,担心将来会给中国留下无穷的祸患,到那时候,后悔已来不及了。"石敬瑭不听取他的意见。称臣的奏表送到契丹,契丹主十分高兴,告诉他的母亲述律太后说:"儿近来做了一个梦,梦见石朗派使者来我们这里。如今果真应验了,这大概是天意吧。"于是马上写回信,答应等到秋季八月的时候,出动全国的军队前去援救。

张敬达构筑一道长长的围城堡垒,以便攻打晋阳。石敬瑭任用刘知远为马步都指挥使,安重荣和张万迪的降兵全部归他指挥。刘知远执行军令没有私心,抚慰降兵也如抚慰亲兵一样,所以士卒都同心协力,合作无间。石敬瑭亲自登上城墙,在城上短垣的庇护下,冒着敌人的箭镞,去慰问守兵。刘知远说:"看敬达他们,筑了高垒、挖了深沟,想做拖延时间的打算,没有什么特别的计策,不值得担心。请明公多派使者从小路出去,到各个地方经营其他的外务。至于守城这件事,非常容易,我知远一个人就应付得了。"石敬瑭很感动,握着刘知远的手,拍了拍他的肩背,表示十分赞赏。

唐主派端明殿学士吕琦到河东去犒劳远征的军队。杨光远告诉吕琦说:"请你回去后,顺便奏报皇上,请皇上放心,不必早晚为此事担心。假如叛贼没有援兵,那么很快就可以将他们平定;假如他们搬引契丹的军队来,那么我就让他进城去,可以一战就把他们打败。"唐主很欣慰。

唐主听说契丹同意石敬瑭在仲秋八月的时候,出兵去救援,于是就频频督促张敬达,要他进攻晋阳。但不能攻下。每当营建军事工程的时候,就受到风雨的侵袭。那条长长的围城堡垒,也受不住雨水的冲刷而遭破坏,无法整修复原。而晋阳城里也一天比一天更加窘困,所存的粮食和日用品,渐渐缺乏。

九月,契丹主率了5万名骑兵。

辛丑日(十五日),契丹主到达晋阳,布阵于汾水北岸的虎北口。先派人去对石敬瑭说:"我想就趁现在一口气攻破贼兵,可以吗?"石敬瑭派人快马奔往契丹那边,对他们说:"南来的唐军实力还很强,不可轻视。请等到明天再讨论攻战的方略,也还不晚。"但石敬瑭所派的使者,还没到达契丹那边,契丹就已经跟唐军的骑兵将领高行周、符彦卿交战了。所以敬瑭赶紧派刘知远出兵去前助战。张敬达、杨光远、安审琦率步兵布阵于晋阳城西北的山下,契丹派遣3000名装备精良的骑兵,不穿战衣,径直向唐兵冲杀过去。唐兵看到契丹兵那么虚弱，争着去驱逐他们，一直赶到汾水的水湾，契丹兵冲过汾水而去。唐兵就沿着河岸前进。契丹所埋伏的军队突然从东北冲上来，将唐兵切断为两部分，步兵在北边的，大部分被契丹所杀；骑兵在南边的，带回晋安寨。契丹指挥军队乘胜追击，唐兵大败，步兵被杀死的约有万人，只有骑兵没有受损。张敬达等收集残余的部队保卫晋安，契丹也带兵回到虎北口。石敬瑭获得1000多名投降的唐兵，刘知远劝石敬瑭将他们全部杀掉。

　　当晚，石敬瑭从晋阳城北门出去，见契丹主。契丹主紧握着石敬瑭的手，深表相见恨晚之意。石敬瑭问说："皇帝远道而来，兵马疲倦，仓促间和唐兵交战，而获大胜，这是什么道理呢？"契丹主说："开始，我从北方南下，原以为唐兵一定会挡住雁门一带的各条通路，在险要的地方埋伏奇兵。这样的话，我就无法前进了。没想到，我派人侦察的结果，竟然什么都没有，所以我才能够长驱直入，并且由此知道大事一定会成功。敌我两军，既已经遭遇，我方士气正盛，敌人气势正衰，假如不趁着这个时机紧急发动攻势，而荒废时日，长久等待的话，那么胜败就很难预料了。这就是我能紧急交战而获胜的原因。不能用'疲劳'与'安逸'这种平常的道理来推论的。"石敬瑭听了，十分赞叹佩服。

　　壬寅日（十六日），石敬瑭带兵和契丹会合，包围晋安寨。把军营驻扎在晋安寨的南边，长100多里，宽50里，设置许多系着警铃的绳索和猛犬，敌人寸步难行。这时，张敬达等人所率领的士兵还有5万人，马1万匹，却四顾茫然，无处可逃。甲辰日（十八日），张敬达派使者向唐主报告军事失利的消息。此后，前线与朝廷之间的联系就中断了。唐主十分恐惧，派彰圣都指挥使符彦饶率领洛阳的步兵和骑兵驻守河阳；命天雄节度使兼中书令范延光率领魏州兵2万由青山向榆次进军；又命卢龙节度使、东北面招讨使兼中书令北平王赵德钧率领幽州兵向契丹军队的后方进发。又让耀州防御使潘环集合蒲州、潼关以西各辖区的守兵，从晋州、降州两乳岭，向慈州、隰州方面进军，一起援救晋安寨。

　　丁未日（二十一日），唐主下诏，要亲自率军讨伐。雍王李重美说："陛下的眼疾还没好，不可冒着风沙走远路。儿臣年纪虽小，愿意代替陛下去北方走一趟。"唐主的原意，本不想去，听了李重美的话，十分高兴。可是张延朗、刘延皓以及宣徽南院使刘延朗等大臣还是劝唐主亲自去，唐主无法，于是第二天戊申日（二十二日），就从洛阳出发。并对卢文纪说："朕一向听说你有宰相的胆识，所以不听大家的意见而首先重用你。如今国家的祸乱困苦到这个地步，你的高明计策又在何处？"卢文纪只是下拜谢罪，不能回答。己酉日（二十三日），派刘延朗监督侍卫步军都指挥使符彦饶的部队前往潞州，以做大军的后援。各部军队自从在凤翔拥戴潞王为皇帝以来，骄傲刁蛮，不听指挥，符彦饶担心他们作乱，不敢用军法来约束这些侍卫部队。

　　唐主到达河阳，畏惧再向北走，召集宰相、枢密使一起商讨进取的方略。卢文纪迎合唐主的意旨，说："国家的根本，大半在河南。胡人的军队忽来忽往，不可长久停留；晋安大寨本来就很坚固，何况又已调遣三路兵马去救援了。河阳是天下军事重地，皇上的车驾该留在此地，安抚南北。暂且派机要大臣去督战。如果不能解围，再请皇上北行，也还不晚。"张延朗也想借这件事让赵延寿解除枢密使的职务，所以就说："文纪的话，说得很对。"唐主再征询其他人的意见，没有敢提出异议的。泽州刺史刘遂凝，是刘郭的儿子，偷偷和石敬瑭相互勾结，也上表说皇上的车驾不可进入太行山麓。于是唐主又与大臣议论适合派往北方的近臣人选。张延朗与翰林学士须昌人和凝等都说："赵延寿的父亲赵德钧率卢龙兵来共赴国难，应该派赵延寿去，让他们父子相见。"庚戌日（二十四日），就派枢密使、忠武节度使、随驾诸军都部署、兼侍中赵延寿率兵2万人前往潞州。

　　唐主总是忧虑晋安寨的事情，向群臣询问退敌的计策。吏部侍郎永清人龙敏请唐主立李赞华为契丹主。让天雄、卢龙二节度使各派一部分军队护送他。从幽州直趋西楼，朝廷公布这个消息，契丹主一定会有内顾之忧。然后挑选军中精锐的士卒来偷袭契丹，这也是一个解围的良策。唐主认为这个计策很好；但执政大臣担心这样做不会有什么效果，讨论了半天，最后仍旧没有结论。

　　唐主忧愁沮丧的心情，完全表露在脸色上，从早到晚猛喝酒，哀声长叹。臣子们有的劝他北行，他就说："不要再提了！石朗使我畏惧得心胆落地！"

　　冬，十月，壬戌日（初七），诏令全面搜求天下将帅、官吏以及民间所拥有的马匹，又调遣平民为兵，每7户人家，出征夫1人，自备战衣和兵器，称为"义军"。规定十一月为最后的期限，到期必须齐集成军，派陈州刺史郎万金传授他们作战布阵的知识和技能。这道诏命，是采纳张延朗的主意的。总共得马2000多匹，征夫5000人，实际上没什么用处；但民间却受到了极大的干扰。

开始，赵德钧暗地里怀着反叛朝廷的野心，想借兵乱的机会占据中原。所以自动请求去救援晋安寨。唐主也就命他从飞狐尾随契丹的后面，偷袭他们的部落。赵德钧恳请率领"银鞍契丹直"3000名骑兵，从土门路向西进发，唐主答应了他。赵州刺史、北面行营都指挥使刘在明已先带兵守易州；赵德钧经过易州，让刘在明带领部下跟随自己。刘在明，是幽州人。

赵德钧到了镇州，让董温琪担任招讨副使，邀他同行。又上表说兵少，必须与泽州、潞州合兵。就又从吴儿谷直向潞州进发。癸酉日（十八日），到达乱柳。当时范延光已接受诏命带领本部兵2万人驻扎辽州，德钧又请求跟魏博兵相合。延光知道德钧会合了各路兵马，心志很难推测，便上表说魏博兵已经进入敌寇的国境，无法再往南走好几百里去跟德钧会合。这才没答应他的请求。

十一月，任命赵德钧担任诸道行营都统，依旧为东北面行营招讨使。任命赵延寿担任河东道南面行营招讨使，又任命翰林学士张砺为判官。庚寅日（初五），任命范延光担任河东道东南面行营招讨使，任命宣武节度使、同平章事李周为副使。辛卯日（初六），派刘延朗为河东道南面行营招讨副使。赵延寿在西汤与赵德钧相遇，将所带的兵全部归属于德钧。唐主派吕琦带着皇上的敕告文书去赐给德钧，并且犒赏军队。赵德钧一心要合并范延光的部队，所以逗留不进。唐主屡次下诏催他，德钧才带兵向北驻守团柏谷的谷口。

契丹主对石敬瑭说："我不辞跋涉3000里，趋救祸难。必定要有所建树。我看你的资质、容貌、见识和度量，真是做中原君主的最好人选。我想立你做天子。"石敬瑭再三谦让推辞，将领和官吏们又不断劝他即位，因而他就接受了。契丹主作册书，命石敬瑭为大晋皇帝，脱下自己的衣冠交给他穿戴，又筑土坛于柳林，当日，即皇帝位，割幽州、蓟州、瀛州、莫州、涿州、檀州、顺州、新州、妫州、儒州、武州、云州、应州、寰州、朔州、蔚州总共16个州给契丹。同时还答允每年输送30万匹帛布给他们。己亥日（十四日），下令将长兴七年改为天福元年，大赦天下。皇帝的敕书、诏命以及一切制度，都遵照明宗的旧规。任命节度判官赵莹担任翰林学士承旨、户部侍郎、掌理河东军府的事务；掌书记桑维翰担任翰林学士、礼部侍郎、代理枢密使的职务；观察判官薛融担任侍御史，掌理杂事；节度推官白水人窦贞固担任翰林学士；军城都巡检刘知远担任侍卫马军都指挥使；客将景延广担任步军都指挥使。景延广，是陕州人。立晋国长公主为皇后。

契丹主虽然驻军于柳林,但是辎重和老弱都在虎北口,每天天色一暗,就收拾打点,以备紧急逃走。但赵德钧想要依靠契丹夺取中原,因此到了团柏一个多月,却一直按兵不动。距离晋安寨只有100里,却连消息都不能相通。赵德钧接连上表替赵延寿请求做成德节度使,说:"臣现在远征在外,幽州形势孤立,所以想让延寿在镇州,这样就能左右便于接应。"唐主说:"延寿如今在攻击贼兵,哪有时间前往镇州?等到贼兵平定了,当会答应你的请求。"赵德钧仍请求不已,唐主很生气地说:"赵氏父子坚持要得镇州,到底是何用意!假如能够击退胡寇,纵使是想取代我的地位,我也心甘情愿。假如拿敌寇当作耍手段的资本,来要挟国君,只恐犬兔同时遭殃罢了。"赵德钧听到这些话,十分不高兴。

闰月,赵延寿向唐主呈献契丹主所赐的诏书和战衣、马匹、弓箭等物,谎称赵德钧派使者送信给契丹主,替朝廷缔结良好的邦交,劝请契丹率兵回国。实际上却另写一封秘密的信,连带厚重的金银布帛,送给契丹主,说:"假如拥立我为皇帝,我愿立刻以现有的军队,开赴南方,平定洛阳,和契丹结成兄弟之国;仍旧承诺石氏长久镇抚河东。"契丹主认为自己已深入敌国的境内,晋安还没攻下,赵德钧的部队还很强,范延光在他的东边,又担心太行山以北各州出兵拦截他的归路,所以想答应德钧的请求。

皇帝石敬瑭知道了这件事,非常害怕,赶紧派桑维翰去见契丹主,游说他说:"大国发动义兵,以援救孤立危急的晋阳,一开战,唐兵就崩溃瓦解,退守在一个脆弱的寨垒里,粮食已经吃光,气力已经用尽。北平王赵德钧父子不忠不信,害怕大国的强盛。而且一向怀着野心,按兵不动,观望局势的变化,不是一个愿为国家牺牲生命的人,有什么值得害怕,而要听信他夸大而狂妄的言辞,贪图这毫毛之末的小利,舍弃那眼看就完成的大功呢?如果晋得天下,将会倾尽国中所有的财货,来奉献大国,那里是这一点点小利能比得上的呢?"契丹主说:"你看过捕捉老鼠的人吗?假如不小心防备,很有可能被老鼠咬伤了手,何况是强大的敌人呢!"桑维翰说:"如今大国已经扼住它的喉咙,又怎能再咬人呢?"契丹主说:"我并没有改变以前的约定;只不过军事家的权变与谋略,不得不这样做。"桑维翰说:"皇帝凭着信义去援救人家的急难,世上所有的人都看到了,也都听到了。为何还要改变诺言,使皇帝的大义有始无终呢？臣个人为皇帝设想，决不赞同这样做。"说着，便跪在军帐前面，从清晨一直到傍晚，流着泪向契丹主争辩，契丹主最后终于听信了他，指着军帐前的石头对赵德钧的使者说："我已经答应了石郎，等到这块石头烂掉了，才能改变"。

龙敏对前往郑州防御使李懿说："您是皇室的近亲，如今国家的危亡，眼看就要降临，您难道一点都不忧心吗？"李懿替他解说赵德钧一定可以打败敌人的情况。龙敏说："我是燕人，了解德钧的为人。他胆小又没有计谋，只是在守城方面略有一点特长罢了。何况他现在内心怀着奸邪的阴谋，又怎么靠得住呢？我倒有一个庞大的计策，只怕朝廷不敢做罢了。现在护驾的兵还有1万多人，马将近5000匹。如果选择精良的骑兵1000名，让我跟郎葛金来率领，从介休山的山路推进，趁着黑夜直冲敌军，以进入晋安寨，只要有一半的人马可以进去，事情就成功了。张敬达等陷入重重的包围，得不到朝廷方面的信息。如果让他们知道大军就在近处的团柏，纵使有钢铁般的屏障，也可冲陷，更何况是敌寇的包围呢？"李懿将龙敏这个计策报告唐主，唐主说："龙敏的计策非常周详，但现在用它已太晚了。"

丹州义军作乱，赶走刺史康承询，承询逃往鄜州。

晋安寨被围好几个月，高行周、符彦卿多次带领骑兵出战，都因敌众我寡而没有成功。刍草和粮食都已经吃光，只好把木片削薄，并且淘洗马粪中的草筋来喂马。马吃不饱，就互相撕咬，马尾和鬃鬣都秃了。假如死掉，就分给将士们吃。援兵始终没有到来。

张敬达个性刚烈，当时的人都称他为："张生铁"。杨光远、安审琦都让张敬达投降契丹，张敬达说："我受明宗和当今皇上的厚恩，担任元帅而打败仗，罪过已经够大，何况是投降敌人呢！如今援兵早晚之间就要到了，应当暂等一下。如果一定会落到力尽势穷的地步，援兵却不来，那么各军将士砍下我的头，带到寨外去投降，以便自求多福，也还不晚。"杨光远向安审琦使个眼色，示意他杀张敬达，安审琦不忍下手。高行周知道杨光远想杀张敬达，经常带着一批强壮的骑兵跟在张敬达的后面保护他。张敬达不明他的用意，对别人说："行周时常跟在我后头，是何意思呢？"于是高行周不敢再跟随着。军中各将领每天早晨都要到招讨使的营帐去集会，甲子日（初九）那天，高行周、符彦卿两人还没到达，杨光远趁张敬达没有戒备，杀了他。率领诸将上表向契丹投降。契丹主原本就常听说过诸将的名字，一一加以慰劳，赐给他们皮衣皮帽。所以开玩笑地说："你们也真是大恶汉，不用盐和乳浆作佐料，也居然吃掉万匹战马！"杨光远等十分惭愧。契丹主钦佩张敬达的忠烈精神，命部下收他的尸体，按礼节予埋葬，同时还祭拜他。同时对他的部下以及晋的将领们说："你们做人臣子的，该效法敬达才是。"当时晋安寨中的战马，还有5000匹左右，铠甲器械还有5万具。契丹全部将它带回国去。把另外所有的唐兵和将领交给皇帝，并告诉他们说："尽力地侍奉你们的主人。"马军都指挥使康思立愤恨而死。

由于晋安寨已经投降，皇帝于是派遣使者到各州去劝他们归附。代州刺史张朗斩杀他的使者；吕琦遵奉唐主的诏命，去慰问雁门关以北各州固守的军队。当他到忻州时，遇到晋的使者，也将他杀掉。

契丹主对晋帝说："桑维翰尽忠于你，应该用他任宰相。"

皇帝和契丹主准备带兵南下，想留一个儿子防守河东，跟契丹主咨商。契丹主请皇帝唤出所有的儿子，让他亲自选择。皇帝哥哥的儿子石重贵，他的父亲石敬儒早死，皇帝把他当作自己的儿子，将他养大，相貌跟皇帝相像，只不过身材比较矮小，契丹指着他说："就这个大眼睛的可以。"因而就任命石重贵为北京留守、太原尹、河东节度使。契丹派他的将领高谟翰为前锋，和晋安寨的降兵一同进发。丁卯日（十二日），来到团柏，和唐兵接战。赵德钧和赵延寿父子率先逃走，符彦饶、张彦琦、刘延朗、刘在明也都连续跑掉，士兵大败，自相冲撞践踏而死的有上万人。

己巳日（十四日），刘延朗、刘在明到达怀州，唐主才明白石敬瑭已经即位为皇帝、杨光远也已经投降。朝廷群臣大多认为："天雄军军府实力还算充裕，城郭也还巩固，契丹一定害怕山东，而不敢南下，所以皇帝应该前往魏州。"唐主因为李崧一向和天雄节度使范延光交情很好，因而特地召见李崧，与他谋议。薛文遇不知这是单独召见，也相继到来。唐主看到文遇，十分生气，立刻变了脸色。李崧暗地踩文遇的脚，示意他走，文遇这才离去。唐主说："我一见到此人，皮肉都颤动。刚才我差点想抽出身上的佩剑刺杀他。"李崧说："文遇是个小人，谋划失策，贻误国家；杀死这种人，不但无益，反而更有损国家的声名。"于是李崧就趁这个机会劝唐主回南方去。唐主依从了他。

洛阳方面听说北方赵德钧诸将的军队大败，朝野人心大为惊骇，居民四处逃散，逃窜在山谷中。看守城门的人请上级下令禁止，河南尹雍王石重美上奏说："国家多难，政府不能替百姓做主以安顿他们，又禁止他们谋生，这只会加重政府的恶名。不如听任他们自由行动，等到国事安定之后，他们一定会回来的。"于是下令给守关的人，听任百姓到任何地方。因此民众之心才稍微安定一点。

壬申日（十七日），唐主回到河阳，命令诸将分别防守南、北城。

甲戌日（十九日），皇帝和契丹主来到潞州，赵德钧父子在高河迎接皇帝车驾，契丹主劝慰他们。他们父子下拜在皇帝的马前，恭敬地问道："别后还好吧？"皇帝不理睬他，也不和他说话。契丹主问赵德钧说："你在幽州所设置的'银鞍契丹直'在何地方？"德钧指出所在，契丹主下命将他们全部杀死于潞州城的西郊，一共3000人。最后将德钧父子上了枷锁，送回契丹去。

赵德钧进见述律太后，将全部所带的宝货，以及登录田宅的簿籍，呈献给她。太后问道："你最近到太原去干什么？"赵德钧答道："是奉了唐主的命令。"太后指着天说："你向我的儿子恳请立你做天子，你怎么胡乱说话呢？"又指着自己的心，说："这是不能欺骗的。"又说："我儿将出发的时候，我告诫他说：'赵大王若带兵向北方的渝关进发的话，就应赶紧率兵回国，太原是不能救的。'你想做天子，为何不先打退我的儿子，然后慢慢地图谋，也还不晚。你做人臣子，既已背叛你的君主，不能攻打敌人，又想趁着战乱谋求私利。你所作所为，居然是这个样子，有何脸面再生存于天地间呢？"赵德钧低着头，不能回答。太后又问说："你所献的财宝货物在此，那田宅又在何处呢？"德钧说："在幽州。"太后说："幽州现在属于谁？"答说："属于太后。"太后说："那么又怎么算是献给我呢？"赵德钧更加羞愧，从此心怀忧闷，吃得不多，过一年就死了。张砺和赵延寿一起进入契丹，契丹主仍再任命他为翰林学士。

皇帝将从上党出发，契丹主举起酒杯，叮咛皇帝说："我远来为正义而战，如今大功已经告成。我若再向南进，河南所有的人一定都非常惊慌害怕；你应该自己率领汉兵南下，人心一定不怎么害怕。我让太相温率领五千骑兵保卫着你，把你送到黄河渡口的地方。想随你渡河的，无论多少，随他们的意。我暂且留在此地，等候你的消息。如果有紧急情况，就下太行山去救你。若洛阳已经平定,我就回到北方去了。"说完,和皇帝握着手,相对哭泣,过了许久都舍不得分别,契丹主就脱下自己身上的白色貂皮大衣,亲自给皇帝披上,另外赠送良马20匹,战马1200匹,说:"希望我们的代代子孙都不要相忘。"又说:"刘知远、赵莹、桑维翰都是创业功臣,如果没有什么大罪,希望你不要遗弃他们。"

当初,张敬达既已出兵,唐主派左金吾大将军历山人高汉筠防守晋州。张敬达死后,建雄节度副使田承肇率部下进攻高汉筠于军府的办公厅。汉筠开门请田承肇进去,

太行山

不慌不忙地告诉他说:"我和您一同接受朝廷的重托,为何要这样自相逼迫?"田承肇说:"想推戴您做节度使。"高汉筠说:"我老了,基于道义,决不做谋乱的祸首,至于我的生死问题,随您怎么处理。"田承肇向随身的军士使个眼色,让他们杀高汉筠,军士们把刀子丢在地上,说:"高金吾是好几朝负有众望的大臣,为何要害死他?"田承肇见情形不对,马上转口谢罪,说:"与您闹着玩罢了。"就听任高汉筠回洛阳。

符彦饶、张彦琪到了河阳,秘密地向唐主进言,说:"如今胡人的军队大举南下,黄河的河水又很浅,人心已经离散,此地已无法防守了。"己丑日,唐主下令河阳节度使苌从简和赵州刺史刘在明防守河阳南城,所以切断河上的浮桥,回洛阳。派遣宦官秦继腾、皇城使李彦绅把昭信节度使李赞华杀死在他的家里。

己卯日(二十四日),皇帝来到河阳,苌从简投降,迎接的船只已经准备好了。

庚辰日(二十五日),唐主又和四位将领商议,想要再率军前赴河阳。但军中将校都已经飞快地呈上降状,迎接皇帝。皇帝考虑到唐主可能向西逃跑,

就派契丹的骑兵1000名,去控扼渑池。

辛巳日(二十六日),唐主和曹太后、刘皇后、雍王李重美和宋审虔等携带传国宝,登上玄武楼,自焚。皇后堆积了薪柴,要烧宫殿。李重美劝谏她说:"新天子到来,肯定不会露天居住的。今天把它烧掉,以后又要重新劳动百姓。我们死了,还让百姓怨我们,又何必这么做呢?"因而皇后就不烧了。王淑妃对太后说:"事态已经很紧急了,我们应该暂且躲避一下,以等待姑丈。"太后说:"我子孙妇女落到这个地步,怎么忍心独自生存,妹自己好好打算吧!"淑妃于是就和许王李从益藏在球场,所以得以免于劫难。

当天晚上,皇帝进入洛阳,歇脚于以前住的旧宅。唐兵全部脱下战衣,放下武器,等候处置。皇帝安慰他们一番,并加以释放。命刘知远安排处理京城的事务。知远将汉兵和契丹兵分开,让汉兵各自回营;将契丹兵安顿在天宫寺。整个城里很安宁,十分有秩序,没有人敢违反命令。那些逃出城外躲藏的百姓们,过了几天,都回到城里,重操他们的旧业。

以前,皇帝在河东,被唐朝所忌恨。中书侍郎、同平章事、判三司张延朗不愿河东多积蓄财货,一切财税,除了应留军府的以外,全部都收归朝廷。皇帝就因为此事忌恨张延朗。壬午日(二十七日),文武百官觐见皇帝。皇帝唯独下令收押延朗,交给御史台,其余的人全都向皇帝谢恩。

刘延皓藏在龙门,过了几天,自杀而死。刘延朗想逃往南山,结果被捕,杀死了。斩张延朗;不久,选三司使,找不到合适的人选。皇帝这才十分后悔把张延朗给斩了。

开始,朔方节度使张希崇治理政事很有威信,无论汉人或胡人都敬爱他。他的重大政绩是推行屯田政策,来节省运送粮食的开支。在朔方镇守5年,请求向内地迁调,唐潞王就派他为静难节度使。皇帝虽和契丹建立友好关系,但怕他们又占据灵武,因而癸巳日(初九),又派张希崇做朔方节度使。

庚子日(十六日),派唐中书侍郎卢文纪担任吏部尚书;任命皇城使晋阳人周瑰为大将军、充任三司使。周瑰推辞说:"臣自知才能和职位不相称。宁愿冒着回避事务、不肯任职的罪名而被摒弃;也胜过因贪图宠幸、败事失职而获罪。"皇帝就同意了他。

皇帝获悉平卢节度使房知温去世的消息,派天平节度使王建立率兵去慰劳青州。

改兴唐府为广晋府。

安远节度使卢文进获悉皇帝为契丹所立，考虑到自己原本是契丹的叛将，于是于辛丑日（十七日），放弃安远军，投奔于吴。途中每过一个藩镇，就召请那个藩镇的主将，告诉他所以要弃镇奔吴的缘由，那些主将都向卢文进拜辞而退。

高丽王王建出兵打败新罗、百济。所以东夷各国都归附他，一共拥有2京、6府、9节度、120郡。

后晋纪五　齐王中
开运二年（乙巳、945年）

春，正月，诏赵在礼还屯澶州，马全节还邺都；又遣右神武统军张彦泽屯黎阳，西京留守景延广自滑州引兵守胡梁渡。庚子，张从恩奏契丹逼邢州，诏滑州、邺都复进军拒之。义成节度使皇甫遇将兵趣邢州。契丹寇邢、洺、磁三州，杀掠殆尽，入邺都境。

壬子，张从恩、马全节、安审琦悉以行营兵数万，陈于相州安阳水之南。皇甫遇与濮州刺史慕容彦超将数千骑前觇契丹，至邺县，将渡漳水，遇契丹数万，遇等且战且却；至榆林店，契丹大至，二将谋曰："吾属今走，死无遗矣！"乃止，布阵，自午至未，力战百余合，相杀伤甚众。遇马毙，因步战；其仆杜知敏以所乘马授之，遇乘马复战。久之，稍解；顾知敏已为契丹所擒，遇曰："知敏义士，不可弃也。"与彦超跃马入契丹阵，取知敏而还。俄而契丹继出新兵来战，二将曰："吾属势不可走，以死报国耳。"

日且暮，安阳诸将怪觇兵不还，安审琦曰："皇甫太师寂无音问，必为虏所困。"语未卒，有一骑白遇等为虏数万所围，审琦即引骑兵出，将救之，张从恩曰："此言未足信。必若虏众猥至，尽吾军，恐未足以当之，公往何益！"审琦曰："成败，天也，万一不济，当共受之。借使虏不南来，坐失皇甫太师，吾属何颜以见天子！"遂逾水而进。契丹望见尘起，即解去。遇等乃得还，与诸将俱归相州，军中皆服二将之勇。彦超本吐谷浑也，与刘知远同母。

契丹亦引军退，其众自相惊曰："晋军悉至矣！"时契丹主在邯郸，闻之，即时北遁，不再宿，至鼓城。

是夕，张从恩等议曰："契丹倾国而来，吾兵不多，城中粮不支一旬，万一奸人往告吾虚实，虏悉众围我，死无日矣。不若引军就黎阳仓，南倚大河以拒之，可以万全。"议未决，从恩引兵先发，诸军继之；扰乱失亡，复如发邢州之时。

从恩留步兵五百守安阳桥，夜四鼓，知相州事符彦伦谓将佐曰："此夕纷纭，人无固志，五百弊卒，安能守桥！"即召入，乘城为备。至曙，望之，契丹数万骑已陈于安阳水北，彦伦命城上扬旌鼓噪约束，契丹不测。日加辰，赵延寿与契丹惕隐帅众逾水，环相州而南，诏右神武统军张彦泽将兵趣相州。延寿等至汤阴，闻之，甲寅，引还；马全节等拥大军在黎阳，不敢追。

帝疾小愈，河北相继告急。帝曰："此非安寝之时！"乃部分诸将为行计。

更命武定军曰天威军。

北面副招讨使马全节等奏："据降者言，虏众不多，宜乘其散归种落，大举径袭幽州。"帝以为然，征兵诸道。壬戌，下诏亲征；乙丑，帝发大梁。

闽之故臣共迎殷主延政，请归福州，改国号曰闽。延政以方有唐兵，未暇徙都，以从子门下侍郎、同平章事继昌都督南都内外诸军事，镇福州；以飞捷指挥使黄仁讽为镇遏使，将兵卫之。

林仁翰至福州，闽主赏之甚薄；仁翰未尝自言其功。

发南都侍卫及两军甲士万五千人，诣建州以拒唐。

乙亥，至澶州。己卯，马全节等诸军以次北上。刘知远闻之曰："中国疲弊，自守恐不足；乃横挑强胡，胜之犹有后患，况不胜乎！"

契丹自恒州还，以赢兵驱牛羊过祁州城下，刺史下邳沈斌出兵击之；契丹以精骑夺其城门，州兵不得还。赵延寿知城中无余兵，引契丹急攻之；斌在上，延寿语之曰："沈使君，吾之故人。'择祸莫若轻'，何不早降！"斌曰："侍中父子失计陷身虏庭，忍帅犬羊以残父母之邦；不自愧耻，更有骄色，何哉！沈斌弓折矢尽，宁为国家死耳，终不效公所为！"明日，城陷，斌自杀。

端明殿学士、户部侍郎冯玉，宣徽北院使、权侍卫马步都虞候太原李彦韬，皆挟恩用事，恶中书令桑维翰，数毁之。帝欲罢维翰政事，李崧、刘昫固谏而止。维翰知之，请以玉为枢密副使，玉殊不平。丙申，中旨以玉为户部尚书、枢密使，以分维翰之权。

彦韬少事阎宝，为仆夫，后隶高祖帐下。高祖自太原南下，留彦韬侍帝，为腹心，由是有宠。性纤巧，与嬖幸相结，以蔽帝耳目；帝委信之，至于升黜将相，亦得预议。常谓人曰："吾不知朝廷设文官何所用，且欲澄汰，徐当尽去之。"

唐查文徽表求益兵，唐主以天威都虞候何敬洙为建州行营招讨马步都指挥使，将军祖全恩为应援使，姚凤为都监，将兵数千会攻建州，自崇安进屯赤岭。闽主延政遣仆射杨思恭、统军使陈望将兵万人拒之，列栅水南，旬余不战，唐人不敢逼。

思恭以延政之命督望战。望曰："江淮兵精，其将习武事。国之安危，系此一举，不可不万全而后动。"思恭怒曰："唐兵深侵，陛下寝不交睫，委之将军。今唐兵不出数千，将军拥众万余，不乘其未定而击之，有如唐兵惧而自退，将军何面目以见陛下乎！"望不得已，引兵涉水与唐战。全恩等以大兵当其前，使奇兵出其后，大破之。望死，思恭仅以身免。

延政大惧，婴城自守，召董思安、王忠顺，使将泉州兵五千诣建州，分守要害。

初，光州人李仁达，仕闽为元从指挥使，十五年不迁职。闽主曦之世，叛奔建州，闽主延政以为将。及朱文进弑曦、复叛奔福州，陈取建州之策。文进恶其反覆，黜居福清。浦城人陈继珣亦叛闽主延政奔福州，为曦画策取建州，曦以为著作郎。及延政得福州，二人皆不自安。

王继昌暗弱嗜酒，不恤将士，将士多怨。仁达潜入福州，说黄仁讽曰："今唐兵乘胜，建州孤危。富沙王不能保建州，安能保福州！昔王潮兄弟，光山布衣耳，取福建如反掌。况吾辈乘此机会，自图富贵，何患不如彼乎！"仁讽然之。是夕，仁达引甲士突入府舍，杀继昌及吴成义。

仁达欲自立，恐众心未服，以雪峰寺僧卓岩明素为众所重，乃言："此僧目重瞳子，手垂过膝，真天子也。"相与迎之。己亥，立为帝，解去衲衣，被以衮冕，帅将吏北面拜之。然犹称天福十年，遣使奉表称藩于晋。

延政闻之，族黄仁讽家，命统军使张汉真将水军五千，会漳、泉兵讨岩明。

乙巳，杜威等诸军会于定州，以供奉官萧处钧权知祁州事。庚戌，诸军攻契丹，泰州刺史晋廷谦举州降。甲寅，取满城，获契丹酋长设刺及其兵二千人。乙卯，取遂城。赵延寿

雪峰寺

部曲有降者言："契丹主还至虎北口，闻晋取泰州，复拥众南向，约八万余骑，计来夕当至，宜速为备。"杜威等惧，丙辰，退保泰州。

戊午，契丹至泰州。己未，晋军南行，契丹踵之。晋军至阳城，庚申，契丹大至。晋军与战，逐北十余里，契丹逾白沟而去。

壬戌，晋军结陈而南，胡骑四合如山，诸军力战拒之。是日，才行十余里，人马饥乏。

癸亥，晋军至白团卫村，埋鹿角为行寨，契丹围之数重，奇兵出寨后断粮道。是夕，东北风大起，破屋折树；营中掘井，方及水辄崩，士卒取其泥，帛绞而饮之，人马俱渴。至曙，风尤甚。契丹主坐大奚车中，令其众曰："晋军止此耳，当尽擒之，然后南取大梁！"命铁鹞四面下马，拔鹿角而入，奋短兵以击晋军，又顺风纵火扬尘以助其势。

军士皆愤怒，大呼曰："都招讨使何不用兵，令士卒徒死！"诸将请出战，杜威曰："俟风稍缓，徐观可否。"马步都监李守贞曰："彼众我寡，风沙之内，莫测多少，惟力斗者胜，此风乃助我也；若俟风止，吾属无类矣。"即呼曰："诸军齐击贼！"又谓威曰："令公善守御，守贞以中军决死矣！"马军左厢都排阵使张彦泽召诸将问计，皆曰："虏得风势，宜俟风回与战。"彦泽亦以为然。诸将退，马军右厢副排阵使太原药元福独留，谓彦泽曰："今军中饥渴已甚，若俟风回，吾属已为虏矣。敌谓我不能逆风以战，宜出其不意

急击之，此兵之诡道也。"马步左右厢都排阵使符彦卿曰："与其束首就擒，曷若以身殉国！"乃与彦泽、元福及左厢都排阵使皇甫遇引精骑出西门击之，诸将继至。契丹却数百步。彦卿等谓守贞曰："且曳队往来乎？直前奋击，以胜为度乎？"守贞曰："事势如此，安可回鞚！宜长驱取胜耳。"彦卿等跃马而去，风势益甚，昏晦如夜。彦卿等拥万余骑横击契丹，呼声动天地，契丹大败而走，势如崩山。李守贞亦令步兵尽拔鹿角出斗，步骑俱进，逐北二十余里。铁鹞既下马，苍皇不能复上，皆委弃马及铠仗蔽地。

契丹主乘奚车走十余里，追兵急，获一橐驼，乘之而走。诸将请急追之。杜威扬言曰："逢贼幸不死，更索衣囊邪？"李守贞曰："两日人马渴甚，今得水饮之，皆足重，难以追寇，不若全军而还。"乃退保定州。

契丹主至幽州，散兵稍集；以军失利，杖其酋长各数百，唯赵延寿得免。

夏，四月，辛巳，帝发澶州；甲申，还大梁。

闽张汉真至福州，攻其东关。黄仁讽闻家夷灭，开门力战，大破闽兵，执汉真，入城，斩之。

卓岩明无他方略，但于殿上噀水散豆，作诸法事而已。又遣使迎其父于莆田，尊为太上皇。

李仁达既立岩明，自判六军诸卫事，使黄仁讽屯西门，陈继珣屯北门。仁讽从容谓继珣曰："人之所以为人者，以有忠、信、仁、义也。吾顷尝有功于富沙，中间叛之，非忠也；人以从子托我而与人杀之，非信也；属者与建兵战，所杀皆乡曲故人，非仁也；弃妻子，使人鱼肉之，非义也。此身十沉九浮，死有余愧！"因拊膺恸哭。继珣曰："大丈夫徇功名，何顾妻子！宜置此事，勿以取祸。"仁达闻之，使人告仁讽、继珣谋反，皆杀之。由是兵权尽归仁达。

顺国节度使杜威，久镇恒州，性贪残，自恃贵戚，多不法。每以备边为名。敛吏民钱帛以充私藏。富室有珍货或名姝、骏马，皆虏取之；或诬以罪杀之，籍没其家。又畏懦过甚，每契丹数十骑入境，威已闭门登陴。或数骑驱所掠华人千百过城下，威但瞋目延颈望之，无意邀取。由是虏无所忌惮，属城多为所屠，威竟不出一卒救之，千里之间，暴骨如莽，村落殆尽。

威见所部残弊，为众所怨，又畏契丹之强，累表请入朝，帝不许；威不俟报,遽委镇入朝,朝廷闻之,惊骇。桑维翰言于帝曰:"威固违朝命,擅离边镇。居常凭恃勋旧,邀求姑息,及疆场多事,曾无守御之意;宜因此时废之,庶无后患。"帝不悦。维翰曰:"陛下不忍废之,宜授以近京小镇,勿复委以雄藩。"帝曰:"威,朕之密亲,必无异志;但宋国长公主切欲相见耳,公勿以为疑!"维翰自是不敢复言国事,以足疾辞位。丙辰,威至大梁。

丁巳,李仁达大阅战士,请卓岩明临视。仁达阴教军士突前登阶,刺杀岩明。仁达阳惊,狼狈而走;军士共执仁达,使居岩明之坐。仁达乃自称威武留后,用"保大"年号,奉表称藩于唐,亦遣使入贡于晋;并杀岩明之父。唐以仁达为威武节度使、同平章事,赐名弘义,编之属籍。弘义又遣使修好于吴越。

己未,杜威献部曲步骑合四千人并铠仗,庚申,又献粟十万斛,刍二十万束,云皆在本道。帝以其所献骑兵隶扈圣,步兵隶护国,威复请以为衙队,而禀赐皆仰县官。威又令公主白帝,求天雄节钺,帝许之。

契丹连岁入寇,中国疲于奔命,边民涂地;契丹人畜亦多死,国人厌苦之。述律太后谓契丹主曰:"使汉人为胡主,可乎?"曰:"不可"。太后曰:"然则汝何故欲为汉主?"曰:"石氏负恩,不可容。"太后曰:"汝今虽得汉地,不能居也;万一蹉跌,悔何所及!"又谓其群下曰:"汉儿何得一向眠!自古但闻汉和蕃,未闻蕃和汉。汉儿果能回意,我亦何惜与和!"

桑维翰屡劝帝复请和于契丹以纾国患,帝假开封军将张晖供奉官,使奉表称臣诣契丹,卑辞谢过。契丹主曰:"使景延广、桑维翰自来,仍割镇、定两道隶我,则可和。"朝廷以契丹语忿,谓其无和意,乃止。及契丹主入大梁,谓李崧等曰:"向使晋使再来,则南北不战矣。"

秋,七月,闽人或告福州援兵谋叛,闽主延政收其铠仗,遣还,伏兵于隘,尽杀之,死者八千余人,脯其肉以归为食。

唐边镐拔镡州,查文徽之党魏岑、冯延己、延鲁以师出有功,皆踊跃赞成之。征求供亿,府库为之耗竭,洪、饶、抚、信之民尤苦之。

延政遣使奉表称臣于吴越,请为附庸以求救。

【译文】

开运二年（乙巳、945年）

春，四月，诏命赵在礼还兵驻守澶州，马全节回守邺都；又派右神武统军张彦泽驻守黎阳，西京留守景延广从滑州引兵防守胡梁渡。庚子日（初三），张从恩奏报：契丹进逼邢州，诏命滑州、邺都再进兵就抵御它。义成节度使皇甫遇率兵直趋邢州。契丹侵略邢、洺、磁三州，杀戮抢夺几乎光了，又进入邺都境内。

壬子日（十五日），张从恩、马全节、安审琦将所有出征的兵马好几万人，列阵于相州安阳水的南岸。皇甫遇同濮州刺史慕容彦超率好几千名骑兵前往侦察契丹，到了邺县，将渡漳水，碰到数万名契丹兵，皇甫遇等人一边作战，一边后退；到了榆林店，契丹兵大量地涌到，皇甫遇和慕容彦超商议说："我们假如现在逃走，将全部被害，一个也逃不了！"于是停下来，布列阵势，从上午11点到下午1点一直到午后1点到3点，尽全力交战了100多个回合，互相杀伤对方许多，皇甫遇的马战死，只好步战；他的仆人杜知敏把自己所骑的马让给他，皇甫遇骑上马再战。经过好一阵子，战况稍微缓和一点；但杜知敏已被契丹所俘虏，皇甫遇说："知敏是个义士，不可以遗弃他。"因而又与慕容彦超跃马闯进契丹的行阵里，将杜知敏给救了回来。一会儿契丹又继续发动新兵来进攻，二将说："照这种形势看来，我们肯定不能逃走，只有以死报国了。"

将近黄昏的时候，驻守在安阳水南岸的诸位将领，对于侦察敌情的士兵还不见回来，感到有点奇怪，安审琦说："皇甫太师寂然没有音讯，肯定被敌人所围困。"话还没说完，有一人骑马跑回来报告说：皇甫遇等人被好几万敌兵所包围；安审琦听了，立刻率骑兵出营去救他们，张从恩说："刚才这些话，不值得相信。假如真是敌兵纷沓涌到，纵使出动我们所有的军队，也不足以抵御他们，公一人前去，有什么益处！"安审琦说："成功、失败，那是天意，万一不成功，当共同接受祸难。假如敌兵不向南进，平白丧失皇甫太师，那我们有什么面目去见天子？"于是就渡水前进。契丹遥遥望见尘土飞扬，就解围而去，皇甫遇等人因此得以生还，和诸位将领一同回相州，军中的士兵们都佩服二将的勇敢。慕容彦超本来是属于吐谷浑族，同刘知远是同母兄弟。

契丹也率兵退走，它的部众自己互相惊呼说："晋军全部来了！"当时契丹主在邯郸，听到这个消息，马上逃回北方，不消两夜，就抵达了鼓城。

当天晚上，张从恩等人商量说："契丹出动全国的军队而来，我们的士兵又不多，城里的粮草不能维持10天，万一有个汉奸去告诉契丹关于我们的虚实情况，敌人出动所有的军队来包围我们，我们就死定了。不如率军队前往黎阳仓，南边靠着黄河的险阻以抵御他，这样可保万全"。议论还没有定案，张从恩带兵先出发，诸军跟着前进，路上纷扰散乱，失踪逃跑，毫无军纪，又跟上次从邢州发兵时一样。

张从恩留下500名步兵防守安阳桥，当夜四更时分，知相州事符彦伦对将军和参谋等人说："今天晚上，形势纷乱，每个人都无坚定的决心，500名疲惫的步兵，怎么能够守住桥梁！"于是就召唤守桥的步兵进入城内，命他们登上城头，防备敌兵。等到天亮，从城上眺望过去，契丹好几万名骑兵已在安阳水的北岸摆开阵势，符参伦命令城上的士兵高举旌旗，击鼓喧噪，申明号令，契丹没法测知城内到底有多少兵马。到了上午7点到9点赵延寿和契丹惕隐率部众渡过安阳水，从相州绕过向南前进，诏命右神武统军张彦泽率兵直趋相州。赵延寿等人走到汤阴，知道这个消息，甲寅日（十七日），引兵回去；马全节等人在黎阳统领着大军，不敢追赶。

皇帝的病稍微好一点后，河北一带相继告急。皇帝说："现在不是我安寝的时候！"于是部署诸将，作出行的计划。

将武定军改名为天威军。

北面副招讨使马全节等人上奏："根据来降的胡兵说，胡寇的兵马并不多，应当趁他们解散回到各自部落的时候，大量地出兵直接袭击幽州。"皇帝认为很有道理，于是向各道征兵。壬戌日（二十五日），下诏御驾亲征；乙丑日（二十八日），皇帝从大梁出发。

闽国的旧臣共同迎接殷主王延政，请他回福州，改国号为闽。王延政顾虑到此时正有唐兵为患，无暇迁都，于是命他的侄子门下侍郎、同平章事王继昌都督南都内外诸军事，镇守福州；任命飞捷指挥使黄仁讽为镇遏使，率兵保卫他。

林仁翰到了福州，闽主对他的赏赐较轻；但是林仁翰不曾自述他的功劳。

发动南都侍卫以及拱宸、控鹤两都甲兵一共15000人，开赴建州，以抵挡唐兵。

二月，壬辰朔日（二月初一日），皇帝抵达滑州，壬申日（初五），命令客审琦驻守邺都。甲戌日（初七），皇帝从滑州出发，乙亥日（初八），抵达澶州。己卯日（十二日），马全节等各军依次开赴北方。刘知远知道这个消息，说："中国疲乏困窘，安静自守还担心守不住，竟敢任意向强大的胡兵挑战，纵使打胜了，也必将留下无穷的后患，况且不能打胜呢？"

契丹从恒州回去，派羸弱的士兵赶着牛羊，经过祁州城下，祁州刺史下邳人沈斌派兵出城去攻打他们；契丹派出精锐的骑兵占领祁州城的城门，州兵不能回去。赵延寿知晓城里没有余兵，就率契丹兵紧急攻城；沈斌在城上，赵延寿对他说："沈使君，我的老友，所谓两种害处相比较，当然要选择轻的，何不及早投降！"沈斌说："侍中父子，迷途失策，沦陷在胡人的国境里，忍心率犬羊禽兽般的胡兵来残害父母之邦，自己不但不感到羞耻，却抱着骄傲的态度，这是什么意思呢？我沈斌弓已折断，箭已用完，宁愿为国家牺牲生命，不管怎样也不愿学你那般行径！"第二天，州城被攻陷，沈斌自杀殉国。

端明殿学士、户部侍郎冯玉，宣徽北院使、代理侍卫马步都虞侯太原人李彦韬，都仗恃皇恩而当权，忌恨中书桑维翰，多次毁谤他。皇帝想要罢掉桑维翰的相权，李嵩、刘昫再三劝谏才停止。桑维翰知晓这件事，建议任命冯玉为枢密副使，冯玉感到十分不服气。丙申日（二十九日），宫中传旨，任命冯玉户部尚书、枢密使，以便分散桑维翰的权力。

李彦韬少年时代事奉阎宝，做他的仆人，后来隶属于高祖的部下。高祖从太原南下，留下李彦韬陪伴如今皇帝，成为如今皇帝的心腹知己，因而深受宠任。性情机灵巧诈，和佞臣

桑维翰像

宠姬相勾结，以蒙蔽皇帝的耳目；皇帝信任他，有事就委托他，有时甚至于任用或罢黜将相，也能参加意见。经常对人家说："我不知道朝廷设置文官有什么用处，必须要加以淘汰，然后慢慢地将它全部废掉。"

唐国的查文徽上表要求唐主增兵，唐主任命天威都虞侯何敬洙为建州行营招讨马步都指挥使，将军祖全恩为应援使，姚凤为都监，率数千兵马联合攻打建州，从崇安进发，屯驻赤岩。闽主王延政派仆射杨思恭、统军使陈望率一万人马去抵御唐兵，在河流的南岸陈设木栅，连续十几天不出战，唐兵不敢进逼。

杨思恭传达王延政的命令，督促陈望出战。陈望说："江、淮的士兵训练精良，他们的将帅熟习军事。我们国家的安危，关键就在这一仗，不可不筹划得有万全的把握而后才能出兵。"杨思恭愤怒地说："唐兵深入我国境内来侵犯，陛下睡不安寝，夜不成眠，把国家大事委托给将军。现在唐兵不过数千人，而将军率着好几万的兵马，不趁着他们没有安定的时机攻击他们，万一唐兵害怕而自动退兵，将军有什么面目去见陛下呢？"陈望被他这样一逼，不得已，乃率兵涉水，与唐兵交战。祖全恩等人率大军抵御他的正面，派奇兵绕出他的后面，把他打得大败。陈望战死，杨思恭仅仅一个人脱身逃回来。

王延政很害怕，绕城巡视，严兵防守，召见董思安、王忠顺，命他们率泉州兵5000名前往建州，分别防守险要的地方。

从前，光州人李仁达，在闽国做官，官职做到元从指挥使，便连续15年没有升迁新职。闽主王曦时代，李仁达背离王曦，投奔建州，闽主王延政任他为将。等到朱文进弑杀王曦，又背离王延政而投奔福州，替朱文进陈述夺取建州的计策。朱文进嫌他反复无常，罢免他，命他住在福清。浦城人陈继珣也背叛闽主王延政而投奔福州，替王曦谋划计策，以夺取建州，王曦任命他为著作郎。等到王延政占据了福州，二人都惊恐不安。

王继昌昏昧懦弱，嗜好饮酒，不体念将士的辛苦，将士们经常埋怨。李仁达暗地进入福州，劝黄仁讽说："现在唐兵乘着战胜的余威而来，建州孤立没有援助，形势危险。富沙王不能保住建州，又怎能保住福州！从前王潮兄弟，只不过是光山的布衣而已，然而现他们夺取福州却易如反掌。何况我们趁着这个好机会，自求富贵，怎么还怕不如他们呢！"黄仁讽认为很有道理，就依了他。当天夜晚，李仁达等人率甲兵冲入官舍，杀掉王继昌和吴成义。

李仁达想自立为皇帝，担心众人不服气，考虑的结果，由于雪峰寺和尚卓岩明一向为众人所尊重，从而就说："这位和尚的眼睛是重瞳子，两手下垂长过膝盖，真像个天子的模样啊！"因而就一同迎接他。己亥日（初三），立卓岩明为皇帝，脱掉他的袈裟，披上龙袍、戴上冠冕，领导将军和官吏北面向他叩拜。不过，还是称为天福十年，派使者奉送章表给晋国，自称藩属。

　　王延政知道这个消息，杀灭黄仁讽的全族，命统军使张汉真率五千名水军，与漳、泉二州兵相会合，一同讨伐卓岩明。

　　乙巳日（初九），杜威等各军在定州会合，任命供奉官萧处钧代理祁州的事务。庚戌日（十四日），各军攻打契丹，泰州刺史晋延谦领导全州投降。甲寅日（十八日），夺取满城，抓住契丹酋长没剌以及他的部下士兵2000人。乙卯日（十九日），夺取遂城。有一部分赵延寿的部下士卒投降过来，说："契丹回到虎北口，知道晋军占领泰州的消息，又率部众向南进发，大约有8万多名骑兵，预测明天晚上将会抵达，应当赶紧部署防备。"杜威等人十分害怕，丙辰日（二十日），退兵防守泰州。

　　戊午日（二十二日），契丹抵达泰州。己未日（二十三日），晋军向南进，契丹跟在后头追击。晋军到达阳城。庚申日（二十四日），契丹大量地涌到。晋军和契丹交战，契丹战败，晋军追杀10多里，契丹越过白沟才逃跑。

　　壬戌日（二十六日），晋军集结军阵，向南进发，契丹的骑兵从四面包围过来，气壮如山，各军拼命战斗抵挡它。这一天才走10多里路，士兵和战马却都饥饿疲乏。

　　癸亥日（二十七日），晋军抵达白团卫村，埋鹿角做活动的营寨。契丹把他们包围好几重，派奇兵出营寨的后方，以隔断运粮的道路。当天晚上，东北风大起，掀翻房顶，吹折树木；营中挖井，刚刚挖到有水的地方，井围就崩塌，士兵们只好连泥带水取上来，用帛布加以扭绞，然后饮用，以致士兵和战马都渴得受不了。等到天亮以后，风更大。契丹主坐在一辆奚人所制造的大车中，命令他的部众说："晋军只有这些而已，要全部把他活捉过来，然后向南夺取大梁！"于是下令精锐的骑兵分从四面下马，拔掉鹿角，冲入营中，奋举刀剑，以击晋军，又顺着风向，放火烧营，播扬尘沙，弥漫空中，来助声势。

　　晋国的士兵都十分愤怒，大声呼叫："都招讨使为什么还不下令出战，而让士兵白白送死！"诸将要求出战，杜威说："等到风势稍微缓和，再慢慢观察是否可以出战。"马步都监李守贞说："他们人多，我们人少，风沙弥漫之中，彼此不知对方人马多少，只有奋力拼斗的一方才能得胜，这阵大风正是来援助我们的。假如等到风势停止，我们就全都没命了！"说完就大声呼叫："各军一齐击贼！"又对杜威说："令公善自防守，守贞率中军去跟敌决一死战了！"马军左厢都排阵使张彦泽召集诸将询问计策，大家都说："敌寇得风势的帮助，比较有利，应当等到风势转向，才能与他们交战。"张彦泽也以为这种看法很对。诸将退出，马军右厢副排阵使太原人药元福独自留下，对张彦泽说："现在军中人马已过分饥渴，假如等到风势转向，我们已经被俘虏了。敌人既然以为我们不能逆风迎战，就应出其不意加紧进攻，这才是军事上的奇计呀！"马步左右厢都排阵使符彦卿说："与其束手就擒，不如以身殉国！"于是和张彦泽、药元福以及左厢都排阵使皇甫率精锐的骑兵出营寨西门，攻击契丹，诸将随后抵达。契丹后退数百步。符彦卿对李守贞说："是要拖引着队伍一同进退呢？还是一直向前冲锋，奋力击贼，以打胜为原则呢？"李守贞说："形势已经到此地步，怎么能勒转马头而后退，只有长驱入敌，力战取胜而已！"符彦卿等人策马奔驰而去，风势愈加强大，天昏地暗，似乎黑夜一般。符彦卿等人率着1万多名骑兵，纵横冲杀，呼喊的声音震动天地，契丹被打得大败而逃跑，溃乱的情势，有如山崩一般。李守贞也命令步兵拔掉鹿角出去战斗，步兵同骑兵一齐向前推进，追逐败兵20多里。契丹的精锐骑兵既已下马，仓促慌张之间，不能再骑上去，全都纷纷遗弃战马、铠甲同武器，扔遍了整个战场。

　　契丹主乘着奚车走10多里，追兵追得紧急，契丹主在途中获得一支骆驼，于是骑着那支骆驼逃跑，诸将请求加紧追赶，杜威高声对他们说："遇到贼寇，侥幸不死，还想向他索回衣物钱袋吗？"李守贞说："两天以来，人马都渴得很，现在得到水源，拼命地喝水，喝得大家脚步都沉重了，难以再追敌寇，不如全军而还。"于是退兵防守定州。

　　契丹主回到幽州，散失的士兵稍微集结；因为军事失利，杖打他的酋长，每人好几百下，唯独赵延寿没有被打。

　　夏，四月，辛巳日（十六日），皇帝从澶州出发；甲申日（十九日），返回大梁。

闽张汉真到了福州，攻打它的东门城。黄仁讽听说他的全家人已经被杀掉，打开城门，奋力抵御，把闽兵打得大败，活捉张汉真，进入城内，将他杀掉。

卓岩明没有什么特殊的才能和计谋，只是在殿上含水喷沥，散布豆子，作各种法事而已。又派使者到莆田去把他的父亲迎接到宫里来，尊他为太上皇。

李仁达既已立了卓岩明为皇帝，自己亲判六军诸卫事，派黄仁讽去驻守西门，陈继珣驻守北门。黄仁讽从容地对陈继珣说："人之所以为人的特殊处，在于有忠、信、仁、义等德行。我原本曾有功于富沙王，中途背离他，这是不忠；人家把侄子托我，而我跟别人一起杀他，这是不信；近来和建州兵交战，所杀的人都是家乡故旧子弟，这是不仁；抛弃妻子和儿子，任别人宰割欺侮，这是不义。我这个身躯，没有一点儿可贵的地方，死了也会含恨于九泉！"说着，禁不住心情激动，捶胸顿足，伤心地痛哭一场。陈继珣说："大丈夫为了建立功名，哪里还顾得妻子和儿女！应把这些事搁在一边，不要提它，以免带来灾难。"李仁达获悉了他们这件事，唆使别人控告黄仁讽、陈继珣造反，将他们都加以杀掉。从此兵权都归李仁达掌握。

顺国节度使杜威，镇守恒州很久，生性贪婪残忍，仗着自己是贵戚的身份，做了许多违反国法的坏事。经常借防备边境和百姓的名义，敛取官吏和百姓的金钱布帛，以充实自己的库藏。有钱人家假如有珍贵的货品，或绝色的女子、有名的骏马，都要把他强取过来；或者诬加罪名，把他杀掉，没收他的家产。但在另一方面却又懦弱畏惧得过分。经常契丹只有数十名骑兵入境，杜威就已经关闭城门，登上城头，躲在短墙的后面。或者契丹的几个骑兵赶着几千几百个抢劫的富人人经过城下，杜威只是瞪着眼睛，伸长脖子，勾头望了一望，从来没有意思要去拦腰攻打他。因此胡兵无所忌惮，辖区内的州城百姓多被胡兵所屠杀，杜威竟然不出一兵一卒去援救，以致千里之间，暴露于野外的骸骨，像平原的草莽一样，纵横层叠，一望无际，村落人口几乎全被杀光，成了废墟。

杜威眼见自己的辖区内残破败坏，被民众所怨恨，又害怕契丹的强盛，一连上了几封奏表，请求入朝，皇帝不允许。杜威不等到朝廷答应，就忽然地弃镇入朝，朝廷获悉这件事，惊讶不已。桑维翰对皇帝说："杜威执意违反朝廷的命令，擅自离开边陲重镇，平时则仗恃元勋旧臣，要求朝廷对他宽容，等到边疆多战事，却毫无有防守抵抗的决心；应当趁着这个机会废掉他的职务，如此可望不致有后患。"皇帝听了，有点不高兴。桑难翰说："陛下不忍心废掉他，也只应让他掌管京师附近的较小的藩镇，不要再把富庶的大镇托付给他。"皇帝说："杜威，他是朕的近亲，一定不会有造反之心；只是宋国长公主急切地要见他而已，公千万不要因这而怀疑他！"桑维翰从此不敢再谈论国家大事，以脚病为理由，辞掉相位。丙辰日（二十一日），杜威返回大梁。

丁巳日（二十二日），李仁达隆重地检阅战士，请卓岩明亲临巡视。李仁达暗地教军士冲到前面，登上台阶，刺杀卓岩明。李仁达伪装很惊讶，狼狈地逃开；军士们一同把李仁达捉回来，让他坐在卓岩明所坐的位置上。李仁达于是自称为威武留后，使用"保大"为年号，奉持章表到唐国，自称藩属，同时又派使者向晋国进贡；而且杀卓岩明的父亲。唐主任命李仁达为威武节度使、同平章事，赐给他名字，叫做弘义，编入唐主亲属户籍里头。李弘义又派使者和吴越建立良好关系。

己未日（二十四日），杜威进献他的私人部队，步兵同骑兵一共4000人，以及铠甲、兵器。庚申日（二十五日），又进献粟米10万斛，刍草20万束，自称都存在恒州。皇帝将他所献的骑兵隶属于扈圣，步兵隶属于护国，杜威又要求将这些步兵同骑兵拨给他做衙门侍卫队，而薪饷和赏赐则全都由皇帝负责。杜威又教公主告诉皇帝，要求给他天雄军的符节和斧钺，让他做天雄节度使，皇帝同意了他。

契丹连续几年不断地侵入，中途疲于奔命，边疆的百姓无谓地牺牲，契丹的人和畜也死了许多，国人已感到厌恶痛恨。述律太后对契丹主说："让汉人来做胡人的君主，可以吗？"契丹主说："不可以。"太后说："那么你为何一心想做汉人的君主？"契丹主说："石氏辜负我们的恩义，不能宽容。"太后说："你现在即使获得了汉人的土地，也不能久居，万一失策颠覆，后悔又怎么来得及呢！"又对她的群臣说："汉家儿郎怎么能安眠！自古以来只听说汉人主动和蕃，从没听说蕃人去和汉。汉家儿郎如果能够回心转意，我又何惜同他谈和！"

桑维翰多次劝皇帝再向契丹请和，以缓和国家的祸患，皇帝任命开封府的军将张晖为供奉官，派他奉表称臣往见契丹，以谦逊的言辞谢罪。契丹主说：

"教景延广、桑维翰亲自前来,再割让镇州和定州两道隶属于我,就能和。"朝廷见契丹的口气愤怨蛮横,以为它没有谈和的诚意,于是谈和的事,就此停止。后来契丹主进入大梁,对李嵩等人说:"以往如果晋国再派使者来,那么南北两方就不会交战了。"

秋,七月,闽人有人密告福州的援兵图谋叛变,闽主王延政收回他们的铠甲、武器,送他们回去,在狭隘险要的地方埋设伏兵,将他们全部杀掉,被杀死的一共8000多人,将他们做成肉干,带回来当作食物吃。

唐边镐攻陷镡州。查文微的党羽岑、冯延己、冯延鲁见出兵有功,都非常乐意地赞同出兵这件事。然后借此机会征求军需物资的供应,政府的库藏为之消耗净尽。洪州、饶州、抚州、信州的百姓受苦特别的多。

王延政派使者奉表与吴越,向它称臣,愿做它的附庸,以求救兵。

后晋纪六　齐王下
开运二年(乙巳、945 年)

八月,甲子朔,日有食之。

丙寅,右仆射兼中书侍郎、同平章事和凝罢守本官;加枢密使、户部尚书冯玉中书侍郎、同平章事,事无大小,悉以委之。

帝自阳城之捷,谓天下无虞,骄侈益甚。四方贡献珍奇,皆归内府;多造器玩,广宫室,崇饰后庭,近朝莫之及;作织锦楼以织地衣,用织工数百,期年乃成;又赏赐优伶无度。桑维翰谏曰:"向者陛下亲御胡寇,战士重伤者,赏不过帛数端。今优人一谈一笑称旨,往往赐束帛、万钱、锦袍、银带,彼战士见之,能不觖望,曰:'我曹冒白刃,绝筋折骨,曾不如一谈一笑之功乎?'如此,则士卒解体,陛下谁与卫社稷乎!"帝不听。

冯玉每善承迎帝意,由是益有宠。尝有疾在家,帝谓诸宰相曰:"自刺史以上,俟冯玉出乃得除。"其倚任如此。玉乘势弄权,四方赂遗,辐辏其门。由是朝政益坏。

唐兵围建州既久,建人离心。或谓董思安:"宜早择去就。"思安曰:"吾世事王氏,危而叛之,天下其谁容我!"众感其言,无叛者。

丁亥，唐先锋桥道使上元王建封先登，遂克建州，闽主延政降。王忠顺战死，董思安整众奔泉州。

初，唐兵之来，建人苦王氏之乱与杨思恭之重敛，争伐木开道以迎之。及破建州，纵兵大掠，焚宫室庐舍俱尽；是夕，寒雨，冻死者相枕，建人失望。唐主以其有功，皆不问。

汉主杀刘思潮、林少强、林少良、何昌廷。以左仆射王翷尝与高祖谋立弘昌，出为英州刺史，未至，赐死。内外皆惧不自保。

王延政至金陵，唐主以为羽林大将军。斩杨思恭以谢建人。以百胜节度使王崇文为永安节度使。崇文治以宽简，建人遂安。

初，高丽王建用兵吞灭邻国，颇强大，因胡僧袜罗言于高祖曰："勃海，我婚姻也，其王为契丹所虏，请与朝廷共击取之。"高祖不报。及帝与契丹为仇，袜罗复言之。帝欲使高丽扰契丹东边以分其兵势；会建卒，子武自称权知国事，上表告丧，十一月，戊戌，以武为大义军使、高丽王，遣通事舍人郭仁遇使其国，谕指使击契丹。仁遇至其国，见其兵极弱，向者袜罗之言，特建为夸诞耳，实不敢与契丹为敌。仁遇还，武更以他故为解。

乙卯，吴越王弘佐诛内都监使杜昭达，己未，诛内牙上统军使明州刺史阚璠。

昭达，建徽之孙也，与璠皆好货。钱塘富人程昭悦以货结二人，得侍弘佐左右。昭悦为人狡佞，王悦之，宠待逾于旧将，璠不能平；昭悦知之，诣璠顿首谢罪，璠责让久之，乃曰："吾始者决欲杀汝；今既悔过，吾亦释然。"昭悦惧，谋去璠。

璠专而愎，国人恶之者众。昭悦欲出璠于外，恐璠觉之，私谓右统军使胡进思曰："今欲除公及璠各为本州，使璠不疑，可乎？"进思许之，乃以璠为明州刺史，进思为湖州刺史。璠怒曰："出我于外，是弃我也。"进思曰："老兵得大州，幸矣；不行何为！"璠乃受命。既而复以他故留进思。

内外马步都统军使钱仁俊母，杜昭达之姑也。昭悦因谮璠、昭达谋奉仁俊作乱，下狱锻炼成之。璠、昭达既诛，夺仁俊官，幽于东府。于是昭悦治阚、杜之党，凡权任与己侔，意所忌者，诛放百余人，国人畏之侧目。胡进思重厚寡言，昭悦以为戆，故独存之。

昭悦收仁俊故吏慎温其，使证仁俊之罪，拷掠备至。温其坚守不屈；弘佐嘉之，擢为国官。温其，衡州人也。

初，帝疾未平，会正旦，枢密使、中书令桑维翰遣女仆入宫起居太后，因问："皇弟睿近读书否？"帝闻之，以告冯玉，玉因谮维翰有废立之志；帝疑之。

李守贞素恶维翰，冯玉、李彦韬与守贞合谋排之；以中书令行开封尹赵莹柔而易制，共荐以代维翰。丁亥，罢维翰政事，为开封尹；以莹为中书令，李崧为枢密使、守侍中。维翰遂称足疾，希复朝谒，杜绝宾客。

或谓冯玉曰："桑公元老，今既解其枢务，纵不留之相位，犹当优以大藩，奈何使之尹京，亲猥细之务乎？"玉曰："恐其反耳。"曰："儒生安能反！"玉曰："纵不自反，恐其教人耳。"

唐齐王景达府属谢仲宣言于景达曰："宋齐丘，先帝布衣之交，今弃之草莱，不厌众心。"景达为之言于唐主曰："齐丘宿望，勿用可也，何必弃之以为名！"唐主乃使景达自至青阳召之。

【译文】

开运二年（乙巳、945年）

八月，甲子朔日（初一），出现日蚀。

丙寅日（初三），右仆射兼中书侍郎、同平章事和凝罢免兼职，只守本官；加枢密使、户部尚书冯玉中书侍郎、同平章事，事情无论大小，全部托付给他。

皇帝自从在阳城打败契丹后，就以为天下没有值得忧虑的事了，骄矜奢侈，比从前更厉害。四方所进贡的珍宝奇物，全都送进内宫的府库；制造许多供人赏玩的器物，扩建很多宫殿楼阁，十分考究地装饰后宫庭苑，最近的几个朝代都赶不上，建一座织锦楼，专门用

宋齐丘像

来编织地毯，动员好几百名编织工人，整整织一年才完成，又赏赐歌伎伶人，毫无限度。桑维翰劝谏说："前些时陛下率兵抵抗胡寇，战士受重伤的，赏赐只不过几匹帛布，如今那些歌伎伶人只要一谈一笑合于皇上的心意，就常常赏赐帛五匹、万钱、锦袍、银带，假如让那些战士们看到，能不很失望吗？他们肯定会说：'我们这班人冲冒锋利的刀刃，折断筋骨，还不如一谈一笑的功劳来得大呢！'这样一来，士卒丧失了向心力，谁来为陛下保卫社稷呢？"皇帝不听从他的话。

冯玉经常善于逢迎皇帝的心意，因此越发地受宠信。曾经由于有病而留在家里，皇帝对其他各宰相说："刺史以上的职位，要等到冯玉病好上班以后才可以任命。"皇帝对他的依赖和信任到如此地步。冯玉趁着他得势专权的机会，滥用职权，四方的贿赂馈赠，纷纷汇集到他家里来。因此朝廷的政事更加的腐败。

唐兵围攻建州已经很久，建州人心涣散。有人对董思安说："应当及早决定自己的去就。"董思安说："我世世事奉王氏，假如当王氏危急的时候，我背离了他，天下有谁还能容纳我！"众人被他的话所感动，没有人背离他。

丁亥日（二十四日），唐先锋桥道使上元人王建封率先登城，终于攻克了建州，闽主王延政投降，王忠顺战死，董思安整顿部众，投奔泉州。

开始，唐兵来侵的时候，建州人痛恨王氏的混乱和杨思恭的重敛，抢着去砍代树木，开辟道路，来迎接唐兵。等到唐兵攻破建州，纵任士兵大事抢夺，宫室、庐舍几乎都被烧光；这天晚上，刮着寒风，下着大雨，冻死的人，纵横叠卧，建州人这才感到失望。唐主由于士兵们立了功劳，都不加以追究。

汉主杀刘思潮、林少强、林少良、何昌廷。由于左仆射王翷曾经和高祖谋立刘弘昌。因此将王翷外放为英州刺史，还没到达任所，又赐他死。人而内外官员都害怕不能自保。

王延政到了金陵，唐主任用他为羽林大将军。斩杨思恭以为建州人发泄怨气。任用百胜节度使王崇文为永安节度使。王崇文治理政事，胸襟宽大，法令简明，建州人因此安定下来。

开始，高丽王建用兵吞灭邻国，很强大，曾经通过胡僧袜罗对高祖说："勃海，是我的亲家，它的国王被契丹抓去，要求和朝廷一同出兵攻打契丹，救回勃海王。"高祖没有回报消息。等到皇帝和契丹相为仇敌，袜罗又旧事重提。皇帝想教高丽侵扰契丹的东边，以分散它的兵势；刚好此时高丽王建死亡，他的儿子武自称代理国事，上表报告丧事，十一月，戊戌日（初五），册封武为大义军使、高丽王，派通事舍人郭仁遇出使到高丽去，宣告朝廷的意思，要高丽攻打契丹，郭仁遇到了高丽，发现他们的兵力十分弱，以往袜罗所说的话，只是高丽王建夸大其词而已，实际上不敢同契丹为敌。郭仁遇返回以后，高丽王武又拿另外的理由来自圆其说。

乙卯日（二十二日），吴越王钱弘佐诛杀内都监使杜昭达，己未日（二十六日），又杀掉内牙上统军使明州刺史阚璠。

杜昭达，是杜建徽的孙子，和阚璠都很喜欢财货。钱塘的一个有钱人程昭悦用财货结交这两个人，因此得以陪侍在钱弘佐的身边。程昭悦为人狡猾谄佞，吴越王却十分喜欢他，对他的宠信超过了对待旧将，阚璠心里有点不服气；程昭悦也知道这一点，于是亲到阚璠那里去向他叩头谢罪，阚璠责骂了许久，然后才说："我开始坚决地要杀你，现在既已悔过，我心里也舒坦了。"程昭悦十分恐惧，就计划要除掉阚璠。

阚璠专横又固执，国人怨恨他的人较多。程昭悦想把阚璠下放为地方官，恐怕被他发现，私下对右统军使胡进思说："我现在想请公和阚璠各做自己家乡的州刺史，使阚璠不致怀疑，你以为怎么样？"胡进思应允这样做。于是任用阚璠为明州刺史、胡进思为湖州刺史。阚璠气愤地说："把我外放出去，这是十分明显地遗弃我。"胡进思说："老兵获得大州，已经很幸运了，不去上任，还等什么呢！"阚璠这才接受任用。不久，又以其他的理由将胡进思留下。

内外马步都统军使钱仁俊的母亲就是杜昭达的姑妈。程昭悦因此故意中伤阚璠和杜昭达，说他们二人计划拥戴钱仁俊起来共同叛乱，于是把二人关进监狱里，严刑逼供，直到他们俯首承认为止。阚璠、杜昭达被杀后，褫夺钱仁俊的官职，把他囚禁在东府。接着程昭悦查办阚、杜二人的党羽，凡权力职位同自己相等，而为自己所忌恨的人，杀的杀，放逐的放逐，总共达100余人，国人畏惧他，敢怒而不敢言。胡进思温厚持重，较少说话，程昭悦以为他很戆痴，所以独留他一人，未加陷害。

程昭悦收押钱仁俊的旧吏慎温其，要他证明钱仁俊的罪状，鞭笞拷打，无所不至，慎温其始终坚贞不屈；钱弘佐敬佩他，嘉勉他，提拔他做中央级的官。慎温其，是衢州人。

开始，皇帝的病还没有好，恰好遇到正月元旦，枢密使、中书令桑维翰派女用人进宫向太后请安，随意问说："皇帝睿近来有没有读书？"这句话被皇帝听到，皇帝转述给冯玉听，冯玉趁机中伤桑维翰，指他有废皇帝、立新君的意图，皇帝对他产生了疑心。

李守贞向来痛恨桑维翰，冯玉、李彦韬和李守贞联合起来定计排斥他，三人认为中书令行开封尹赵莹柔顺，易于控制，于是一同推荐赵莹，以代替桑维翰。丁亥日（二十五日），罢免桑维翰的相权，为开封尹。任命赵莹为中书令，李嵩为枢密使、守侍中。桑维翰最终称足疾，很少再上朝进谒，闭门在家，谢绝宾客。

有人对冯玉说："桑公是开国元老，现在既已解除他枢密使的职务，纵使不留他在相位，也还应当让他主持重要的藩镇，以优待他，为何教他干一个京城的首长，亲自处理一些猥杂琐细的事情呢？"冯玉说："害怕他造反罢了。"再问说："书生怎么能造反？"冯玉说："即使他自己不造反，也担心他会教人造反啊！"

唐齐王李景达府中的一个属官谢仲宣对李景达说："宋齐丘是先帝、立新君的贫贱时所交的朋友，现在将他遗弃于山野，不能让大家满意。"李景达为这件事对唐主说："宋齐丘已著声望，不用他无所谓，不必遗弃他，使他更博虚名！"唐主于是派李景达亲自到青阳去邀请他。

三　年（丙午、946年）

建勋练习吏事，而懦怯少断；延巳工文辞，而狡佞，喜大言，多树朋党。水部郎中高越，上书指延巳兄弟过恶，唐主怒，贬越蕲州司士。

初，唐主置宣政院于禁中，以翰林学士、给事中常梦锡领之，专典机密，与中书侍郎严续皆忠直无私。唐主谓梦锡曰："大臣惟严续中立，然无才，恐不胜其党，卿宜左右之。"未几，梦锡罢宣政院，续亦出为池州观察使。梦锡于是移疾纵酒，不复预朝廷事。续，可求之子也。

二月，壬戌朔，日有食之。

初，朔方节度使冯晖在灵州，留党项酋长拓跋彦超于州下，故诸部不敢为寇；及将罢镇而纵之。

前彰武节度使王令温代晖镇朔方，不存抚羌、胡，以中国法绳之。羌、胡怨怒，竞为寇钞。拓跋彦超、石存、也厮褒三族，共攻灵州，杀令温弟令周。戊午，令温上表告急。

定州西北二百里有狼山，土人筑堡于山上以避胡寇。堡中有佛舍，尼孙深意居之，以妖术惑众，言事颇验，远近信奉之。中山人孙方简及弟行友，自言深意之侄，不饮酒食肉，事深意甚谨。深意卒，方简嗣行其术，称深意坐化，严饰，事之如生，其徒日滋。

会晋与契丹绝好，北边赋役烦重，寇盗充斥，民不安其业。方简、行友因帅乡里豪健者，据寺为寨以自保。契丹入寇，方简帅众邀击，颇获其甲兵、牛马、军资，人挈家往依之者日益众。久之，至千余家，遂为群盗。惧为吏所讨，乃归款朝廷。朝廷亦资其御寇，署东北招收指挥使。

方简时入契丹境钞掠，多所杀获。既而邀求不已，朝廷小不副其意，则举寨降于契丹，请为乡道以入寇。时河北大饥，民饿死者所在以万数，兖、郓、沧、贝之间，盗贼蜂起，吏不能禁。

天雄节度使杜威遣元随军将刘延翰市马于边，方简执之，献于契丹。延翰逃回，六月，壬戌，至大梁，言"方简欲乘中国凶饥，引契丹入寇，宜为之备。"

初，朔方节度使冯晖在灵武，得羌、胡心，市马期年，得五千匹，朝廷忌之，徙镇邠州及陕州，入为侍卫步军都指挥使、领河阳节度使。晖知朝廷之意，悔离灵武，乃厚事冯玉、李彦韬，求复镇灵州。朝廷亦以羌、胡方扰，丙寅，复以晖为朔方节度使，将关西兵击羌、胡；以威州刺史药元福为行营马步军都指挥使。

乙丑，定州言契丹勒兵压境。诏以天平节度使、侍卫马步都指挥使李守贞为北面行营都部署，义成节度使皇甫遇副之；彰德节度使张彦泽充马军指挥使兼都虞候，义武节度使蓟人李殷充步军指挥使兼都排陈使；遣护圣指挥使临清王彦超、太原白延遇以部兵十营诣邢州。时马军都指挥使、镇安节度使李彦韬方用事，视守贞蔑如也。守贞在外所为，事无大小，彦韬必知之，守贞外虽敬奉而内恨之。

初，唐人既克建州，欲乘胜取福州，唐主不许。枢密使陈觉请自往说李弘义，必令入朝。宋齐丘荐觉才辩，可不烦寸刃，坐致弘义。唐主乃拜弘义母、妻皆为国夫人，四弟皆迁官，以觉为福州宣谕使，厚赐弘义金帛。弘义知其谋，见觉，辞色甚倨，待之疏薄；觉不敢言入朝事而还。

秋，七月，河决杨刘，西入莘县，广四十里，自朝城北流。

帝既与契丹绝好，数召吐谷浑酋长白承福入朝，宴赐甚厚。承福从帝与契丹战澶州，又与张从恩戍滑州。属岁大热，遣其部落还太原，畜牧于岚、石之境。部落多犯法，刘知远无所纵舍；部落知朝廷微弱，且畏知远之严，谋相与遁归故地。有白可久者，位亚承福，帅所部先亡归契丹，契丹用为云州观察使，以诱承福。

知远与郭威谋曰："今天下多事，置此属于太原，乃腹心之疾也，不如去之。"承福家甚富，饲马用银槽。威劝知远诛之，收其货以赡军。知远密表："吐谷浑反覆难保，请迁于内地。"帝遣使发其部落千九百人，分置河阳及诸州。知远遣威诱承福等入居太原城中，因诬承福等五族谋叛，以兵围而杀之，合四百口，籍没其家赀。诏褒赏之，吐谷浑由是遂微。

濮州刺史慕容彦超坐违法科敛，擅取官麦五百斛造曲，赋与部民。李彦韬素与彦超有隙，发其事，罪应死。彦韬趣冯玉使杀之，刘知远上表论救。李崧曰："如彦超之罪，今天下藩侯皆有之。若尽其法，恐人人不自安。"甲戌，敕免彦超死，削官爵，流房州。

唐陈觉自福州还，至剑州，耻无功，矫诏使侍卫官顾忠召弘义入朝，自称权福州军府事，擅发汀、建、抚、信州兵及戍卒，命建州监军使冯延鲁将之，趣福州迎弘义。延鲁先遗弘义书，谕以祸福。弘义复书请战，遣楼船指挥使杨崇保将州师拒之。觉以剑州刺史陈诲为缘江战棹指挥使，表："福州孤危，旦夕可克。"唐

郭威像

主以觉专命，甚怒；群臣多言："兵已傅城下，不可中止，当发兵助之。"

丁丑，觉、延鲁败杨崇保于侯官，戊寅，乘胜进攻福州西关。弘义出击，大破之，执唐左神威指挥使杨匡邺。

唐主以永安节度使王崇文为东南面都招讨使，以漳泉安抚使、谏议大夫魏岑为东面监军使，延鲁为南面监军使，会兵攻福州，克其外郭。弘义固守第二城。

冯晖引兵过旱海，至辉德，糗粮已尽。拓跋彦超众数万，为三陈，扼要路，据水泉以待之。军中大惧。晖以赂求和于彦超，彦超许之。自旦至日中，使者往返数四，兵未解。药元福曰："虏知我饥渴，阳许和以困我耳；若至暮，则吾辈成擒矣。今虏虽众，精兵不多，依西山而陈者是也。其余步卒，不足为患。请公严陈以待我，我以精骑先犯西山兵，小胜则举黄旗，大军合势击之，破之必矣。"乃帅骑先进，用短兵力战。彦超小却，元福举黄旗，晖引兵赴之，彦超大败。明日，晖入灵州。

楚王希范知帝好奢靡，屡以珍玩为献，求都元帅；甲辰，以希范为诸道兵马都元帅。

契丹使瀛州刺史刘延祚遗乐寿监军王峦书，请举城内附。且云："城中契丹兵不满千人，乞朝廷发轻兵袭之，己为内应。又，今秋多雨，自瓦桥以北，积水无际，契丹主已归牙帐，虽闻关南有变，地远阻水，不能救也。"峦与天雄节度使兼中书令杜威屡奏瀛、莫乘此可取，深州刺史慕容迁献《瀛莫图》。冯玉、李崧信以为然，欲发大兵迎赵延寿及延祚。

先是，侍卫马步都指挥使、天平节度使李守贞数将兵过广晋，杜威厚待之，赠金帛甲兵，动以万计；守贞由是与威亲善。守贞入朝，帝劳之曰："闻卿为将，常费私财以赏战士。"对曰："此皆杜威尽忠于国，以金帛资臣，臣安敢掠有其美。"因言："陛下若他日用兵，臣愿与威戮力以清沙漠。"帝由是亦贤之。

及将北征，帝与冯玉、李崧议，以威为元帅，守贞副之。赵莹私谓冯、李曰："杜令国戚，贵为将相，而所欲未厌，心常慊慊，岂可复假以兵权！必若有事北方，不若止任守贞为愈也。"不从。冬，十月，辛未，以威为北面行营都指挥使，以守贞为兵马都监，泰宁节度使安审琦为左右厢都指挥使，武宁节度使符彦卿为马军左厢都指挥使，义成节度使皇甫遇为马军右厢都指挥使，永清节度使梁汉璋为马军都排陈使，前威胜节度使宋彦筠为步军左厢都指挥使，奉国左厢都指挥使王饶为步军右厢都指挥使，鑫州团练使薛怀让为先锋都指挥使。仍下敕榜曰"专发大军，往平黠虏。先取瀛、莫，安定关南；次复幽燕，荡平塞北。"又曰："有擒获虏主者，除上镇节度使，赏钱万缗，绢万匹，银万两。"时自六月积雨，至是未止，军行及馈运者甚艰苦。

命思安及留从效将州兵会攻福州。庚辰，围之。

福州使者至钱塘，吴越王弘佐召诸将谋之，皆曰："道险远，难救。"惟内都监使临安水丘昭券以为当救。弘佐曰："唇亡齿寒，吾为天下元帅，曾不能救邻道，将安用之！诸君但乐饱身安坐邪！"壬午，遣统军张筠、赵承泰将兵三万，水陆救福州。

先是募兵，久无应者，弘佐命纠之，曰："纠而为兵者，粮赐减半。"明日，应募者云集。弘佐命昭券专掌用兵，昭券惮程昭悦，以用兵事让之。弘佐命昭悦掌应援馈运事，而以军谋委元德昭。德昭，危仔倡之子也。

弘佐议铸铁钱以益将士禄赐，其弟牙内都虞候弘亿谏曰："铸铁钱有八害：新钱既行，旧钱皆流入邻国，一也；可用于吾国而不可于他国，则商贾不行，百货不通，二也；铜禁至严，民犹盗铸，况家有铛釜，野有铧犂，犯法必多，三也；闽人铸铁钱而乱亡，不足为法，四也；国用幸丰而自示空乏，五也；禄赐有常而无故益之以启无厌之心，六也；法变而弊，不可遽复，七也；'钱'者国姓，易之不详，八也。"弘佐乃止。

杜威、李守贞会兵于广晋而北行。威屡使公主入奏，请益兵，曰："今深入虏境，必资众力。"由是禁军皆在其麾下，而宿卫空虚。

十一月，丁酉，以李守贞权知幽州行府事。

己亥，杜威等至瀛州，城门洞启，寂若无人，威等不敢进。闻契丹将高谟翰先已引兵潜出，威遣梁汉璋将二千骑追之，遇契丹于南阳务，败死。威等闻之，引兵而南。

己酉，吴越兵至福州，自曾浦南潜入州城。唐兵进据东武门，李达与吴越兵共御之，不利。自是内外断绝，城中益危。

唐主遣信州刺史王建封助攻福州。时王崇文虽为元帅，而陈觉、冯延鲁、魏岑争用事，留从效、王建封倔强不用命，各争功，进退不相应。由是将士皆解体，故攻城不克。

契丹主大举入寇，自易、定趣恒州。杜威等至武强，闻之，将自贝、冀而南。彰德节度使张彦泽时在恒州，引兵会之，言契丹可破之状；威等复趣恒州，以彦泽为前锋。甲寅，威等至中度桥，契丹已据桥，彦泽帅骑争之，契丹焚桥而退。晋兵与契丹夹滹沱而军。

始，契丹见晋军大至，又争桥不胜，恐晋军急渡滹沱，与恒州合势击之，议引兵还。及闻晋军筑垒为持久之计，遂不去。

杜威虽以贵戚为上将，性懦怯。偏裨皆节度使，但日相承迎，置酒作乐，罕议军事。

磁州刺史兼北面转运使李谷说威及李守贞曰："今大军去恒州咫尺，烟火相望。若多以三股木置水中，积薪布土其上，桥可立成。密约城中举火相应，夜募将士斫虏营而入，表里合势，虏必遁逃。"诸将皆以为然，独杜威不可，遣谷南至怀、孟督军粮。

十二月，丁巳朔，李谷自书密奏，具言大军危急之势，请车驾幸滑州，遣高行周、符彦卿扈从，及发兵守澶州、河阳以备虏之奔冲；遣军将关勋走马上之。

杜威奏请益兵，诏悉发守宫禁者得数百人，赴之。又诏发河北及滑、孟、泽、潞刍粮五十万诣军前；督迫严急，所在鼎沸。辛酉，威又遣从者张祚等来告急，祚等还，为契丹所获。自是朝廷与军前声问两不相通。

开封尹桑维翰，以国家危在旦夕，求见帝言事；帝方在苑中调鹰，辞不见。又诣执政言之，执政不以为然。退，谓所亲曰："晋氏不血食矣！"

帝欲自将北征，李彦韬谏而止。时符彦卿虽任行营职事，帝留之，使戍荆州口。壬戌，诏以归德节度使高行周为北面都部署，以彦卿副之，共戍澶州；以西京留守景延广戍河阳，且张形势。

奉国都指挥使王清言于杜威曰："今大军去恒州五里，守此何为！营孤食尽，势将自溃。请以步卒二千为前锋；夺桥开道，公帅诸军继之；得入恒州，则无忧矣。"威许诺，遣清与宋彦筠俱进。清战甚锐，契丹不能支，势小却；诸将请以大军继之，威不许。彦筠为契丹所败，浮水抵岸得免。清独帅麾下陈于水北力战，互有杀伤，屡请救于威，威竟不遣一骑助之。清谓其众曰："上将握兵，坐观吾辈困急而不救，此必有异志。吾辈当以死报国耳！"众感其言，莫有退者，至暮，战不息。契丹以新兵继之，清及士众尽死。由是诸军皆夺气。清，洺州人也。

甲子，契丹遥以兵环晋营，内外断绝，军中食且尽。杜威与李守贞、宋彦筠谋降契丹，威潜遣腹心诣契丹牙帐，邀求重赏。契丹主绐之曰："赵延寿威望素浅，恐不能帝中国。汝果降者，当以汝为之。"威喜，遂定降计。丙寅，伏甲召诸将，出降表示之，使署名。诸将骇愕，莫敢言者，但唯唯听命。威遣阁门使高勋赍诣契丹，契丹主赐诏慰纳之。是日，威悉命军士出陈于外，军士皆踊跃，以为且战，威亲谕之曰："今食尽涂穷，当与汝曹共求生计。"因命释甲。军士皆恸哭，声振原野。威、守贞仍于众中扬言："主上失德，信任奸邪，猜忌于已。"闻者无不切齿。契丹主遣赵延寿衣赭袍至晋营慰抚士卒，曰："彼皆汝物也。"杜威以下，皆迎谒于马前；亦以赭袍衣威以示晋军，其实皆戏之耳。以威为太傅，李守贞为司徒。

威引契丹主至恒州城下，谕顺国节度使王周以已降之状，周亦出降。

先是契丹屡攻易州，刺史郭璘固守拒之。契丹主每过城下，指而叹曰："吾能吞并天下，而为此人所扼！"及杜威既降，契丹主遣通事耿崇美至易州，诱谕其众，众皆降；璘不能制，遂为崇美所杀。璘，邢州人也。

义武节度使李殷，安国留后方太，皆降于契丹。契丹主以孙方简为义武节度使，麻答为安国节度使，以客省副使马崇祚权知恒州事。

契丹翰林承旨、吏部尚书张砺言于契丹主曰："今大辽已得天下，中国将相宜用中国人为之，不宜用北人及左右近习。苟政令乖失，则人心不服，虽得之，犹将失之。"契丹主不从。

引兵自邢、相而南，杜威将降兵以从。遣张彦泽将二千骑先取大梁，且抚安吏民，以通事傅住儿为都监。

杜威之降也，皇甫遇初不预谋。契丹主欲遣遇先将兵入大梁，遇辞；退，谓所亲曰："吾位为将相，败不能死，忍复图其主乎！"至平棘，谓从者曰："吾不食累日矣，何面目复南行！"遂扼吭而死。

张彦泽倍道疾驱，夜渡白马津。壬申，帝始闻杜威等降；是夕，又闻彦泽至滑州，召李崧、冯玉、李彦韬入禁中计事，欲诏刘知远发兵入援。癸酉，未明，彦泽自封丘门斩关而入，李彦韬帅禁兵五百赴之，不能遏。彦泽顿兵明德门外，城中大扰。

帝于宫中起火，自携剑驱后宫十余人将赴火，为亲军将薛超所持。俄而彦泽自宽仁门传契丹主与太后书慰抚之，且召桑维翰、景延广，帝乃命灭火，悉开宫城门。帝坐苑中，与后妃相聚而泣，召翰林学士范质草降表，自称："孙男臣重贵，祸至神惑，运尽天亡。今与太后及妻冯氏，举族于郊野面缚待罪次。遣男镇宁节度使延煦，威信节度使延宝，奉国宝一、金印三出迎。"太后亦上表称"新妇李氏妾"。

傅住儿入宣契丹主命，帝脱黄袍，服素衫，再拜受宣，左右皆掩泣。帝使召张彦泽，欲与计事。彦泽曰："臣无面目见陛下。"帝复召之，彦泽微笑不应。

或劝桑维翰逃去。维翰曰："吾大臣，逃将安之！"坐而俟命。彦泽以帝命召维翰，维翰至天街，遇李崧，驻马语未毕，有军吏于马前揖维翰赴侍卫司。维翰知不免，顾谓崧曰："侍中当国，今日国亡，反令维翰死之，何也？"崧有愧色。彦泽踞坐见维翰，维翰责之曰："去年拔公于罪人之中，复领大镇，授以兵权，何乃负恩至此！"彦泽无以应，遣兵守之。

宣徽使孟承诲，素以佞巧有宠于帝，至是，帝召承诲，欲与之谋，承诲伏匿不至；张彦泽捕而杀之。

彦泽纵兵大掠，贫民乘之，亦争入富室，杀人取其货，二日方止，都城为之一空。彦泽所居山积，自谓有功于契丹，昼夜以酒乐自娱，出入骑从常数百人，其旗帜皆题"赤心为主"，见者笑之。军士擒罪人至前，彦泽不问所犯，但瞋目竖三指，即驱出断其腰领。彦泽素与阁门使高勋不协，乘醉至其家，杀其叔父及弟，尸诸门首。士民不寒而慄。

中书舍人李涛谓人曰："吾与其逃于沟渎而不免，不若往见之。"乃投刺谒彦泽曰："上书请杀太尉人李涛，谨来请死。"彦泽欣然接之，谓涛曰："舍人今日惧乎？"涛曰："涛今日之惧，亦犹足下昔年之惧也。向使高祖用涛言，事安至此！"彦泽大笑，命酒饮之。涛引满而去，旁若无人。

甲戌，张彦泽迁帝于开封府，顷刻不得留，宫中恸哭。帝与太后、皇后乘肩舆，宫人、宦者十余人步从。见者流涕。帝悉以内库金珠自随。彦泽使人讽之曰："契丹主至，此物不可匿也。"帝悉归之，亦分以遗彦泽，彦泽择取其奇货，而封其余以待契丹。彦泽遣控鹤指挥使李筠以兵守帝，内外不通。帝姑乌氏公主赂守门者，入与帝诀，归第自经。帝与太后所上契丹主表章，皆先示彦泽，然后敢发。

帝使取内库帛数段，主者不与，曰："此非帝物也"。又求酒于李崧，崧亦辞以他故不进。又欲见李彦韬，彦韬亦辞不往。帝惆怅久之。

冯玉佞张彦泽，求自送传国宝，冀契丹复任用。

楚国夫人丁氏，延煦之母也，有美色。彦泽使人取之，太后迟回未与；彦泽诟詈，立载之去。

是夕，彦泽杀桑维翰。以带加颈，白契丹主，云其自经。契丹主曰："吾无意杀维翰，何为如是！"命厚抚其家。

高行周、符彦卿皆诣契丹牙帐降。契丹主以阳城之战为彦卿所败，诘之。彦卿曰："臣当时惟知为晋主竭力，今日死生惟命。"契丹主笑而释之。

己卯，延煦、延宝自牙帐还，契丹主赐帝手诏，且遣解里谓帝曰："孙勿忧，必使汝有啜饭之所。"帝心稍安，上表谢恩。

契丹以所献传国宝追琢非工，又不与前史相应，疑其非真，以诏书诘帝，使献真者。帝奏："顷王从珂自焚，旧传国宝不知所在，必与之俱烬。此宝先帝所为，群臣备知。臣今日焉敢匿宝！"乃止。

帝闻契丹主将度河，欲与太后于前途奉迎；张彦泽先奏之，契丹主不许。有司又欲使帝衔璧牵羊，大臣舆榇，迎于郊外，先具仪注白契丹主，契丹主曰："吾遣奇兵直取大梁，非受降也。"亦不许。又诏晋文武群官，一切如故；朝廷制度，并用汉礼。

即遣兵趣河阳捕景延广。延广苍猝无所逃伏，往见契丹主于封丘。契丹主诘之曰："致两主失欢，皆汝所为也。十万横磨剑安在！"召乔荣，使相辩证，事凡十条。延广初不服，荣以纸所记语示之，乃服。每服一事，辄授一筹。至八筹，延广但以面伏地请死，乃锁之。

【译文】

三　年（丙午、946年）

李建勋对于一般政事老练熟悉，然而胆小怕事，优柔寡断；冯延巳擅长作文章，然而狡猾谄佞，喜好说大话，多树立朋党。水部郎中高越，上书指责冯延己兄弟的罪恶，唐主生气，贬高越为蕲州司士。

从前，唐主在宫禁之中设置宣政院，任命翰林学士、给事中常梦锡主掌院事，专掌机密，与中书侍郎严续全都忠贞正直，大公无私。唐主对常梦锡说："大臣里头，只有严续正直特立，不偏不党，可没有才能，担心应付不了周围的朋党，卿应当帮助他。"没多久，常梦锡解除宣政院的职务，严续也外放为池州观察使。常梦锡从此称病，纵情饮酒，不再干涉朝廷的政事。严续，是严可求的儿子。

二月，壬戌朔日（初一），出现日蚀。

从前，朔方节度使冯晖在灵州，将党项酋长拓跋彦超拘留在州境，因而党项各部落不敢入境侵扰；等到冯晖将要解除节度使的职务时，才将他放了回去。

前任彰武节度使王令温代替冯晖镇守朔方，不安抚羌、胡，而用中国的法令去管理他们。羌、胡既怨恨又愤怒，争相侵扰抢劫。拓跋彦超、石存、也厮褒三族联合攻打灵州，杀掉王令温的弟弟王令周。戊午日，王令温上表告急。

定州西北200里有一座狼山，当地人在山上修建一个小型城堡，以躲避胡兵的骚扰，城堡里头有佛寺，比丘尼孙深意居住在那里，用妖术迷惑群众，预言事情，很多应验，远近百姓都相信她。中山人孙方简和他的弟弟孙行友，自称是孙深意的侄子，不喝酒，不吃肉，侍奉孙深意十分细心周到。孙深意去世，孙方简承她的地位，操演妖术，宣称孙深意"坐化"刻意把她打扮，侍奉她像在世的时候一样，他的信徒，一天比一天增多。

正好这时晋国和契丹断绝友好关系，北方边境赋税和徭役都十分繁重，到处充满盗贼，百姓不能安定地从事事业。孙方简、孙行友两兄弟趁机率乡里中魁梧壮健的子弟，据守佛寺，修筑寨垒，以保卫自己的群众。契丹入境侵犯，孙方简率群众在中途截击，虏获许多铠甲、兵器、牛马、和其他军用物资，百姓携家带眷前往依靠他的人，一天比一天多起来。日子久了，多到1000多家，终于变为群盗。担心被朝廷讨伐，于是向朝廷投降；朝廷也想利用他们来抵抗胡兵，就任用孙方简为东北招收指挥使。

孙方简不时进入契丹边境骚扰抢劫，杀获较多。随后向朝廷要求不已，朝廷稍微不合他的意愿，则领导全寨的人投降契丹，自动做契丹的向导，引契丹入境侵犯。当时河北发生大饥荒，百姓饿死的，都超过万人，兖、郸、贝三州之间，盗贼蜂拥而起，官吏无法禁止。

天雄节度使杜威派元隋军将刘延翰在边境上买马，孙方简捉到他，进献给契丹。刘延翰逃回来，六月，壬戌日（初三），回到大梁，汇报朝廷说："孙方简想趁中国凶年饥荒的时机，引导契丹入寇，应当妥为防备。"

开始，朔方节度使冯晖在灵武。获得羌、胡民心的信赖，买马一年，共得5000匹，朝廷对他有点顾忌，调他镇守邠州和陕州，入朝做侍卫步军都指挥使，领河阳节度使。冯晖知晓朝廷的用意，后悔离开灵武，从而以厚礼事奉冯玉和李彦韬，要求再出镇守灵州。朝廷也正由于受到羌、胡的骚扰，于是，丙寅日（初七），再度任用冯晖为朔方节度使，命他率关西兵攻打羌、胡；又任命威州刺史药元福为行营马步军都指挥使。

陕州宝轮寺塔

乙丑日（初六），定州奏报：契丹指挥大兵逼临边境。诏命天平节度使、侍卫马步都指挥使李守贞为北面行营全都部署，义成节度使皇甫遇为副都部署；彰德节度使张彦泽充当马军都指挥使兼都虞侯，义武节度使蓟州人李殷充当步军都指挥使兼都排阵使；派护圣指挥使临清人王彦超、太原人白延遇率所部士兵十营到邢州。当时马军都指挥使、镇安节度使李彦韬正当权，对李守贞很瞧不起。李守贞在外面的所作所为，无论是大小事情，李彦韬肯定都知道，李守贞表面上虽然尊重他，而内心的确怨恨得很。

从前，唐人攻下建州，想乘胜夺取福州，唐主不愿。枢密使陈觉自愿亲往福州劝说李弘义，肯定要说动他入朝。宋齐丘也推荐陈觉有口才，可不必动用刀枪，而招致李弘义。唐主从而预先封李弘义的母亲和妻子，都为国夫人，四位弟弟都升官。任用陈觉为福州宣谕使，赏赐李弘义贵重的金帛。李弘义知道他们的计谋，接见陈觉，说话的口气同脸色都十分高傲，对他很轻慢，陈觉见形势不妙，不敢提起入朝的事，就回去了。

秋，七月，黄河在杨刘地段河堤崩溃，洪水向西流入莘县，广达四十里，从朝城向北流。

皇帝同契丹断绝友好关系以后，多次召请吐谷浑酋长白承福入朝，设宴款待，赏赐丰厚。白承福曾经跟随皇帝与契丹交战于澶州，又曾经同张从恩一同戍守滑州。正好这年天气大热，遣送他的部落返回太原，畜牧于岚州、石州一带。部落中常有人犯法，刘知远不愿宽容赦免；他们明白朝廷软弱，而且害怕刘知远的严厉，从而商量一起逃回旧地。有个名叫白可久的人，地位仅次于白承福，率领他的部下先逃走，依附契丹，契丹任命他为云州观察使，借此引诱白承福。

刘知远和郭威商量："如今天下多事，留置这批人在太原，实在是心腹之患，不如把他们除掉。"白承福家颇为富有，喂马用银槽。郭威劝刘知远杀他，没收他的财产，以供给军队所需。刘知远秘密上表："吐谷浑反复无常，难以管理，请把他们迁往内地。"皇帝派使者发动他们的部落1900人分别安置在河阳及其他各州。刘知远派郭威引诱白承福等进入太原城里定居，借机诬告白承福等五族造反，率兵包围他们，全部杀害，一共400口，没收了他的家产。皇帝降诏，加以褒赏。吐谷浑从此就衰微不振。

濮州刺史慕容彦超由于违法征敛，擅自取公家的麦500斛酿造酒麹，付给辖区内的人民，向他们收税。李彦韬向来跟慕容彦超有仇怨，揭发他这件事，应当判处死罪。李彦韬催促冯玉要他论处死刑。刘知远表辩论挽救。李崧说："像慕容彦超这种罪，如今天下的藩镇大员都有过，假如完全依法究办，担心人人都不自安。"甲戌日（十六日），皇帝下敕书，免慕容彦超死刑，削夺他的官爵，流放到房州去。

唐陈觉从福州返回朝，羞恼自己任务没有达成，无功而返。走到剑州，假借皇帝的旨意，命侍卫官顾忠召李弘义入朝，自称代理福州军府的事务，擅自拨遣汀州、建州、抚州、信州等四州的兵马和戍守的军士，命建州监军使冯延鲁率领，径往福州迎接李弘义。冯延鲁先写信给李弘义，替他分析祸福得失。李弘义回信表示愿与唐兵决战，派楼船指挥使杨崇保率福州兵抵抗他们。陈觉派剑州刺史陈诲担任缘江战棹指挥使，上表给朝廷说："福州孤立无援，早晚能攻克。"唐主因为陈觉擅自发号施令，十分生气，可是群臣大多数认为："兵临城下，不可中途停战，应当发兵援助他。"

丁丑日（十九日），冯延鲁在侯官打败杨崇保，戊寅日（二十日），冯延鲁乘胜进攻福州的西城门。李弘义出兵攻打，大败唐兵，活捉唐左神威指挥使杨匡邺。

唐主任命永安节度使王崇文为东南面都招讨使，任用漳泉安抚使、谏议大夫魏岑为东面监军使，冯延鲁为南面监军使，联兵攻打福州，攻陷它的外城。李弘义坚守内城。

冯晖引兵越过旱海，抵达辉德，粮饷已经用尽。拓跋彦超的部队好几万人，分为三队，控制险要的道路，把守水泉以等待他。军中很害怕。冯晖送财货给拓跋彦超，要求相互和好，拓跋彦超答应他。可是从日出到正午，使者往来好几次，拓跋彦超的兵还未撤退。药元福说："敌寇知道我们既饥又渴，表面上答应讲和，实际上是想困我们而已；如果到了日暮，我们就会被擒。如今胡虏数量虽惊人，其实精兵不多——就是背靠西山列阵的那一些。其他的步兵，不会对我们构成威胁。请公保持严整的阵容等待我，我率精锐的骑兵先去冲杀西山的敌兵，获得小胜就高举黄旗做信号，然后大军合力攻击他们，肯定可以将他们打败。"于是就率骑兵先进攻，使用短兵（刀剑之类）奋力拼斗。拓跋彦超略为后退，药元福高举黄旗，冯晖挥军赶上去，拓跋彦超大败。第二天冯晖率兵进入灵州。

楚王马希范知道皇帝喜欢奢侈华丽，多次拿珍宝及玩赏之物来进贡，求做都元帅；甲辰日（十七日），任命马希范为诸道兵马都元帅。

契丹教瀛州刺史刘延祚写信给乐寿监军王峦，愿以瀛州归附朝廷，而且说："城中契丹兵不到1000人，请朝廷派少数人马来袭击他们，自己入城内接应。再则今年秋天多雨水，从瓦桥以北，到处积水，汪洋无际，契丹主已经回到牙帐去，即使获悉关南发生什么事情，也因路途遥远，积水阻隔而没法救援。"王峦与天雄节度使杜威多次上奏，说瀛州和莫州乘此时机可以夺取，深州刺史慕容迁献上《瀛莫图》。冯玉、李崧信以为真，想发动大兵迎接赵延寿和刘延祚。

在此以前，侍卫马步都指挥使、天平节度使李守贞好几次率兵经过广晋，杜威十分殷勤优厚地款待他，送他金帛、甲兵，动不动就以万计；李守贞因而跟杜威亲近和好。李守贞入朝，皇帝慰劳他说："听说卿做将帅，经常花费自己的钱财犒赏战士。"李守贞回答说："这都是杜威尽忠报国，拿金帛来资助臣，臣怎能夺取别人的功劳，以当作自己的美德！"因而又说："陛下以后假如用兵，臣自愿和杜威共同努力，以肃清沙漠。"皇帝因此也称赞杜威贤明。

到了这次将要北征契丹，皇帝跟冯玉、李崧商量，任命杜威为元帅，李守贞为副元帅。赵莹私下对冯玉和李崧说："杜令公是皇室的亲戚，贵为将相，然而他所贪求的，还不满足，心里经常觉得有所遗憾，岂可再将兵权托给他！

如果一定要用军事对付北方，不如单单付托给李守贞来得好些。"冯、李二人不听。冬，十月，辛未日（十四日），任用杜威为北面行营都指挥使，任用李守贞为兵马都监，泰宁节度使安审琦为左右厢都指挥使，武宁节度使符彦卿为马军左厢都指挥使，义成节度使皇甫遇为马军右厢都指挥使，永清节度使梁汉璋为马军都排阵使，前任威胜节度使宋彦筠为步军左厢都指挥使，奉国左厢都指挥使王饶为步军右厢都指挥使，鑫州团练使薛怀让为先锋都指挥使。皇帝颁下公布敕旨的榜牌，说："决意发动大军，前往扫平狡猾的胡虏，先夺取瀛州和莫州，安定关南；下一步光复幽燕，荡平塞北。"又说："假如有能擒获胡虏的首领的人，任用他做上等藩镇的节度使，赏钱10000缗，绢帛10000匹，银子10000两。"当时从六月开始连续下雨，到这时还未停止，行军和运送物资，非常艰苦。

命董思安和留从效率两州的州兵联合攻打福州。庚辰日（二十三日），把福州包围起来。

福州所派的使者到了吴越的国都钱塘，吴越王钱弘佐召诸将商量，都说："路途险阻而又遥远，难以援救。"唯独内都监使临安人水丘昭券认为应该去救。钱弘佐说："唇亡则齿寒，我做天下的元帅，竟不能解救邻道的危难，还做什么元帅！诸君难道只顾自己饮食安坐吗？"壬午日（二十五日），派统军张筠、赵承泰率领3万人马，水陆并进，援救福州。

在此以前，招募士兵，过了许久都没有人来应募，钱弘佐下令强收，说："被收而当兵的，口粮和赏赐都减半发给。"第二天，应募的人纷纷前来。钱弘佐命水丘昭券专门负责用兵，水丘昭券害怕程昭悦，将用兵权责让给他。钱弘佐命程昭悦负责应接援助、运送物资的事务，而将军事的筹划委托元德昭。元德昭，是危仔倡的儿子。

钱弘佐提议要铸造铁钱，来增加将帅和士兵们的俸禄与赏赐。他的弟弟牙内都虞侯钱弘亿劝谏他说："铸造铁钱有8种害处：新钱通行以后，旧钱全都流入邻国，这是第一种害处；只可使用于自己国内，而不能使用于其他的国家，因此商贾不便往来，各种货物不好互相流通，这是第二种害处；禁止铸造铜器的法令十分严厉，而百姓还要偷偷地铸造，况且百姓家里有锅釜，田野有锄犁？然则因铸铁钱而犯法的人肯定不少，这是第三种害处；闽人由于铸造铁钱而混乱灭亡，不值得效法，这是第四种害处；国家的财用尚且丰足，而自动表示贫乏，这是第五种害处；俸禄和赏赐有常规可循，现在如无故增加，就会引起不知足的心理，这是第六种害处；法令一旦改变而产生弊害，不能即刻恢复，这是第七种害处；'钱'是国姓，轻易改变，不吉利，这是第八种害处。"钱弘佐听了，就停止这件事。

杜威和李守贞在广晋会师以后，向北进发。杜威多次教公主入朝禀奏，请求增兵，说："现在深入胡虏的境内，肯定得靠大量的人力。"因此皇家的禁卫军都隶属于他的部下。

十一月，丁酉日（初十），任李守贞代理幽州行府事。

己亥日（十二日），杜威等人抵达瀛州，瀛州城门洞开。寂静得好像一个人也没有，杜威等人不敢进去。听说契丹的将领高谟翰在大军抵达以前，已经先引潜兵逃出城，杜威派梁汉璋率二千名骑兵去追他，在南阳务遇到契丹，梁汉璋战败而死。杜威等人知道这个消息，引兵向南走。

己酉日（二十二日），吴越兵抵达福州，从晋浦的南方暗地进入州城。唐兵向前占领东武门，李达和吴越兵共同抵御他们，交战不利。从此内外断绝，城中更加的危险。

唐主派信州刺史王建封去帮助攻打福州。当时王崇文虽做元帅，但是陈觉、冯延鲁、魏岑等人互相争权，留从效、王建封刚暴狠戾，不听从命令，各自争夺功劳，进退不相联络。因此将士都离心离德，所以攻城不下。

契丹主大量地发兵侵入，从易州、定州直趋恒州。杜威等人到达武强，知道这个消息，打算从贝州、冀州往南走。彰德节度使张彦泽当时在恒州，率兵与他相会合，说明契丹能打败的因素；于是杜威等人又再往恒州，任命张彦泽为前锋。甲寅日（二十七日），杜威等人抵达中度桥，契丹已经占领了那座桥，张彦泽率领兵去抢夺，契丹把桥烧，然后退走。晋兵和契丹兵在滹沱河的两岸扎营。

开始，契丹看见晋军大量涌到，争桥之战又没打胜，担心晋军紧急抢渡滹沱河，跟恒州兵联合攻击他，曾拟议要引兵回去，等到获悉晋军修筑堡垒，作长远的打算后，就不回去了。

杜威尽管以皇室贵戚的身份担任上将，可是生性懦弱胆小。左右辅佐的将帅都是节度使，只是每天奉承取悦他，安排宴席，饮酒作乐，很少商议军事。

磁州刺史兼北而转运使李谷劝杜威和李守贞说："现在大军距离恒州十分近，两地烟火相望。如果大量使用木条，交叉绑缚，下端撑开为三脚做成的三股本。安置在水中，在上端铺架薪柴，填上泥土，桥梁马上可以造成。秘密跟城里相约，彼此以举火作为联络的信号，选募将士，利用黑夜冲杀胡虏的军营，直入城中，城里和城外合力攻击，胡虏肯定逃走。"诸将都以为这个计策很好，唯独杜威不赞同，却派李谷到南方的怀、孟二州去督运军粮。

十二月，丁亥朔日（初一），李谷亲自书写一封秘密的奏疏，详细说明大军危急的形势，要求皇帝的车驾临滑州，派高行周、符彦卿随从护驾，同时发兵驻守澶州和河阳，以防备胡虏侵犯。奏疏写好，派军将关勋快马驰回大梁，呈给皇帝。

杜威上奏，要求增兵，诏命出动全部防守宫殿的兵卒，共得数百名，开赴前线。又诏命拨出河北及滑、孟、泽、潞等州的饲草、粮食50万，送到军前；督促严厉，催逼紧急，到处喧哗纷乱，有如热水般沸腾。辛酉日（初五），杜威又派随从人员张祚等人回大梁告急。张祚等人回去的时候，被契丹所抓获。从此朝廷跟前线消息不能相通。

眼见国家危在旦夕，开封尹桑维翰要求觐见皇帝商量国事；皇帝正在动物园里训练鹰鸟，推辞不愿接见。桑维翰又去见执政的大臣，陈述他的建议，执政大臣不以为然。桑维翰退出后，对他所亲近的人说："晋氏的宗庙，不再接受牲牢的祭奠了！"

皇帝想要亲自率兵北征，经李彦韬劝谏而停止。当时符彦卿尽管负有前线军营的任务，皇帝却将他留下，派他去防守荆州口。壬戌日（初六），下诏任命归德节度使高行周为北面都部署，符彦卿做他的副手，共同戍守澶州，命西京留守景延广戍守河阳，暂时展开备战的形势。

奉国都指挥使王清对杜威说："如今大军距离恒州只有5里，守在

高行周像

此地做什么呢？这样下去，军队孤立，粮食吃完，势必自我溃败。请让我率领两千名步兵做前锋；夺占桥梁，开辟道路，公率各军跟随前进，如能进入恒州，就没什么可忧虑的了。"杜威同意他，派王清和宋彦筠一起前进。王清战斗很猛锐，契丹支持不住，军势稍微退却，诸将请求指挥大军跟上前去，杜威不准。宋彦筠被契丹打败，泅水上岸，得以脱身。王清独自率领部下在河水的北岸布阵，与契丹拼斗，双方都有杀伤，多次向杜威请求援救，杜威居然不愿派一兵一卒去援助他。王清对他的部众说："上将统率着大兵，却坐看我们疲困危急而不救，这肯定怀有叛逆之心。我辈只当以死报国而已！"部众听了他的话，十分受感动，没有一个人后退，一直到傍晚，战斗不停。契丹以新调来的军队接继迎战，王清和他的部众全部战死。因此各军都丧失士气，毫无斗志。王清，是洺州人。

甲子日（初八），契丹远远地将晋军包围起来，内外断绝，军中粮食眼看就要吃完。杜威和李守贞、宋彦筠商量投降契丹，杜威暗中派心腹人员到契丹牙帐，向契丹主要求重赏。契丹主骗他说："赵延寿的声威名望，一向低微，恐怕不能做中国的皇帝，假如你真的投降，将让你来做。"杜威知道这消息，十分兴奋，于是就决定投降。丙寅日（初十），埋伏甲兵，召集诸将，拿出降表给他们看，要他们签名。诸将惊骇，没有人敢说话，只是唯唯诺诺地听人指示。杜威派阁门使高勋持降表往见契丹主，契丹主颁赐诏书慰劳他，并接受他的降表。这一天，杜威下令：所有的军士，全部出营外排列行阵。军士全都欢欣雀跃，认为将要出战，杜威亲自向他们宣告说："如今粮食已经吃完，走投无路，将跟你们共同谋求一个逃生的办法。"说完，下令：全军脱下战衣，放下兵器。军士们全都悲伤痛哭，哭声震动原野。杜威和李守贞于是在群众里宣扬说："皇上无道，信任奸诈邪恶的人，猜忌我们两个。"听到的人，都恨得咬牙切齿。契丹主命赵延寿穿赭色龙袍到晋营去安抚士卒，并对他说："那些都是你的东西。"赵延寿到了晋营，杜威以下，都到他的马前欢迎拜见；也拿赭色龙袍给杜威穿上，给晋军观看，其实全都是戏弄他们的。契丹主任用杜威为太傅，任命李守贞为司徒。

杜威率契丹主到恒州城下，向顺国节度使王周说明自己投降的情形，于是王周也出城投降。

在此以前，契丹多次攻打易州，易州刺史郭璘固守州城抵抗他。契丹主每次经过易州城下，指着州城而叹息说："我能吞并天下，然而却被此人所控制！"等到杜威投降以后，契丹主派通事耿崇美到易州，劝诱他的部众，部众全都投降；郭璘无法制止，最后被耿崇美所杀掉。郭璘，是邢州人。

义武节度使李殷，安国留后方太，全都向契丹投降，契丹主任命孙方简为义武节度使，麻答为安国节度使，派客省副使马崇祚代理恒州的事务。

契丹的翰林承旨，吏部尚书张砺对契丹主说："现在大辽已经得到天下，中国的宰相和将帅应当由中国人来做，不应任用契丹人及左右亲近的人。若是政令乖戾差池，那么人心就不服，尽管得到它，也将失去它。"契丹主不听取。

契丹主引兵从邢州、相州向南前进，杜威率领降兵跟从着。又派张彦泽率领两千名骑兵先去夺取大梁，并且安抚官吏和百姓，任命通事傅住儿为都监。

杜威投降契丹这件事，皇甫遇本来没有参与计划。契丹主想派皇甫遇先率兵入大梁，皇甫遇推辞；退出后，对他所亲近的人说："我作为将相，军败却不能死，还忍心图谋自己的国君吗？"走到平棘，对随从的人说："我不吃已经好几天了，有何脸面再向南走？"于是扼压自己的咽喉而死。

张彦泽加快速度赶马疾走，夜晚渡过白马津。壬申王（十六日），皇帝方才获知杜威等投降的消息；当天晚上，又听说张彦泽到达滑州，召唤李崧、冯玉、李彦韬进入宫禁中商量国事，议定将下达诏书，命刘知远发兵入朝援救。癸酉日（十七日），天还没亮，张彦泽从封丘门斩杀守城军士，长驱直入，李彦韬率禁卫兵500名前去抵挡，也无法遏阻。张彦泽驻兵于明德门外，城中大大地骚动。

皇帝在宫中生起火来，自己带剑，叫后宫10几个人将赴火，被亲近的军将薛超所抱持。过了一会儿张彦泽从宽仁门传来契丹主和太后的信，来慰抚他们，并且召请桑维翰及景延广，皇帝于是命人灭火，打开所有的宫门。皇帝坐在苑囿中，与后妃们在一起哭泣，召翰林学士范质草拟降表，自称"孙男重贵灾祸降临，神明迷乱，运祚已尽，天命已亡。如今与太后、妻子冯氏，领导全族在郊外捆缚待罪。派男镇宁节度使延煦、威信节度使延宝，奉持国宝1件，金印3颗出来迎接。"太后也上表称"新妇李氏妾。"

傅住儿入内宣布契丹主的命令，皇帝脱下黄袍，换穿素色的单衣，再拜接受所宣告的命令，左右的人全都掩面哭泣。皇帝使人召张彦泽，想要跟他商量事情，张彦泽说："臣没有脸面见陛下。"皇帝再召唤他，张彦泽只是微笑，不理睬。

有人劝桑维翰逃跑。桑维翰说："我是大臣，逃到哪里去！"从容地坐着，静候事情的变化。张彦泽借皇帝的命令,召唤桑维翰,桑维翰经过天街,遇到李崧,停下马来谈话,话还没讲完,有军吏在马前向桑维翰作揖行礼,请桑维翰前往侍卫司。桑维翰心知难逃被杀,回过头来对李崧说:"侍中当权治国,今天国家灭亡,反教维翰受死,这是什么意思?"李崧脸上现出惭愧的样子。张彦泽傲慢地盘坐着接见桑维翰,桑维翰斥责他说:"去年从罪犯中将你提拔起来,又让你统治重要的藩镇,交给你兵权,怎么居然辜负恩德到这种地步!"张彦泽无话可说,派兵看住他。

宣徽使孟承诲,一向靠巧言令色而获得皇帝的宠信,到了这个时候,皇帝召唤孟承诲,想同他商量事情,孟承诲躲藏起来,不去相见;张彦泽逮捕到他,把他杀掉。

张彦泽放纵士兵,大肆抢劫,贫穷的百姓也乘机争着闯进有钱的人家,杀人抢货,经过两天才停止,都城被抢夺一空。张彦泽所住的地方,宝货堆积如山,自以为有功于契丹,一天到晚以饮酒听音乐来娱乐,出门的时候,经常有好几百名骑兵护卫着,他的旗帜上都题着"赤心为主"四个字,看到的人,都感到好笑。军士捉到罪人送到他面前,张彦泽一概不问他犯何罪,只是瞪着眼睛,竖起中指,于是就被推出去实行腰斩。

张彦泽一向跟阖门使高勋不和,乘着醉意到他家里,杀害他的叔父和弟弟,把尸体暴露在门口。士民看了都害怕得发抖。

中书舍人李涛对人说:"我与其逃亡于沟渎而终不免会死,不如亲自去见他。"于是就递上名片求见张彦泽,名片上说:"'上书请杀太尉的人'——李涛,谨来请死。"张彦泽欣然接受他的求见,并对他说:"舍人今天害怕了吗?"李涛说:"涛今天的害怕,也如足下当年的害怕一样。从前假如高祖采用我的意见的话,国事怎么会落到这种地步!"张彦泽大笑,命人拿酒请他喝,李涛斟满一杯,一口喝干,旁若无人地离去。

甲戌日(十八日),张彦泽将皇帝迁徙到开封府,片刻不得停留,宫中所有的人都凄伤痛哭。皇帝和太后、皇后坐轿子;宫人、宦官等10几个人都徒步跟从,看到的人都忍不住流泪。皇帝把内库所有的金银珠宝带着随行。张彦泽叫人暗示他说:"契丹主来到这里,这些物品不可以藏匿。"皇帝全都把它送回去,也分一点送给张彦泽,张彦泽选取其中特别珍奇的宝物,然后将剩下的封好,以等待契丹。张彦泽派控鹤指挥使李筠带兵看守皇帝,内外不能相通。皇帝的姑母乌氏公主贿赂守门的人,进去同皇帝诀别,相扶而哭,然后回家自杀。皇帝和太后所呈给契丹主的表章，都先让张彦泽过目，而后才敢发出去。

皇帝令人向内库取几段帛布，守库的人不给，说："这并非皇帝的财物。"又向李嵩求酒，李嵩也利用别的理由推辞不送。又想要见李彦韬，李彦韬也推辞不肯去。皇帝惆怅很长时间。

冯玉奉承取媚于张彦泽，请求亲自送呈传国宝，希望契丹再次任用他。

禁国夫人丁氏，是石延煦的母亲，容貌很美。张彦泽教人去带过来，太后犹豫不给；张彦泽臭哭一顿，立刻将她载走。

李筠像

当天晚上，张彦泽杀了桑维翰，把带子加在他脖子上，报告契丹主，说他自缢而死。契丹主说："我无意要杀桑维翰，为什么要这样做！"颁令优厚地抚恤他的家族。

高行周、符彦卿都亲自到契丹主的牙帐投降。契丹主想起以前阳城之战就是被符彦卿打败的，因此就责问他。符彦卿说："臣当时只知道为晋主尽力，今天是死是生都由您决定。"契丹主笑着把他释放了。

己卯日（二十三日），石延煦和石延宝从契丹牙帐归来，契丹主颁赐亲手所写的诏书给皇帝，并且派遣解里对皇帝说："孙子不必担心，一定会让你有个吃饭的所在。"皇帝听了，心里才稍微安慰，上表感谢龙恩。

契丹发现皇帝所献的传国宝，雕刻不精，所刻的文字，也与以前的历史不合，因此怀疑它不是真品，因而下诏书责问皇帝，要他献出真正的传国宝。皇帝奏称："以前潞王李从珂自焚，旧的传国宝就不知在哪里，一定是跟他一起烧掉了。现在这颗传国宝是先帝所造，群臣全都知道，臣现在怎么还敢藏宝！"于是就不再追问。

皇帝听说契丹主将要渡黄河，想跟太后在途中奉迎；张彦泽先把这个意思奏报契丹主，契丹主没有允许。有关单位又想叫皇帝口衔璧玉，手牵羔羊，大臣们抬着棺木，在郊外迎接，事先准备好了典礼的程序单向契丹主请求指示，契丹主说："我是派遣奇兵，直接攻下大梁，不是接受投降的。"也不准。又下诏，命晋廷文武百官，一切依照旧制；朝廷的制度，同时采用中国的仪式，就派遣军队直接赶赴河阳，拘捕景延广。景延广匆忙之间，无处躲藏，只好亲自到封丘去见契丹主，契丹主责问他说："导致两国君主断绝友好关系，都是你干出来的。所谓'十万横磨剑'，而今何在！"召唤乔荣，教他跟景延广互相对质，当年所说的事一共十条。景延广起先不愿承认，乔荣拿出当年记录言语的那张纸条子给他看，这才承认。他每承认一件事，就给他一枝筹码。得到第八枝筹码的时候，景延广就把脸伏在地上，自承死罪，于是契丹主命人用铁器将他囚禁起来。

后汉纪一　高祖睿文圣武昭肃孝皇帝上
天福十二年（丁未、947年）

春，正月，丁亥朔，百官遥辞晋主于城北，乃易素服纱帽，迎契丹主，伏路侧请罪。契丹主貂帽、貂裘，衷甲，驻马高阜，命起，改服，抚慰之。

晋主与太后已下迎于封丘门外，契丹主辞不见。

契丹主入门，民皆惊呼而走。契丹主登城楼，遣通事谕之曰："我亦人也，汝曹勿惧！会当使汝曹苏息。我无心南来，汉兵引我至此耳。"至明德门，下马拜而后入宫。以其枢密副使刘密权开封尹事。日暮，契丹主复出，屯于赤冈。

戊子，执郑州防御使杨承勋至大梁，责以杀父叛契丹，命左右脔食之。

高勋诉张彦泽杀其家人于契丹主，契丹主亦怒彦泽剽掠京城，并傅住儿锁之。以彦泽之罪宣示百官，问："应死否？"皆言"应死。"百姓亦投牒争疏彦泽罪。己丑，斩彦泽、住儿于北市，仍命高勋监刑。彦泽前所杀士大夫子孙，皆经杖号哭，随后诟詈，以杖扑之。勋命断腕出锁，剖其心以祭死者。市人争破其脑取髓，脔其肉而食之。

契丹送景延广归其国，庚寅，宿陈桥，夜，伺守者稍怠，扼吭而死。

癸巳，契丹迁晋主及其家人于封禅寺，遣大同节度使兼侍中河内崔廷勋以兵守之。契丹主数遣使存问，晋主每闻使至，举家忧恐。时雨雪连旬，外无供亿，上下冻馁。太后使人谓寺僧曰："吾尝于此饭僧数万，今日独无一人相念邪！"僧辞以"虏意难测，不敢献食"。晋主阴祈守者，乃稍得食。

是日，契丹主自赤冈引兵入宫，都城诸门及宫禁门，皆以契丹守卫，昼夜不释兵仗。磔犬于门以竿悬羊皮于庭为厌胜。契丹主谓群臣曰："自今不修甲兵，不市战马，轻赋省役，天下太平矣。"废东京，降开封府为汴州，尹为防御使。乙未，契丹主改服中国衣冠，百官起居皆如旧制。

赵延寿、张砺共荐李崧之才；会威胜节度使冯道自邓州入朝，契丹主素闻二人名，皆礼重之。未几，以崧为太子，太师，充枢密使；道守太傅，于枢密院祗候，以备顾问。

契丹主分遣使者，以诏书赐晋之藩镇；晋之藩镇争上表称臣，被召者无不奔驰而至。惟彰义节度使史匡威据泾州不受命。匡威，建瑭之子也。雄武节度使何重建斩契丹使者，以秦、阶、成三州降蜀。

初，杜重威既以晋军降契丹，契丹主悉收其铠仗数百万贮恒州，驱马数万归其国，遣重威将其众从己而南。及河，契丹主以晋兵之众，恐其为变，欲悉以胡骑拥而纳之河流。或谏曰："晋兵在他所者尚多，彼闻降者尽死，必皆拒命为患。不若且抚之，徐思其策。"契丹主乃使重威以其众屯陈桥。会久雪，官无所给，士卒冻馁，咸怨重威，相聚而泣；重威每出，道旁人皆骂之。

契丹主犹欲诛晋兵。赵延寿言于契丹主曰："皇帝亲冒矢石以取晋国，欲自有之乎，将为他人取之乎？"契丹主变色曰："朕举国南征，五年不解甲，仅能得之，岂为他人乎！"延寿曰："晋国南有唐，西有蜀，常为仇敌，皇帝亦知之乎？"曰："知之。"延寿曰："晋国东自沂、密，西及秦、凤，延袤数千里，边于吴、蜀，常以兵戍之。南方暑湿，上国之人不能居也。他日车驾北归，以晋国如此之大，无兵守之，吴、蜀必相与乘虚入寇，如此，岂非为他人取之乎？"契丹主曰："我不知也。然则奈何？"延寿曰："陈桥降卒，可分以戍南边，则吴、蜀不能为患矣。"契丹主曰："吾昔在上党，失于断割，悉以唐兵授晋。既而返为寇仇，北向与吾战，辛勤累年，仅能胜之。今幸入吾手，不因此时悉除之，岂可复留以为后患乎？"延寿曰："向留晋兵于河南，不质其妻子，故有此忧。今若悉徙其家于恒、定、云、朔之间，每岁分番使戍南边，何忧其为变哉！此上策也。"契丹主悦曰："善！惟大王所以处之。"由是陈桥兵始得免，分遣还营。

癸卯，晋主与李太后、安太妃、冯后及弟睿、子延煦、延宝俱北迁，后宫左右从者百余人。契丹遣三百骑援送之；又遣晋中书令赵莹、枢密使冯玉、马军都指挥使李彦韬与之俱。

晋主在途，供馈不继，或时与太后俱绝食，旧臣无敢进谒者。独磁州刺史李谷迎谒于路，相对泣下。谷曰："臣无状，负陛下。"因倾赀以献。

晋主至中度桥，见杜重威寨，叹曰："天乎！我家何负，为此贼所破！"恸哭而去。

契丹主广受四方贡献，大纵酒作乐，每谓晋臣曰："中国事，我皆知之，吾国事，汝曹不知也。"

赵延寿请给上国兵廪食，契丹主曰："吾国无此法。"乃纵胡骑四出，以牧马为名，分番剽掠，谓之"打草谷"。丁壮毙于锋刃，老弱委于沟壑，自东、西两畿及郑、滑、曹、濮，数百里间，财畜殆尽。

契丹主谓判三司刘昫曰："契丹兵三十万，既平晋国，应有优赐，速宜营办。"时府库空竭，昫不知所出，请括借都城士民钱帛，自将相以下皆不免。又分遣使者数十人诣诸州括借，皆迫以严诛，人不聊生。其实无所颁给，皆蓄之内库，欲辇归其国。于是内外怨愤，始患苦契丹，皆思逐之矣。

初，晋主与河东节度使、中书令、北平王刘知远相猜忌，虽以为北面行营都统，徒尊以虚名，而诸军进止，实不得预闻。知远困之广募士卒；阳城之战，诸军散卒归之者数千人，又得吐谷浑财畜，由是河东富强冠诸镇，步骑至五万人。

晋主与契丹结怨，知远知其必危，而未尝论谏。契丹屡深入，知远初无邀遮、入援之志。及闻契丹入汴，知远分兵守四境以防侵轶。遣客将安阳王峻奉三表诣契丹主：一，驾入汴；二，以太原夷、夏杂居，戍兵所聚，未敢离镇；三，以应有贡物，值契丹将刘九一军自土门西入屯于南川，城中忧惧，俟召还此军，道路始通，可以入贡。契丹主赐诏褒美，及进画，亲加"儿"字于知远姓名之上，仍赐以木拐。胡法，优礼大臣则赐之，如汉赐几杖之比，惟伟王以叔父之尊得之。

知远又遣北都副留守太原白文珂入献奇缯名马，契丹主知知远观望不至，及文珂还，使谓知远曰："汝不事南朝，又不事北朝，意欲何所俟邪？"蕃汉孔目官郭威言于知远曰："虏恨我深矣！王峻言契丹贪残失人心，必不能久有中国。"

或劝知远举兵进取。知远曰："用兵有缓有急，当随时制宜。今契丹新降晋兵十万，虎据京邑，未有他变，岂可轻动哉！且观其所利止于货财，货财既足，必将北去。况冰雪已消，势难久留，宜待其去，然后取之，可以万全。"

昭义节度使张从恩，以地迫怀、洛，欲入朝于契丹，遣使谋于知远，知远曰："我以一隅之地，安敢抗天下之大！君宜先行，我当继往。"从恩以为然。判官高防谏曰："公晋室懿亲，不可轻变臣节。"从恩不从。左骁卫大将军王守恩，与从恩姻家，时在上党，从恩以副使赵行迁知留后，牒守恩权巡检使，与高防佐之。守恩，建立之子也。

唐主立齐王景遂为皇太弟。徙燕王景达为齐王，领诸道兵马元帅；徙南昌王弘冀为燕王，为之副。

景遂尝与宫僚燕集，赞善大夫元城张易有所规谏，景遂方与客传玩玉杯，弗之顾。易怒曰："殿下重宝而轻士。"取玉杯抵地碎之，众皆失色；景遂敛容谢之，待易益厚。

景达性刚直，唐主与宗室近臣饮，冯延巳、延鲁、魏岑、陈觉辈，极倾谄之态，或乘酒喧笑；景达屡诃责之，复极言谏唐主，以不宜亲近佞臣。延巳以二弟立非己意，欲以虚言德之；尝宴东宫，阳醉，抚景达背曰："尔不可忘我！"景达大怒，拂衣入禁中白唐主，请斩之；唐主谕解，乃止。张易谓景达曰："群小交构，祸福所系。殿下力未能去，数面折之，使彼惧而为备，何所不至！"自是每游宴，景达多辞疾不预。

唐主遣使贺契丹灭晋，且请诣长安修复诸陵；契丹不许，而遣使报之。

晋密州刺史皇甫晖，棣州刺史王建，皆避契丹，帅众奔唐；淮北贼帅多请命于唐。唐虞部员外郎韩熙载上疏，以为："陛下恢复祖业，今也其时。若虏主北归，中原有主，则未易图也。"时方连兵福州，未暇北顾；唐人皆以为恨，唐主亦悔之。

契丹主召晋百官悉集于庭，问曰："今中国之俗异于吾国，吾欲择一人君之，如何？"皆曰："天无二日。夷、夏之心，皆愿推戴皇帝。"二月，丁巳朔，契丹主服通天冠、绛纱袍，登正殿，设乐悬、仪卫于庭。百官朝贺，华人皆法服，胡人仍胡服，立于文武班中间。下制称大辽会同十年，大赦。

赵延寿以契丹主负约，心怏怏，令李崧言于契丹主曰："汉天子所不敢望，乞为皇太子。"崧不得已为言之。契丹主曰："我于燕王，虽割吾肉，有用于燕王，吾无所爱。然吾闻皇太子当以天子儿为之，岂燕王所可为也！"因令为燕王迁官。时契丹以恒州为中京，翰林承旨张砺奏拟燕王中京留守、大丞相、录尚书事、都督中外诸军事，枢密使如故。契丹主取笔涂去"录尚书事都督中外诸军事"而行之。

于是将佐劝知远称尊号，以号令四方，观诸侯去就。知远不许。闻晋主北迁，声言欲出兵井陉，迎归晋阳。丁卯，命武节都指挥使荥泽史弘肇集诸军于毬场，告以出军之期。军士皆曰："今契丹陷京城，执天子，天下无主。主天下者，非我王而谁！宜先正位号，然后出师。"争呼万岁不已。知远曰："虏势尚强，吾军威未振，当且建功业。士卒何知！"命左右遏止之。

郭威与都押牙冠氏杨邠入说知远曰："今远近之心，不谋而同，此天意也。王不乘此际取之，谦让不居，恐人心且移，移则反受其咎矣。"知远从之。

契丹以其将刘愿为保义节度副使，陕人苦其暴虐。奉国都头王晏与指挥使赵晖、都头侯章谋曰："今胡虏乱华，乃吾属奋发之秋。河东刘公，威德远著，吾辈若杀愿，举陕城归之，为天下唱，取富贵如返掌耳。"晖等然之。晏与壮士数人，夜逾牙城入府，出库兵以给众；庚午旦，斩愿首，悬诸府门，又杀契丹监军，奉晖为留后。

辛未，刘知远即皇帝位。自言未忍改晋，又恶开运之名，乃更称天福十二年。

壬申，诏："诸道为契丹括率钱帛者，皆罢之。其晋臣被迫胁为使者勿问，令诣行在。自余契丹，所在诛之。"

何重建遣宫苑使崔延琛将兵攻凤州，不克，退保固镇。

甲戌，帝自将东迎晋主及太后。至寿阳，闻已过恒州数日，乃留兵戍承天军而还。

晋主既出塞，契丹无复供给，从官、宫女，皆自采木实、草叶而食之。

至锦州，契丹令晋主及后妃拜契丹主阿保机墓。晋主不胜屈辱，泣曰："薛超误我！"冯后阴令左右求毒药，欲与晋主俱自杀，不果。

契丹主闻帝即位，以通事耿崇美为昭义节度使，高唐英为彰德节度使，崔廷勋为河阳节度使，以控扼要害。

初，晋置乡兵，号天威军。教习岁余，村民不闲军旅，竟不可用；悉罢之，但令七户输钱十千，其铠仗悉输官。而无赖子弟，不复肯复农业，山林之盗，自是而繁。及契丹入汴，纵胡骑打草谷；又多以其子弟及亲信左右为节度使、刺史，不通政事，华人之狡狯者多往依其麾下，教之妄作威福，掊敛货财，民不堪命。于是所在相聚为盗，多者数万人，少者不减千百，攻陷州县，杀掠吏民。澶阳贼帅梁晖，有众数百，送款晋阳求效用，帝许之。磁州刺史李谷密通表于帝，令晖袭相州；晖侦知高唐英未至，相州积兵器，无守备，丁丑夜，遣壮士逾城入，启关纳其众，杀契丹数百，其守将突围走。晖据州自称留后，表言其状。

王晏像

戊寅，帝还至晋阳，议率民财以赏将士，夫人李氏谏曰："陛下因河东创大业，未有以惠泽其民而先夺其生生之资，殆非新天子所以救民之意也。今宫中所有，请悉出之以劳军，虽复不厚，人无怨言。"帝曰："善！"即罢率民，倾内府蓄积以赐将士，中外闻之，大悦。李氏，晋阳人也。

建雄留后刘在明朝于契丹，以节度副使骆从朗知州事。帝遣使者张晏洪等如晋州，谕以己即帝位，从朗皆囚之。大将药可俦杀从朗，推晏洪权留后，庚辰，遣使以闻。

契丹主赐赵晖诏，即以为保义留后。晖斩契丹使者，焚其诏，遣支使河间赵矩奉表诣晋阳。

高防与王守恩谋,遣指挥使李万超白昼帅众大噪入府,斩赵行迁,推守恩权知昭义留后。守恩杀契丹使者,举镇来降。

镇宁节度使邪律郎五,性残虐,澶州人苦之。贼帅王琼帅其徒千余人,夜袭据南城,北度浮航,纵兵大掠,围郎五于牙城。契丹主闻之,甚惧,始遣天平节度使李守贞、天雄节度使杜重威还镇,由是无久留河南之意。

唐王淑妃与郇公从益居洛阳;赵延寿娶明宗女为夫人,淑妃诣大梁会礼。契丹主见而拜之曰:"吾嫂也。"统军刘遂凝因淑妃求节钺,契丹主以从益为许王、威信节度使,遂凝为安远节度使。淑妃以从益幼,辞不赴镇,复归于洛。

东方群盗大起,陷宋、亳、密三州。契丹主谓左右曰:"我不知中国之人难制如此!"亟遣泰宁节度使安审琦、武宁节度使符彦卿等归镇,仍以契丹兵送之。

彦卿至埇桥,贼帅李仁恕帅众数万急攻徐州。彦卿与数十骑至城下,扬鞭欲招谕之,仁恕控彦卿马,请从相公入城。彦卿子昭序,自城中遣军校陈守习缒而出,呼于贼中曰:"相公已陷虎口,听相公助贼攻城,城不可得也。"贼知不可劫,乃相率罗拜于彦卿马前,乞赦其罪。彦卿与之誓,乃解去。

三月,丙戌朔,契丹主服赭袍,坐崇元殿,百官行入阁礼。

契丹主复召晋百官,谕之曰:"天时向热,吾难久留,欲暂至上国省太后。"

复以汴州为宣武军,以萧翰为节度使。翰,述律太后之兄子,其妹复为契丹主后。翰始以萧为姓,自是契丹后族皆称萧氏。

吴越复发水军,遣其将余安将之,自海道救福州。己亥,至白虾浦。海岸泥淖,须布竹箦乃可行,唐之诸军在城南者,聚而射之,箦不得施。冯延鲁曰:"城所以不降者,恃此救也。今相持不战,徒老我师,不若纵其登岸尽杀之,则城不攻自绛矣。"裨将孟坚曰:"浙兵至此,不能进退,求一战而死不可得。若纵其登岸,彼必致死于我,其锋不可当,安能尽杀乎!"延鲁不听,曰:"吾自击之。"吴越兵既登岸,大呼奋击,延鲁不能御,弃众而走,孟坚战死。吴越兵乘胜而进,城中兵亦出,夹击唐兵,大破之。唐城南诸军皆遁,吴越兵追之;王崇文以牙兵三百拒之,诸军陈于崇文之后,追者乃还。

或言浙兵欲弃福州，拔李达之众归钱唐，东南守将刘洪进等白王建封，请纵其尽出而取其城。留从效不欲福州之平，建封亦忿陈觉等专横，乃曰："吾军败矣，安能与人争城！"是夕，烧营而遁，城北诸军亦相顾而溃；冯延鲁引佩刀自刺，亲吏救之，不死。唐兵死者二万余人，委弃军资器械数十万，府库为之耗竭。

壬寅，契丹主发大梁，晋文武诸司从者数千人，诸军吏卒又数千人，宫女、宦官数百人，尽载府库之实以行，所留乐器仪仗而已。夕，宿赤冈，契丹主见村落皆空，命有司发榜数百通，所在招抚百姓，然竟不禁胡骑剽掠。丙午，契丹自白马度河，谓宣徽使高勋曰："吾在上国，以射猎为乐，至此令人悒悒。今得归，死无恨矣。"

辛亥，契丹主将攻相州，食时克之，悉杀城中男子，驱其妇女而北，胡人掷婴孩于空中，举刃接之以为乐。留高唐英守相州。唐英阅城中，遗民男女得七百余人。其后节度使王继弘敛城中髑髅瘗之，凡得十余万。

或告磁州刺史李谷谋举州应汉，契丹主执而诘之，谷不服，契丹主引手于车中，若取所获文书者。谷知其诈，因请曰："必有其验，乞显示之。"凡六诘，谷辞气不屈，乃释之。

振武节度使、府州团练使折从远入朝，更名从阮，置永安军于府州，以从阮为节度使。又以河东左都押牙刘铢为河阳节度使。铢，陕人也。

契丹昭义节度使耿崇美屯泽州，将攻潞州；乙丑，诏史弘肇将步骑万人救之。

丙寅，以王守恩为昭义节度使，高允权为彰武节度使，又以岢岚军使郑谦为忻州刺史、领彰国节度使兼忻、代二州义军都部署。丁卯，以缘河巡检使阎万进为岚州刺史，领振武节度使兼岚、宪二州义军都制置使。帝闻契丹北归，欲经略河南，故以弘肇为前驱，又遣阎万进出北方以分契丹兵势。万进，并州人也。

契丹主以船数十艘载晋铠杖，将自汴溯河归其国，命宁国都虞候榆次武行德将士卒千余人部送之。至河阴，行德与将士谋曰："今为虏所制，将远去乡里。人生会有死，安能为异域之鬼乎！虏势不能久留中国，不若共逐其党，坚守河阳，以俟天命之所归者而臣之，岂非长策乎！"众以为然。行德即以铠仗授之，相与杀契丹监军使。会契丹河阳节度使崔廷勋以兵送耿崇美之潞州，行德遂乘虚入据河阳，众推行德为河阳都部署。行德遣弟行友奉蜡表间道诣晋阳。

庚午，史弘肇奏遣先锋将马海击契丹，斩首千余级。时耿崇美、崔廷勋至泽州，闻弘肇兵已入潞州，不敢进，引兵而南；弘肇遣海追击，破之，崇美、廷勋与奚王拽剌退保怀州。

辛未，以武行德为河阳节度使。

契丹主闻河阳乱，叹曰："我有三失，宜天下之叛我也！诸道括钱，一失也；令上国人打草谷，二失也；不早遣诸节度使还镇，三失也。"

唐主以矫诏败军，皆陈觉、冯延鲁之罪，壬申，诏赦诸将，议斩二人以谢中外。御史中丞江文蔚对仗弹冯延巳、魏岑曰："陛下践阼以来，所信任者，延巳、延鲁、岑、觉四人而已，皆阴狡弄权，雍蔽聪明，排斥忠良，引用群小，谏争者逐，窃议者刑，上下相蒙，道路以目。今觉、延鲁虽伏辜，而延巳、岑犹在，本根未殄，枝干复生。同罪异诛，人心疑惑。"又曰："上之视听，惟在数人，虽日接群臣，终成孤立。"又曰："在外者握兵，居中者当国。"又曰："岑、觉、延鲁，更相违戾。彼前则我却，彼东则我西。天生五材，国之利器，一旦为小人忿争妄动之具。"又曰："征讨之柄，在岑折简，帑藏取与，系岑一言。"唐主以文蔚所言为太过，怒，贬江州司士参军。

契丹主至临城，得疾；及栾城，病甚，苦热，聚冰于胸腹手足，且啖之。丙子，至杀胡林而卒。国人剖其腹，实盐数斗，载之北去，晋人谓之"帝羓"。

赵延寿恨契丹主负约，谓人曰："我不复入龙沙矣。"即日，先引兵入恒州，契丹永康王兀欲及南北二王，各以所部兵相继而入。延寿欲拒之，恐失大援，乃纳之。

时契丹诸将已密议奉兀欲为主，兀欲登鼓角楼受叔兄拜；而延寿不之知，自称受契丹皇帝遗诏，权知南朝军国事，仍下教布告诸道，所以供给兀欲与诸将同，兀欲衔之。恒州诸门管钥及仓库出纳，兀欲皆自主之。延寿使人请之，不与。

或说赵延寿曰："契丹诸大人数日聚谋，此必有变。今汉兵不下万人，不若先事图之。"延寿犹豫不决。壬午，延寿下令，以来月朔日于待贤馆上事，受文武官贺。其仪：宰相、枢密使拜于阶上，节度使以下拜于阶下。李崧以虏意不同，事理难测，固请赵延寿未行此礼，乃止。

【译文】

天福十二年（丁未、947年）

春，正月，丁亥朔日（初一），百官在大梁城北远远地告辞晋主，然后换穿素服，戴纱帽，迎接契丹主，匍匐在路边请求降罪。契丹主戴貂皮帽，穿貂皮衣，铁甲在衣中，停马在高丘上，命令百官平身，换衣服，加以安慰一番。

晋主和太后已经到封丘门外迎接契丹主，契丹主推托不见。

契丹主进了城门，百姓都惊叫奔走，契丹主登上城楼，派遣通事劝导他们说："我同样也是人，你们不要害怕！我将会让你们在困顿中恢复生机。我无心南来，只不过是汉兵引导我到这里罢了。"到了明德门，下马，拜了一下，然后入宫。任命他的枢密副使刘密代理开封尹的职务。傍晚，契丹主又出城去，屯驻于赤冈。

戊子日（初二），逮捕郑州防卫使杨承勋送到大梁，责问他弑杀父亲、背叛契丹的罪恶，下令左右的人把他切成肉块吃掉。

高勋向契丹主控告张彦泽杀害他的家人，契丹主也愤恨张彦泽放纵士兵抢劫京城，于是把张彦泽连同傅住儿一起，用铁器锢锁起来。把张彦泽罪恶向百官宣告，并问道："应该处死吗？"大家异口同声地答说："应该处死。"百姓也纷纷投递文书，清算张彦泽的罪行。己丑日（初三），斩张彦泽、傅住儿于大梁的北刑场，并派高勋监斩。以前被张彦泽所杀害的士大夫的子孙们都披着孝服，拿着苴杖，号啕大哭地跟在后面，一面大骂，一面用杖打击张彦泽。高勋下令砍断他的手腕，脱出铁锁，剖开他的胸腔，挖出心脏来祭祀那些被他杀害的人。大家抢着敲破他的脑袋，挖取脑髓，且把肢体切成肉块，将他吃下去。

契丹解送景延广回他们的国内去，庚寅日（初四），住宿在陈桥。当天晚上，趁着守兵稍微疏忽的时候，扼压自己的咽喉而死。

癸巳日（初七），契丹把晋主和他的家人迁到封禅寺，派遣大同节度使兼侍中河内人崔廷勋带兵看守他们。契丹主几次派遣使者去慰问，晋主每当听到使者到来，全家担惊受怕。当时连下几十天的大雪，契丹没有仔细盘算他们生活所需的数量，以致供给难以维继，一家大小挨饿受冻。太后派人对寺里的和尚说："我曾在这里做饭给几万名的和尚吃，现在难道没有一个人念起吗？"和尚借口说："胡虏的心意难以猜测，所以不敢进献食物。"晋主暗地里请求看守的人帮助，才稍微获取一点食物。

这一天，契丹主从赤冈领兵进入禁宫，都城各门和禁宫门都由契丹守候，日夜都手持兵器不放。把军犬打死于宫门，用竹竿悬挂羊皮竖在庭院中，以示厌恶战场上的争强斗胜。契丹主对群臣说："从今以后，不治甲兵，不买战马，减轻赋税，减少徭役，天下就太平了。"废弃东京的设置，将开封府降等为汴州，开封府尹降为汴州防御使。乙未日（初九），契丹主改穿中国的衣冠，百官起居，一切遵循旧的规矩。

赵延寿和张砺共同举荐李崧的才能；这时正好威胜节度使冯道从邓州入朝，契丹主听说过二人的名字，都加以敬重。不久，任命李崧做太子太师，充当枢密使；冯道兼任太傅，在枢密院侍侯，以备顾问。

契丹主分别委派使者，颁赐诏书给晋廷的藩镇；晋廷的藩镇纷纷上表称臣，被召请的人，无不快马飞奔去报到。唯独彰义节度使史匡威据守泾州，不肯接受命令。史匡威，是史建瑭的儿子。雄武节度使何重建斩杀契丹所派来的使者，以秦、阶、成三州向蜀投降。

当初，杜重威率领晋军投降契丹以后，契丹主将他们的铠甲、兵器数百万件全部没收，贮存在恒州，把好几万匹战马驱回他们的国内，命令杜重威率他的部众，跟随自己南下。走到黄河，契丹主虑及晋兵太多，唯恐他们叛变，想要叫契丹的骑兵将他们全部推挤到黄河的水里去。有人进谏说："晋兵驻守在其他各地的还非常多，他们听说投降的人都被害死，一定都会起来抵抗。不如暂时安抚他们，慢慢地作打算。"契丹主于是命令杜重威带领他的部众驻在陈桥。这时正好下雪下了很久，官方没有供给任何所需的物品，士卒们受冻挨饿，都责怪杜重威，大伙儿聚在一起，相对哭泣；杜重威每次出去，路边的人都把他痛骂一通。

契丹主还是想要屠灭晋兵。赵延寿对契丹主说："皇帝亲自冒着矢石，以便夺取晋国，是想自己拥有它呢？还是替别人夺取呢？"契丹主马上变了脸色，说："朕动员全国，向南征讨，连续5年没有休兵，好不容易才得到它，难道还为了别人吗？"赵延寿说："晋国的南面，还有唐国，西面还有蜀国，常常是我们的仇敌，皇帝是否知道呢？"契丹主说："知道。"赵延寿说："晋国东从沂州、密州算起，西到秦州、凤州，宽阔好几千里，边境与吴、蜀相接，常常派兵在那里戍守。南方炎热，湿气又重，上国契丹的人民是不能居住的。以后皇帝回到北方去，凭借晋国这样广大的土地，没有军队防守它，吴、蜀两国，一定相率乘虚入侵，这样的话，难道不是替别人去卖命吗？"契丹主说："这一点，我倒没考虑到。这么说来，我应该怎么办？"赵延寿说："陈桥的降兵，可以分开来守候南方的边境，那么吴、蜀就不能危及我们了。"契丹主说："我从前在上党，决策错误，把唐兵全部交给晋国，后来反而变为寇仇，矛头指向北方跟我作战，艰辛劳苦好几年，勉强打了胜仗。现在侥幸落在我的手中，不趁这个时候全部把他们灭掉，难道还要留下他们给自己制造后患吗？"赵延寿说："从前把晋兵留在河南，没有把他们的妻子和子女当作人质，所以有这种忧虑。现在如果把他们的家全部迁到恒州、定州、云州、朔州，每年派他们分批轮流地戍守南方的边境，何必担心他们叛变呢？这是最好的计策。"契丹主非常高兴，说："好！就按照你所说的办法处理。"因此陈桥的降兵才得免于一死，分别派遣他们回营。

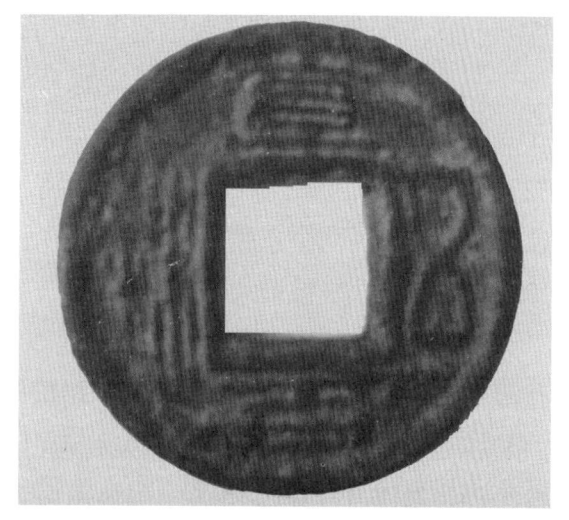

蜀国钱币

癸卯日（十七日），晋主跟李太后、安太妃、冯后以及他的弟弟石睿，他的儿子石延煦、石延宝一起向北迁徙，后宫家眷及左右近侍跟随迁徙的共有100多人。契丹派遣300名骑兵保护遣送他们，同时提防他们。又派遣晋中书令赵莹、枢密使冯玉、马军都指挥使李彦韬与他们同行。

晋主在旅途上，日用物品供应不上，有时太后们都没有食物可吃，以前的旧臣无人敢去觐见他。唯独磁州刺史李谷在路上迎接进见，君臣相对，悲伤地哭了起来，李谷说："我没有尽到责任，辜负陛下。"于是把所有的家财都献给晋主。

晋主路经中度桥，看到杜重威所遗留下来的寨垒，长叹不已，说："天啊！我家那一点对不起人家，居然被这个叛贼所毁！"说着，悲伤地痛哭一阵才离开。

契丹主毫不客气地接受四方的进贡，肆意酗酒作乐，经常对晋臣说：

"中国的事情，我都了解；我国的事情，你们就不懂了。"

赵延寿建议供应契丹军队所需的军饷，契丹主说："我国没有这种制度。"于是放纵胡人的骑兵，向四方出动，以牧马为名，分批轮流去抢掠民家，称为"打草谷"。民间年轻力壮的人，死于他们的刀下，年老体弱的人弃尸于田野与山谷，从东、西两个京畿，到郑州、滑州、曹州、濮州好几百里之间，百姓的家财和牲畜，几乎被搜刮得干干净净。

契丹主对判三司刘昫说："契丹兵30万人，既然已经平定晋国，应该有优厚的赏赐，立即想办法筹备。"当时国库空虚，刘昫不晓得怎么办，只好用"借贷"的名义，向京师的士大夫和老百姓征收钱帛，宰相、将帅都不例外。又分别派遣使者，共数10人，到各州去征敛借贷，都用严厉的刑罚加以催逼，使得百姓们无以维持生活。而实际上，契丹并没有拿来发给士兵，都储存在内库里，准备输送回国。于是从中央到地方，无不怨恨、愤怒，这才觉得契丹所带给他们的，只是无尽的祸害，因此都想赶走他们。

当初，晋主和河东节度使、中书令北平王刘知远互相猜忌，虽然任命他为北面行营都统，其实只是用虚名来抬高他，对于各军的调度指挥，并没有实际参与。刘知远因此大规模地招募士卒；阳城那次战役，各军散失的士卒投靠于他的有好几千人，又获得吐谷浑的财物和牲畜，因此河东的富强超过其他的藩镇，步兵和骑兵达到5万人。

晋主跟契丹结下仇恨，刘知远明知这对晋国一定会造成危机，却不曾加以论辨或劝谏。契丹屡次深入境内，刘知远根本没有拦截袭击或派兵入援的意思。等到契丹进入了汴州，刘知远分派军队防守四面边境，以预防契丹的越界侵略。同时派遣客将安阳人王峻奉持三封奏表，前往进见契丹主；第一封表，祝贺进入汴州；第二封表，阐明太原是蛮夷和汉族混杂居住的地方，戍守的军队结集在那里，所以未敢离开自己所镇守的藩镇；第三封表，说明：本来是应该进贡物品的，恰好这时契丹将领刘九一的军队从土门向西进发，驻扎在南川，太原城中的民众忧愁恐惧，必须等到这批军队调回去，道路通畅无阻，才能够进贡。契丹主命草拟诏书加以褒扬，等到诏草拟好，送呈契丹主画押签名的时候，亲自在刘知远的姓名之上加添一个"儿"字，又赐给他手杖。依照胡人的规矩，对大臣表示优厚的礼遇，才赐给手杖，就好像汉人颁赐茶几之类是一样的。这样的恩宠礼愚，唯有伟王以叔父的尊贵地位，曾经得到过。

刘知远又派遣北都副留守太原人白文珂入朝廷进贡珍奇的绢帛和名贵的骏马，契丹主知道刘知远采取观望态度，不肯亲自入朝，所以当白文珂就要回去的时候，教他对刘知远说："你不服侍南朝，又不服侍北朝，意思是等待什么呢？"蕃汉孔目官郭威对刘知远说："胡虏怨恨我们恨得深了。王峻说契丹贪婪残忍，失去民心，一定不能长期地占有中国。"

有人劝刘知远起兵夺取中原。刘知远说："用兵的道理，有时要宽缓，耐心等待；有时要紧急，把握先机，应当衡量当时的情况而采取合适的对策。现在契丹刚刚降服了晋国的10万大军，以强大的势力夺取京师，还没有其他的变化，怎么能够轻举妄动呢？而且观察他所贪图的，只在财物上；财物搜刮够了以后，肯定会回北方去的。何况冰雪已经溶化，形势难以久留，应该等到他回去以后，再出兵去夺取，这样才能万无一失。"

昭义节度使张从恩，因此他的辖区靠近怀州和洛州，因为想入朝归顺于契丹，乃派遣使者去与刘知远商量，刘知远说："我凭一个小角落的地方，怎么敢抵抗偌大的天下！你可先走一步，我随后即将前往。"判官高防进谏，说："公是晋室最亲的亲戚，不可轻易地改变为人臣子的操行。"张从恩不听。左骁卫大将军王守恩跟张从恩是有婚姻关系的亲属，当时在上党。张从恩命节度副使赵行迁为留后，负责军府的事务；发公文给王守恩，下令他代理巡检使，和高防共同辅佐赵行迁。交代完毕以后，就启程前往大梁。王守恩，是王建立的儿子。

唐主立齐王李景遂为皇太弟。改封燕王李景达为齐王，担任诸道兵马元帅；改封南昌王李弘冀为燕王，做副元帅。

李景遂曾经跟宫中的僚属聚会饮宴，赞善大夫元城人张易有所规劝，李景遂正在跟客人鉴赏一只玉杯，彼此传来传去，未理睬张易。张易非常生气地说："殿下重视宝物而轻视贤士。"将玉杯拿过来，摔在地上，碎了！众人大惊失色；李景遂马上变换表情，神情肃穆地向他赔罪，对待他更加的优厚。

李景达个性刚强正直，唐主与宗室近臣饮宴，冯延己、冯延鲁、魏岑、陈觉一帮人，极尽逢迎谄媚之能事，有的借着酒兴喧哗；李景达屡次斥责他们，又用极重的话劝谏唐主，劝他不要亲近谄佞的臣子。冯延己自认为李景达被立为皇太弟并非自己的意思，想在口头上向他施点恩惠，要他向自己表示感恩；有一次在东宫饮宴，冯延己装作喝醉，用手抚摸李景达的肩背，说："你不可忘记我！"李景达非常生气，将衣袖一甩，进入宫中报告唐主，请求将他斩首；

唐主加以开导劝慰，才平息了这件风波。张易对李景达说："小人们交相诬陷我们，这是祸的根源。殿下想尽了办法，不能除掉他们，多次当面加以斥责，使得他们感到恐惧而妥为防备，还有什么事做不出来的呢？"从此，每次游赏饮宴，李景达大多数称病不参加。

唐主派遣使者祝贺契丹灭亡晋国，并且请求到长安修整各个陵墓，契丹不答应；但仍然派遣使者回去记录。

晋密州刺史皇甫晖、棣州刺史王建，都逃避契丹，率领部众投奔唐国；淮水以北的盗贼头目也都向唐国请求颁布授予官职。唐虞部员外郎、史馆修撰韩熙载上疏论奏，认为："陛下要光复祖先的基业，现在正是时候。如果胡虏的首领回北方去，中原有了君主，就没那么容易图谋了。"当时正在对福州用兵，没有余力向北发展；唐人都感到非常遗憾，唐主也很后悔。

契丹主在朝廷上召集晋国的百官，问说："现在中国的习俗跟我国不相同，我想选择一个人来做君主，你们认为怎么样？"大家异口同声地说："天上没有两个太阳，不论是胡人或是汉人，都希望推举皇帝、拥戴皇帝。"二月，丁巳朔日（初一），契丹主戴通天冠，穿赤红纱袍，登上正殿，在朝廷中设置全套乐器、仪仗和卫兵。百官上朝祝贺，汉籍官员都穿法定的礼服。胡籍官员仍旧穿胡人的衣服，站在文武两班官员的之中。下诏书称大辽会同十年，举行大赦。

赵延寿由于契丹主不遵守盟约，没让他做皇帝，心里怏怏不乐，教李崧对契丹主说："汉家天子，我未敢奢望；只求做皇太子。"李崧不得已，替他转达。契丹主说："我对于燕王，凡事只要对燕王有益，就是割我的肉，我也不吝啬。然而我听说皇太子应当由天子的儿子来做，那里是燕王所能担当的呢？"因而命令有司为燕王迁升官职。当时契丹以恒州为中京。翰林承旨张砺拟定这项任命决议，奏呈契丹主做出最后的决定。张砺所拟的方案是：任命燕王赵延寿为中京留守、大丞相、录尚书事、都督中外诸军事，仍旧做枢密使。契丹主看过以后，取笔涂掉"录尚书事、都督中外诸军事"，其余批准施行。

于是将帅僚佐都劝刘知远称尊号，以领导天下，观察各藩镇的意图。刘知远不答应。听说晋主迁往北方，公开声明将出兵赴井陉，奉接晋主回晋阳。丁卯日（十一日），命令武节都指挥使荥泽人史弘肇在球场集合各军，对他们宣告出兵的日期。军士们都说："现在契丹攻陷京城，俘虏天子，天下没有君主。做天下君主的人，除了我王，还有谁呢？应该先继承帝位，称尊号，然后再出兵。"于是不停地争着呼喊万岁。刘知远说："胡虏的势力还很强大，我们自己军威尚未振作，应当暂且先建立功业。士兵们懂得什么！"说完，就命令左右的人去阻拦士兵们的举动。

郭威和都押牙冠氏人杨邠进见刘知远并劝他说："现在无论远近，人们的心愿不谋而合，这是天意。大王不乘着这个时机夺取天下，而谦让不居，恐怕人心将会转变；人心一转变，就反而会遭受到它的灾祸了。"刘知远同意了他们意见。

契丹任命它的将领刘愿为保义节度使，陕州的百姓受不了他的暴戾残忍。奉国都头王晏和指挥使赵晖，都头侯章一同商量，说："现在胡虏扰乱中华，这正是我们振作奋争的时候。河东刘公，声威和恩德，远近闻名。我们如果杀掉刘愿，把陕城交给刘公，向他投靠，做天下的倡导，求取富贵就易如反掌。"赵晖等人赞成他的意见。于是王晏带着好几个壮士，在夜间翻越牙城，进入军府，拿出仓库里的兵器，交给部众；庚午日（十四日）的清晨，斩杀刘愿，把他的人头高高悬挂在军府的大门上，又杀契丹籍的监军，一同推举赵晖为保义留后。

辛未日（十五日），刘知远就皇帝位。他自己说不忍心改变晋国的国号和年号，但又不喜欢"开运"这个名称，于是沿用高祖的年号，改称当年为天福十二年。

壬申日（十六日），下诏，说："被契丹征敛钱帛的地方，全部停止征敛。晋廷的臣子被逼迫做他们的官吏的，不加以追究，教他们前往皇帝的所在地报到，其余的契丹人，就地正法。"

何重建派遣宫苑使崔延琛带兵攻打凤州，攻不下，退兵防守固镇。

甲戌日（十八日），皇帝刘知远亲自率领部众向东进军，迎接晋主及太后。走到寿阳，听说晋主和太后业已经过恒州好几天，于是留下军队戍守承天军，自己回到太原。

晋主出了关外，契丹不再供给任何物品，随从的官员、宫女都靠自己摘采野生的果实和野菜来填肚子。到了锦州，契丹命令晋主及后妃们向契丹主耶律阿保机的坟墓下拜行礼，晋主觉得非常委屈、耻辱，哭泣着说："薛超害了我！"冯后暗中叫左右的人设法找毒药，想跟晋主一起自杀，结果没有毒药，自杀没有成功。

契丹主听说皇帝即位，命通事耿崇美为昭义节度使，高唐英为彰德节度使，崔延勋为河阳节度使，以便控制险要的地方。

当初，晋国设置乡兵，取名为天威军。训练了一年多，乡下的百姓不熟悉军事，最终还是不能用，全部解散，只规定7户人家一同捐十千钱，至于乡兵所自备的铠甲兵器，则全部捐给公家。然而懒惰的人却不愿再回到农村从事耕作，于是出没山林的盗贼，从此就多了起来。待到契丹进入汴州，放纵胡兵"打草谷"，又多任命胡人子弟及左右亲信的人做节度使、刺史，不了解政治事务，汉人里头比较狡猾的都投效在他们的部下，教唆那些胡人作威作福，聚敛财物，弄得百姓无法活命，于是到处相聚为盗贼，人数多的，达到好几万人，少的也不下千百，攻下州城县邑，抢杀官吏百姓。滏阳的盗贼首领梁晖，向晋阳投诚，自愿效命，皇帝应允了他。磁州刺史李谷秘密上表给皇帝，建议皇帝命令梁晖前往袭击相州，梁晖侦察得知高唐英还没有到达，相州只储藏了兵器，没有什么防备措施。丁丑日（二十一日）的晚上，梁晖派遣壮士翻越城墙，进入城里，打开城门，接纳他的部众，杀死好几个契丹兵，契丹的守将突破重围而逃脱。梁晖占据州城，自称留后，上表报告事情的经过。

戊寅日（二十二日），皇帝回到晋阳，议定将要向百姓收敛钱财，以犒赏将士，夫人李氏劝谏他，说："陛下凭借河东，创立大业，还没有施恩泽于百姓，反而先行剥夺他们赖以维生的资财，这大概不是新天子解救百姓的用意吧！现在官中所有的东西，我愿意全部拿去犒赏军队，虽然不怎么多，但是每个人都不会有怨言的。"皇帝说："那好极了！"于是马上中止了征收民财的方案，把内宫府库所储藏的财物全部拿出来赏赐将帅和士兵们，中央与地方听说这个消息，非常兴奋。李氏，是晋阳人。

建雄留后刘在明入朝，向契丹投降，命节度副使骆从朗主持州事。皇帝派遣使者张晏洪等人前往晋州，告诉他们，自己已经就了帝位，结果骆从朗把张晏洪这批人全部监禁起来。大将药可俦杀掉骆从朗，推举张晏洪代理留后。庚辰日（二十四日），派遣使者入朝报告这件事情。

契丹主颁赐诏书给赵晖，任命他为保义留后。赵晖斩杀契丹的使者，烧掉他的诏书，委派河间人赵矩为使者，送表到晋阳。

高防跟王守恩共同计议，派遣指挥使李万超率领部众在白天喧哗鼓噪，冲入军府，斩杀赵行迁，举荐王守恩代理昭义留后。王守恩杀掉契丹的使者，以整个昭义的军队来归降。

镇宁节度使邪律朗五，生性残忍暴虐，澶州的百姓，感到非常痛苦。贼兵的首领王琼率领他的部下1000多人，趁着黑夜偷袭南城，把它占据，向北渡过德胜浮桥，放纵士兵大肆掠劫，将邪律朗五包围于牙城。契丹主听到这个消息，非常害怕，这才派遣天平节度使李守贞、天雄节度使杜重威回到自己所驻守的藩镇去，因此没有长期留在河南的计划。

唐王淑妃和郇公李从益都居住在洛阳。赵延寿娶唐明宗的女儿燕国长公主为夫人，现在都在大梁，王淑妃到大梁与她见面。契丹主见到王淑妃，向她行拜礼，说："这是我的嫂夫人。"统军刘遂凝通过王淑妃的关系，向契丹主请求做节度使，于是契丹主封李从益为许王，并任命为威信节度使。任命刘遂凝为安远节度使。王淑妃以李从益年纪幼小为理由，辞谢不上任，又回到洛阳。

东方各地的盗贼纷纷闹事，攻陷宋州、亳州和密州。契丹主对左右近侍说："我没有料想到中原的人民居然这样的难以统治！"赶紧下令泰宁节度使安审琦、武宁节度使符彦卿等人回到自己所镇抚的藩镇去，仍旧派遣契丹兵监送他们。

符彦卿到达埇桥，盗贼的首领李仁恕率领好几万人紧急攻打徐州。符彦卿跟数十名骑兵走到城下，高举马鞭想劝导他们、安抚他们，李仁恕上前握住符彦卿的马络头，请求随从进城。符彦卿的儿子符昭序，从城里派遣军校陈守习从城上攀缘绳索出城，在盗贼群中大声叫道："相公已经陷入虎口，就算相公帮助盗贼攻城，也没法攻下。"盗贼眼见没法加以劫持，于是一同下拜于符彦卿的马前，请求赦免他们的罪行和过失。符彦卿跟他们立下誓言，盗贼们才解散而去。

三月，丙戌朔日（初一），契丹主穿赭色袍服，坐在崇元殿，百官遵循上朝的礼仪见契丹主。

契丹主再次召见晋廷的百官，告诉他们说："天气渐渐炎热起来，我难以长久待在这里，想暂时回到上国去向太后请安。"

把汴州恢复为宣武军，任命萧翰为宣武节度使。萧翰，是述律太后的哥哥的儿子，他的妹妹又嫁给契丹主做皇后。萧翰开始以萧为姓，从此契丹太后的族人都称为萧氏。

吴越又派遣一批水军，命他的将领余安做统帅，从海路去救援福州。己亥日（十四日），到达白虾浦，海岸一片泥泞，必须铺上一层竹席才能够走动，唐国在城南的各军，聚集在一起用箭射击他们，使得他们无法进行铺设竹席的工作。冯延鲁说："福州城不投降的原因，就是依赖这批援军，而今双方相持不战，只有使我们的士气日渐衰落，不如让他们登上岸来，而后将他们全部消灭，那么福州城不须攻击就会自动投降了。"偏将孟坚说："浙兵来到这里已经很久，不能前进，也不能后退，想求得拼一死战，而苦无机会，如果让他们登上岸来，他们一定跟我们硬拼死斗，气势一定锐利得无法抵挡，又怎能将他们消灭呢？"冯延鲁不听，说："我自己去攻击他们。"吴越兵上岸以后，呼喊喧哗，奋勇战斗，冯延鲁抵挡不住，放弃部众，私自逃走，孟坚奋力战斗、阵亡。吴越兵乘着战胜的威风向前推进，福州城里的军队也出城来，跟吴越兵夹击唐兵，把唐兵打得大败。唐国在城南的各军都逃走，吴越兵追上前去；王崇文率领300名牙兵抵御他们，各军列阵在王崇文的后面，追杀的士兵才折回去。

有人说浙兵将要放弃福州，逼迫李达率领部众跟他们一起回钱塘，东南守将刘洪进等人把这件消息报告给王建封知道，并且建议静候他们出城，等到全部都出去了，再夺取他们的城池。留从效不愿福州被平定，王建封也愤愤地埋怨陈觉等人专制蛮横，于是就说："我们的军队被打败了，怎么能跟人家争抢城池！"当天晚上，焚烧营垒，逃走，城北各军也相后崩溃，冯延鲁抽出自己身上的佩刀自杀，亲近的官吏阻拦他，没有死。唐兵一共死了2万多人，丢弃军用物资和兵械武器好几十万件，官府的库存因此消耗光了。

壬寅日（十七日），契丹主从大梁出发，晋廷文武各单位跟随的有好几千人，各军的官吏和士兵又有好几千人，宫女、宦官好几百人，把府库所藏的物资全部载运同行，所留下来的，不过是一些乐器、仪仗而已。当天晚上，住在赤冈，契丹主看到村庄都空虚无人，命令有关官员发布好几百通公告，要各辖区招安抚慰百姓；可是最后仍旧不禁止胡兵打家劫舍。丙午日（二十一日）契丹主从白马渡越黄河，对宣徽使高勋说："我在上国的时候，以射箭打猎为乐，到了中原，令人忧郁寡欢，现在得以回去，即使是死了，也没有什么遗憾了。"

辛亥日（二十六日），契丹主将攻打相州，到了早饭时候，便把它攻陷，将城里所有的男人全部杀光，强行逼迫妇女跟他们一起向北走，胡人将她们的婴儿和小孩抛向空中，然后用锐利的刀剑去顶接穿刺，以此为乐。命令高唐英留下来防守相州。高唐英巡视城里，幸存下来的百姓，男女合起来，才700多人。后来，节度使王继弘搜集城里的骸骨加以埋葬，总共达10多万具。

有人密告磁州刺史李谷计划谋出磁州以归附于汉，契丹主把他捉来审问，李谷不承认，契丹主把手伸进车里，好像要拿出他所收到的文书证据似的，李谷知道他在装模作样，趁机就向他请求说："如果真有证据，请拿出来让大家看看。"一共责问了六项罪名，李谷的神情口吻，丝毫不为所动，这才释放了他。

契丹的昭义节度使耿崇美派兵扎在泽州，就要进攻潞州；乙丑日（初十），诏命史弘肇率领1万名步兵和骑兵去救援潞州。

丙寅日（十一日），任命王守恩为昭义节度使，高允权为彰武节度使，又任命岢岚军使郑谦为忻州刺史、兼任彰国节度使，又兼忻、代二州义军都部署。丁卯日（十二日），任命缘河巡检使阎万进做岚州刺史，兼任振武节度使，又兼岚；宪二州义军都制置使。皇帝听说契丹回到北方去，想计划占有河南，就调命史弘肇做先锋部队，又派遣郑谦和阎万进出兵到北方，以分散契丹的兵势。阎万进，是并州人。

契丹主动用了好几十艘的船只，运载晋国的铠甲兵器，将从汴州逆黄河而上，回他国内，于是命令宁国都虞候榆次人武行德率领1000多人保护运送到河阴。武行德跟将士们计议，说："我们现在被契丹所控制，就要远离家乡。人生总归有一死，怎么可以做他乡的鬼呢？胡虏势必不可能长久留在中原，不如共同驱逐他们的党羽，坚守河阳，以待天命所归的天子，而归附于他，难道不是长久之计吗？"众人认为很对。武行德就把所运载的铠甲和武器交给部众，协力杀死契丹的监军使者。正好这时契丹的河阳节度使崔廷勋率领军队护送耿崇美前往潞州，武行德于是乘着州城空虚的机会占据河阳，众人举荐武行德为河阳都部署。武行德派遣他的弟弟武行友先把章表装在蜡丸中，然后持着这封蜡表抄小路前往晋阳。

庚午日（十五日），史弘肇奏报：派遣先锋将马海袭击契丹，斩首1000多首级。当时耿崇美、崔廷勋到达泽州，听说史弘肇的部队已经进了潞州，没敢前进，带兵向南走；史弘肇派遣马海前去追杀，将他们击败，耿崇美、崔廷勋和奚王拽剌退兵防守怀州。

辛未日（十六日），皇帝任命武行德为河阳节度使。

契丹主听说河阳发生变乱的消息，哀叹地说："我有三项措施失当，难怪天下要背叛我！向各辖区征敛钱财，这是第一项失当；教上国的士兵'打草谷'，这是第二项失当；不及早下令各节度使回到自己所管辖的藩镇去，这是第三项失当。"

唐主认为：虚伪地传下诏命以致军事失败，都是陈觉和冯延鲁的罪过，所以，壬申日（十七日），下诏赦免诸将的罪行，商议将斩陈、冯二人，以向全国上下谢罪。御史中丞江文蔚在仪卫森严的唐主面前弹劾冯延己、魏岑，说："陛下继位以来，所信任的人，只有冯延己、冯延鲁、魏岑和陈觉等四人而已，这些人都阴险狡诈、玩弄权术，隐瞒真相，使皇上听不到、看不见，排斥忠贞良善的君子，任用互相勾结的小人，向皇上劝谏力争的人都被驱逐，私下议论的人被处刑，上下互相包庇，使得人民敢怒而不敢言，路上相遇，只好用眼色来互相示意。现在陈觉和冯延鲁虽然被定罪，可是冯延己和魏岑还在，根部没有铲除，枝干就还会再生。同样的罪名，受到不同的惩罚，人心将会感到疑惑。"又说："皇上所看所听的，只是那几个人所说的，虽然每天接见群臣，最后还是陷于孤立。"又说："任职在外的人掌握兵权，任职朝廷的人专断国事。"又说："魏岑、陈觉、冯延鲁等人互相斗气，他向前，我就退后，他向东，我就往西。天生五种材质，是国家有用的器物，现在竟然成为小人们愤恨争夺、轻举妄动的工具。"又说："出征讨伐的大权，由魏岑决断，国库公物的取用，取决于魏岑的一句话。"唐主认为江文蔚所说的话太过分，有点恼火，把他贬降为江州司士参军。将陈觉、冯延鲁锁在囚车，押送到金陵去。宋齐丘由于曾经推荐陈觉出使福州，上表自请处分。

唐主下诏，将陈觉流放到蕲州，将冯延鲁流放到舒州。知制诰会稽人徐铉、史馆修撰韩熙载上书说："陈觉、冯延鲁罪大恶极，死有余辜，但是宋齐丘、冯延己替他们求情，请求开恩，所以陛下赦免了他们。擅自兴兵的人不加以治罪，那么边疆上就会有制造事端的人了；败军丧师的人获得生存，那么行伍中就没有愿意效忠牺牲的人了。请公开斩首陈觉和冯延鲁，以振军威。"唐主没有同意。

中书侍郎、同平章事冯延巳解除职务，而为太弟少保，贬魏岑为太子洗马。

韩熙载屡次提醒朝廷说，宋齐丘的党羽一定会招致祸乱。宋齐丘则奏劾韩熙载嗜好饮酒，行为猖狂，于是贬降韩熙载为和州司士参军。

乙亥日（二十日），凤州防御使石奉进以凤州投降蜀国。石奉进，是晋室的族人。

契丹主到了临城，生病；到达栾城时，病得非常厉害，发高烧，用冰块覆盖在胸腹和手脚上，同时也放在嘴里嚼。丙子日（二十一日），走到杀胡林，就死了。国人剖开他的肚子，塞进几斗盐巴，载回北方去，晋人称之为"帝羓"干肉。

赵延寿痛恨契丹主违约，对人家说："我不再进入龙沙了。"当天就先带兵进入恒州，契丹永康王兀欲以及南北二王，各自率领自己的部队也跟着相继进入。赵延寿想拒绝他们，又唯恐得不到大兵的援助，只好让他们进去。

当时契丹各将领已秘密议定尊奉兀欲为国君，兀欲登上鼓角楼接受叔父和兄弟们的跪拜和祝贺，而赵延寿不知道得这件事情，自称接受契丹皇帝的遗诏，代理南朝的军国大事，于是颁布教令，通告各辖区，所供给兀欲的俸禄，和各个将领一样，兀欲怀恨在心。恒州各城门的锁钥以及仓库的出纳，兀欲都亲自掌管。赵延寿派人去向他要那些钥匙，兀欲不肯给。

有人规劝赵延寿说："契丹各重要官员几天来集会谋议，这里面一定有缘故。现在汉兵不下1万人，不如在他们采取行动之前计谋进取。"赵延寿犹豫不决。壬午日（二十七日），赵延寿下令，在下个月初一那天，在待贤馆举行就职典礼，接受文武百官的朝贺。典礼的仪式是：宰相、枢密使在阶上跪拜，节度使以下的官员在阶下跪拜。李崧认为胡虏的思想跟我们不相同，事理难以预测，再三地劝赵延寿不要举行这个典礼，这才作罢。

后汉纪二　高祖睿文圣武昭肃孝皇帝中
天福十二年（丁未、947年）

五月，乙酉朔，永康王兀欲召延寿及张砺、和凝、李崧、冯道于所馆饮酒。兀欲妻素以兄事延寿，兀欲从容谓延寿曰："妹自上国来，宁欲见之乎？"延寿欣然与之俱入。良久，兀欲出，谓砺等曰："燕王谋反，适已锁之矣。"又曰："先帝在汴时，遗我一筹，许我知南朝军国。近者临崩，别无遗诏。而燕王擅自知南朝军国，岂理邪！"

后数日，集蕃、汉之臣于府署，宣契丹主遗制。其略曰："永康王，大圣皇帝之嫡孙，人皇王之长子，太后钏爱，群情允归，可于中京即皇帝位。"于是始举哀成服。既而易吉服见群臣，不复行丧，歌吹之声不绝于内。

帝集群臣庭议进取，诸将咸请出师井陉，攻取镇、魏，先定河北，则河南拱手自服。帝欲自石会趋上党，郭威曰："虏主虽死，党众犹盛，各据坚城。我出河北，兵少路迂，旁无应援，若群虏合势，共击我军。进则遮前，退则邀后，粮饷路绝，此危道也。上党山路险涩，粟少民残，无以供亿，亦不可由。近者陕、晋二镇，相继款附，引兵从之，万无一失，不出两旬，洛、汴定矣。"帝曰："卿言是也。"告谕诸道。

甲午，以太原尹崇为北京留守。

武安节度副使、天策府都尉、领镇南节度使马希广，楚文昭王希范之母弟也，性谨顺，希范爱之，使判内外诸司事。壬辰夜，希范卒，将佐议所立。都指挥使张少敌、都押牙袁友恭，以武平节度使知永州事希萼，于希范诸弟为最长，请立之；长直都指挥使刘彦瑫、天策府学士李弘皋、邓懿文、小门使杨涤皆欲立希广。张少敌曰："永州齿长而性刚，必不为都尉之下明矣。必立都尉，当思长策以制永州，使帖然不动则可；不然，社稷危矣。"彦瑫等不从。天策府学士拓跋恒曰："三十五郎虽判军府之政，然三十郎居长，请遣使以礼让之，不然，必起争端。"彦瑫等皆曰："今日军政在手，天与不取，使他人得之，异日吾辈安所自容乎！"希广懦弱，不能自决；乙未，彦瑫等称希范遗命，共立之。张少敌退而叹曰："祸其始此乎！"与拓跋恒皆称疾不出。

丁酉，史弘肇奏克泽州。始，弘肇攻泽州，刺史翟令奇固守不下。帝以弘肇兵少，欲召还。苏逢吉、杨邠曰："今陕、晋、河阳皆已向化，崔廷勋、耿崇美朝夕遁去；若召弘肇还，则河南人心动摇，虏势复壮矣。"帝未决，使人谕指于弘肇；弘肇曰："兵已及此，势如破竹，可进不可退。"与逢吉等议合，帝乃从之。弘肇遣部将李万超说令奇，令奇乃降；弘肇以万超权知泽州。

崔廷勋、耿崇美、奚王拽剌合兵逼河阳，张遇帅众数千救之，战于南阪，败死。武行德出战，亦败，闭城自守。拽剌欲攻之，廷勋曰："今北军已去，得此城何用！且杀一夫犹可惜，况一城乎！"闻弘肇已得泽州，乃释河阳，还保怀州。弘肇将至，廷勋等拥众北遁，过卫州，大掠而去。契丹在河南者相继北去，弘肇引兵与武行德合。

弘肇为人，沉毅寡言，御众严整，将校小不从命，立挝杀之；士卒所过，犯民田及系马于树者，皆斩之；军中惕息，莫敢犯令，故所向必克。帝自晋阳安行入洛及汴，兵不血刃，皆弘肇之力也。帝由是倚爱之。

初，翰闻帝拥兵而南，欲北归，恐中国无主，必大乱，已不得从容而去。时唐明宗子许王从益与王淑妃在洛阳，翰遣高谟翰迎之，矫称契丹主命，以从益知南朝军国事，召己赴恒州。淑妃、从益匿于徽陵下宫，不得已而出。至大梁，翰立以为帝，帅诸酋长拜之。又以礼部尚书王松、御史中丞赵远为宰相，前宣徽使甄城翟光邺为枢密使，左金吾大将军王景崇为宣徽使，以北来指挥使刘祚权侍卫亲军都指挥使，充在京巡检。松，徽之子也。

百官谒见淑妃，淑妃泣曰："吾母子单弱如此，而为诸公所推，是祸吾家也。"翰留燕兵千人守诸门，为从益宿卫。壬寅，翰及刘晞辞行。从益饯于北郊。遣使召高行周于宋州，武行德于河阳，皆不至，淑妃惧，召大臣谋之曰："吾母子为萧翰所逼，分当灭亡。诸公无罪，宜早迎新主，自求多福，勿以吾母子为意！"众感其言，皆未忍叛去。或曰："今集诸营，不减五千，与燕兵并力坚守一月，北救必至。"淑妃曰："吾母子亡国之余，安敢与人争天下！不幸至此，死生惟人所裁。若新主见察，当知我无所负。今更为计画，则祸及他人，阖城涂炭，终何益乎！"众犹欲拒守，三司使文安刘审交曰："余燕人，岂不为燕兵计！顾事有不可如何者。今城中大乱之余，公私穷竭，遗民无几，若复受围一月，无噍类矣。愿诸公勿复言，一从太妃处分。"乃用赵远、翟光邺策，称梁王，知军国事。遣使奉表称臣迎帝，请早赴京师，仍出居私第。

契丹主兀欲以契丹主德光有子在国，己以兄子袭位，又无述律太后之命，擅自立，内不自安。

初，契丹主阿保机卒于勃海，述律太后杀酋长及诸将凡数百人。契丹主德光复卒于境外，酋长诸将惧死，乃谋奉契丹主兀欲勒兵北归。

契丹主以安国节度使麻苔为中京留守，以前武州刺史高奉明为安国节度使。晋文武官及士卒悉留于恒州，独以翰林学士徐台符、李澣及后宫、宦者、教坊人自随。乙巳，发真定。

帝之即位也，绛州刺史李从朗与契丹将成霸卿等拒命，帝遣西南面招讨使、护国节度使白文珂攻之，未下。帝至城下，命诸军四布而勿攻，以利害谕之。戊申，从朗举城降。帝命亲将分护诸门，士卒一人毋得入。以偏将薛琼为防御使。

六月，甲寅朔，萧翰至恒州，与麻苔以铁骑围张砺之第。砺方卧病，出见之，翰数之曰："汝何故言于先帝，云胡人不可以为节度使？又，吾为宣武节度使，且国舅也；汝在中书乃帖我！又，先帝留我守汴州，令我处宫中，汝以为不可。又，谮我及解里于先帝，云解里好掠人财，我好掠人子女。今我必杀汝！"命锁之。砺抗声曰："此皆国家大体，吾实言之。欲杀即杀，奚以锁为！"麻苔以大臣不可专杀，力救止之，翰乃释之。是夕，砺愤恚而卒。

丙辰，帝至洛阳，入居宫中；汴州百官奉表来迎。诏谕以受契丹补署者皆勿自疑，聚其告牒而焚之。赵远更名上交。

命郑州防御使郭从义先入大梁清宫，密令杀李从益及王淑妃。淑妃且死，曰："吾儿为契丹所立，何罪而死！何不留之，使每岁寒食，以一盂麦饭洒明宗陵乎！"闻者泣下。

戊午，帝发洛阳。枢密院吏魏仁浦自契丹逃归，见于巩；郭威问以兵数及故事，仁浦强记精敏，威由是亲任之。仁浦，卫州人也。

辛酉，汴州百官窦贞固等迎于荥阳。甲子，帝至大梁，晋之藩镇相继来降。

丙寅，吴越王弘倧袭位。

戊辰，帝下诏大赦。凡契丹所除节度使，下至将吏，各安职任，不复变更。复以汴州为东京，改国号曰汉，仍称天福年，曰："余未忍忘晋也。"

契丹述律太后闻契丹主自立，大怒，发兵拒之。契丹主以伟王为前锋，相遇于石桥。初，晋侍卫马军都指挥使李彦韬从晋主北迁，隶述律太后麾下，太后以为排陈使。彦韬迎降于伟王，太后兵由是大败。契丹主幽太后于阿保机墓。改元天禄，自称天授皇帝，以高勋为枢密使。

契丹主慕中华风俗，多用晋臣，而荒于酒色，轻慢诸酋长，由是国人不附，诸部数叛，兴兵诛讨，故数年之间，不暇南寇。

唐主闻契丹主德光卒，萧翰弃大梁去，下诏曰："乃眷中原，本朝故地。"以左右卫圣统军、忠武节度使李金全为北面行营招讨使，议经略北方。闻帝已入大梁，遂不敢出兵。

杜重威自以附契丹，负中国，内常疑惧；及移镇制下，复拒而不受，遣其子弘璲质于麻荅以求援。赵延寿有幽州亲兵二千在恒州，指挥使张琏将之，重威请以守魏；麻荅遣其将杨衮将契丹千五百人及幽州兵赴之。闰月，庚午，诏削夺重威官爵，以高行周为招讨使，镇宁节度使慕容彦超副之，以讨重威。

辛未，杨邠、郭威、王章皆为正使。时兵荒之余，公私匮竭，北来兵与朝廷兵合，顿增数倍。章白帝罢不急之务，省无益之费以奉军，用度克赡。

庚辰，制建宗庙。太祖高皇帝，世祖光武皇帝，皆百世不迁。又立四亲庙，追尊谥号。凡六庙。

麻荅贪猾残忍，民间有珍货、美妇女，必夺取之。又捕村民，诬以为盗，披面、抉目、断腕，焚炙而杀之，欲以威众。常以其具自随，左右悬人肝、胆、手、足，饮食起居于其间，语笑自若。出入或被黄衣，用乘舆，服御物，曰："兹事汉人以为不可，吾国无忌也。"又以宰相员不足，乃牒冯道判弘文馆，李崧判史馆，和凝判集贤，刘昫判中书，其僭妄如此。然契丹或犯法，无所容贷，故市肆不扰。常恐汉人妄去，谓门者曰："汉有窥门者，即断其首以来。"

麻荅遣使督运于洺州，洺州防御使薛怀让闻帝入大梁，杀其使者，举州降。帝遣郭从义将兵万人会怀让攻刘铎于邢州，不克。铎请兵于麻荅，麻荅遣其将杨安及前义武节度使李殷将千骑攻怀让于洺州。怀让婴城自守，安等纵兵大掠于邢、洺之境。

契丹所留兵不满二千，麻荅令所司给万四千人食，收其余以自入。麻荅常疑汉兵，且以为无用，稍稍废省，又损其食以饲胡兵；众心怨愤，闻帝入大梁，皆有南归之志。前颍州防御使何福进，控鹤指挥使太原李荣，潜结军中壮士数十人谋攻契丹，然畏契丹尚强，犹豫未发。会杨衮、杨安等军出，契丹留恒州者才八百人，福进等遂决计，约以击佛寺钟为号。

辛巳，契丹主兀欲遣骑至恒州，召前威胜节度使兼中书令冯道、枢密使李崧、左仆射和凝等，会葬契丹主德光于木叶山。道等未行，食时，钟声发。汉兵夺契丹守门者兵击契丹，杀十余人，因突入府中。李荣先据甲库，悉召汉兵及市人，以铠仗授之，焚牙门，与契丹战。荣召诸将并力，护圣左厢都指挥使、恩州团练使白再荣狐疑，匿于别室，军吏以佩刀决幕，引其臂，再荣不得已而行。诸将继至，烟火四起，鼓噪震地。麻答等大惊，载宝货家属，走保北城。而汉兵无所统壹。贪狡者乘乱剽掠，懦者窜匿。八月，壬午朔，契丹自北门入，势复振，汉民死者二千余人。前磁州刺史李谷恐事不济，请冯道、李崧、和凝至战所慰勉士卒，士卒见道等至，争自奋。会日暮，有村民数千噪于城外，欲夺契丹宝货、妇女，契丹惧而北遁，麻荅、刘晞、崔廷勋皆奔定州，与义武节度使邪律忠合。忠，即郎五也。

冯道等四出安抚兵民，众推道为节度使。道曰："我书生也，当奏事而已，宜择诸将为留后。"时李荣功最多，而白再荣位在上，乃以再荣权知留后，具以状闻，且请援兵，帝遣左飞龙使李彦从将兵赴之。

白再荣贪昧，猜忌诸将。奉国厢主华池王饶恐为再荣所并，诈称足疾，据东门楼，严兵自卫。司天监赵延乂善于二人，往来谕释，始得解。

再荣以李崧、和凝久为相，家富，遣军士围其第求赏给，崧、凝各以家财与之，又欲杀崧、凝以灭口。李谷往见再荣，责之曰："国亡主辱，公辈握兵不救。今仅能逐一虏将，镇民死者几三千人，岂独公之力邪！才得脱死，遽欲杀宰相，新天子若诘公专杀之罪，公何辞以对？"再荣惧而止。又欲率民财以给军，谷力争之，乃止。汉人尝事麻答者，再荣皆拘之以取其财，恒人以其贪虐，谓之"白麻荅"。

时四方盗贼多，朝廷患之，故重其法，仍分命使者逐捕。苏逢吉自草诏，意云："应贼盗，并四邻同保，皆全族处斩。"众以为："盗犹不可族，况邻保乎！"逢吉固争，不得已，但省去"全族"字。由是捕贼使者张令柔杀平阴十七村民。

逢吉为人，文深好杀。在河东幕府，帝尝令静狱以祈福，逢吉尽杀狱囚还报。及为相，朝廷草创，帝悉以军族之事委杨邠、郭威，百司庶务委逢吉及苏禹珪。二相决事，皆出胸臆，不拘旧制；虽事无留滞，而用舍黜陟，惟其所欲。帝方倚信之，无敢言者。逢吉尤贪诈，公求货财，无所顾避。继母死，不为服；庶兄自外至，不白逢吉而见诸子，逢吉怒，密语郭威，以他事杖杀之。

楚王希广庶弟天策左司马希崇，性狡险，阴遗兄希萼书，言刘彦瑫违先王之命，废长立少，以激怒之。

希萼自永州来奔丧，乙巳，至跌石。彦瑫白希广遣侍从都指挥使周廷诲等将水军逆之，命永州将士皆释甲而入，馆希萼于碧湘宫，成服于其次，不听入与希广相见。希萼求还朗州，周廷诲劝希广杀之。希广曰："吾何忍杀兄，宁分潭、朗而治之。"乃厚赠希萼，遣还朗州。希崇常为希萼诇希广，语言动作，悉以告之，约为内应。

初，荆南介居湖南、岭南、福建之间，地狭兵弱，自武信王季兴时，诸道入贡过其境者，多掠夺其货币。及诸道移书诘让，或加以兵，不得已复归之，曾不为愧。及从诲立，唐、晋、契丹、汉更据中原，南汉、闽、吴、蜀皆称帝，从诲利其赐予，所向称臣。诸国贱之，谓之"高无赖"。

南汉主恐诸弟与其子争国，杀齐王弘弼、贵王弘道、定王弘益、辨王弘济、同王弘简、益王弘建、恩王弘伟、宜王弘照，尽杀其男，纳其女充后宫。作离宫千余间，饰以珠宝，设镬汤、铁床、剒剔等刑，号"生地狱"。

初，帝与吏部尚书窦贞固俱事晋高祖，雅相知重，及即位，欲以为相，问苏逢吉："其次谁可相者？"逢吉与翰林学士李涛善，因荐之，曰："昔涛乞斩张彦泽，陛下在太原，尝重之，此可相也。"

会高行周、慕容彦超共讨杜重威于邺都，彦超欲急攻城，行周欲缓之以待其弊。行周女为重威子妇，彦超扬言："行周以女故，爱贼不攻。"由是二将不协。帝恐生他变，欲自将击重威，意未决。涛上疏请亲征。帝大悦，以涛有宰相器。

晋昌节度使赵匡赞恐终不为朝廷所容，冬，十月，遣使降蜀，请自终南山路出兵应援。

戊戌，帝至邺都城下，舍于高行周营。行周言于帝曰："城中食未尽，急攻，徒杀士卒，未易克也。不若缓之，彼食尽自溃。"帝然之。慕容彦超数因事陵轹行周，行周泣诉于执政，掬粪瓖实其口，苏逢吉、杨邠密以白帝。帝深知彦超之曲，犹命二臣和解之；又召彦超于帐中责之，且使诣行周谢。

杜重威声言车驾至即降，帝遣给事中陈观往谕指，重威复闭门拒之。城中食浸竭，将士多出降者，慕容彦超固请攻城，帝从之。丙午，亲督诸将攻城，自寅至辰，士卒伤者万余人，死者千余人，不克而止。彦超乃不敢复言。

初，契丹留幽州兵千五百戍大梁。帝入大梁，或告幽州兵将为变，帝尽杀之于繁台之下。及围邺都，张琏将幽州兵二千助重威拒守，帝屡遣人招谕，许以不死；琏曰："繁台之卒，何罪而戮？今守此，以死为期耳。"由是城久不下。十一日，丙辰，内殿直韩训献攻城之具，帝曰："城之所恃者，众心耳。众心苟离，城无所保，用此何为！"

杜重威之叛，观察判官金乡王敏屡泣谏，不听。及食竭力尽，甲戌，遣敏奉表出降。乙亥。重威子弘琏来见；丙子，妻石氏来见，石氏，即晋之宋国长公主也，帝复遣入城。丁丑，重威开门出降，城中馁死者什七八，存者皆尪瘵无人状。张琏先邀朝廷信誓，诏许以归乡里，及出降，杀琏等将校数十人，纵其士卒北归，将出境，大掠而去。

郭威请杀重威牙将百余人，并重威家赀籍之以赏战士，从之。以重威为太傅兼中书令、楚国公。重威每出入，路人往往掷瓦砾诟之。

辛卯，皇子开封尹承训卒。承训孝友忠厚，达于从政，人皆惜之。

吴越王弘倧，性刚严，愤忠献王弘佐时容养诸将，政非己出，及袭位，诛杭、越侮法吏三人。

内牙统军使胡进思恃迎立功，干预政事；弘倧恶之，欲授以一州，进思不可。进思有所谋议，弘倧数面折之。进思还家，设忠献王位，被发恸哭。民有杀牛者，吏按之，引人所市肉近千斤。弘倧问进思："牛大者肉几何？"对曰："不过三百斤。"弘倧曰："然则吏妄也。"命按其罪。进思拜贺其明。弘倧曰："公何能知其详？"进思踧踖对曰："臣昔未从军，亦尝从事于此。"进思以弘倧为知其素业，故辱之，益恨怒。进思建议遣李孺赟归福州，及孺赟叛，弘倧责之，进思愈不自安。

弘倧与内牙指挥使何承训谋逐进思，又谋于内都监使水丘昭券，昭券以为进思党盛难制，不如容之，弘倧犹豫未决。承训恐事泄，反以谋告进思。

庚戌晦，弘倧夜宴将吏，进思疑其图己，与其党谋作乱，帅亲兵百人，戎服执兵入见于天策堂，曰："老奴无罪，王何故图之？"弘倧叱之不退，左右持兵者皆愤怒。弘倧猝愕不暇发言，趋入义和院。进思锁其门，矫称王命，告中外云："猝得风疾，传位于同参相府事弘俶。"进思因帅诸将迎弘俶于私第，且召丞相元德昭。德昭至，立于帘外不拜，曰："俟见新君。"进思亟出褰帘，德昭乃拜。

进思称弘倧之命，承制授弘俶镇海、镇东节度使兼侍中。弘俶曰："能全吾兄，乃敢承命。不然，当避贤路。"进思许之。弘俶始视事。

进思杀水丘昭券及进侍鹿光铉。光铉，弘倧之舅也。进思之妻曰："他人犹可杀；昭券，君子也，奈何害之！"

【译文】

天福十二年 （丁未、947年）

五月，乙酉朔日（初一），永康王兀欲召集赵延寿及张砺、和凝、李崧、冯道等人在他的住处饮酒。兀欲的妻子一向把赵延寿当哥哥看待，兀欲从容地对赵延寿说："我妹妹从上国来，你是否想要见见她吗？"赵延寿很高兴地跟他一块儿进去。过了好一阵子，兀欲出来，对张砺等人说："燕王图谋叛变，适才把他囚禁起来了。"又说："先帝在汴州的时候，送我一支筹签，允诺让我治理南朝的军事和政治。最近临终的时候，并没有什么其他的遗诏，然而燕王却擅自掌管南朝的军国大事，哪有什么道理呢？"

过了几天，在恒州的州政府聚集蕃、汉群臣，宣布契丹主的遗诏。大概内容是说："永康王，是大圣皇帝的嫡系孙子，也就是人皇王的长子，太后疼爱他，大家的心意也确实归向他，可以在中京就皇帝位。"于是替契丹主举行丧礼，穿起丧服来，为他守丧。不久又换穿吉服接见群臣，不再服丧，室内唱歌吹奏的声音没有停过。

皇帝召集群臣在朝堂上谋划进取中原的策略，诸将一同建议取道井陉出兵，攻取镇州和魏州，先平定河北，那么河南不需动兵就会自动投降。皇帝就主张从石会直趋上党，郭威说："胡虏的首领虽已死亡，可是他的部众还非常强盛，各自据守坚固的城池。我们向河北出兵，兵员既少，路途又弯曲遥远，没有别的力量来接应援助；如果胡虏各部联合起来攻击我们，我们就进退维谷：前进的话，胡兵在前挡住去路，后退的话，敌人在后拦截归途，粮草的来源被切断，这是非常危险的一条路。上党那地方，山路险隘难行，粟米稀少，民家残破，没法供应军需，也不可以走。近来，陕州和晋州两个藩镇相继投城归附，领兵向这个地方进发，可保万无一失，不出20天，洛阳、汴州就可以平定了。"皇帝说："你说得很对。"通告各辖区。

甲申日，任命太原尹刘崇为北京留守。

武安节度副使、天策府都尉、领镇南节度使马希广，是楚国文昭王马希范的同母弟，生性谨慎，马希范喜爱他，教他治理内外各单位的事务。壬辰日（初八）的晚上，马希范逝世，将帅幕僚商议立国君的事。都指挥使张少敌、都押牙袁都认为武平节度使知永州事马希萼在马希范诸弟中年纪最大，主张立他为国君。长直都指挥使刘彦瑫，天策府学士李弘皋、邓懿文、小门使杨涤等人则一致主张立马希广。张少敌说："知永州事的马希萼年纪比较大，而个性刚烈，一定不肯位居天策府都尉马希广之下，是非常明显的。如果一定要立都尉，那就应当想出一套良策来控制永州，使他服服帖帖、安静不动才行，不这样的话，国家就危险了。"刘彦瑫等人没有同意。天策府学士拓拔恒说："三十五郎虽然治理军府的政事，但是三十郎居于兄长的地位，我提议派遣使者依照应有的礼数向他表示谦让，不然的话，一定会引起争端。"刘彦瑫等人都说："现在军政大权在自己手里，这是上天的赐予；上天的恩赐不接受，而让别人拣去，以后我们容身何处呢？"马希广怯懦软弱，自己决断不下；乙未日（十一日），刘彦瑫等人假托马希范的遗命，一同拥立马希广。张少敌回家以后，叹息说："祸患恐怕就从这里开始了吧！"跟拓跋恒都说有病不再出来。

丁酉日（十三日），史弘肇奏报攻取了泽州。起初，史弘肇攻打泽州，泽州刺史翟令奇严密地防守，攻它不下。皇帝考虑到史弘肇人马太少，准备召他回去。苏逢吉、杨邠说："现在陕州、晋州、河阳都已经归属我们，崔延勋、耿崇美早晚会逃走，如果召唤史弘肇回来，那么河南的人心就会因此而动摇，如此一来，胡人的势力又强盛起来。"皇帝尚未做出决定，先派人去向史弘肇阐明自己的主张，并征求史弘肇的意见。史弘肇说："军队已经来到这里，势如破竹，只可以前进，不可以后退。"他的意见跟苏逢吉等人的看法相合，皇帝这才采纳他们的意见。史弘肇派遣部将李万超去游说翟令奇，翟令奇向他投降。史弘肇命李万超代管泽州。

崔廷勋、耿崇美、奚王拽刺把军队联合起来，逼近河阳，张遇率领好几千名部众去救援，两军交战于南阪，张遇战败阵亡，武行德出战，也被击败，关闭城门，严密防守。拽剌想要攻城，崔廷勋说："现在北军已经离去，即使得到这座城池有什么用？况且杀害一人都还觉得可惜，何况是一城呢！"听说史弘肇已经攻下了泽州，于是放开河阳，退兵防守怀州。当史弘肇就要到达的时候，崔廷勋率领部众向北逃走，经过贝州，大肆掠劫一阵，才离去。留在河南的契丹人相继回到北方去，史弘肇引兵跟武行德相会合。

史弘肇这个人，冷静刚毅，极少开口，统御部众严格而有纪律，将校略有不听命令的立即处死。士兵经过的地方，假如有人侵害百姓的田地，或把马系在树干上，一律加以斩首；军中人人恐惧，没有一个胆敢违抗命令，所以无论打到什么地方，都获得胜利。皇帝从晋阳安安全全地进入洛阳和汴州，兵器连一点血迹都未曾沾到，这都是史弘肇的功绩。皇帝因此信赖他、爱护他。

当初，萧翰听说皇帝率兵南下的消息，就想回北方去，又担忧中原没有君主，一定会大乱，以致自己到时不能从容离去。当时唐明宗的儿子许王李从益跟王淑妃在洛阳，萧翰派高谟翰前去迎接他们，假托契丹主的命令，任命李从益主理南朝军政大事，召自己前往恒州。王淑妃、李从益藏在唐明宗的陵墓——徽陵的墓穴里，最后不得已，只好出来。到了大梁，萧翰立他为帝，率领各酋长向他下拜。又封礼部尚书王松、御史中丞赵远为宰相，前任宣徽使甄城人翟光邺为枢密使，左金吾大将军王景崇为宣徽使，让指挥使刘祚代理侍卫亲军都指挥使，担任在京巡检。王松，是王徽的儿子。

百官进见王淑妃，王淑妃哭着说："我母子两人这样的孤单柔弱，却被诸公所推举，这是害我们的家啊！"萧翰留下1000名燕兵防卫各门，保卫李从益的安全。壬寅日（十八日），萧翰及刘晞辞别而去，李从益在城北的郊外为他们送行。派遣使者到宋州召请高行周，到河阳召请武行德，结果都不来，王淑妃十分恐惧，召集大臣商议，说："我母子两人被萧翰所逼迫，自己预料难免灭亡，诸公无罪，应该及早迎接新的君主，自求多福，不要为了我母子两人而有所顾虑！"大家被她的话所感动，都不忍心叛离她。有人说："现在集合各营的士兵，不下5000人，跟燕王协力坚守一个月，北方的救兵们一定会到来。"王淑妃说："我母子两人是亡国的遗民，怎么敢于跟人家争天下！现已不幸落到这种地步，生死只有任由人家决定，如果新的君主能够原谅我，当会知道我并没有什么对不起他的地方。现在如果再作其他打算，那就会引起大祸，殃及其他人，整个城中的人民陷于困苦的境地，到底有什么益处呢？"大家还是想防守抵御，三司使文安人刘审交说："我是燕人，岂可不替燕兵出主意！但是事情到了无可奈何的地步。现在城中在大乱以后，官府和民间，财源都已枯竭，遗民没有几个，如果再被包围一个月，那就简直再也没有活人了。希望各位不要再争论，完全依照太妃的处置。"于是采用赵远、翟光邺的计策，称为梁王，整治军事和政治。派遣使者奉表称臣，出迎皇帝，请皇帝早日前往京师，于是出宫住在个人的住宅里。

古代胡服

契丹主兀欲因为契丹主德光有儿子在国内，自己以侄子的身份继承帝位，又没有述律太后的命令，擅自即位，内心不安。

当初，契丹主阿保机死在勃海，述律太后杀酋长及诸将多达好几百人。契丹主德光又死在国境之外，酋长诸将唯恐被杀，于是准备奉请契丹主兀欲统领军队回契丹。

契丹主任命安国节度使麻答为中京留守，前任武州刺史高奉明作安国节度使。晋廷的文武官员和士兵全部留在恒州，只命令翰林学士徐台符、李澣以及后宫家眷、宦官、教坊的乐师跟随自己。乙巳日（二十一日），从真定出发。

皇帝即位的时候，绛州刺史李从朗跟契丹将领成霸卿等人违抗命令，皇帝派遣西南面招讨使、护国节度使白文珂去攻打他们，但是没有拿下。皇帝走到城下，命令各军四面布阵却不攻打，分析利害关系给他听。戊申日（二十四日），李从朗献城投降。皇帝颁令亲信的将领分别把守各门，士兵们一个也进不去。任命偏将薛琼为防御使。

六月，甲寅朔日（初一），萧翰抵达恒州，和麻答一起带领全副武装的骑兵包围张砺的住宅。当时张砺卧病在床，出来跟他们相见，萧翰清算他的罪，说："你为何告诉先帝，说胡人不可以做节度使？还有，我做宣武节度使，而且又是国舅,你在中书省,竟然对我使用宰相处分百官的案卷!再者,先帝留我防守汴州,教我住在宫中,你又认为不可以。又在先帝面前中伤我及解里,说解里喜欢掠夺人家的财物,我专好强娶人家的女儿。而今我一定要杀你!"说完,就下令把他囚禁起来。张砺大声地说:"这都是国家的大局,我照实而说。要杀就杀,为什么还要囚禁起来!"麻答认为大臣不可以擅自杀戮,全力加以劝阻,萧翰才释放他。当晚,张砺忧愤而死。

丙辰日(初三),皇帝抵达洛阳,居住在宫中,汴州的百官奉表前来迎接。皇帝颁下诏书告诉他们:接受契丹任命的人都没有必要疑虑。于是把所有的敕告文书搜集起来,烧掉。赵远因避讳而更名为赵上交。

下令郑州防御使郭从义先到大梁扫清宫殿,秘密令他杀掉李从益及王淑妃。王淑妃将死的时候,说:"我的儿子是由契丹所册立的,有什么罪而要被处死!为什么不留下他,让他在每年寒食节的时候,盛一碗麦饭敬祭于明宗的坟墓呢!"听到的人都不禁流下泪来。

戊午日(初五),皇帝从洛阳出发。枢密院吏魏仁浦从契丹逃回来,在巩县觐见皇帝;郭威问他有关契丹的兵数及前代的事例,魏仁浦记性很好,头脑灵活,因此,郭威亲近他、信任她。魏仁浦,是卫州人。

辛酉日(初八),汴州的百官窦贞固等人在荥阳迎接皇帝。甲子日(十一日),皇帝抵达大梁,晋国的藩镇相继前来投降。

丙寅日(十三日),吴越王钱弘倧继承王位。

戊辰日(十五日),皇帝颁下诏书大赦天下。凡是契丹所任命的节度使,下至将帅、官吏,各个安于从守现任的职位,不再变更。又把汴州恢复为东京,改国号为汉,依旧用"天福"为年号,说:"我不忍忘记晋国。"

契丹述律太后得知契丹主自立为皇帝的消息,十分震怒,发兵攻击他。契丹主命伟王为前锋,两军相遇于石桥。以前,晋国的侍卫马军都指挥使李彦韬随从晋主迁至北方,隶属于述律太后的部下,太后任命他担任排阵使。李彦韬迎接伟王,向他投降,太后的兵马因而被打得大败。契丹主把太后囚禁在阿保机的陵墓里。改年号为天禄,自称天授皇帝,任命高勋为枢密使。

契丹主敬仰中华的风俗,大部分官职任用晋廷的大臣,而自己则沉溺于酒色,怠慢各部落的酋长,因而国人不归附他,各部落屡屡叛变,不得不起兵去讨伐,所以几年里头,无暇向南侵略。

唐主听说契丹主德光逝世，萧翰放弃大梁回北方去，颁下诏书说："想那中原，乃是本朝的故土。"任命左右卫圣统军、忠武节度使、同平章事李金全为北面行营招讨使，预谋进取北方。后来得知皇帝已经进了大梁，就没敢出兵。

杜重威认为曾经归附契丹，辜负中原，内心时常感到疑虑、害怕；等到诏命下来，要他迁至另一藩镇的时候，又拒绝而不接受，派遣他的儿子杜弘璲到麻答那当人质，以请求麻答出兵援助。赵延寿有幽州的亲兵2000人在恒州，由指挥使张琏带领，杜重威请求派遣这支军队来防卫魏州；麻答派遣他的部将杨衮率领契丹兵1500人及幽州兵开赴魏州。闰月，庚午日（十八日），皇帝颁令，废除杜重威的官爵，任命高行周为招讨使，镇宁节度使慕容彦超为副招讨使，以便于讨伐杜重威。

辛未日（十九日），杨邠、郭威、王章都当正使。当时在兵乱、饥荒以后，政府和民间都贫困，北方来的士兵和朝廷的兵合起来，霎时增加好几倍。王章建议皇帝，停办不急的事务，节省无益的费用，以供给军队所需要的，经费才足够应付。

庚辰日（二十八日），皇帝下诏书，建立宗庙。太祖高皇帝及世祖光武皇帝都永远不变更。又立四代亲庙，追尊谥号。一共6庙。

麻答贪婪狡猾而又残酷，民间凡有珍贵的财物、漂亮的女子，一定要掠劫过来。又拘捕村民，撕裂他的脸皮，挖出他的眼睛，砍断他的手腕，然后烧烤而死，想要凭借这种方法来恫吓民众。常把用刑的器具随身携带着，起居饮食的地方，左右前后都悬挂着人肝、人胆以及手、脚，谈笑如常。出入常穿黄衣，坐乘舆，佩带天子所用的饰物，说："这种事情汉人认为不可以，可是在我国是没什么关系的。"又因宰相员额不够，于是发公文命冯道管理弘文馆，李嵩掌理史馆，和凝掌理集贤，刘昫掌理中书，僭越狂妄到这种地步。不过如果契丹有人违法，也丝毫不加宽容，所以市街商铺不受骚扰。他经常担心汉人逃走，因此对守门的人说："汉人如果有前来窥探城门的，就砍下他的头来向我报告。"

麻答派遣使者到鑫州去督运货物，鑫州防御使薛怀让得知皇帝进入大梁，于是杀掉麻答所派来的使者，全州投降。皇帝派遣郭从义带领1万人马和薛怀让会合，一起在邢州攻打刘铎，结果没有攻下。刘铎向麻答请求救援，麻答派遣他的部将杨安及前任义武节度使李殷率领1000骑兵前往鑫州进攻薛怀让。薛怀让严密布防，固守州城，杨安等人纵任士兵在邢、鑫二州境内大事掠劫。

契丹所留下的士兵不足2000人，麻答命令有关单位提供14000人份的粮食，把多出来的部分全部收归自己所有。麻答常猜忌汉兵，而且认为没什么用处，所以稍微加以裁减，又扣减他们的粮食，以供给胡兵。众人感到怨恨，一听到皇帝入大梁的消息，都有南归的意愿。前任颍州防御使何福进，控鹤指挥使太原人李荣，暗中联络军中的壮士好几十人，计划进攻契丹，可是惧怕契丹势力还很强大，犹豫了一阵子，尚未发动。正好这时杨衮、杨安等人率兵出征，契丹留在恒州的，只有800人，何福进等人于是就决定照计划而行，彼此约定，以佛寺敲钟为信号。

辛巳日（二十九日），契丹主兀欲派遣骑兵到恒州，召集前任威胜节度使兼中书令冯道、枢密使李嵩、左仆射和凝等人，同往木叶山，葬契丹主德光。冯道等人还没出发，到了吃饭的时间，寺庙的钟声忽然响起，汉兵就夺取契丹守门人的武器攻击契丹，杀死十几个人，伺机冲入府中。李荣先占据军械库，召集所有的汉兵及市人，把铠甲、兵器交给他们，放火烧衙门，和契丹交战。李荣召请诸将合作，护圣左厢都指挥使、恩州团练使白再荣迟疑不决，藏在别室，军吏用佩刀划破帘幕，拉住他的手臂，白再荣不得已，只好跟军吏逃走。诸将相继来到，烟火四处弥漫，喧哗呼叫，声震天地。麻答等人大为惊恐，载运着宝物和家属跑到北城，设防自卫，但是汉兵缺乏统一的指挥系统，贪婪狡猾的人趁着战乱的机会打家劫舍，懦弱胆怯的人，趁机逃走，有的藏匿不出。八月，壬午朔日（初一），契丹从北门入城，势力又扩张起来，汉人死了2000多位。前任磁州刺史李谷忧虑事情不能成功，特地请冯道、李嵩、和凝到战地慰勉士兵，士兵看到冯道等人前来，争相奋力。正好这时天色渐黑，有好几千的村民在城外喧哗呼叫，要夺取契丹的宝货、妇女，契丹惶恐，向北逃走，麻答、刘晞、崔廷勋都逃往定州，和义武节度使邪律忠会合。邪律忠，就是邪律郎五。

冯道等人分别到各处去安慰抚慰军民，众人推举冯道做节度使。冯道说："我是个书生，只适合奏报事情而已。应该从诸将里头推选一位做留后。"当时李荣功劳最大，而白再荣地位较高，于是就以白再荣代理留后，把详实的情形奏报皇帝。并且请求拨遣援兵，皇帝派遣左飞龙使李彦从带兵前往协助。

白再荣贪婪成性，猜疑诸将。奉国军主华池人王饶唯恐被白再荣所吞并，假称脚病，占据东门楼，布置重兵，以作防御。司天监赵延义跟白再荣和王饶都非常要好，往来于两人之间，多方劝解，才将两人的怨气化解掉。

白再荣认为李嵩、和凝做宰相做得很久，家里一定非常富有，于是派遣军士包围他们的府第，请求赏赐，李嵩、和凝各自拿出家财给他们。白再荣又想杀李嵩、和凝灭口。李谷去见白再荣，责怪他说："国家灭亡，君主受辱，你统率着重兵却不救援。现在只勉强驱逐一个虏将，而镇州的民众就死了将近3000人，哪里是靠您一个人的力量呢！刚刚才死里逃生，马上就想杀死宰相，新天子如果责问您擅自杀人的罪过，您将怎么样回答呢？"白再荣听了害怕，就没杀他们。

白再荣又计划征收百姓的财物以供给军队，李谷全力反对，才停止。汉人当中，凡是曾经替麻答做过事的，白再荣都把他们关起来，然后夺去他们的财物。恒州人因为他贪婪暴虐，称他为"白麻答"。

当时四方盗贼猖狂，朝廷深感事态严重，非常忧虑，因而加重刑罚，同时分别命令使者到各处去捉拿逮捕。苏逢吉亲自草拟诏书，主要内容是说："一切盗贼，连带他的周围邻居以及村里的人，都全族处斩。"大家认为："盗贼况且不可以灭族，何况是邻居同保的人呢。"苏逢吉再三争论，不得已，删掉"全族"两字。因此，缉捕盗贼的使者张令柔杀掉平阴县17个村的村民。

苏逢吉这个人，用法严酷，动则杀人。在河东幕府的时候，皇帝曾经命他把监狱里的囚徒全部审察结案，以便祈神赐福，苏逢吉竟把全部的罪囚都杀掉，向皇帝交差。待到做了宰相，朝廷在草创阶段，皇帝把军旅的事务全部交给杨邠、郭威去处理，各机关的事务则交给苏逢吉和苏禹圭去处理。这两个宰相处理事情，全凭自己的意愿，不管旧有的规矩；虽然事务不至于耽搁停滞，但是对意见的取舍，对人物的升迁，只凭自己的好恶。皇帝正依赖、信任他们，因而没人敢说。苏逢吉更是贪婪狡诈，公然地索求财物，毫无顾忌。他的继母去世，竟不为她服丧；他的庶兄从外乡回来，没有告诉苏逢吉却见诸子，苏逢吉就很生气，悄悄地告诉郭威，并利用其他的事由，把他打死。

楚王马希广的庶弟天策左司马马希崇，性情狡猾阴险，暗中写信给他的哥哥马希萼，说刘彦瑫违背先王的遗命，废除年长的哥哥，拥立年少的弟弟，凭借这些来激怒他。

马希萼从朗州来奔丧，乙巳日（二十四日），抵达跌石。刘彦瑫报请马希广派遣侍从都指挥使周从诲等人率领水军去迎接他，命永州将士都脱下战衣才允许进入，安置马希萼在碧湘宫住，并且就在所下榻的地方穿上丧服，不允许他进宫去见马希广。马希萼要求回朗州，周廷诲劝马希广杀他。马希广说："我怎能忍心杀自己的哥哥？宁愿把潭州和朗州分给他去管辖。"于是赠送马希萼丰厚的礼物，遣送他回朗州。马希崇常常替马希萼侦察马希广，马希广的一言一行，一举一动，全部都如实告诉他，约好做他的内应。

以前，荆南介于湖南、岭南、福建之间，土地狭隘，兵力薄弱，在武信王高季兴时，各辖区入贡朝廷，经过他国境的，常常掠劫他们的钱财。等到各辖区写信去斥责他，或者出兵去讨伐他时，不得已，只好送回给他们，丝毫不觉得惭愧。等到高从诲继位，唐、晋、契丹、汉轮番占据中原，南汉、闽、吴、蜀都称帝，高从诲为了贪图各国的赏赐，无论对那一国，都呈表称臣。各国都看不起他，称其为"高无赖"。

南汉主唯恐他的弟弟们和自己的儿子争夺帝位，杀掉齐王刘弘弼、贵王刘弘道、定王刘弘益、辨王刘弘济、同王刘弘简、益王刘弘建、恩王刘弘伟、宣王刘弘照，同时把他们的儿子也都杀掉，女儿则纳入后宫，建了一千多间行宫，用珠宝装饰，设置油锅、铁床、解剖等苦刑，号称"生地狱"。

当初，皇帝和吏部尚书窦贞固，一同事奉晋高祖，一向相互了解，也互相敬重，能够即位以后，想请他做宰相，问苏逢吉说："再往下推，谁能够做宰相？"苏逢吉跟翰林学士李涛交情甚好，因此推荐他，说："以前李涛请斩张彦泽，那时陛下在太原，曾经对他表示过敬重、赞赏的意思，凭这一点就他可以做宰相了。"

马希崇像

正好这时高行周、慕容彦超在邺都共同诛讨杜重威，慕容彦超想要紧急攻城，高行周想要拖慢一点，以等待敌人自己支持不住而溃败。高行周的女儿是杜重威的儿媳妇，慕容彦超放风说："高行周为了女儿的缘故，顾念贼臣，不肯进攻。"因此两位将领有隔阂。皇帝怕引起其他的变故，想亲自带兵攻打杜重威，但是意志还不很坚决。李涛上疏，建议皇帝亲征。皇帝十分高兴，认为李涛有宰相的气度。

晋昌节度使赵匡赞唯恐到头来还是不被朝廷所宽容。冬，十月，委派使者去向蜀国投降，请蜀国从终南山路出兵接应、救援。

戊戌日（十七日），皇帝到达邺都城下，住在高行周的军营里。高行周对皇帝说："城里粮食还没吃完，急于进攻，徒然损失士兵，不容易攻下，不如拖久一点，等到他们粮食吃光了，自然会崩溃。"皇帝同意他的意见。慕容彦超屡次假托事端欺辱高行周，高行周向哭诉执政大臣，甚至于用两手挖取泥土往嘴里塞，以表示受辱而不敢吭声，苏逢吉、杨邠秘密地把这件事报告皇帝。皇帝深悉慕容彦超不对，但还是教苏蓬吉和杨邠去劝解他们；同时皇帝又把慕容彦超叫到帐中来，教训一顿，并且令他到高行周那里去向他道歉。

杜重威扬言说，皇帝驾到，就马上投降。皇帝派遣给事中陈观前往表示皇帝的意思，杜重威又关闭城门，拒绝接受。城里的粮食渐渐地吃完了，将士们很多出来投降。慕容彦超屡次地请求攻城，皇帝答应了他。丙午日（二十五日），亲自指挥诸将攻城，从寅时到辰时，士兵受伤的10000多人，死亡的1000多人，没有攻下，只好停止。慕容彦超这才不敢再说话。

以前，契丹留下1500名幽州兵守卫大梁，皇帝入大梁的时候，有人说幽州兵将会作乱，皇帝将他们全部杀死在繁台下。等到这次包围邺都，张琏率领两千名幽州兵帮助杜重威防守、抵抗。皇帝多次派人去向他们招抚、劝告，承诺不杀他们，张琏说："繁台的士兵，究有什么罪而被杀害？现在防守此地，只有以死为期罢了。"因此邺城久攻不下。十一月，丙辰日（初六），内殿直韩训提供攻城的器具，皇帝说："城池所凭借的，只是众人的心志罢了。众人的心志如果涣散分离，城池就能保，要这些器具有什么用！"

杜重威叛变的时候，观察判官金乡人王敏多次苦劝得流下泪来，可是杜重威还是不听，到了粮食吃完兵力用尽之时，甲戌日（二十四日），迫不得已派遣王敏奉表出城投降。乙亥日（二十五日），杜重威的儿子杜弘琏前来进见；

丙子日（二十六日），杜重威的妻子石氏前来进见。石氏，是晋国的宋国长公主。皇帝又送她入城。丁丑日（二十七日），杜重威开门出来投降，城里饿死的人已有百分之七八十，幸存的人也都瘦得不成人样。张琏事先要求朝廷的诺言，皇帝下诏，承诺让他回自己家乡去。待到出城投降，杀张琏等将校好几十人；释放他的士兵，让他们回北方去，将要出魏州州境的时候，大肆掠夺一番，方才离去。

郭威提议杀杜重威的牙将100多人，连同杜重威的家产，全都没收，以奖赏战士，皇帝采纳了他的意见。任命杜重威为太傅兼中书令、楚国公。杜重威每每出门，路上的行人常常一边向他丢石头，一边骂个不停。

辛卯日（十一日）皇太子开封尹承训去世。承训孝友忠厚，练达政事，人人都为他的早逝而惋惜。

吴越王钱弘倧性情刚烈严肃。忠献王钱弘佐在位的时候，对诸将百般宽容、照顾，以致政权不由自己掌握，钱弘倧对这件事感到很气愤，到他继位以后，诛杀3个在杭州、越州一带枉法舞弊的官吏。

内牙统军使胡进思仗着迎立钱弘倧为国君的功劳，参与政事，钱弘倧非常讨厌他，打算授予一个州给他，胡进思不愿接受。胡进思有所计划或建议，钱弘倧常常当面追问他。胡进思回到家，设置忠献王钱弘佐的灵位，然后披散头发，对着灵位悲痛地哭泣一番。百姓有杀牛的，官吏加以审讯，向上级谎报说百姓所卖的牛肉将近1000斤。钱弘倧问胡进思："一头最大的牛，肉有多少？"答道："不超过300斤。"钱弘倧说："那么官吏是胡说的罗！"于是就命令胡进思治他的罪。胡进思拜贺他的精明。钱弘倧却突然又问他道："你怎么知道的这么清楚？"胡进思极其恭敬，但又很不安地回答道："臣以前还没从军的时候，也曾经做过这种买卖。"胡百思认为钱弘倧是明知他以前的买卖，故意使他难堪，因而更加痛恨、愤怒。胡进思建议遣送李孺赟回福州，等到李孺赟背叛，钱弘倧又责备他，胡进思更加感到不安。

钱弘倧跟内牙指挥使何承训一同谋划，想赶走胡进思，又与内都监使水丘昭券商议，水丘昭券认为胡进思党羽顽固，难以制服，不如忍让他，钱弘倧犹豫不决。何承训害怕事情暴露，反而把自己和钱弘倧所定的计策告诉胡进思。

庚戌晦日（三十日），钱弘倧在夜晚宴请将吏，胡进思以为这是要加害于自己，于是与他的党羽图谋作乱，率领100名亲兵，穿着军装，拿着武器，进入天策堂，见钱弘倧，说："我没有罪，大王为什么要谋害我？"钱弘倧大声怒斥，胡进思不退。左右拿着兵器的人都愤怒得很。但是钱弘倧仓促之间惊慌得说不出话来，快步跑进义和院里。胡进思趁机把义和院的门给锁上，假传王命，宣告，说："大王突然中风，传位给同参相府事钱弘俶。"胡进思因而率领诸将到钱弘俶的私宅去迎接钱弘俶，并且召请丞相元德昭。元德昭来到，站在帘外，不愿下拜，说："等着进见新君。"胡进思马上出来，掀起帘幕，元德昭才下拜。

　　胡进思假称钱弘倧的命令：秉承先君的遗制，颁令授予钱弘俶镇海、镇东节度使兼侍中。钱弘俶说："如果可以保全我的哥哥，才敢接受制命；不然的话，我将避位让贤。"胡进思答应了。于是钱弘俶才继位理政。

　　胡进思杀水丘昭券及进侍鹿光铉。鹿光铉，是钱弘倧的舅舅。胡进思的妻子说："杀其他的人还有理由可说；至于水丘昭券，他是个君子，凭什么杀害他！"